# Reprint Publishing

Für Menschen, Die Auf Originale Stehen.

www.reprintpublishing.com

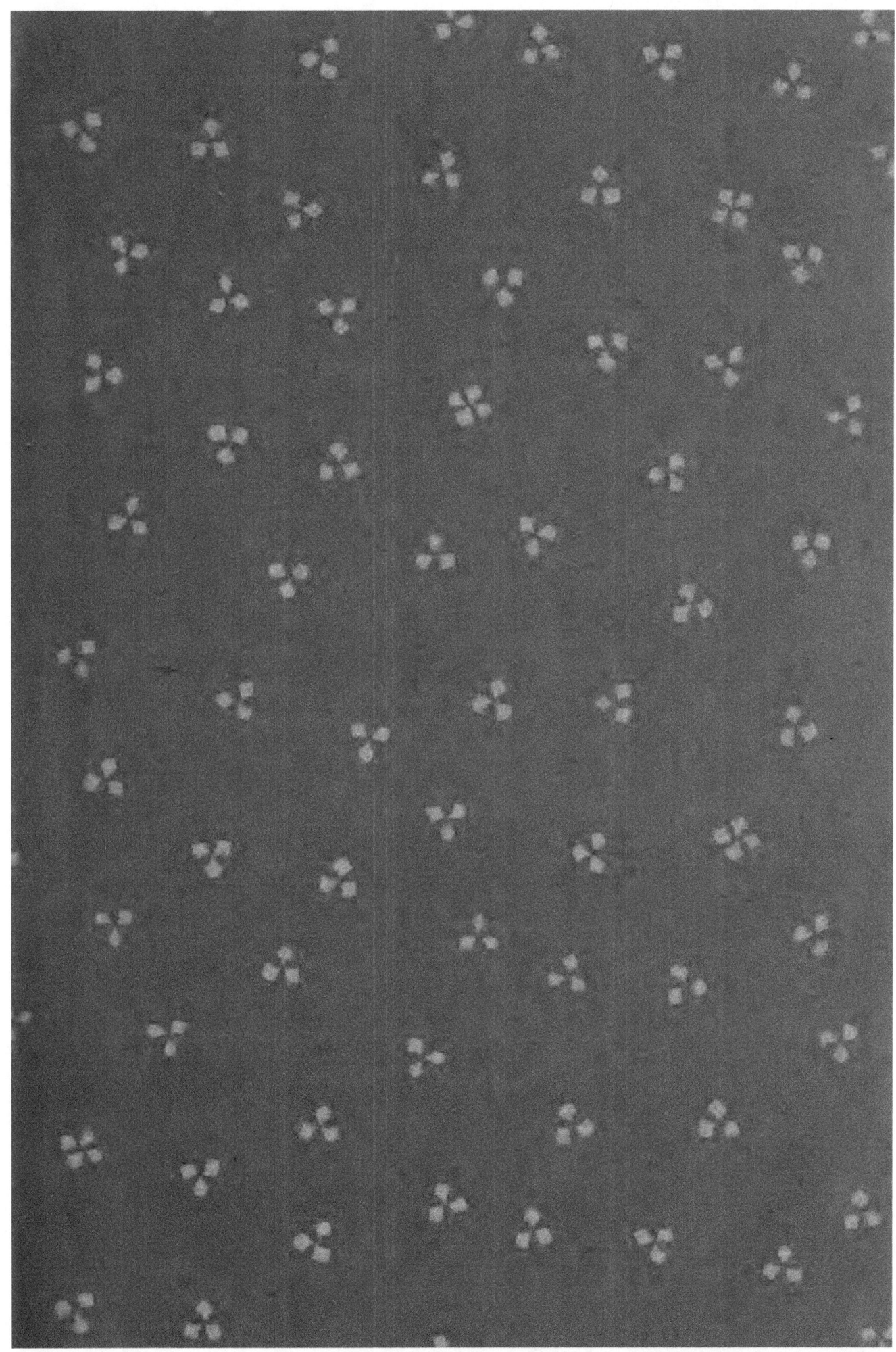

Herrmann, Island II.  Zu Seite 102, 107.

Blick auf Kirkjubær und die Skaptá.

# ISLAND

## IN VERGANGENHEIT UND GEGENWART

REISE-ERINNERUNGEN

VON

**PAUL HERRMANN**

ZWEITER TEIL — REISEBERICHT

MIT 56 ABBILDUNGEN IM TEXT, EINEM FARBIGEN
TITELBILD UND EINER ÜBERSICHTSKARTE DER
REISEROUTE DES VERFASSERS

LEIPZIG
VERLAG VON WILHELM ENGELMANN
1907

Alle Rechte vorbehalten

Druck der kgl. Universitätsdruckerei von H. Stürtz in Würzburg.

# Inhalts-Verzeichnis.

Seite

**Neuntes Kapitel.** Der Geysir und die Hekla . . . . .  1—32

Aufbruch von *Reykjavík*. Zweiter Besuch von *Þingvellir*. *Hallshellir*; „Der verlorene Sohn" von Hall Caine. *Laugarvatnshellir*. Die *Brúará*. Allgemeine Schilderung des Geysirgebietes und der einzelnen heissen Quellen. Der *Geysir* ein Symbol Islands? Gedicht von *Hannes Hafsteinn*. Geschichtliche Zeugnisse über den *Geysir*, ein neuer Erklärungsversuch. Ein Abstecher nach dem *Gullfoss*. Vom *Geysir* über die *Hvítá* und den Pfarrhof *Hruni* nach *Stórinúpur* zu *Valdimar Briem*. Deutsche Lieder auf Island. Nach *Galtalækur* am Fusse der *Hekla*. Meine Besteigung der *Hekla*. Die *Hekla* als Eingang der Hölle ist ein Produkt des Auslandes. Ihr erster Ausbruch wird mit *Sæmundr* dem Weisen in Zusammenhang gebracht.

**Zehntes Kapitel.** Oddi und der Schauplatz der Njálssaga . . . . . . . . . . . . . . . . . . . . . . .  33—68

Von *Galtalækur* über die *Rángá* nach *Oddi*. Oddi — Edda, *Sæmundr* der Weise. Islands Bedeutung für Deutschland, Volkssagen in *Oddi*. *Stórólfshvoll* — der Engländer in Sicht! Ausflug nach *Hlíðarendi*, *Þórsmörk*, *Eyjafjallajökull*. Geschichte des *Gunnarr von Hlíðarendi*. *Gunnarr* und *Hallgerðr*. Ein færöisches und zwei isländische Volkslieder von *Gunnarr*. *Gunnarr* bei *Jónas Hallgrímsson* und *Bjarni Thórarensen*. Die *Gunnarssaga* und Ibsens „Nordische Heerfahrt". Mein Besuch von *Hlíðarendi*, zurück nach *Stórólfshvoll*. *Bergþórshvoll* und die Geschichte von *Njáll* und seinen Söhnen. *Skarphéðins* Heldentat. Von *Bergþórshvoll* nach *Þorvaldseyri*. Bekanntschaft mit dem „Deutschen Bauern". *Skógafoss*; der gefährliche Grenzfluss *Fúlilækur* wird glücklich überschritten, die *Skaptafells sýsla* ist erreicht.

## Inhalts-Verzeichnis.

Seite

**Elftes Kapitel.** Reise durch die Vestur Skaptafells sýsla  69—124

Geschichte der Erforschung dieser *sýsla*, allgemeine geographische und geologische Bemerkungen über sie, Eisvulkane, Gletscherströme, Gletscherstürze. Stand der Bildung hier, geschriebene Zeitungen. Treibholz, Strandrecht. — Der *Sólheimasandur*, Gedicht von *Grímur Thomsen*. *Vík*. Erste Bekanntschaft mit einem Offizier des dänischen Generalstabs. *Mýrdalssandur*. *Hjörleifshöfði*. Kloster *Þykkvibær* als Sitz der Gelehrsamkeit, hier vielleicht die *Njálssaga* entstanden. Rache der Verwandten des *Njáll*. Beschwerde über den Engländer. Unser Quartier *Múrar*. Die *Eldgjá*, Ausbruch des *Laki* im Jahre 1783. Ein Rencontre zwischen England und Deutschland beim Überschreiten der *Skalm*. *Kúðafljót*, *Eldvatn*, Mückenplage. Der Engländer kommt in dieser „*Saga*" nicht mehr vor. Zweite Begegnung mit einem Offizier des dänischen Generalstabs. *Kirkjubær*, geschichtliche Erinnerungen, das Kloster. *Systravatn* und *Systrastapi*. Ein isländischer Blumenstrauss. *Jón Thóroddsens* Gedicht „Island". Ein musikalischer Abend: *Indriðis* Lied „Islands Freiheit geht verloren" und dessen Komposition von *Bjarni Þorsteinsson*. Bericht des Herrn *Guðlaugur* über die Schiffbrüchigen des „Friedrich Albert". Wildenbruchs „Unsterblicher Felix". Errichtung von Schutzhütten an der Südküste, Konsul Thomsens „Hospiz". *Hverfisfljót* und *Djúpá*. *Núpstaður*. Angaben des Postillons über das isländische Postwesen.

**Zwölftes Kapitel.** Reise durch die Austur Skaptafells sýsla  125—157

Der *Skeiðarársandur*. Übergang über die *Skeiðará* und *Svínafellsá*. *Svínafell*. Beim dänischen Generalstab zu Gast. Schwierigkeiten der Kartographierung der Südküste. *Svínafell* und die *Njálssaga*, Schluss dieser Saga. Vorliebe der Isländer für Schnupftabak. Der Bezirk *Öræfi*, Volkskundliches. *Sandfell*. *Öræfajökull*. *Fagurhólsmýri*, Armenpflege, Altersversorgung. *Ingólfshöfði*. *Breiðamerkursandur*. Übergang über diesen Gletscher, da die *Jökulsá* nicht zu passieren ist. *Reynivellir*, Augenkrankheiten, *Fóstur*. Von *Uppsalir* um das *Hornafjarðarfljót* zu Dr. *Þórður* nach *Borgir*, Brief der Schiffbrüchigen des „Friedrich Albert". Reste des deutschen Handels. Über das *Almannaskarð* nach *Stafafell*, ein Altargemälde des 17. Jahrh. *Lónheiði*, Abschied von der *Skaptafells sýsla*.

**Dreizehntes Kapitel.** Reise durch die Suður und Norður Múla sýsla . . . . . . . . . . . . . . . . . . . . . .  158—202

*Starmýrardalur*, *Siðu Hallr* und Dankbrand. Quartier in *Hof*, *Þiðrandi*. Noch eine Geschichte von *Siðu-Hallr*. *Álptafjörður*. Ritt durch den *Hamarsfjörður* nach *Djúpivogur* am *Berufjörður*. *Papey*, die Iren. Jährliche Regenmenge auf Island. Hamburger und Bremer auf *Papey*. Beschwerliche

Inhalts-Verzeichnis.  V

Seite

Passage über das *Berufjardarskard*. *Höskuldstadir* im *Breiddalur*. *Skriddalur*, *Þingmúli*, Saga von *Hrafnkell*. Blick vom *Hallormstadaháls* auf den Nord- und Nordostrand des *Vatnajökull*. Das *Lagarfljót*, mehrere Sagen von Wasserungeheuern. Der Birkenwald bei *Hallormstadir*. Zur Waldfrage in Island. Bei Dr. *Jónas* in *Brekka*. *Hengifoss*. Eine seltene Naturerscheinung, *rosabaugur*. Die Geschichte des *Hrafnkell Freysgodi* und ihr Schauplatz. Über die *Fljótdalsheidi* nach *Eyriksstadir*. Gedicht von *Páll Ólafsson* „Am Tage, da die Asche fiel"; Rentiere auf Island. *Jökulsá á Brú*. Alte Brücke über diesen Gletscherfluss, eine Luftfähre (*dráttur*). Wohlhabenheit des Bauern, allerlei Spielzeug. Ausbruch der *Dyngjufjöll*. Übergang der Pferde über die *Jökulsá*. Durch die *Jöknidalsheidi* nach *Mödrudalur*. *Herdubreid*. Die *Jökulsá á Fjöllum* entlang durch die Wüste bis *Grimstadir*.

**Vierzehntes Kapitel.** Reise durch die Nordur und Sudur Þingeyjar sýsla . . . . . . . . . . . . . . . . . 203—245

*Ódádahraun* als Schauplatz der Ächtersagen. Durch die *Mývatnsöræfi* an der *Sveinagjá* vorüber nach dem *Dettifoss*. Rast im *Svínadalur*. Alter Herd in *Svínadalur*. *Hljódaklettar*, *Ásbyrgi*. Ziegen auf Island. *Vikingavatn*. Eine alte Volkssage über *Vikingr*. Ankunft in *Húsavík*: eine Sage über die Entstehung der Lavaströme am *Mývatn*. Ausfuhr von Schwefel; Erdbeben. *Laxamýri*, Eiderenten, Lachsfang. Die *Laxá* entlang am *Uxahver* vorüber nach *Grenjadarstadur*. Am Mückensee! Mückenplage. Sage vom „Nachtkobold in seinem Boote". Die Insel *Slútnes*: Üppigkeit der Vegetation, Reichtum an Wasservögeln und Forellen. *Reykjahlid*, *Hlidarfjall*, *Leirhnúkur*, Ausbruch von 1729. Abstecher nach den Solfataren und Schlammvulkanen (*Hlidarnámur*). Um das *Mývatn* nach *Skutustadir*: Geschichte von *Þorgeirr* und *Skuta*. *Hverfjall*, *Godafoss*, *Ljósavatn*. Durch die schalenförmigen Vertiefungen des *Ljósavatnsskard* nach dem *Hálsskógur*, dem stattlichsten Walde des Nordlandes. Von der *Vadlaheidi* hinab nach dem *Eyjafjördur*. Ankunft in *Akureyri*. Gedicht von *Jónas Hallgrímsson* „An Paul Gaimard".

**Fünfzehntes Kapitel.** *Akureyri* . . . . . . . . . . . . 246—269

Lage von *Akureyri*, die berühmten Vogelbeerbäume, Theater, *Oddeyri*, Versuchsstation für Waldanpflanzungen, Versuchsgärtnerei, Kirche, Kirchhof *Matthías Jochumsson*. Aus der Geschichte von *Akureyri*. *Mödruvellir*, *Skrida*, *Grund*. *Víga-Glúmssaga*. *Munkaþverá*, *Hrafnagil*. Die letzten Tage in *Akureyri*.

**Sechzehntes Kapitel.** Heimreise. Rückblick und Ausblick . . . . . . . . . . . . . . . . . . . . . . 270—290

Zu Schiff nach *Siglufjördur*. Leben an Bord eines Heringdampfers. Die „Notboote" der Norweger. Von *Siglufjördur* nach Haugesund (der Haraldshaug), Bergen, Deutschland. — Island in Vergangenheit, Gegenwart und Zukunft. Schlussgedicht von *Hannes Hafsteinn* „Island".

**Verzeichnis der Abbildungen** . . . . . . . . . . . . 291—294

**Verzeichnis der Proben aus der isländischen Literatur** . . . . . . . . . . . . . . . . . . . . . . . 295 297

**Namenverzeichnis** . . . . . . . . . . . . . . . . . 298—308

**Sachregister** . . . . . . . . . . . . . . . . . . . . 309—316

**Übersichtskarte: Herrmanns Reiseroute in Island** am Schlusse des Buches.

---

### Bemerkte störende Druckfehler:

Seite 62, Zeile 13 lies: glatt wie Eis ist statt die glatt wie Eis ist.
Seite 12, Zeile 11 von unten lies: ich gehe . . . ein statt gebe.
Seite 79, Zeile 8 von oben lies vágrek statt vrágrek.
Seite 110, Zeile 2 von unten lies ersten statt zweiten.
Seite 248, Zeile 3 von oben lies Insel statt Inseln.

## Zweiter Teil.

# Reisebericht.

## Neuntes Kapitel.

### Der Geysir und die Hekla.

27. Juni 1904.

Wehmütig nahm ich von meinem bequemen Hotelbett Abschied. Heute soll die grosse Durchquerung Islands von Westen nach Osten die Südküste entlang, dann nach Norden hinauf bis *Akureyri* beginnen. Ögmundur war pünktlich zur Stelle. Noch einmal wurden die Koffer nachgesehen, einige Ergänzungen eingekauft und die letzten Grüsse nach Hause geschrieben. Altem Brauche gemäss liessen wir uns mit unserer ganzen Karawane von *Sigfús Eymundsson* photographieren (Fig. 61), verabschiedeten uns von Herrn und Frau Jörgensen, unter deren liebevollen Pflege wir uns allzeit wohl gefühlt hatten, und verliessen 1/2 11 Uhr das gastliche Haus und die herrlich gelegene Hauptstadt. Ein letzter Blick galt der Lateinschule, wo ich bei Rektor *Ólsen* so manche unvergessliche Stunde verplaudert hatte, und wo jetzt die Kollegen und Schüler im Examen schwitzten, dann bogen wir in die *Pingvalla*-Strasse ein und begannen sofort zu traben und zu galoppieren, um unsere Pferde kennen zu lernen.

Da wir dieselbe Strecke erst vor 12 Tagen zurückgelegt hatten, gab ich auf den Weg nicht sonderlich acht, zudem machte mir mein Pferd zu schaffen. Kaum hatte ich einen Blick für das *Pingvallavatn* übrig, das zur Rechten wie ein silberner Spiegel aufblitzte, und für den gezackten *Hengill* („überhängender Berg"), an dessen Fusse der Dampf heisser Quellen in die stille Luft emporwallte.

Plötzlich machte die Strasse eine Wendung, und vor mir starrten die schwarzen Lavawände der *Almannagjá* empor, zwischen denen wir in die wilde Schlucht einbogen (Fig. 62). Mag meine Stimmung heute empfänglicher gewesen sein als auf der ersten Reise, wo wir nach zwölfstündigem, anstrengendem Ritt um Mitternacht hier eintrafen; oder mag das gänzlich Unerwartete des Anblicks doppelt auf die noch frische Einbildungskraft eingewirkt haben — der Eindruck lässt sich in keine Worte fassen. Stumm, in ehrfürchtigem Schweigen ritten wir ganz langsam durch die „Allmännerkluft" hindurch; das Auge vermochte kaum zu der linken, wie aus riesigen, verrussten

Fig. 61. Aufbruch zur Reise.

Quadersteinen aufgeführten Wand emporzufliegen und die abenteuerlichen Formen wahrzunehmen, die eine seltsame Laune der Natur in die Lava da oben hingezaubert hat: Zinnen und Zacken, Pyramiden und Warttürme, Hecken und Höhlen, Fenster und Dächer und fabelhafte Tierleiber in wunderlichen Verschlingungen. Der Strom rauschte zur Rechten, und vor uns donnerte der Wasserfall. Eine neue Biegung des Weges, und mit unendlichem Wohlgefallen ruht das Auge auf der weiten violett-grauen Fläche des Thingsees und schweift träumend über die vielen gelben Holme hin. Wahrlich, es ist nicht übertrieben, wenn Lord Dufferin behauptet, es sei der Mühe wert, um die Erde zu reisen, nur um die *Almannagjá* zu sehen.

Fig. 62. Eingang zur Almannagjá.

28. Juni.

Früh um 9 Uhr brachen wir auf, da wir den Weg zu den heissen Springquellen von *Haukadalur* an einem Tage zurücklegen und unterwegs den *Hallshellir* besuchen wollten. Der Weg führte durch stattlichen, frischen Birkenwald über die etwa 6 km breite, in vorgeschichtlicher Zeit entstandene vulkanische Senkung, die sich zwischen der *Hrafnagjá* („Rabenschlucht") im Osten und der *Almannagjá* im Westen ausdehnt. Diese gesenkte Partie ist reich an Klüften und Spalten; bei dem Erdbeben im Jahre 1789 sank die Lava um etwa 1 m tiefer. Die *Hrafnagjá* ist ebenfalls ein Riss in der Lava, aber nicht so hoch wie die *Almannagjá*, ihre breite Kluft ist mit riesigen Felsblöcken ausgefüllt. Während man sie früher auf halsbrecherischen Schlangenwegen passieren musste, waren jetzt Arbeiter damit beschäftigt, sie an einer Stelle auszufüllen und so einen bequemen Übergang herzustellen.

Leider stellte sich heraus, dass Ögmundur den *Hallshellir*, dessen Besuch mir Rektor Ólsen dringend empfohlen hatte, nicht kannte und auch nicht daran gedacht hatte, sich im Hotel „Valhöll" danach zu erkundigen. Diese Höhle ist nach dem englischen Dichter Hall Caine aus Tynvald auf Man benannt, der sie 1903 mit Ólsen zusammen genauer untersucht hat[1]). Die Haupthöhle, die an einer Stelle prächtige Stalaktiten aufweist, ist gegen 56 m lang und an der breitesten Stelle $17^{1}/_{4}$ m breit; die Höhe beträgt im Durchschnitt $1^{1}/_{2}$ m; auf jeder Seite liegt eine Nebenhöhle. Innerhalb des Eingangs, der durch Gestrüpp teilweise verdeckt ist, liegt ein mächtiger Felsblock, von dem aus nach drei Seiten ein Wall von ca. 1 m Höhe zur Wand hin aufgeworfen ist. Vermutlich haben in alter Zeit Ächter diese Verschanzung angelegt, um Zuflucht dahinter suchen zu können. Später habe ich erfahren, dass die Höhle hart am Wege nach dem *Geysir* liegt, und kein Reisender, der diese schöne Tour unternimmt, sollte versäumen, sie aufzusuchen.

Übrigens ist der Name Hall seinem Ursprunge nach nordisch. Hall Caine hat einen wirkungsvollen Unterhaltungsroman geschrieben „The Prodigal Son", dessen Stoff das isländische Leben unserer Tage behandelt, und dessen Held, der Sohn des Landshöfdingi, ein ungewöhnlich begabter Musiker ist[2]). Die Verhältnisse und Naturschilderungen, die Hall Caine aus eigener Beobachtung kennt, sind gut wiedergegeben und verleihen der aufregenden Handlung einen fesselnden Hintergrund. Aber wie in England eine Stelle des Buches mit Recht peinliches Aufsehen erregt hat — die Szene, in der der Held aus Gewinnsucht die Leiche seiner Frau nach Jahren wieder ausgräbt, um eine Komposition vor der Vermoderung zu retten, die er ihr als teuerstes

---

[1]) Gebhardt, Über eine neugefundene Höhle auf Island. Globus, Bd. 84, Nr. 24; 24. XII. 1903.
[2]) Leipzig 1905, Tauchnitz, 2 vols. Deutsche Übersetzung: Leipzig 1905, Degener, 2 Bde.

Andenken mit in den Sarg gegeben hat, ist der Wirklichkeit nachgebildet: von dem Präraphaeliten Gabriel Rossetti wird dasselbe erzählt — so muss jeden, der *Reykjavik* kennt, die taktlose Verwendung von Personen empören, die noch heute leben, und die sogar mit vollem Namen oder mit genauer Bezeichnung ihres Standes und Aussehens in dem Roman auftreten. Hall Caine hat jetzt seinen Roman zu einem Sensationsdrama umgearbeitet, das im Winter 1905 in London aufgeführt ist. Kein geringerer als der isländische Dramatiker *Indridi Einarsson* hat an den Proben teilgenommen und bei der Wahl der Dekorationen und Kostüme mitberaten. Die Musik hat *Sveinbjörn Sveinbjörnsson* geschrieben.

Als Entschädigung für die Hallshöhle führte uns Ögmundur nach dem *Laugarvatnshellir*. Wir waren auf einer üppigen Wiese angelangt, die flach und lang von einem Bach in vielen Windungen durchzogen wurde. An der südöstlichen Seite der kahlen, wilden *Kálfstindar* hat man in dem mürben Palagonittuff eine etwa 20 m tiefe und über 1½ m hohe Höhle aufgefunden; einige alte Runeninschriften bedecken die Wände, zweifelsohne hat die Höhle früher flüchtigem, geächtetem Volk als Herberge gedient, heute ist sie ein Schafstall, und das Waten in dem hohen, weichen Mist war nicht angenehm. Etwa fünf Minuten von ihr entfernt ist noch eine andere Höhle, aber tiefer gelegen; der Tuff ist wie mit einem Kranze von Brecciesteinen umgeben. Auf dem anderen Teile des Tales war eine prächtige, aus Steinen errichtete Hürde zum Sortieren der Schafe *(rjett)*, musterhaft in ihrer Anlage, vielleicht die praktischste, die ich gesehen habe.

In flottem Galopp ging es weiter bis zum *Laugarvatn*, an dessen westlichem und südöstlichem Rande weisse Dampfwolken aufstiegen. Die heissen Quellen haben hier drei Austrittsstellen; in einem Zwischenraume von 2—3 Minuten wallte das Wasser etwa ½—1 m hoch und brachte grosse Blasen von Dampf und Schwefelwasserstoff mit herauf, die Wärme betrug 98° C. Eine Quelle, die nur langsam brodelte und blubberte, war zu einem Waschplatz hergerichtet. Wir sattelten ab, liessen die Pferde grasen und wärmten eine Konservenbüchse mit Frankfurter Würstchen und Grünkohl in der heissen Quelle. Während wir behaglich schmausten und die Vorzüge der deutschen Konserven vor den englischen erörterten, rief Ögmundur plötzlich: „Der Geysir springt!", und weit, weit in der Ferne ward eine riesige Wassersäule sichtbar, von einer ungeheuern Dampfwolke umgeben. Doch dauerte es noch vier Stunden, bis wir endlich am Quellengebiet des Geysir ankamen.

Um das nördliche Ende des *Laugarvatn* ritten wir durch duftendes Birkengestrüpp und über hell tönende Lava bis zur *Brúará* („Brückenfluss"). Früher führte eine natürliche Felsenbrücke über den Fluss — daher sein Name —, dann wurde über eine mehrere Meter breite Spalte mitten im Bett ein Brettersteg gelegt, über den das Wasser von allen Seiten stürzte, seit 1900 aber ist eine ordentliche Holzbrücke mit Steinpfeilern gebaut.

Hier hat *Sigurdur Stefánsson*, der die erste chorographische Beschreibung Islands geliefert, einen Abriss über die nordischen Länder verfasst, eine Karte von Grönland gezeichnet, die älteste Schrift über isländische Rechtschreibung geschrieben, lateinische Verse gedichtet und ein Buch über Elfen, Gespenster, Erscheinungen, Kobolde und Vorboten verfasst hatte, im Jahre 1594 einen traurigen Tod gefunden. Er war gerade zum Rektor der Schule in *Skálholt* gewählt und wollte die *Brúará* überschreiten; da der Fährmann nicht zur Stelle war, legte er sich am Ufer zum Schlafen nieder, rollte aber in den Fluss und ertrank — das Volk behauptete, die Elfen hätten das getan, aus Rache dafür, dass er ihre Geheimnisse verraten[1]). Noch eine andere Geschichte knüpft sich an diesen Fluss. Das Jahr 1602 war überaus hart, viele Leute verliessen Haus und Heim und trieben sich bettelnd umher. Die meisten suchten den reichen Bischofssitz *Skálholt* auf; aber der Verwalter, angetrieben von der Frau des Bischofs, brach die natürliche, steinerne Brücke über die *Brúará* ab, um den Weg nach *Skálholt* zu erschweren. Zur Strafe für seine Hartherzigkeit ertrank er selbst in der Ache, und auch von der Familie des Bischofs war das Glück gewichen (Kaalund I, 159).

Das Birkengestrüpp hörte hinter dem Flusse bald auf, auf die Lava folgte das Hochplateau südlich vom *Bjarnarfell*, dann ging es abwärts am Südende des kahlen *Langafjall* entlang über Moor und Wiesen, und um halb acht schwangen wir uns vor dem „Hotel Geysir" aus dem Sattel. Da wir die einzigen Gäste waren, suchten wir uns von den fünf Zimmern je eins aus, das unmittelbaren Ausblick auf den wenige hundert Schritte nördlich gelegenen Geysir gewährte; so hatten wir den alten unzuverlässigen Herrn immer vor Augen und konnten sofort ans Fenster stürzen, wenn er etwa in der Nacht zu rumoren anfangen sollte.

Das Geysirgebiet besteht aus einer Reihe von Thermen, etwa 100 an der Zahl, am südöstlichen Abhange des kahlen *Langafjall*; es ist etwa ½ km lang und ¼ km breit (Fig. 63). Aber nur zwei von den heissen Quellen, der „Grosse Geysir" und der *Litli Geysir* = „Kleine Geysir" (auch *Óperrishóla* „Regenwetterloch" genannt, weil sein Springen nasses Wetter anzeigen soll) sind das, was man unter einem Geysir versteht. *Geysir* ist der „Hervorstürzende, stark Sprudelnde", und der Stamm ist auch im Deutschen bekannt; die uralte Donarseiche in Hessen, die Bonifatius fällte, stand an einem heiligen Opferquell. Geismar (*gisan* und *mari*, also: Sprudelquell). Nach dem Geysir auf Island sind auch die periodisch emporspringenden heissen Quellen in anderen Ländern benannt, z. B. beim Yellowstone River (Nationalpark) in Nordamerika und auf Neu-Seeland. Zwischen dem grossen und kleinen Geysir liegen in der Richtung von Nord nach Süd die Quellen: *Stjarna* im östlichen Abfluss der *Blesi*quelle, *Blesi* selbst und *Fata*, westlich davon der *Konungshver*, und noch weiter westlich *Ástarauga* (Auge der Liebe); südöstlich von Fata *Strokkur* und 120 Schritte davon entfernt *Óperrishóla*; abermals

---

[1]) *Jón Þorkelsson*, Om Digtningen paa Island 431 2; Thoroddsen-Gebhardt I, 186; Ólafur Davidsson, Tímarit XIV, 181.

Fig. 63. Das Geysirgebiet.

südlich hinter mehreren Schlammquellen *der kleine Strokkur*, dann eine Sammlung von verschiedenen Becken mit kochendem, siedendem oder wallendem Wasser, *Pxkknhverir*, darunter die südlichste Quelle *Sí-sjódandi* (immer kochend) und die östlichste *Gunnhildarhver*.

Die heissen Quellen sind in fortwährender Veränderung begriffen; an der einen Stelle hört eine auf, an einer ganz anderen kommt plötzlich eine neue zum Vorscheine. Der *Konungshver* z. B. (Königsspringquell), der 2—3 Fuss hoch springt, entstand in einem alten erloschenen Krater neben dem Denksteine, den man zur Erinnerung an den Besuch König Christian IX. errichtet hat. *Der grosse Geysir* hat jetzt sehr unregelmässig Eruptionen. Während er früher alle 4—5 Tage sprang, vergehen jetzt oft 20 Tage zwischen zwei Eruptionen. *Blesi* besteht aus zwei grossen Becken, die dicht aneinander stossen, ihre Temperatur betrug 92°; das Wasser wird zum Kochen des Kaffees und der Suppe benutzt. Sie hat ihren Namen „Blesse", womit wir den weissen Streifen auf der Stirn eines Pferdes bezeichnen, wohl von der Sinterbrücke, die die beiden brillenförmigen Becken verbindet. Ihr Wasser ist wunderbar durchsichtig, feenhaft blaugrün und reicht in den rotgelben Becken bis zum Rande, nur ein leichtes zartes Kräuseln belebt die Oberfläche. Vor dem Erdbeben 1789 hatte der *Blesi* Ausbrüche, bei denen das Wasser 30—40 Fuss hoch in die Luft geworfen wurde. *Fata* (Eimer) ist eine kleine Quelle, zuweilen fällt das Wasser so tief, dass man es nicht mehr sehen kann. Der *Strokkur* (Butterfass, nach der butterfassähnlichen Gestalt der Quellenöffnung benannt) ist bei einem Erdbeben 1784 entstanden und war früher so artig, auf Kommando zu springen: man warf ihm eine gehörige Menge Rasenstücke in den Rachen, und sofort hob sich eine gerade oder kegelförmige Wassersäule etwa 40 m hoch in die Luft. Seit dem Erdbeben aber vom Jahre 1896 hat der *Strokkur* seine Tätigkeit völlig eingestellt. Sein Wasser ist nur lauwarm, schwarz und schmutzig und wallt nur wenig. Der *Litli-Geysir* aber *(Óperrishóla)* ist ein liebenswürdiger Geselle; füttert man ihn mit Rasen, so steigt er unfehlbar nach einigen Minuten 2—3 m in die Höhe und springt wohl eine Stunde lang. Er hat nur einen kleinen flachen Sinterkegel und zwei kleine, ovale, tiefe Höhlen, die von rotem Ton umgeben sind. Ich habe ihn um so dankbarer in meiner Erinnerung, als er im ganzen viermal gesprungen ist, und zwar freiwillig, nicht bloss der Not gehorchend, indem wir seinen Quellschacht verstopften; der grosse Geysir aber trotzte beharrlich.

Ich hatte die lebendige Schilderung Max Nordaus noch gut im Gedächtnis, und während ich mit Ögmundur und dem Bauer das ganze Gebiet durchstreifte und mir die Namen der einzelnen Springquellen nennen liess, zitierte ich sie ihnen nach der Erinnerung. Sie gefiel beiden recht gut, obwohl sie etwas überschwenglich gehalten ist, und ich setze sie deswegen mit einigen Kürzungen hierher¹). Ein Getöse erfüllt die Luft wie in einer grossen Maschinenwerkstätte; ein Stöhnen und Sausen und Brausen wie von gewaltigen Blasebälgen, dazwischen ein schrilles Pfeifen und ein unterirdisches Kollern und Kullern, auch wohl ein Kanonenschuss vom grossen Geysir her, das sich zeitweilig zu einem dumpfen, fernen Donner verstärkt. Die Farbe des Wassers und des Niederschlages ist fast an jeder Quelle verschieden: das Auge begegnet allen möglichen Nuancen von Weiss und Schwarz, Grau und Gelb, Orange und Rot; das ganze Quellengebiet sieht wie eine ungeheure Palette aus, auf der sich grosse Kleckse verschiedener greller Farben nebeneinander befinden. Man fühlt sich anfangs recht ungemütlich zwischen diesen kochenden und arbeitenden, dampfenden und schnaubenden Höllenschlünden; mit jedem Tritt fürchtet man durchzubrechen; denn wer in einen solchen Hexenkessel hineinfällt, liefert wohl eine kräftige Bouillon, kommt aber sicher nicht mehr lebendig heraus; bald aber findet man die gangbaren Stellen zwischen den einzelnen Becken und Kesseln, wenn man auch ein paar mal bis an die Knie in dem heissen Schlamm stecken bleibt. Schliesslich wandelt man mit einer Gleichgültigkeit zwischen ihnen auf und nieder, wie wenn man selbst der Heizer wäre, der die unterirdischen Feuer für diese grauenhafte Dampfmaschine nährt und schürt.

Meine Ungeduld und Aufregung, den grossen Geysir in Tätigkeit zu sehen, war viel zu gross, als dass ich hätte einschlafen können. Aus Büchern wusste ich ja, wie ein solcher Ausbruch erfolgt: es donnert und dröhnt, das Wasser steigt glockenförmig empor, eine Fontäne nach der andern erhebt sich unter ständigem, starkem Sprudeln, und endlich sinkt das Ganze wieder in Nichts zusammen. Aber ich brannte darauf, dieses eigenartige Schauspiel mit eigenen Augen zu sehen. Wie es so kommt, fiel mir mit einem Male Benedikt Gröndals „Gedenkblatt an die tausendjährige Jubelfeier der Besiedelung Islands" ein. Auf ihm, wie auf den schönen Hundert- und Fünfzigkronenscheinen, die die neue Bank ausgegeben hat, sind der *Geysir* und die *Hekla* die typischen Vertreter der isländischen Natur. *Hannes Hafsteinn* aber, daran musste ich weiter denken, gefällt der *Geysir* als Islands Symbol nicht: wohl wird sein Wasser durch plötzliche, augenblickliche Kraft emporgeschleudert, und staunend betrachtet man das prächtige Wunder; aber die Herrlichkeit nimmt allzu rasch ein Ende, in dieselbe Stätte, die soeben noch alle Kräfte angespannt hatte, fällt der Strahl wieder zurück, sinkt machtlos zusammen, und Ruhe und Untätigkeit kehren wieder. War es mit Island nicht oft genug ebenso? Wieviel schöne Anstrengungen waren gemacht? Und wie kläglich waren sie wieder zu nichte geworden! Nein, ein Quell sei Islands Symbol, der Quell eines starken Stromes, der ungestüm vorwärts durch die Felsen bricht, alles niederreisst, was sich ihm in den Weg stellt, und stolz seine Strasse zum Meere zieht,

„und im rollenden Triumphe
Gibt er Ländern Namen, Städte
Werden neben seinem Fuss . . . . Sausend

1) Nordau, Vom Kreml zur Alhambra, 3. Aufl., 1889, I, 359—362.

> Wehen über seinem Haupte
> Tausend Flaggen durch die Lüfte,
> Zeugen seiner Herrlichkeit."

An dieses Gedicht musste ich denken, als ich spät am Abend vom Fenster meiner Schlafstube aus über die öde Ebene des *Haukadalur* („Tal der Habichte") blickte: in der Ferne gen Norden tauchten die ungeheuren Eismassen des *Lángjökull* und davor der eisgekrönte *Blàfellsjökull* auf, unterhalb von diesem die weissen Spitzen und Zacken, die *Jarlhettur* heissen, rötlich glänzten die nackten Wände des *Laugafjall*, weit im Südosten schimmerte der schneeige Mantel der *Hekla*, vor mir auf dem in allen Farbenzusammenstellungen prangenden, nur hier und da mit Moos und dürftigem Gras bedeckten Boden schwebten weisse, dünne Dampfwolken auf und wiegten sich im Winde hin und her, wie die silbernen Büsche der *Fifa*, des Wollgrases, das der isländischen Sumpflandschaft seinen eigenartigen Reiz verleiht. Da mir das Original nicht zur Verfügung ist, gebe ich das Gedicht von Hannes Hafsteinn „Beim Geysir" in Pöstions Übertragung wieder (Eislandblüten, S. 195—197):

> Beim Geysir hielt ich Wache zur Nacht,
> Ging im feuchten Grase zur Ruh'.
> Von den Quellen wehte der Nachtwind sacht
> Die schwülen Dämpfe mir zu.
> Die weichen Gräser schlummerten tief,
> Von Dampf hier zweifach betaut, wie sie sind.
> Im Zelte die Reisegesellschaft schlief.
> Ich sollte sie wecken geschwind,
> Wenn jählings der Geysir zu spielen beginnt.
>
> Das Haupt auf dem Arme lag ich nun so
> An des Rasens äusserstem Rand;
> Am Busen der Heimat ruhte ich froh,
> Ich war ja so lang ausser Land!
> Da war mir im Geiste Vergessnes erwacht;
> Ich schaute unsre Vergangenheit,
> Die Zukunft jedoch verbarg mir die Nacht.
> Ich sah mit zornigem Leid,
> Wie hart man geknechtet uns hatte so lange Zeit.
>
> Ein tränendes Auge der Himmel mir deucht',
> Zu Seufzern ward das Gesumm;
> Die sinkenden Tropfen, die Grashalme feucht,
> Um Freiheit flehten sie stumm
> Da war es, als hätt' unter meinem Haupt
> Dumpf Schuss auf Schuss in der Tiefe gekracht;
> Den Herzschlag hab' ich zu hören geglaubt
> Von einer Urkraft und Macht,
> Die nach langem Schlummer wieder zum Leben erwacht.

Begeistert durch meine Seele es sang:
Er kommt nun doch, er zerreisst
Die Bande, worin er gelegen so lang',
Der Zukunft gefesselter Geist!
Er führt uns nun stolz zu den Höhen des Ruhms,
Nachdem er zermalmt mit den Fäusten der Kraft
Das drückende Joch unseres Sklaventums.
Zur gewaltigen Macht er nun schafft
Die Lebenskraft wieder, so lang schon erschöpft und erschlafft.

Da lacht es spöttisch herab von der Höh'n:
„So seid ihr: sieh doch einmal!"
Ich sah nach dem Geysir: er schoss mit Gedröhn
Empor in mächtigem Strahl,
Dampfsäulen prustend aus tiefem Schlund.
Wie hoch hat die Schnellkraft empor ihn gerafft!
Grell schied er des Himmels grauweisslichen Grund!
Zu oberst urplötzlich erschlafft,
Fiel jählings sich wendend er wieder zum Urquell der Kraft.

Da sprang ich rasch auf, vom Schlafe erwacht,
Ich hatte dies alles — geträumt.
Sehr still war ringsum die einsame Nacht,
Die Schale nur leicht überschäumt.
Kein Ausbruch war's, ob's auch wie ein Schuss
Im Innern der Erde gedröhnt und gegrollt.
In weiter Ferne rauschte der Fluss.
Im Osten schimmerte hold
Der junge Tag; bald glühten die Berge in Gold.

Wir kehrten morgens wieder nach Haus
Und dachten des Geysirs nicht mehr,
Doch seh' ich und hör' ich wo Wassergebraus,
Dann ist mein Wunsch immer der:
Sollt' wieder im Traum ich sehen einmal
Des Vaterlandes Symbol, so sei's
Der Quell eines mächtigen Stromes, kein Strahl,
Der zurückfällt ins selbe Geleis;
Doch wachend zu sehn solch ein Zeichen wär' schönerer Preis!

29. Juni.

Aus dem Schlafen ist in dieser Nacht nicht viel geworden. Vor Erwartung, vielleicht auch vor Ermüdung schloss ich kein Auge. Dazu foppte und narrte mich der grämliche, launische Herr fortwährend; es rumorte, puffte, knallte, donnerte auch wohl — aber wenn ich, notdürftig angezogen, ans Fenster stürzte — viel Lärm um nichts! Dazu hatte ich am andern Tage keine Lust, künstlich einen Ausbruch herbeizuführen; man kann nämlich bei dem Bauern für 10 Kronen einige Pfund Seife kaufen, und der *Geysir* soll auf die hineingeworfene Seife wirklich reagieren. So musste ich mich damit trösten, von weitem, vom *Laugarvtan* aus, den Anblick einer Eruption genossen zu haben. Denn wie sich bei meinen Erkundigungen herausstellte, rührte die hohe Wassersäule, die wir am Mittag des vergangenen Tages gesehen hatten, in der Tat vom *Geysir* her, nach den Erfahrungen des Bauern war es gänzlich ausgeschlossen, dass der *Geysir* in den nächsten Tagen noch einmal springen würde. So beschloss ich, nach dem Frühstück einen Ausflug nach dem östlich gelegenen *Gullfoss* zu unternehmen, einem Wasserfall, mit dem sich die *Hvítá* jäh in eine breite Spalte stürzt.

Während die Pferde von der abgelegenen Weide geholt und gesattelt werden, benutzen wir die Zeit, einige Daten über die Geschichte des *Geysir* zusammen zu stellen:

In den alten isländischen Schriften wird er nicht genannt: Naturbeschreibung lag ihnen im allgemeinen fern. Saxo Grammaticus aber, der Vater der dänischen Geschichte, der mit heissem Bemühen und doch so geringem Erfolge sich in die seinem innersten Wesen so fremde, heroische Vorzeit seines Vaterlandes vertiefte, muss von einem isländischem Gewährsmanne vom *Geysir* oder doch von einer Springquelle gehört haben. Wenn der *Geysir* damals bereits bestanden hat, etwa 1168, so hat ihm der Isländer *Arnaldr Þorvaldsson* davon erzählt; denn auf der Weiterreise hat sich mir mit ziemlicher Sicherheit ergeben, dass er im Südlande und an der Südküste auffallend gut Bescheid weiss[1]). „Es gibt Quellen auf Island," sagt Saxo, „die durch Wasserzufluss zu Zeiten steigen, ihre Becken ausfüllen, übertreten und einen Tropfenregen nach oben werfen; zu anderen Zeiten schläft ihr Sprudel ein, sie sind kaum in der Tiefe noch sichtbar und werden von Höhlen unten im Inneren der Erde verschluckt. So kommt es, dass sie zur Zeit ihres Übertretens ihre Umgebung mit weissem Schaume bespritzen, zur Zeit ihres Rückganges selbst für ein scharfes Auge nicht sichtbar sind." Saxo spricht ganz deutlich von den Quellbassins und von Wasserstrahlen, die nacheinander hoch in die Luft geschleudert werden; dann fliesst das sprudelnde Wasser in das Bassin zurück, und diese entleeren sich. In dem in der Mitte des 13. Jahrhunderts verfassten Königsspiel heisst es: „Einige Quellen sieden immer, im Sommer wie im Winter, und bisweilen liegt soviel Kraft in diesem Sieden, dass sie Wasser hoch in die Lüfte schleudern."

In den Annalen des Jahres 1294 heisst es, dass grosse Sprudel in *Haukadalr* beim Ausbruche der *Hekla* zum Vorscheine kamen, andere aber verschwanden, die vorher da waren. — Bruun vermutet in der Nähe des Geysir eine alte Thingstätte (Arkæol. Undersög. paa Island. Kph. 1899, S. 36, 37).

Erst im 18. Jahrhundert wird der Name *Geysir* genannt. Nun folgen die Erwähnungen und Beschreibungen Schlag auf Schlag, und ebenso die Erklärungsversuche. Bekannt ist die Erklärung von Bunsen; ich gebe um so weniger auf sie ein, als ich selbst eine Eruption des *Geysir* nicht erlebt habe[2]).

Wenn ich nicht irre — der Verfasser selbst deutet es nicht an —, wird demnächst ein neuer Erklärungsversuch hinzukommen. Im Sommer 1904 hat *Þorkell Þorkelsson* verschiedene warme Quellen bei *Krisuvik*, *Reykjafoss* und im Geysirgebiet auf das Vorkommen von Radium in der die Quellen umgebenden Erde, im

---

[1]) Holder pag. 6; meine Übersetzung (Leipzig 1901), S. 10. Thoroddsen-Gebhardt I, 62, 63. Nach Preyer-Zirkel, Reise nach Island, S. 256, ist die Röhre zu Saxos Zeit 26 Fuss hoch gewesen.

[2]) Eine sehr anschauliche bildliche Darstellung der verschiedenen Geysir-Theorien in: Weltall und Menschheit I, S. 200.

Wasser selbst und in der aus dem heissen Quellwasser aufsteigenden Luft untersucht[1]). Soviel ich weiss, stehen die isländischen Sprudel in bezug auf ihren Gehalt an Radium denen auf dem Festlande mindestens gleich, denn die Untersuchung einer Luftprobe des *Blesi* z. B. ergab:

$$N + O \quad 251,5 \text{ cm}^3 = 98,5\,\%$$
$$H \quad 1,7 \quad „ \quad = 0,7\,\%$$
$$Argon + Helium \quad 1,83 \quad „ \quad = 0,8\,\%,$$

des *Gunnhildarhver*:

$$N + O \quad 263 \text{ cm}^3 = 94,0\,\%$$
$$H \quad 11,8 \quad „ \quad = 4,2\,\%$$
$$Argon + Helium \quad 5,1 \quad „ \quad = 1,8\,\%.$$

Bei der grossen Bedeutung, die das Radium voraussichtlich für Heilzwecke erhalten wird, wäre hier ein neues wesentliches Mittel gegeben, die wirtschaftliche Lage der Insel zu bessern und Fremde auf längere Zeit hinzuziehen. Man würde nicht nur das isländische Mineralwasser im übrigen Europa einführen, sondern auf der Insel selbst, in ihrer naturschönsten Gegend, etwa am *Hengill*, nur eine halbe Tagereise von der Hauptstadt entfernt, würden Kurbrunnen eingerichtet werden, der leidenden Menschheit zum Segen und dem isländischen Geldsäckel zum Heile. —

Um elf Uhr brechen wir in Ölkleidern zum *Gullfoss* auf, denn es beginnt langsam zu regnen. Das *Tungufljöt*, ein Nebenfluss der *Hvítá*, war der erste Gletscherstrom *(Jökulsá)*, den wir auf unserer Reise kennen lernten; die schmutzig graue Färbung des Wassers und der reissende Lauf kennzeichneten ihn deutlich als solchen. Obwohl er über 120 m breit war, passierten wir ihn doch ohne Beschwerden. Ich schiebe eine Charakteristik der berüchtigten isländischen Gletscherflüsse auf, da wir an der Südküste noch mehr dieser Gletscherflüsse zu durchschreiten haben, als uns lieb ist, und begnüge mich vorläufig, die Schilderung einer *Jökulsá* aus dem Königsspiegel hierher zu setzen. „Auf Island gibt es eisige Gewässer, die unter den Gletschern hervorkommen, und zwar so mächtig, dass die umliegenden Berge und Ebenen zittern, weil das Wasser so reissend und in solchen Fällen herabstürzt, dass die Berge wegen der übergrossen Menge und der Heftigkeit wanken. Es ist nicht möglich, auf das Flussufer zu treten, um den Strom zu erforschen, ohne dass man lange Seile bei sich hat und sie denjenigen umbindet, die die Erforschung vornehmen wollen, und die anderen, die das Seil festhalten, müssen sich in einiger Entfernung befinden, um imstande zu sein, jene wieder herauszuziehen, wenn die heftige Strömung des Wassers sie in Gefahr bringt."

Über eine mächtige Moräne *(jökulalda)* ging es weiter auf weichen Wiesenwegen und durch pfadlosen Morast bergan, das

---

[1]) K. Prytz og Th. Thorkelsson, Undersögelse af nogle islandske varme Kilders Radioaktivitet og af Kilde-Luftarternes Indhold af Argon og Helium. Oversigt over det kongelige danske Videnskabernes Selskabs Forhandlinger 1905. Nr. 4, S. 317—346.

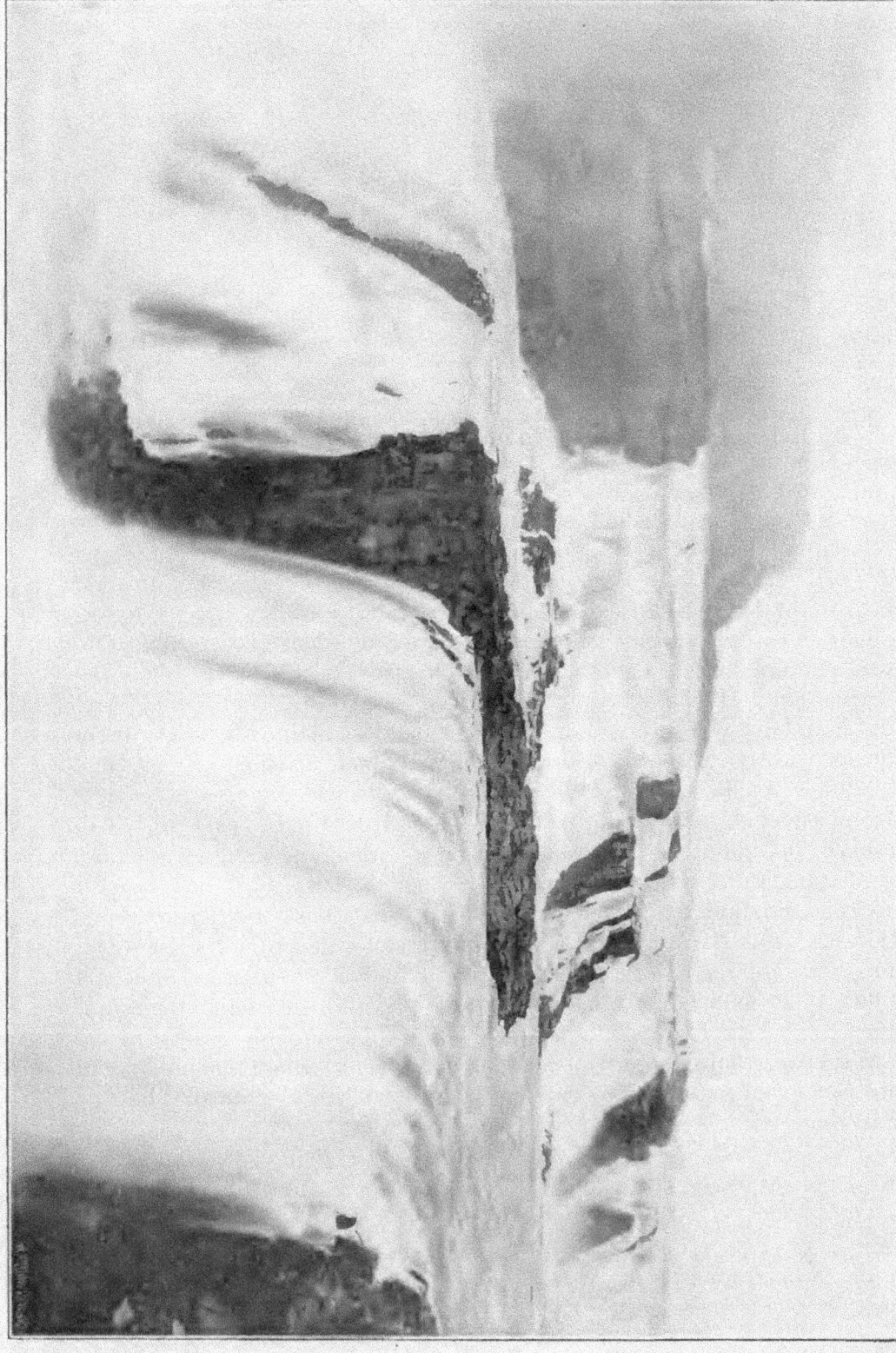

Fig. 64. Gullfoss.

Brausen und Donnern wurde immer vernehmlicher, und der Wind trieb uns schon den Wasserstaub des Falls ins Gesicht, ohne dass wir diesen selbst sehen konnten. Mit einem Male, ganz unvermutet, standen wir dem *Gullfoss* (Goldwasserfall) gegenüber (Fig. 64). Die weissen Wasser der *Hvítá* fliessen in breitem Bett einher, eine Reihe von Stromschnellen und wild zerklüfteten Felsterrassen verwandeln sie schon vor dem Fall in wirbelnden Gischt und sprühenden Schaum, dann stürzt der etwa 250 m breite Strom, durch fast 100 m hohe Basaltfelsen eingeengt, in zwei Absätzen mit donnerndem Getöse in die Tiefe. Der obere Fall, der wie der Rheinfall bei Schaffhausen in der Mitte um einen nackten Felsenturm braust, stürzt etwa 15 bis 20 m hinab, der untere Fall, der wohl dadurch entstanden ist, dass ein Erdbeben mitten im Flussbett eine tiefe Spalte aufriss, fällt ca. 40 m tief hinab. Der Wasserstaub, der als dichter Regen niederrieselt, wird über 100 Fuss empor geworfen und zeigt auch dem Fremdling die Richtung des Weges hierher an. Auf dem Boden des alten Flussbettes wei-

Fig. 65. Unterhalb des Gullfoss. (Die Hvítá in Basaltfelsen eingeengt.)

deten die Pferde und labten sich an dem ungemein üppigen Grase. Wir selbst kletterten überall umher und konnten es wagen, da wir unser Regenzeug an hatten, hart am Fall vorüber bis zum Cañon der *Hvítá* vorzudringen. Das Schauspiel der wild aufbäumenden, einander überkollernden schneeweissen Wassermassen war überwältigend, mit unheimlicher Geschwindigkeit schossen sie durch die schmale Kluft der engen Basaltfelsen dahin (Fig. 65), und es dauert fast zwei Stunden, bis sich ihr Ungestüm einigermassen gelegt hat.

Aber die Krone des Ganzen bildete doch der Augenblick, als unversehens die Sonne durch die finstern Regenwolken brach und den perlenden Wasserstaub in den wundervollsten Farben spielen liess.

Wie nach der deutschen Sage im Rhein der Hort der Nibelungen ruht, so sind auch auf Island in verschiedene tiefe Gewässer und zumal in Wasserfälle kostbare Schätze versenkt. Die *Hvítá* bildet noch einen andern Wasserfall, kurz nachdem sie dem *Hvítárvatn* entströmt ist. Man hat beobachtet, dass hier zuweilen das Wasser mit einem Male aufhört und das Bett ganz trocken liegt, vermutlich weil der Fluss sich durch verborgene Kanäle einen Abfluss im Lavastrom verschafft hat. Das Volk aber glaubt, ein Drache oder ein anderes Ungeheuer hause hier in einer unterirdischen Höhle und schlucke zu Zeiten den ganzen Strom in sich hinein. Ögmundur, der mir diese interessante Mitteilung machte, fügte noch hinzu, dass im Jahre 1888 einige Bauern Prof. Thoroddsen einige Knochen des Drachen zeigten, die sie am Ufer gefunden hatten — es waren Überreste von fossilen Walen aus dem Ende der Eiszeit, als das Meer noch das Südland bedeckte. Man sieht aber deutlich, wie mythische Vorstellungen noch heute im Volke aufs neue entstehen können.

Die Sage, dass im Gullfoss Goldhorte verborgen seien, hat *Gudmundur Magnusson* in einer hübschen Parabel in Gedichtform gebracht[1]).

> Wo der Gullfoss in der Bergschlucht staubt,
>   Da liegen zwei Kisten verborgen,
> Mit Gold gefüllt. — Und wer sie sich raubt,
>   Hat künftig keine Sorgen.
>
> Nun geh ich und hol mir das glänzende Gut,
>   Mag auch der Wasserfall toben.
> Ich tauch' in die schäumende, eiskalte Flut
>   Und hole den Hort mir nach oben.
>
> Nun hab ich das Gold — doch ich weiss, wie es geht,
>   Dir sei's im Vertauen verraten —
> Gar mancher kommt jetzt und bettelt und fleht —
>   Und pumpt sich ein paar Dukaten.
>
> Das Gold zu holen fehlt ihnen die Kraft,
>   Das wollen sie nicht riskieren,
> Doch hat es ein andrer mit Müh sich verschafft —
>   Sie wollen davon profitieren.

In 1½ Stunden waren wir zurück beim Geysir und erfuhren, dass wir nichts versäumt hatten. Gegen Abend und in der Nacht erdröhnte es noch ein paar Mal wie von einer unterirdischen Kanonade, einmal stieg auch das Wasser in Form einer riesigen Glocke etwa 4 m in die Höhe, aber es sank bald wieder zurück, und wir waren abermals genasführt.

---

[1]) Den Hinweis verdanke ich Aug. Gebhardt, Literaturblatt für germ. und rom. Philologie 1901, Nr. 5. Die betreffende Nummer des *Þjóðólfur* (1899, Nr. 16), die dieses Gedicht enthält, hat mir Prof. Ólsen gütigst besorgt. Über den Drachen vergl. auch Maurer, Isl. Volkssagen, S. 176 7, 187.

## 30. Juni.

Schon vor 10 Uhr brachen wir auf. Wiederum mussten wir durch das *Tungu-fljót* reiten, aber das Wasser reichte heute bis zum Sattel, da es in der Nacht tüchtig geregnet hatte. Nach etwas mehr als einer Stunde erreichten wir die *Hvitá* (Weissache), die *Ölfusá* heisst, nachdem sie den Ausfluss des *Þingvallavatn* aufgenommen hat, an der Stelle, wo sie aus der Gullfossspalte wieder in die Ebene tritt. Sie war aber viel zu breit, tief und reissend, als dass wir sie zu Pferde durchwaten konnten. Ögmundur hatte darum einen Bauern mitgenommen, der verpflichtet ist, ein Boot zum Überfahren instand zu halten und den Reisenden zu helfen. Die Pferde wurden abgesattelt, ein Teil der Kisten und des Sattelzeuges von dem ziemlich steilen Ufer an den Rand des Flusses getragen und zuerst von Ögmundur und dem Bauern hinübergerudert, mein Begleiter fuhr mit, um eine Aufnahme zu machen (Fig. 66). Die Strömung war recht stark, sie stemmten sich mit aller Kraft gegen die Wellen und liessen sich dann zurücktreiben. Eine Person bleibt gewöhnlich drüben, um die Pferde sofort in Empfang zu nehmen, und um ihnen beizustehen, wenn sie etwa zu ermüdet wären, das steile Ufer zu erklimmen. Heute fiel diese Aufgabe dem Studenten zu. Ögmundur und ich jagten dann, während der Bauer das Boot wieder in Ordnung brachte, unsere neun Pferde zusammen und zwangen sie mit Geschrei, Peitschenknall und leichten Steinwürfen in das breite, eisige, wirbelnde Wasser hinein. Sie stürzten sich auch ohne Besinnen in die reissende Flut und schwammen mit hoch erhobenem Haupte hinüber. Ich sah nach der Uhr, es dauerte gerade vier Minuten. Am andern Ufer angelangt, stapften sie prustend und sich

Fig. 66. Übergang über die Hvitá.

schüttelnd das Geröll hinauf, blickten verächtlich auf das unter ihnen rauschende Wasser und begannen wohlgemut an dem frischen Birkengrün zu nagen. Der Student ergriff ein Pferd nach dem andern an dem lang herabhängenden Riemen und hielt sie fest, damit sie nicht zu weit beim Grasen fortliefen. Inzwischen hatten Ögmundur und der Bauer das übrige Zaumzeug und zwei Kisten im Boote hinten verstaut, so dass das Vorderteil hoch emporragte; ich selbst erfreute inzwischen meine Augen an den schönen Basaltsäulen und dem alten Moränenboden. Dann setzte ich mich auf eine Kiste und bekam schweigend eine Schöpfkelle in die Hand gedrückt. Die beiden Männer mussten sich gehörig quälen, aber auch ich hatte fortwährend zu tun, um das eindringende Wasser aus dem alten, lecken Boote wieder auszuschöpfen. Der Bauer unterstützte uns noch beim Satteln, erhielt 5 Kronen als Fergenlohn, und wir setzten den Weiterritt fort; der Übergang hatte alles in allem $1^1/_4$ Stunde beansprucht. Nach einer Stunde machten wir Halt, um die Gurte wieder festzuziehen; denn an dem nassen Pferdeleibe geben sie leicht nach und lockern sich.

Vom *Tungufell* ritten wir ein Seitental der *Hvitá* entlang und erreichten gegen 2 Uhr den Pass *Gildruhagi*, eine wild romantische Gebirgslandschaft. Im Westen kroch der weisse Nebel von fünf warmen Quellen langsam über den Boden hin: ein Zeichen dafür, dass das gute Wetter nicht lange anhalten würde. Durch die Tufffelsen schlängelte sich ein kleiner, munterer Bach, und nach Süden schlossen Basaltzinnen von ganz eigentümlicher Formation das Tal ab. Dann ritten wir an einem kleinen See vorüber mit zwei heissen Quellen und liessen den Pfarrhof *Hruni* und ein Bächlein rechts liegen, in das eine warme Quelle geleitet war, und das zwei Mägden als Waschtrog diente.

Wir befanden uns in dem Gebiete, das im Jahre 1896 so furchtbar durch Erdbeben verwüstet worden war. In der *Árnes sýsla*, die wir mit dem heutigen Tage verliessen, wurden an Gebäuden (4430 Wohnhäuser und 5381 Stallungen) 17 Prozent zerstört und der grösste Teil der übrigen beschädigt. In der südlich und östlich davon gelegenen *Rángárvalla sýsla* waren von 588 Gehöften 86 gänzlich zerstört, 75 stark und 427 weniger beschädigt worden. Menschenleben waren nur 4 zu beklagen, aber viele wurden verwundet. Da das Vieh sich auf der Weide befand, gingen nur 9 Kühe und 20 Schafe zugrunde. Der *Strokkur* hat seitdem aufgehört zu sprudeln, warme und kalte Quellen und Brunnen erlitten Veränderungen, alte verschwanden, und neue bildeten sich. In der *Árnes sýsla* wurde das Wasser durch den Gletscherlehm vielfach milchweiss, in der *Rángárvalla sýsla* wurden die Bäche wegen der hier allgemein vulkanischen Erdarten blutrot. Die Vulkane in der Nähe, *Hekla*, *Katla* und *Eyjafjallajökull*, verhielten sich während und nach dem Beben vollständig ruhig, diese Erdbeben scheinen also tektonischen Ursprungs zu sein[1].

---

[1] Thoroddsen, Das Erdbeben in Island im Jahre 1896, in: Petermanns Mitteilungen 1901, Bd. 47, Nr. 3, S. 53 ff. Thoroddsen, Untersuchungen in Island, in: Z. d. Gesellschaft f. Erdkunde, Berlin 1898, Bd. 33, S. 294 ff. Thoroddsen,

Keins von den geschichtlich bekannt gewordenen Erdbeben auf Island scheint so furchtbare Verwüstungen angerichtet zu haben, wie das vom August und September 1896.

Die *Laxá* und *Kálfá* wurden leicht passiert, und wir näherten uns der *Pjórsá* (Stierfluss), dem längsten Flusse Islands (210 km), der Grenze zwischen der *Árnes sýsla* und der *Rángárvalla sýsla*. Dieses Gebiet und der *Pjórsárdalur*, ein Seitental zu dem breiten Tal, in dem die *Pjórsá* strömt, „Islands Pompeji", sind von Daniel Bruun genau durchforscht, und er hat da, wo jetzt alles mit schwarzer vulkanischer Asche und Bimsstein angefüllt ist, eine Anzahl alter Ruinen aufgefunden. Von hier stammen auch viele seiner wertvollen Untersuchungen über die wirtschaftlichen Verhältnisse Islands in der Gegenwart und die Bauart im Altertum wie in der Neuzeit. Auch manches interessante Bild aus dieser Landschaft ist von ihm aufgenommen. Die Höhle mit Umzäunung (Bd. I, S. 206), die Lämmerhürde (Bd. I, S. 203) und die alte Schafhürde (Bd. I, S. 215), die nördlich von unserem Quartier *Stórinúpur* liegt, sind von ihm mit Meisterhand gezeichnet.

Es goss in Strömen, das Auge sah nichts wie Zickzackwege durch grasbewachsenes hügeliges Land und kleine Täler. Mit einem Male hörte der Regen auf, und als der Reitweg um einen Abhang bog, traten der Reihe nach die drei weissen Geister des Küstenlandes hervor (ich gebe hier die unnachahmlich schöne Schilderung Heuslers wieder, Deutsche Rundschau XXII, S. 212): „erst der *Eyjafjallajökull*, der höchste und schönste von den dreien, eine ungebrochene, kaum gefaltete, milchweisse Fläche, der unvergleichlich zarte Kontur in einen weichen Doppelgiebel auslaufend. Nördlich von ihm der *Tindfjallajökull;* er lässt aus einer Gletscherebene sechs zierliche kleine Firn- und Felspyramiden aufwachsen. Zuletzt tritt die *Hekla* heraus. Ihr Abstand von uns ist nur der halbe; darum hat ihr Schneegewand nicht den gelblichen Duft der andern; es hebt sich schärfer, bläulich-silbern von dem Himmel ab. Die schwere, undurchbrochene Gletscherdecke fehlt ihr; die Schneehülle ist von grauen Aschenflecken und Lavazügen zerrissen. Ihre Form ist ausgeprägt: als regelmässige Halbkugel scheint sie sich aus der Tiefe empor und wieder zu Tal zu wölben."

Dann kämpften Sonne und schwarze Regenwolken einen langen Kampf miteinander. Die Berge lagen in bläulichem Scheine da, scharf hob sich die weisse Schneedecke von ihm ab, und als wir

---

Die Bruchlinien Islands und ihre Beziehungen zu den Vulkanen, a. a. O., Bd. 51, Nr. 3. Thoroddsen, Landskjálftar á Islandi, Kph. 1899—1905. — Gebhardt, Globus 1896, Bd. 70, Nr. 20.

in *Stórinúpur* um 8 Uhr ankamen, stand gerade ein Regenbogen über dem Hause des berühmten, wahrhaft grossen Psalmendichters *Valdimar Briem*. *Sira Valdimar* selbst war nicht zu Hause, er war in *Reykjavík* zur Pfarrerversammlung *(synodus, prestastefna)*, die dort anfangs Juli jeden Jahres unter dem Vorsitze der Stiftsobrigkeit, seit dem 1. Oktober 1904 dem des Ministers, zusammentritt. Sein Sohn *Ólafur*, der zugleich Vikar des Vaters ist, und dessen Gemahlin, eine Schwester des prächtigen *prófastur Gudmundur Helgason* von *Reykholt*, nahmen uns mit bezaubernder Gastfreundschaft auf, obwohl Touristen, namentlich Engländer, keine Seltenheit und vor allem nicht immer eine Annehmlichkeit für sie sind. Der begabte junge Maler *Ásgrimur Jónsson* war zum Besuch hier, und wir erneuerten die Bekanntschaft, die wir an Bord der „Laura" geschlossen hatten. Auch er gestand, eine so geisterhafte Beleuchtung noch nie gesehen zu haben; mit überaus geschickter Hand hatte er die wunderbaren Farbeneffekte auf einer Skizze fest gehalten, und bereitwillig zeigte er uns eine stattliche Anzahl flott entworfener Studienblätter.

Das sehr stattliche und äusserst gemütlich eingerichtete Wohnhaus, um das mancher deutsche Landpastor seinen Amtsbruder auf Island beneiden könnte, ist mit dem über $1/2$ Stunde sich ausdehnenden *Tún* nach dem Erdbeben 1896 ganz neu errichtet (Fig. 67). Es ist fast ausschliesslich aus Holz gebaut und mit Wellblech bekleidet, da Holzhäuser ein Erdbeben besser aushalten; aber es hält nicht mehr so warm wie das zerstörte Erd- und Steinhaus; der Verbrauch an Brennmaterial ist weit grösser, und der Ofen muss jetzt ganz anders in Tätigkeit treten wie früher; die Kohlen, die auf dem Rücken der Pferde herangeschleppt werden, kosten ein Heidengeld. Nach dem Erdbeben hatte man lange Zeit in Zelten, dann in der Kirche wohnen müssen. Denn die Kirche war, wie die bei *Reykjahlíd* am *Mývatn*, unversehrt geblieben. In ihr befindet sich ein Triptychon vom Jahre 1728, in der Mitte die Einsetzung des Abendmahls, links die Taufe, rechts die Kreuzigung darstellend. Der Raum über dem Altar war, wie in *Gardar*, als blauer Himmel mit Sternen bemalt. Der kleine Friedhof vor der Kirche war in gutem Zustande; frische und künstliche Blumen schmückten die Gräber, auch das der 1902 verstorbenen Ehefrau des Dichters, einige schwarz angestrichene Holzkreuze gaben Namen und Daten; auf einigen flachen Gräbern und auf der Einfriedigung lag Wäsche zum Trocknen[1]).

---

[1]) *Stórinúpur* ist geologisch bestimmt von Winkler, Island. Der Bau seiner Gebirge, München 1863, S. 106 7. — Einige Volkssagen, die hier spielen, bei Maurer, Isl. Volkssagen II, 51, 228.

*Síra Valdimar* (geb. 1848) gilt neben *Hallgrímur Pjetursson* als der bedeutendste geistliche Dichter Islands. In seiner wahrhaften, schlichten Frömmigkeit erinnert er an Gerok, und von dem schwäbischen Dichter fand ich auch „Deutsche Ostern", „Auf einsamen Gängen", „Der letzte Strauss", „Blumen und Sterne" in *Valdimars* ungewöhnlich reichhaltiger Bibliothek vor. Seine Bibellieder (*Biblíulióð*, zwei starke Bände, 1896—97) traf ich in vielen Häusern an, und in mancher einsamen, verzagten Stunde haben sie

Fig. 67. Stórinúpur.

mich aufgerichtet. Die Krone unter seinen Gedichten gebührt dem schönen Liede: „Gott sei mit dir!" So manchen Isländer stärkt es auf seinen gefahrvollen Reisen über windumtobte, schneebedeckte Felsen, durch öste Wüsten und reissende Ströme, sowie auf seinem Lebenswege, der dort oben nicht so leicht und glatt verläuft wie bei uns. Auch der Reisende, der längere Zeit dort verweilt, wird die stimmungsvolle Schilderung nachempfinden, und das heute so selten gewordene, kindliche Gottvertrauen, das aus diesen Versen spricht, wird auch bei spöttischen Gemütern seine tiefe Wirkung nicht verfehlen (Übersetzung von Pöstion, Eislandblüten S. 172/3).

1. Juli.

*Sira Valdimar* hat eine der grössten Privatbibliotheken Islands. Sie umfasst eigentlich drei Sammlungen, eine theologische, eine belletristische und natürlich eine fast vollzählige Zusammenstellung der alten Sagas und der sich auf Islands Glanzzeit beziehenden Literatur. Neben einer „Bibliothek der Kirchenväter", Shakespeare, Runeberg, Snoilsky, Tassos Befreitem Jerusalem im Urtext oder in dänischer Übertragung fand ich an deutschen Büchern: Bern, Deutsche Lyrik; Horaz und Petrarka (in Übersetzung); Gerok; Schiller (vollständig); Goethes Faust; Ebers, Palästina in Wort und Bild; „Bildermappe für Kunstfreunde"; und — unser Nibelungenlied in Simrocks Übersetzung! *Ólafur* hatte natürlich auf dem Gymnasium in *Reykjavík* auch deutsch gelernt, aber da ihm die Übung fehlte, es fast vergessen. Immerhin konnte ich feststellen, dass verschiedene deutsche Lieder ziemlich allgemein bekannt geworden sind. Ögmundur pflegt mit Vorliebe „Seht wie die Sonne dort funkelt", „Ich weiss nicht, was soll es bedeuten", und ein isländisches Lied nach der Melodie „Integer vitae" von dem Berliner Arzt F. F. Flemming zu singen. In Kopenhagen hatte ich von Isländern singen hören: „An dem Bache sass der Knabe", „Kennst du das Land", „Leise zieht durch mein Gemüt", „Du bist wie eine Blume" (diese vier in Übersetzung); hier kamen hinzu: „Die gute Nacht, die ich dir sage", „Die Schlacht ist aus, die Hoffnung schwand",

>„Kommen und Scheiden,
>Suchen und Meiden,
>Fürchten und Sehnen,
>Zweifeln und Wähnen,
>Armut und Fülle,
>Verödung und Pracht
>Wechseln auf Erden
>Wie Dämmrung und Nacht" —

diese letzten drei Gedichte in deutscher Sprache; zu meiner Schande muss ich gestehen, dass sie mir völlig unbekannt waren, und dass ich ihre Verfasser auch heute noch nicht kenne.

Es wurde mir wirklich schwer, mich von der anheimelnden Studierstube zu trennen, die ein grosses Bild von Luther, eine Madonna und eine Nachbildung von *Einar Jónssons* „Strafurteil" schmückten, und die freundliche Einladung zu längerem Bleiben abzuschlagen. Aber unsere Zeit war zu knapp bemessen, und es galt, das helle Wetter, das endlich angebrochen war, für die Besteigung der Hekla zu benutzen. Nachdem die Pferde zusammengetrieben waren, was über fünf Stunden dauerte, so weit hatten sie sich verlaufen, gaben uns der junge Pfarrer und *Ásgrímur* das Geleit bis

*Hrosshylur* an der *Þjórsá* (*hross* = Pferd, *hylur* = tiefes, stilles Wasser). Wie an der *Hvitá*, ruderten wir mit dem Gepäck in einem Boote hinüber, die Pferde aber machten Schwierigkeiten; sie weigerten sich, in die reissende Strömung zu gehen, kehrten, wenn sie in der Mitte des Flusses waren, immer wieder um und versuchten am Ufer auszureissen. Um den andern Mut zu machen, fasste Ögmundur zwei Pferde an einem Stricke und zog sie hinter dem Boote her. Das half. Trotz der vermehrten Arbeit und der längeren Dauer des Überganges verlangten die beiden Fergen zusammen nur 1 Krone, also nur den fünften Teil dessen, was wir an der *Hvitá* bezahlt hatten. Als ich erstaunt fragte, woher der grosse Preisunterschied stamme, erfuhr ich, dass dies eine vom Staat unterstützte Fähre sei, die andere aber eine Privatsache. Natürlich bezahlte ich in Anbetracht der aufgewendeten Mühe mehr, als gefordert war, und mit vergnügtem Schmunzeln und dankbarem Händedruck steckten sie die 2½ Kronen ein. Der Reitweg am südlichen Ufer der *Þjórsá*, der uns am Fusse des *Skardsfjall* vorüber führte, war niederträchtig: er war eine schmale Rinne, so dass gerade ein Pferd hinter dem andern sich darin fortbewegen konnte, in dem etwa meterhohen harten Boden; wir mussten fortwährend die Füsse hochziehen, taten wir das nicht und passten nicht auf, so streiften die Füsse so heftig die Wände der Rinne, dass es ordentlich schmerzte; einmal war der Schmerz so heftig, dass ich fürchtete, der Fuss sei verrenkt oder gar gebrochen. Dazu stach die Sonne erbarmungslos, und Fliegenschwärme peinigten Ross und Reiter. In Deutschland wäre sicher ein Gewitter losgegangen, aber ein *skrugguvedur* ist auf Island sehr selten; ich habe während meines ganzen Aufenthaltes nicht einen Donner gehört *(þruma)*, und nicht einen Blitz gesehen *(elding)*. Dafür prasselte ein Regen hernieder, dass die steif gewordenen Finger kaum die Zügel halten konnten. Und doch war der Regen bei dem Jagen durch die nicht enden wollenden öden Landstrecken sehr nützlich, denn die Sandstürme hier sind berüchtigt. Die Gegend war, seit Ögmundur zum letzten Male hier gewesen war, sehr verändert. Er musste wiederholt uns begegnende Bauern nach dem Wege fragen und zweimal in Gehöften vorsprechen, um Auskunft zu holen. Die Aufsicht über die ledigen Pferde lag darum mir allein ob, und mein wackerer Schimmel musste rechts und links, vorwärts und rückwärts springen. Erst ein mächtiger Lavastrom, der von den Vulkanen an den *Fiskivötn* in der *Vestur Skaptafells sýsla* stammen soll, gebot unserem Rasen Einhalt, und die Pferde strauchelten wiederholt über lose, scharfe Blöcke, die unter der trügerischen Sandschicht verborgen lagen, die sich auf seine Oberfläche festgesetzt hatte. Eine halbe Stunde aber vor *Galtalækur*, das wir gegen 6 Uhr erreichten, liess der Regen nach, die Sonne strahlte, und langsam entschleierte sich die *Hekla* vor unseren trunkenen Augen[1]. Ein so reiner Anblick, wie wir hatten, gehört zu den grössten Seltenheiten. Die gelbbraune Farbe der aus Palagonitbreccie und Tuff bestehenden Felswände stach grell von dem glänzenden, schwarzen vulkanischen Sande, den dunkeln, höckerichten und zerrissenen Lavamassen und der mattgrauen Asche ab. Rötliche Krater und grauschwarze Lavamauern lagen um ihren Fuss. Nicht der kleinste Nebelstreifen, nicht der Hauch einer Wolke lag über ihren Kuppen, in keuscher Weisse bedeckte nach Westen ein riesiges Schneefeld den schwarzblauen Körper des schönen Kegels zur Hälfte, wie ein Mantel mit einer Kapuze, der einer menschlichen Gestalt übergeworfen ist. Nach diesem Schneemantel oder auch nach dem wallenden Nebelmantel, der sie beständig umgibt, hat die *Hekla* ihren Namen: dieser ist gemeingermanisch, got. hakuls, ahd. hachul „Mantel" lebt im „Hackelbärend" fort (Mantelträger), wie der wilde Jäger in Westfalen heisst. Die andere Deutung „Haube", weil der Berg eine haubenförmige Gestalt habe, ist weder sprachlich noch sachlich richtig: er gleicht eher einem abgestumpften Kegel (Fig. 68).

Die östliche und die westliche [oder äussere] *Rángá (Eystri* und *Vestri [Ytri] Rángá* = Krummache), die sich in den „Waldstrom", das *Markarfljót* ergiessen, umschliessen die nächste Umgebung der *Hekla*[2]. Steigt man nach Nordosten vom Winkel zwischen den beiden Flüssen empor, so hebt sich das Land gleichmässig, und Schritt für Schritt klimmt man aufwärts zu dem Vulkan hin, da ein Lavastrom den andern deckt, und je näher man dem Vulkan kommt, desto grösser wird die Zahl der Ströme. Anfangs ist der Graswuchs noch ganz üppig, *Galtalækur* selbst liegt inmitten saftiger Wiesen, eine erquickende Oase inmitten der öden Lavafelder, Sand- und Aschenwüsten, aber bald weicht aller Graswuchs vor den weiten Strecken schwarzen Flugsandes und vor den trostlosen Lavafeldern zurück. Nicht einen Tropfen Wasser gibt es hier, alles das belebende Nass sickert durch die losen, vulkanischen Massen nieder. Westlich von der *Hekla* ist das Land bis hoch gen Norden bebaut, aber auf der Ostseite ist eine so grosse Menge Lava ausgegossen, dass von einer Ansiedlung nicht die Rede sein kann.

Die *Hekla* erhebt sich auf einem 27 km langen, und 2—5 km breitem Rücken aus Tuff und Breccie mit dazwischen befindlichen Lavalagen in drei oder vier Absätzen bis zu einer Höhe von 1557 m ü. M.; die relative Höhe des Vulkans beträgt 800—1000 m. Von S.W. aus sieht die *Hekla* kegelförmig aus, von der Seite aber sieht

---

[1] Alle geographischen Namen auf -a sind im Isländischen Feminina: also die Hekla.

[2] Nach Thoroddsen, Vulkaner og Jordskjælv paa Island S. 52, wo auch eine gute Spezialkarte.

Fig. 68. Hekla.

man, dass es ein langgestreckter Rücken ist, der sich im Verhältnis zu seiner Umgebung zu einer imponierenden Höhe erhebt. Parallel mit der *Hekla* laufen mehrere flachere Bergrücken, 1000—1500 Fuss hoch; auf der mittelsten dieser fünf oder sechs Ketten liegt der gleichfalls längliche Vulkan; er ist der Länge nach von einer Spalte zerklüftet, auf ihr befinden sich die Krater, wie tiefe Kessel in einer Reihe. Auf diesen Kraterreihen, sowie auf denen neben dem Rücken, auf den Lavafeldern und den dortigen Tuffketten haben in geschichtlicher Zeit 18 grosse Ausbrüche stattgefunden.

*Galtalækur* ist für eine Besteigung der *Hekla* der günstigste Ausgangspunkt, da man bis zu einer Höhe von 600 m an den Berg heranreiten kann. Der Name bedeutet „Schweinebach" *(göltur =* verschnittenes Schwein) und gehört zu der langen Reihe der Benennungen, die von der vordem so schwunghaft betriebenen, heute fast gänzlich abgekommenen Schweinezucht auf Island Zeugnis geben (vergl. *Galtahöll, Svíná, Svínadalr, Svíney, Svínafell, Svínaskard* und *Svínavatn*).

Trotz des feinen Regens streifte ich nach dem Essen noch draussen umher. Wie ein unförmiger Klotz liegt das *Búrfell* einsam vor mir im Tale. Ein paar hundert Schritte hinter dem Gehöfte fliesst der kleine Galtabach, eine Menge feine weisse Wolle, die in ihm gewaschen war, liegt an seinem Rande zum Trocknen ausgebreitet.

Die *Hekla* aber ist völlig in Wolken und Nebel eingehüllt, die Aussichten für den nächsten Morgen sind also schlecht. Trotzdem wird alles zur Besteigung vorbereitet. Mein Begleiter muss leider zurückbleiben, da er sich nicht wohl fühlt; der älteste Sohn des Bauern soll uns auf den Gipfel führen, der jüngste die Pferde bewachen, sobald wir sie nicht mehr gebrauchen können. Der alte Bauer meint, wenn wir früh genug aufbrächen, könnten wir gutes Wetter haben; ich traue ihm, da alle Isländer gute Wetterbeobachter sind.

2. Juli.

Früh um sechs weckt mich Ögmundur: das Wetter sei leidlich, ob ich noch Lust zur Besteigung hätte? Nach dem Frühstück, 8³/₄ Uhr, brachen wir vier zu Pferde auf, um als die ersten in diesem Jahre die *Hekla* zu nehmen. Was ich an Berichten über eine Ersteigung der *Hekla* kenne, ist fast alles übertriebene Flunkerei oder mindestens aufgeregte Selbsttäuschung; auf Island muss eben alles „schauerlich", „grossartig" und „lebensgefährlich" sein![1] Mir ist,

---

[1] Eine rühmliche Ausnahme macht der Aufsatz von Prof. Vetter-Bern „Eine Besteigung der Hekla" in „Vom Fels zum Meer" 1889, S. 598 ff. Nicht ganz frei von dem ausgesprochenen Vorwurfe ist Küchlers „Besteigung der Hekla" im Globus 1906, Bd. 86, Nr. 6.

obwohl ich durchaus kein Bergfex bin, die Besteigung der *Hekla* ebenso harmlos vorgekommen, wie die der Galdhöpig in Jotunheim, und wie mir der drollige Anblick der zwölf Norweger unvergesslich ist, die mit dem Führer auf ein paar Schritte durch ein Seil verbunden waren, so ist es mir gänzlich unverständlich, dass, wie Ögmundur mir lachend erzählte, drei deutsche, sonst kräftige und freundliche Juden, vor lauter Angst versagten: der erste blieb schon beim ersten Schneefeld liegen, der zweite kehrte nach der Hälfte um, und der dritte verzichtete, als die eigentliche Schneewanderung beginnen sollte.

Allerdings geschieht eine Besteigung der Hekla so ganz anders, wie die eines Berges in Tirol oder in der Schweiz. Schon dass man nicht in frühester Morgenstunde, sondern nach einem guten Frühstück aufbricht, berührt eigentümlich; man ist zudem nicht mit Bergstiefeln, Bergstock oder gar Eispickel bewaffnet, sondern die beiden Führer tragen ihre leichten Seehundsschuhe, ich die schweren Reitstiefel; die Stelle eines Stockes vertrat die Reitpeitsche. Denn ohne die wackern Tiere geht es nun einmal nicht, und die ersten zwei und eine halbe Stunde leisten sie gute Dienste. Wenige Minuten hinter dem Gehöft wird die westliche *Rángá* passiert, und ein dichtes, angenehm duftendes Birkengehölz *Hraunteigur* nimmt uns auf; es hat bisher den Verwüstungen des Lavastromes getrotzt und verdankt seinen üppigen Wuchs wohl der unterirdischen Wärme. Das erste Lavafeld, das aus schwarzen, zerbrochenen Stücken besteht, wird genommen, zur Rechten bleibt eine freundliche Farm liegen. Dann kommt eine braunrote, schwarze Sandfläche, ohne allen Pflanzenwuchs, nur hier und da starren ein paar vertrocknete Strünke. Langsam geht es ein neues Lavafeld von Süden her bergan, und abermals gähnt uns eine Wüste entgegen; rechts ragen einige Krater empor, dunkelschwarz oder rotbraun. Das erste, grössere Schneefeld wird noch zu Pferde genommen, mühsam klettern die braven Tiere und schnauben und pusten ganz gewaltig; beim zweiten steigen wir ab und führen die Pferde behutsam am Zügel. In einer Senkung, wo der grosse, über 15 m hohe Lavastrom von der Hauptmasse abzweigt, wird Halt gemacht; angesichts der Kuppe der *Hekla* leeren wir hastig eine kleine Konservenbüchse und stecken Schokolade ein; die Pferde bleiben unter der Aufsicht des jungen Burschen zurück, wir selbst machen uns 11½ Uhr fertig zum Aufstieg. Zunächst gilt es den Lavastrom zu überklettern; an dem harten, scharfen Gestein geht es böse über Hände und Stiefel her, von einem Block turnen wir zum andern, bald lassen wir uns vorsichtig hernieder, bald ziehen wir uns empor und helfen uns dabei gegenseitig. Vor dem Schneefeld verschnaufen wir uns fünf Minuten, das gute Essen an Bord der „Laura" und im „Hotel Island" wirkt doch hinderlich. Dann geht es ein riesiges Schneefeld empor, das sich bis an den oberen Krater hinzieht. Schon mancher ist hier wieder umgekehrt, und ich mache kein Hehl daraus, dass mir seine Traversierung nicht leicht fiel. Die beiden Führer schweben nur so dahin, während ich mit den unförmigen, bis übers Knie reichenden Stiefeln bei jedem unvorsichtigen Tritt einsinke; dazu schlägt der junge Bauer ein Tempo an, dass ich kaum folgen konnte; am liebsten hätte ich alle paar Schritte Halt gemacht, um Atem zu schöpfen. Auch der letzte Tropfen Alkohol, der noch von den vielen Feiern in *Reykjavik* im Leibe war, muss entweichen, ganze Ströme von Schweiss rieseln hernieder. Aber lange Pausen dürfen nicht gemacht werden; ein eisiger Sturm braust uns entgegen und zerrt an uns, dass wir uns mit Mühe aufrecht halten; immer dichter und länger wird der Nebelmantel, der sich um die Kuppe der *Hekla* lagert. Endlich hört der Schnee auf, und die charakteristischen vulkanischen Erscheinungen treten zutage. Schwarzer Lavasand liegt schichtenweise auf dem schmutzig gefärbten Schnee, an einigen Stellen ist unter der schwärzlichen Decke der geschmolzene Schnee zu Eis gefroren, kleine dünne Wässerchen sickern zwischen fusshohen Dreckhaufen. Es ist ganz gehörig glatt, dann wieder rollt bei jedem Schritt der Boden, der mit losem Grus, Sand und Lapilli bedeckt ist, in grossen Mengen zu Tal. Zwei Stunden zehn Minuten, nachdem wir die Pferde verlassen haben, sind wir oben an dem Krater von 1845. Die einzelnen Gipfel sind durch schneebedeckte, gratartige Rücken miteinander verbunden, und auf allen Vieren kriechend schleppe ich mich nach dem obersten Krater bis zu der Steinpyramide *(kerling* „altes Weib" oder *vardi)*. Einige schön gefärbte rote, gelbe und schwarze Lavasteine stecke ich zum Andenken ein, ziehe die Öljacke an, die Ögmundur vorsichtigerweise mitgenommen hat, und versuche vergeblich, mir eine Zigarette anzuzünden: eisig fegt der Wind über den kahlen Gipfel, Nebel und Wolken ballen sich zusammen, zähneklappernd kauern wir nieder. Es ist uns nicht möglich, länger als zehn Minuten hier oben auszuhalten, und missmutig wende ich mich zum Abstiege. Plötzlich zerreisst der Nebel, als wir kaum hundert Schritte gemacht haben; unmittelbar neben uns zur Linken steigen feine dünne Schwefelwolken auf, und als wir aufschauen, bietet sich uns für wenige Minuten eine Aussicht, so rein und weit, wie sie der Bauer noch nie hier genossen hat. Zu den Füssen breitet sich eine weite, öde Gebirgslandschaft aus, mit Lavaströmen und Aschenresten, aus denen nur vereinzelt violette Berge von wunderlichen Formen aufragen, und wo hier und da blaue Seespiegel und vielfach gewundene Flussläufe leuchtend aufschimmern. Darüber hinaus schweift das Auge bis an das Meer, das den Horizont einfasst, und aus dem sich schattenhaft die zerrissenen *Vestmannaeyjar* wie riesige Klötze erheben. Nach Westen, Norden und Osten nichts wie ungeheuere

Gletscher. Da glänzt vor allem im Osten der gewaltige *Vatnajökull* herüber, eine weisse, fast senkrechte Wand, der grösste Gletscher Europas, das heiss ersehnte Ziel der nächsten Wochen. Im Südosten grüsst der „meerumschauende" 1705 m hohe *Eyjafjallajökull*, vor ihm die rötlichen Zacken des 1590 m hohen *Tindfjallajökull*, und etwas westlich davon der leicht gezackte Kamm des dreihörnigen, 812 m hohen *Prihvrningur*. Das wunderbarste aber sind die verschiedenen Farbenschattierungen: der gelbe Himmel, der braune Nebel, die glitzernden Gletscher, die leuchtenden Schneefelder, das blaugrüne Tal in hundert Abstufungen mit den silbernen Gewässern — ein Jammer, dass noch kein Maler diese Szenerie festgehalten hat, ein Jammer, dass das Problem der farbigen Photographie noch immer nicht gelöst ist!

Schnell geht es bergab, graue Wolken türmen sich zusammen und drohen mit Regen oder Schnee. Die geringe Neigung der Schneefelder gestattet keine Abkürzung durch Rutschen, und als ich meinen Führern klar machte, was ich meine, schütteln sie misstrauisch den Kopf, trotzdem sind wir in kaum einer Stunde wieder bei den Pferden. Mit gesenkten Köpfen standen sie traurig da, sie haben die ganze Zeit über nicht ein Hälmchen, nicht einen Tropfen Wasser gehabt, freudig nimmt mein Schimmel Flachbrot mit Butter und Schokolade entgegen; nicht einmal der Sattel war ihnen abgenommen, damit sie nicht zu sehr frieren sollten. Wir teilen eine neue Konservenbüchse, und zum Dank gibt mir der jüngere von den beiden Burschen seine mit Milch gefüllte Flasche. Ohne an Echinokokken zu denken, stürze ich sie gierig hinunter, brenne mir eine wohlverdiente Zigarre an, und fort geht es, was die Pferde laufen können; als wollten sie den Regen überholen, der sintflutartig einsetzt, galoppieren sie über Sand und Steine, Spalten und Gräben talab nach der grünen Ebene zu, wo sie Futter und Tränke wissen; aber erbarmungslos treibt die Peitsche sie weiter und weiter, im Karriere durch den hochaufspritzenden Fluss, die saftige Ebene hindurch, bis wir endlich um 5 Uhr vor unserm Quartier uns aus den Sätteln schwingen und triefend vor Regen die bereit gehaltene, köstlich kühle Milch in hastigen Zügen leeren. Dann gebe ich Kakao aus unseren Vorräten heraus, der, mit siedend heisser Milch zubereitet, uns sofort die entflohene Wärme wiedergibt, das einfache Abendmahl wird durch Anchovis ergänzt, und mit einem ungemein behaglichen Gefühl und mit stolzer Genugtuung dehne ich die müden Glieder auf dem harten Stuhl. Der ältere der beiden Burschen verlangt für die Führung 5 Kr., der jüngere 2 Kr., ich gebe ihnen ein anständiges Trinkgeld und auch Ögmundur eine besondere Vergütigung. Wenn der Bauer mir nicht eine Schmeichelei sagt, habe ich, so lange er in *Galtalækur* wohnt, bisher die kürzeste Zeit zur Besteigung der *Hekla* gebraucht.

Die *Hekla*, „der rauchende Schornstein Nordeuropas", ist vielleicht für weitere Kreise der bekannteste Ort in ganz Island und am häufigsten beschrieben.

Ich will auch keine Zusammenstellung der Nachrichten geben, die wir über die 18 Ausbrüche der Hekla in geschichtlicher Zeit haben; ich verweise dafür auf Thoroddsens „Oversigt over de islandske Vulkaners Historie" und „Vulkaner og Jordskjælv paa Island", S. 51—64, sowie auf Pöstion, „Island", S. 108—110. Ich begnüge mich mit der Bemerkung, dass die Hekla im ganzen im Laufe der Zeit 700 qkm (nach Thoroddsen: 523 qkm) Landes mit Lava bedeckt hat, ein Gebiet annähernd so gross wie das Fürstentum Schwarzburg-Rudolstadt (Vetter.) Die Zahl der Vulkane im Gebiete der Hekla beträgt 10, unter ihnen nimmt der Stratovulkan der Hekla mit seinen vielen Kraterreihen und einzelnen Kratern den ersten Platz ein. Der erste geschichtlich bekannte Ausbruch fand im Jahre 1104 statt, der letzte 1845, dieser erreichte erst in der Mitte des Jahres 1846 sein Ende. Wie die isländischen Zeitungen melden, wurden im November 1905 in der Nähe von *Galtalækur* heftige Erdstösse wahrgenommen, und fast zu derselben Zeit im Jahre 1906, wo der Vesuv zu speien anfing und das furchtbare Erdbeben San Franzisko vernichtete, wurden Feuersäulen von Schiffern an der Südküste bemerkt. Alle Zeichen deuten darauf hin, dass ein neuer Ausbruch bevorsteht.

Während des Mittelalters war der Aberglaube allgemein auf dem Kontinent verbreitet, dass die Hekla der Eingang zur Hölle sei. Er ist aber sicher niemals Volksglaube auf Island gewesen, sondern ist ausländischen Ursprunges und erst vom Ausland eingeführt; dazu kannten die Isländer ihre Vulkane zu gut.

Saxo kennt gegen Ende des 12. Jahrhunderts die Hekla bereits: „Auf Island ist ein Berg, der infolge des ununterbrochenen Brandes einem zum Himmel reichenden Berge gleicht und ewigen Brand durch ununterbrochenes Ausspeien von Flammen unterhält." Aber er versetzt weder die Hölle noch das Fegefeuer in die Hekla, sondern kennt eine kalte Pein auf Island: in dem Geräusch, das das Anschlagen des Treibeises an den Strandfelsen verursacht, glaube man die klagenden Stimmen der armen Seelen zu hören, die in diesem Eise ihre Sünden abbüssten. Den Glauben an eine auf Island bestehende kalte Pein in den Gletschern kann ich, ausser durch den Königsspiegel und David Fabricius, nur noch durch ein einziges isländisches, aber unsicheres, weil gelehrtes Zeugnis stützen. Bei der Beschreibung des Ausbruches des *Öræfajökull* im Jahre 1727 sagt Sira *Jón Þorláksson*: Ein Bauer hörte, ehe das Feuer ausbrach, im Berge Laute (*jöklarhljóð*), die Seufzern und einem starken Geplauder glichen; wenn er aber genauer aufmerken wollte, so konnte er nichts vernehmen (Olaus Olavius, Ökonomische Reise durch Island. Dresden und Leipzig 1787, S. 413ff.).

Im 13. Jahrhundert wird die Hekla zuerst als Peinigungsstätte erwähnt. Der Verfasser des Königsspiegels, nur wenig später als Saxo, glaubte, wie damals alle Welt, dass, wie im Feuer der Vulkane Siziliens, so auch in denen Islands, sich eine Strafstätte für die Seelen befinde: „das Feuer auf Island verbrenne nicht Holz und Erde, sondern nähre sich nur von „toten Dingen", von Steinen, daher sei auch das Feuer tot, und deshalb sei es am wahrscheinlichsten, dass es das Höllenfeuer sei, denn da seien alle Dinge tot" (Kahle, Sommer auf Island 76 7). Um die Mitte des 13. Jahrhunderts schreibt der Mönch Alberich zu Trois Fontaines: „Am Tage der Schlacht von Fotvig (1134) sahen die Hirten auf Island die Seelen der Getöteten in Gestalt schwarzer Raben herbeifliegen und hörten sie seufzen: Wehe, wehe, was haben wir getan? Wehe, wehe, was ist nun geschehen? Andere ungeheure Vögel, die wie Greifen aussahen, jagten sie vor sich her, und vor den Augen der Hirten stürzten sie alle in die isländische Hölle." Im Feuer kann, so heisst es weiter im Chronikon de Lanercost, etwa 100 Jahre später, deutliches Wimmern der Seelen gehört werden, die da gepeinigt werden. Wieder etwas später bemerken die Annalen von *Flatey*, bei einem Ausbruche der Hekla hätte man in dem Feuer grosse und kleine Vögel mit allerlei Geschrei herumfliegen sehen, und man hielt diese für Seelen.

Es war also kein frommer Wunsch, wenn man zu einem sagte: „Fahre nach dem Heklaberge!", d. h. dem Blocksberge. Melanchthons Schwiegersohn, der Arzt Caspar Peucer, erzählt: „Der Hekla-Berg lässt aus einem unermesslichen Abgrund oder vielmehr aus der Tiefe der Hölle das jämmerliche und wehklagende Geheul Schluchzender ertönen, so dass man die Stimmen der Weinenden auf viele Meilen hinaus überall vernimmt. Diesen Berg umkreisen Scharen kohlschwarzer Raben und Geier, die nach Ansicht der Bewohner dort nisten. Dort befindet sich der Eingang zur Hölle, denn die Bevölkerung weiss aus langjähriger Erfahrung, dass, wenn irgendwo auf der Welt Schlachten geschlagen oder blutige Taten vollbracht werden, dann dort entsetzliches Lärmen, Geheul und Gewinnsel sich hören lässt."

Noch im Jahre 1616 schreibt der Prediger und Astronom Fabricius aus Osteel in Ostfriesland: „Sechs Meilen im Umkreise des Hekla-Berges findet sich kein lebendes Wesen, und der Glaube ist im Schwange, dass in diesem Berge die Hölle sich befinden müsse, der Ort, an dem die Seelen der Verdammten gequält, geschmort und gebraten würden. In der Nähe dieses Berges halten sich mancherlei Gespenster auf; Fischer, die in der Nähe ihr Handwerk trieben, erzählten wunderbare Dinge und Erlebnisse. Wo überall, und in welchem Lande auch Kriege geführt und Schlachten geschlagen werden, bleibt ihnen nicht verborgen. Sie bemerken es an der Geschäftigkeit des Teufels und seiner Gehilfen, die sich an solchen Tagen besonders breit machen, um die Seelen der Gefallenen, Gespenstern gleich, in den Berg zu schaffen. Alle Jahre anfangs Juli sammeln sich grosse Eismassen um den Hekelsberg. Das geschieht, sagt das Volk, um die Seelen der Verdammten auch ausserhalb des Berges durch grimmige Kälte zu quälen. Drei Monate schliesst dies den Berg ein" (David Fabricius, Island und Grönland zu Anfang des 17. Jahrhunderts, herausgegeben von Karl Tannen, Bremen, 1890, S. 24, 43)[1]).

Die *Hekla* als Hölle ist also ein Produkt des Auslandes, und zwar der Geistlichkeit. Ausländern, denen die feuerspeienden Berge Islands etwas Neues und Unerhörtes waren, lag es näher, diese mit ihren Vorstellungen von der Hölle in Verbindung zu setzen, als den Isländern selbst, die mit solchen Erscheinungen von Jugend auf vertraut waren.

Der erste Ausbruch der Hekla vom Jahre 1104 ist ganz sagenhaft eingekleidet und mit dem berühmten Priester *Sæmundr*, dem Gelehrten, in Verbindung gebracht. Seinem Wissen mutete man Ungeheures zu, die Sage gestaltete ihn zu einer Art Faust um. Als im Jahre 1643 der Bischof *Brynjólfur Sveinsson* eine Pergamenthandschrift auffand, die 20 Lieder über Stoffe der Götter- und Heldensage enthielt, schrieb man diese ältere, poetische Edda auch dem *Sæmundr* zu, als ihrem Sammler oder gar als ihrem Dichter. Dieser *Sæmundr* hatte sich in Sachsen mit einer weisen Frau verlobt. Lange wartete sie auf seine Rückkunft, nachdem er nach Island abgefahren war; als er aber immer und immer nicht kam, wurde sie endlich des Wartens müde und gewann die Überzeugung, dass er sie zum Narren gehalten habe. Da sandte sie an *Sæmundr* ein vergoldetes Kistchen ab und wies ihre Boten an, es von niemandem

---

[1]) Maurer, Die Hölle auf Island, in: Z. d. Vereins f. Volkskunde IV, S. 256 bis 269, VIII, S. 452—454; Thoroddsen-Gebhardt I, S. 121, 141—143, 146, 170, 219—222. Ich füge als neues Zeugnis hinzu: Barrow, Ein Besuch auf der Insel Island, 1836, S. 114.

ausser von ihm selbst öffnen zu lassen. Diesen Boten und den Kaufleuten, mit denen sie reisten, ging die Fahrt wunderbar schnell von statten. *Sæmundr* war in der Kirche, als sie zu ihm kamen. Er stellte das Kistchen zunächst auf dem Altar der Kirche, trug es dann hinauf auf die höchste Spitze der *Hekla* und warf es dort in einen Spalt hinunter. Da, sagen die Leute, habe die *Hekla* zum ersten Male Feuer ausgeworfen. — Merkwürdigerweise setzen die isländischen Annalen wirklich den ersten Ausbruch der Hekla in das Jahr 1104, also in das 48. Lebensjahr des *Sæmundr* (Maurer, Isländische Volkssagen, S. 299; Lehmann-Filhés, Isländische Volkssagen I, S. 209, 248; vergl. auch II, S. 75; Eine Ächtersage von *Gallalækur* bei Lehmann-Filhés II, S. 176).

## Zehntes Kapitel.
# Oddi und der Schauplatz der Njálssaga.

3. Juli.

Da mein Begleiter über seine Reitpferde klagte, bitte ich Ögmundur, ihm eins beim Bauern umzutauschen, wenn nötig, wollen wir zulegen. Er brummte zwar: *„árinni kennir illur rædari"* (der schlechte Ruderer gibt dem Ruder Schuld), sieht aber ein, das der Student sich unmöglich noch fünf Wochen herumärgern kann, und der Bauer willigt ein. Leider soll dieser Tausch uns noch einen recht bösen Tag bereiten! Der Bauer gibt uns fast zwei Stunden weit das Geleit, bis wir die *Vestri-Rángá* passiert haben. Wir behalten den Fluss, der nordwestlich von der *Hekla* entspringt, zur Rechten und reiten im strömenden Regen durch eine öde vulkanische Wüstenlandschaft. Nur hier und da taucht eine Oase mit einem kleinen Gehöft auf. Auch diese Gegend fand Ögmundur sehr verändert; wo früher leidlicher Graswuchs gewesen war, hatten Stürme die Erdkrume fortgeführt und vernichtet; an anderen Stellen waren unfruchtbare Strecken in gutes Weideland verwandelt. Wo der Flugsand noch nicht zur Ruhe gekommen ist, kann keine Pflanze Wurzel fassen; aber wo er vom Winde fortgeführt ist und nur grober Kies zurückgeblieben ist, kommt auf den kleinen Erhöhungen die blaue oder graugrüne Festuca arenaria *(Vingull)*, Silene maritima *(Holurt* oder *Fálkapungur)* und Armeria maritima fort *(Geldingahnappur)*. Der Sand von *Rángárvellir* (d. h. der Ebenen zwischen den beiden *Rángár*) besteht aus Palagonitstaub, basaltischer Asche und Basaltgrus. In einigen langen Einsenkungen sieht man unzählige bläuliche, und, wenn sie mit Eisenverbindungen versetzt sind, rötliche Sandschichten. Grosse vom Winde bearbeitete Steine sind hin und wieder eingeschwemmt, und einzelne Schichten von Aschen und Bimsstein zeugen von den Ausbrüchen des benachbarten Vulkans¹). Mit *Rángárvellir* betraten wir den Schauplatz der *Njáls-saga*, der auch die südlich und östlich davon gelegenen Gegenden umfasst.

Die *Vestri-* und die *Eystri-Rángá* scheinen früher noch enger aneinander als heute in die *Þverá* geflossen zu sein (Querache, Seitenfluss) und eine Landzunge *(oddi)* gebildet zu haben; während früher die *Þverá* nur ein Nebenfluss der *Eystri Rángá* war, ist sie heute der Hauptfluss, und ihre langen, gelben Wellen sind nicht wenig gefürchtet. Nach dieser Landzunge hat der Pfarrhof *Oddi* seinen Namen, und ich hätte es nie verwinden können, wenn der Regen mich davon abgehalten hätte, den altberühmten Sitz und Mittelpunkt isländischer Gelehrsamkeit, den Wohnort des weisen *Sæmundr*, zu besuchen, dessen Name mit der Edda unlöslich verknüpft ist. Zwar war Sira *Skúli Skúlason* nicht zu Hause, — wir begegneten ihm unterwegs, — aber er bat herzlich, ja nicht an seinem Hause vorbei zu reiten. Kurz vor *Oddi* begegnete mir ein Unfall, der leicht böse Folgen hätte haben können. Über einen schmalen, etwa 1 m tiefen Bach mit ziemlich hohen Uferrändern waren ein paar Bretter, Steine und Erde gelegt, aber so nachlässig, dass zwischen den einzelnen Steinen fausttiefe Löcher waren, durch die man den Bach fliessen sah. Mir kam die Brücke sogleich wenig vertrauenswürdig vor, da aber die anderen sie ohne Schaden passiert hatten, wollte ich nicht zurückbleiben, war jedoch so vorsichtig, die Füsse aus den Bügeln zu heben und die Zügel hoch zu ziehen. Kaum hatte mein Pferd die Brücke betreten, da stolperte es auch schon, verfing sich mit der Hinterhand in einer Rille und lag im nächsten Augenblick auf dem Rücken im Wasser, mit allen Vieren wild um sich schlagend, ich selber aber stand unversehrt am Ufer, die Zügel in der Hand; wie ich freilich das Kunststück fertig gebracht habe, ist mir noch heute ein Rätsel. Dann zog ich mit Leibeskräften an den Zügeln, um dem Pferde beim Aufstehen zu helfen, musste mich aber vor seinen blitzschnell durch die Luft wirbelnden Hufen in acht nehmen. Ehe noch Ögmundur, schreckensbleich, heran kam, war der Gaul schon wieder in die Höhe gebracht, ein paar Riemen waren zerrissen, sonst hatten weder Reiter noch Ross Schaden erlitten. In *Stórólfshvoll*, wohin wir am Abend kamen, muss Ögmundur mein harmloses Abenteuer stark übertrieben haben. „Tapfer wie ein Soldat" sollte ich mich benommen haben, und ich war mir, leider, nicht des geringsten einer Tat bewusst, die des Erwähnens wert war. Dr. *Ólafur Gudmundsson* wollte mich durchaus untersuchen, ob ich mir nichts gebrochen hätte, und seine liebenswürdige Frau bedauerte mich einmal über das andere. Vor zwei Jahren war ein Führer mit

---

¹) Thoroddsen, in: Petermanns geogr. Mitteilungen 1892, S. 189, 190.

seinem Pferde auf derselben Brücke zu Falle gekommen; aber so unglücklich, dass das Pferd getötet werden, und der Mann ein paar Wochen an gebrochenem Beine im Hause des Arztes liegen musste. Gleichwohl hatte sich der Bauer nicht gemüssigt gesehen, die Brücke in Ordnung zu bringen!

Um vier Uhr waren wir am Pfarrhof *Oddi* angelangt; trotz des unendlichen Regens machten wir eine photographische Aufnahme (Fig. 69), die vielgerühmte Aussicht auf die *Hekla*, die Gletscher

Fig. 69. Oddi.

des Hinterlandes, das gewaltige Delta, das vom *Markarfljót*, von den beiden *Rángár* und der *Þjórsá* gebildet wird, auf die dazwischenliegenden, sandigen „Landinseln" und darüber hinaus auf das unendliche Meer, in dem sich schleierhaft die *Vestmanna eyjar* erheben, diese Aussicht war uns vollständig versagt. Die freundliche Einladung der Frau Superintendent zu Kaffee, Kuchen und zu einer Zigarre nahmen wir dankend an, und ihrer dringenden Aufforderung, in ihrem Hause zu übernachten, wären wir gern gefolgt, wenn man uns nicht in *Stórólfshvoll* erwartet hätte. Die Dame hatte so angenehme, grossstädtische Umgangsformen, dass ich sie für eine Kopenhagnerin hielt; sie war aber die Tochter eines Dozenten an der *Prestaskóli* in *Reykjavik* und erwiderte mir lachend, dass schon Prof. Vetter aus Bern eine ähnliche Anfrage an sie gerichtet hätte[1]). Ihr Gatte ist der Nachfolger des Dichters *Matthias Jochumsson*. Das stattliche Wohnhaus, dessen Bau, wie ich anderwärts hörte, 11000 Kr. gekostet hat, ist erst nach dem Erdbeben von 1896 errichtet. Die Stösse waren damals von einem unterirdischen Rollen von solcher Stärke begleitet, dass man darüber gar nicht hörte, wie in der Schlafstube ein Bücherschrank umfiel und daneben ein Ofen die Treppe hinabstürzte; infolge der Heftigkeit des Stosses fingen die Kirchenglocken von selbst zu läuten an. In der Nachbarschaft waren die Stösse so arg, dass kein Mensch aufstehen konnte, man musste auf der Erde liegen und sich an Steinen und kleinen Erdhaufen festhalten.

Eine Ansicht vom Rhein, eine Photographie von Prof. *Finnur Jónsson* und Bilder von Collingwood schmückten die behaglich, ja elegant eingerichtete Stube, auf dem Tische lag auch das schöne, prächtig ausgestattete Buch von *W. G. Collingwood and Jón Stefánsson, A pilgrimage to the saga-steads of Iceland* (Ulverston 1899). Mit seinen 13 ganzseitigen und ca. 150 in den Text gedruckten Bildern liefert das Buch neben Daniel Bruuns illustrierten Schriften einen wertvollen Beitrag zur Kenntnis des Schauplatzes der wichtigsten Sagas und bahnt einen neuen Weg an, der Aufmerksamkeit und Nachfolge verdient. Collingwoods Bilder sind teils lichte, lebhafte Farbendrucke, teils Zinkätzungen, deren mattgrauer Ton leicht eine gewisse Einförmigkeit zeigt; was die Naturtreue betrifft, so scheinen mir die Landschaften einen allzustark ausgeprägten alpinen Charakter zu haben, der Island nicht zukommt.

*Jón Stefánsson*, der den Maler 1897 auf seiner Sommerreise durch Island begleitet hat, bringt den Namen *Oddi*, wie neuerdings beliebt ist, mit „Edda" zusammen. *Eirikur Magnússon* deutet „Edda" als das „Buch on Oddi": hier habe *Sæmundr* gelebt und gewirkt und die erste Sammlung alter heidnischer Lieder veranstaltet; sein Entwurf soll *Snorri*, der in *Oddi* auferzogen wurde, zu seiner Edda veranlasst haben[2]). Aber der Zusammenhang zwischen dem Werk und Titel ist noch nicht genügend aufgehellt, und die Verknüpfung mit *Sæmundr* ist nicht bewiesen. Auch *Sijmons*' Deutung, *Snorri* habe den Baustoff seines Werkes in *Oddi* vorgefunden und nach ihm sein Werk „Buch von Oddi" genannt, stösst auf sprachliche und sachliche Schwierigkeiten[3]). Zwar die Übersetzung mit „Urgrossmutter": die Edda erzähle, wie das Grossmütterchen am Spinnrocken, dem Kreise der Kinder und Enkel Lieder und Sagen aus längst verklungenen Zeiten, wird wohl kaum noch aufrecht erhalten. Aber im allgemeinen ist man sich darüber einig, dass der Titel „Edda"

---

[1]) Vetter war 1887 hier zum Besuche, vergl. Sonntagsblatt des Bund. Bern 1887. Nr. 43, 44, 47.

[2]) Edda (its Derivation and Meaning). The Saga-Book of the Viking Club 1895.

[3]) Over afleiding en beteekenis van het woord Edda. Verslagen en Mededeel. der kgl. Akad. von Wetensch.-Letterk. 4. Reeks. Deel III, 6—32.

d. h. „Poetik" nur *Snorris* skaldischem Handbuche gebühre, dass für *Snorri* die Lehre von der Umschreibung, als des vornehmsten Prinzipes der Poesie, die Poetik überhaupt war, und dass der Liedersammlung, die *Snorri* gar nicht gekannt hat, dieser Titel ursprünglich fremd ist. Nur nebenbei werfe ich einige Fragen auf: Wie kommt es, dass gerade diese Lieder der Vergangenheit entrissen sind? Wo sind die vielen andern, die es ausser ihnen gegeben hat? Warum sind sie nicht mit aufgenommen? Sind sie wirklich „echt heidnisch", oder nur ein aristokratisches Heidentum? Ist ihr auffallend „zahmer" Inhalt überarbeitet? Oder sind sie späte Schöpfungen christlicher Dichter, die in der Vorzeit ihres Volks wohl bewandert waren? Je mehr ich darüber nachdenke, umsomehr wundere ich mich, dass das Heidentum so „anständig", so „salonfähig" gewesen sein soll — aber das sind ketzerische Anschauungen, die ich eben nur dem Tagebuch anzuvertrauen wage.

Auf keinen Fall hat *Sæmundr* etwas mit der Liedersammlung „Edda" zu tun, und der Titel „Sæmundar Edda" oder „ältere Edda" ist falsch. *Oddi* ist der Ausgangspunkt der Frührenaissance: man schöpft nicht mehr immer aus der Gegenwart, sondern holt sich Stoff und Form aus früheren Zeiten. *Sæmundr* pflegt nicht nur die Wissenschaft, die er aus England und Paris mitgebracht hat, sondern „greift zum ersten Male zielbewusst in den Schatz der heimischen Vergangenheit und rettet diesen vor der Vergangenheit (Mogk). Er hat entweder eine annalistische Schrift über die Könige Norwegens von *Hálfdan* dem Schwarzen bis auf *Magnús* den Guten in lateinischer Sprache verfasst, oder seine „Vorlesungen" über die Königsgeschichte, das einzigartige Wissen dieses Gelehrten in chronologischen und historischen Fragen der nordischen Geschichte, wurden wie ein kostbarer Familienschatz von einer Generation auf die andere überliefert, und wirkten als feste Sæmundsche Tradition befruchtend auf die Nachfolger ein. Dann liegt seine Bedeutung weniger in seiner Tätigkeit als Schriftsteller denn als Lehrer, und in der Hochschule zu *Oddi* wurde der von ihm geweckte Geist weiter gepflegt von seinen Söhnen *Eyjólfr* und *Loptr* und seinem Enkel *Jón Loptsson*. Durch diesen zu seiner Zeit mächtigsten und verständigsten Mann, kunst- und prachtliebend wie kein zweiter, wurde auch dessen Pflegesohn *Snorri* in die von *Sæmundr* vertretene Richtung eingeführt und legte hier den Grund zu seinem ausgebreiteten Wissen; *Snorri* schuf dann wieder in *Reykholt* eine zweite Heimstätte für Wissenschaft und Literatur; so hängt *Oddi* auch mit den gefeierten Werken *Snorris*, der sogenannten jüngeren Edda und der *Heimskringla*, geistig zusammen.

Das Sagageschlecht von *Oddi*, dem schon *Sæmundr* angehörte, sind die nach dem Stammsitze benannten *Oddverjar*, die in den Parteikämpfen der Sturlungenzeit eine so grosse Rolle spielen. *Loptr Sæmundarson* war nicht nur durch seine Vorfahren selbst königlichen Geblütes, sondern auch durch seine Gattin *Þóra*, eine natürliche Tochter des Königs *Magnús berfœt* (barfuss) von Norwegen, mit Königen verschwägert. Nach einer Überlieferung des 17. Jahrhunderts hat dessen Hof *Næfrholt*, „der an den Wurzeln des Berges *Hekla* steht", inmitten des bebauten Landes gelegen und 300 eiserne Türen gehabt, also fast soviel wie Odins Haus Walhall, das 540 Pforten hatte.

Schon bei Lebzeiten galt *Sæmundr* als einer der gelehrtesten Männer in kirchlichen und weltlichen Dingen, und schon früh hat sich die Saga seiner bemächtigt. Nach der *Jónssaga helga* des Mönches *Gunnlaugr* († 1218) war er in Paris bei einem Astrologen in die Lehre gegangen und übertraf seinen Meister bald in der

Zauberkunst (vergl. Maurer, S. 119). Aber erst die erste Hälfte des 17. Jahrhunderts, besonders seitdem man anfing, die alten Schätze der heimischen Literatur wieder ans Tageslicht zu ziehen, hat ihn zu dem Monstrum an Gelehrsamkeit und zu dem Hexenmeister gemacht, als der er alle Menschen überragt und seine alten Lehrer oft zum Besten hat. Damals wurde er zum Verfasser der *Sæmundaredda*, der *Njálssaga*, des Sonnenliedes und anderer berühmter Werke, ganz neuerdings auch zum Dichter der *Völuspá*, als einer in der skaldischen Mythensprache des heidnischen Nordens vorgetragenen christlichen Heilslehre (E. H. Meyer, *Völuspa*, Berlin 1889). Als Meister der schwarzen Kunst lebt er in der Volkssage bis heute fort[1]).

Ich unterhielt mich mit der Frau Superintendent auch über die Bedeutung, die Island für uns Deutsche hat. Besser als die Antwort, die ich damals gab, ist die von Prof. Heusler und Meissner, und ich setze deren Wort deswegen hierher. „Die Isländer haben sich um die germanische Literatur die allergrössten Verdienste erworben. Von den Eddaliedern besässen wir nichts, hätten sie nicht auf Island eine Zuflucht gefunden. . . . Als im 13. Jahrhundert das übrige Europa im Zeichen des französischen Rittertums und der Kirchenstreitigkeiten stand, da konnte dort, auf der einsamen Insel, aus der altertümlich-germanischen Götter- und Heroendichtung noch eine reiche Ernte unter Dach gebracht werden. Die zweite grosse Tat der Isländer war die Schöpfung einer kunstmässigen erzählenden Prosa. . . . Hier brachen sie ganz neue Bahnen. Prosaische Erzählung, kunstmässig ausgeübt und an allgemeiner Wertschätzung der Poesie ebenbürtig, fehlte dem norwegischen Mutterlande ebenso wie allen anderen Germanenländern. Neben die Poesie trat bei den Isländern ein nach Inhalt und Form selbstgewachsenes, volkstümliches Erzählen in ungebundener Rede" (Heusler, Geschichte vom Hühnerthorir, Berlin 1900, S. 1). „Eine volkstümliche Erzählungsliteratur von köstlicher Frische und strengem Wahrheitssinne überliefert uns die Zustände der heidnischen Zeit, die grossen Schicksale der Völker wie die kleinen und kleinsten Erlebnisse der Menschen, mit einer Treue, die in der Weltliteratur einzig dasteht. Auch für uns Deutsche, die wir versuchen, aus den verwaschenen und zersprengten Zeugnissen unseres Altertums eine Vorstellung von dem äusseren und inneren Leben unserer heidnischen Vorfahren zu gewinnen, ist Island klassischer Boden. Die Bilder des Nordens, an denen kaum eine Farbenstimmung verblichen, kaum ein Zug der scharfrandigen Zeichnung ausgefallen ist, erfrischen und schulen unser Auge für unsere heimischen Aufgaben" (Meissner, Strengleikar S. 1).

[1]) *Jón Árnason*, Isl. *Þjóðsögur* I, 485—504; Maurer, Isl. Volkssagen 118 ff.; Lehmann-Filhés, Isl. Volkssagen I, 205 ff., II, XI.

Von handgreiflichen Erinnerungen an die alte Glanzzeit ist in Oddi leider nichts mehr erhalten. Weder der Ort wird noch gezeigt, wo *Skarphedinn* und *Högni*, die Bluträcher des edlen *Gunnarr* von *Hlídarendi*, ihr Rachewerk begannen und den jungen *Hróaldr* erschlugen, der *Gunnarr* den Todesstreich gegeben, noch die Stätte auf dem Kirchhofe, wo *Sæmundr* ruhen soll. Mit der alten Kirche sind auch zwei Reliquien verschwunden, die noch vor ca. 40 Jahren zu sehen waren: ein Ring an der Kirchentür und ein Stein mit einer flachen Vertiefung vor der Kirchentür. Damit hat es folgende Bewandnis:

Ein Schiff war an der Südküste gescheitert und mit der ertrunkenen Mannschaft in einem Hügel oberhalb von *Oddi* beigesetzt. Zur Zeit des *Sæmundr* wollten die Leute den Hügel ausgraben, ohne dass dieser etwas davon erführe; es sollten viele Schätze in ihm ruhen. Sie fanden wirklich das Schiff und auch Schätze und stiessen auf einen Kasten und einen Ring, der am Deckel sass. Der Kasten war aber so schwer, dass sie ihn nicht von der Stelle bewegen konnten, nur der Ring brach beim Heben ab. Da sahen sie plötzlich, wie das ganze Gehöft in Flammen stand, und *Sæmundr* läutete mit allen Glocken Feueralarm. Schnell warfen sie die Grube wieder zu, da schwand auch der lichte Schein. „Jener Ring aber soll derselbe sein, der noch jetzt an der Kirchentür zu *Oddi* sitzt: innen ist er von Eisen, aussen aber aus Kupfermessing oder einer Erzmischung, und soll von allen Ringen an den Kirchtüren in Island der grösste sein." Wie *Sæmundr* den ersten Ausbruch der Hekla verschuldete, so war er auch Wettermacher: er blies den Schnee von der Kirche fort, dass sie nicht Schaden litte und scheute sich nicht, den Teufel in seine Dienste zu nehmen. Der musste ihm Heu einholen und den Kuhstall reinigen. Der Schwarze verrichtete auch seine Arbeit ganz untadelhaft. Als aber *Sæmundr* am Ostertage auf der Kanzel steht, schichtet ihm jener vor der Kirchentür den ganzen grossen Misthaufen vom Pfarrhofe auf, so dass Sira die Kirche nicht verlassen kann. Aber nicht faul, bannt er den Teufel her und befiehlt ihm, allen Mist von der Kirchentür wieder an seinen alten Ort fortzutragen, und so streng hält er es damit, dass er ihn am Ende noch zwingt, die letzten Überreste mit der Zunge aufzuschlecken. So nachdrücklich leckte der Teufel in seinem Ärger, dass davon in dem flachen Steine, der vor der Kirchentüre lag, eine tiefe Rinne entstand. „Dieser Stein befindet sich noch heutigen Tages zu *Oddi*, wenn auch jetzt nur noch der vierte Teil davon vorhanden ist. Er liegt jetzt vor der Tür des Gehöftes, und noch immer kann man die Vertiefung in ihm sehen." —

Unser Quartier *Störólfshvoll*, das Haus des Arztes Dr. *Ólafur Gudmundsson*, liegt am Fusse eines grünbewachsenen Hügels, auf dem sich ein trigonometrisches Signal erhebt, ein gut gepflegtes, geräumiges *Tún* umgibt es nach der Ebene zu, zur Rechten liegen eine stattliche Halle für Thingversammlungen und für die Konfirmanden und eine schlanke, mit einem Kreuz gekrönte *Annexia Kirkja*[1]) (Fig. 70). Wir wurden erwartet, trotz des Regens kam der Arzt heraus, umarmte Ögmundur und mich stürmisch und half uns beim Ablegen unserer nassen Überkleider. In der Stube hing ein grosses Bild von Rektor Olsen, und die Ähnlichkeit zwischen

---

[1]) In der Kirche verschiedene Leichensteine und Inschriften in lat. u. isl. Sprache. Vergl. *Olsen, Smávegis* in „*Árbók hins isl. Fornleifafjelags*" 1898, S. 33 ff.

ihm und seiner Schwester, der Gattin des Arztes, war überraschend. Dass wir nicht die ersten Gäste waren, die sich hier behaglich fühlten, zeigte das Fremdenbuch: darin traf ich die Namen von Adeline Rittershaus[1]), der Tochter des bekannten Dichters, der ehemaligen Gattin eines Reykjavíker Gymnasiallehrers, jetzt Privatdozentin in Zürich, eines Hamburger Kaufmanns Braun, der in *Reykjavík* eine Niederlassung hat, und der Ärzte Sanitätsrat Dr. Cahn-

Fig. 70. Stórólfshvoll.

heim in Dresden und Dr. Grossmann in Liverpool. Beide Herren haben wiederholt Island bereist und nicht nur geologische, sondern auch medizinische Studien gemacht[2]). Als sie 1892 und 1895 in *Akureyri* etwa 200 Kranke, darunter sehr viele Augenleidende, unentgeltlich behandelten, lohnte ihnen der wackere *Matthias Jochumsson*, der bei der Behandlung der Augenkranken selbst assistierte, mit einem Dankgedichte in dem ehrwürdigen Versmasse der Edda (übersetzt bei Pöstion, Eislandblüten 170, 171).

---

1) Wir verdanken ihr einen wertvollen Beitrag zur vergleichenden Märchenforschung „Die Neuisländischen Volksmärchen", Halle 1902.

2) Cahnheim, Zwei Sommerreisen in Island, in: Verhandlungen der Gesellschaft für Erdkunde in Berlin, 1894, Nr. 5. Grossmann, Across Iceland, in: The geographical Journal, London 1894, S. 261—281, Observations on the glaciation of Iceland, in: The Glacialists Magazine, London 1893, I, S. 33—45; The crater Hverfjall, a. a. O., S. 85—91; On hollow pyramidal ice crystals [Surtshellir] in: Nature, Vol. 50, S. 1894, 600—602.

Schon in *Galtalækur* war uns die unheilkündende Nähe eines englischen Touristen angesagt worden, der mit seinem Führer, einem stud. med., schon vier Tage auf uns in *Störólfshvoll* wartete. Ich hatte gar keine Neigung, ihn mitzunehmen, und Ögmundur verstand mein Bedenken, dann in den Quartieren zum „Ellenbogenkind" herabzusinken. Er sprach zudem, wie es bei einem Engländer nicht anders zu erwarten ist, nur seine Muttersprache. Den Vorteil hatte allein er; denn dass er uns auch seine acht Pferde zur Verfügung stellte, konnte nicht in Betracht kommen.

Wenn ich mich gleichwohl erweichen liess, so waren es folgende Erwägungen: der Student konnte unmöglich allein die nicht ganz harmlose Reise die Südküste entlang wagen, es war Anstands- und Menschenpflicht, sich der beiden anzunehmen; da der junge Mediziner gut deutsch sprach, hatte mein Begleiter zugleich Unterhaltung auf der Weiterreise. Meine Bedingungen waren: der Engländer durfte nie dasselbe Quartier wie wir beziehen, hatte bei allen Extra-Ausgaben für Lokalführer, Flussübergänge usw. die Hälfte zu bezahlen, sollte am nächsten Morgen bereits *Störólfshvoll* verlassen, da das Haus für soviel Eindringlinge natürlich zu eng wurde, und musste in *Djúpivogur*, wo die Gefahren vorüber waren, sich seitwärts in die Büsche schlagen. Trotzdem hätte ich, wie die Folgezeit zeigte, besser getan, meiner ersten Regung nachzugeben und den Engländer seinem Schicksale zu überlassen.

4. Juli.

Da Dr. *Ólafur* ganz gut deutsch sprach und mein „stúdent" auch Lektüre gefunden hatte (Jahnke, Fürst Bismarck), konnte ich ihm unbesorgt noch einen Tag zur Ruhe und Stärkung schenken, er hat dann auch später, ohne je auszusetzen, alle Strapazen wacker überstanden und mutig die Zähne zusammen gebissen, wenn es hart herging. Ich selbst beschloss mit Ögmundur einen Ausflug in die gepriesene *Fljótshlíd* zu unternehmen (Stromhalde). Von der neuen, schönen Strasse, die nach *Reykjavík* führt, bogen wir südlich ab nach *Dufpaksholt* und ritten dann ununterbrochen die *Þverá* entlang.

*Dufpakr*[1]) und *Störólfr*, nach dem *Störólfshvoll* benannt ist, stritten sich bei der Landnahme um den Boden. Eines Abends sah ein Mann, der die Gabe des zweiten Gesichtes hatte, wie aus dem Gehöfte des *Störólfr* ein grosser Bär kam und aus *Dufpaksholt* ein Stier. Als sie zusammentrafen, hub ein grimmer Streit an, in dem der Bär Sieger blieb. Am andern Morgen sah man, dass da, wo sie ihren Kampf ausgefochten hatten, und wo die Erde aufgewühlt war, ein Tal entstanden war (Lnd. 5, 5). Eine breite Vertiefung, wie ein langgezogener Graben, vielleicht ein altes Flussbett, hat Anlass zu dieser Sage gegeben und ist noch heute zu sehen.

¹) Der Name soll keltisch sein, *Dubhthach*, der Schwarze.

Die Wiesen, die wir heute durchritten, gehören zu den üppigsten von ganz Island. Zahlreiche Schafe weiden auf ihnen, Gruppen von bedächtigen Rindern glotzen uns an, mutwillige Pferde spielen in muntern Sprüngen, nie wieder habe ich während meiner ganzen Reise so viele Tiere beisammen gesehen. Der Regenbrachvogel (Numenius phaeopus, isländisch *spói*), eine Schnepfenart mit langem, gebogenem Schnabel, flattert unaufhörlich neben uns her, die langen Füsse zurück und Kopf und Hals vorstreckend, mit halb geöffnetem Schnabel seinen eigenartigen Schlag anstimmend, der ruhig mit weichen Flötentönen beginnt und mit einem trillernden Dididi . . . endigt. Als ich lange wieder in Deutschland war und an einem stillen Sommerabend unvermutet dieses Rollen hörte, das in der Ferne leicht wie Unkenschnurren klingt, wurde mit einem Male der ganze Zauber Islands wieder in mir lebendig. *Páll Ólafsson* hat dem zierlichen Tierchen, das kein Isländer schiessen darf, weil er sonst unglücklich würde, ein reizendes Liedchen gewidmet (Pöstion, Eislandblüten 140):

    Du Unrast in dem Vogelreiche,
    Du fliegst und singst zu allen Stunden,
    Wie sinnlos an die immer gleiche
    Gesangesweise festgebunden.

    Doch mag dein Lied auch gleich erschallen,
    Klingt stets die gleiche Weise wieder,
    Mir kann kein Vogelsang erschallen
    Wie deine Laute, deine Lieder.

    Und jedes Lied, wie jede Weise,
    Es gilt — so ganz nach meinem Sinne —
    Dem gleichen Hoffen, einem Preise,
    Derselben Lust, derselben Minne.

Der stete Begleiter des Regenbrachvogels ist der Goldregenpfeifer (Charadrius pluvialis, isländisch *lóa*). Aber während der *spói* fliegend und laufend unsere Pferde in unmittelbarer Nähe begleitet, ist die *lóa* weit scheuer und vorsichtiger. Fürchtet sie, dass wir ihrem Neste zu nahe kommen, so lässt sie einen einförmigen Ruf von klagender, schwermütiger Tonfärbung erschallen, setzt sich zierlich in hochaufgerichteter Körperhaltung auf den nächsten Erdhügel und fixiert den Eindringling, indem sie ihm ihr schwarzes, weissumsäumtes Brüstchen zukehrt, mit dem ernsten Blick ihrer grossen Augen. Sie verrichtet für den kleinen Alpenstrandläufer (Tringa alpina, isländisch *lóuþræll*, d. h. Knecht der lóa, weil beide vielfach in Gesellschaft gesehen werden) Warner- und Wächterdienste: fliegt die *lóa* auf, so schwirren auch die zwei oder drei Pärchen des *lóuþræll* mit lautem rauh schnurrenden Schrirîrîrî davon; lässt sie sich nieder, so scharen sie sich sofort wieder um sie.

Nach isländischem Volksglauben preisst der Goldregenpfeifer in seinem Gesange Gott; sein „dirrindü" deutet man als „dyrdin dy" (*dyrd* = Ehre, Ruhm). *Jónas Hallgrímsson* hat diesen Frühlingsboten Islands schön besungen (Pöstion, Eislandblüten 45):

> Vöglein singt des Morgens früh
> Frisch und froh sein „Dirrindü"
> In der Luft der lauen:
> „Preiset Gottes Güte laut,
> Seht, wie hell der Himmel blaut,
> Grün sind alle Auen!
>
> Flog vom Nest im Moore fort,
> Friedlich harren meiner dort
> Kindlein, noch ganz kleine.
> Füttre treu die frohe Schar,
> Fliegen bring' ich, oder gar
> Würmer, wunderfeine!"
>
> Heimwärts flog das Vögelein
> — Lenzmild ist der Sonnenschein,
> Blumen blühn im Tale —
> Doch kein Kindlein findet's mehr:
> Frass ein Rabe kurz vorher
> Sie zum Morgenmahle.

*Benedikt Gröndal* widmet dem schwermütigen Sänger folgendes Gedicht (Pöstion, Eislandblüten 131):

> Vöglein in der Heide singt
> Vom Tod der Blumen traut;
> Immer der gleiche Gesang ist's
> Mit trautem Vogellaut.
>
> Himmlisch mild deine Töne sind,
> Heidevöglein mein!
> Ich höre dir zu und sinne —
> Mag nicht ins Haus hinein....

Der heutige Ausflug gehört zu meinen schönsten Erinnerungen, und wenn ich von Isländern gefragt bin, wo es mir am besten gefallen hätte, habe ich an erster Linie diesen Ritt nach *Hlídarendi* genannt. Das Wetter ist herrlich, heller Sonnenschein flutet über die Wiesen und das Wasser und verscheucht einen Nebelschleier nach dem andern von den trotzigen Bergen. Unter uns rauschen die schmutzig grauen Wellen der *Pverá* und des *Markarfljót*, das, fortwährend seinen Lauf ändernd und Geschiebemassen herabführend, mit dem Netze seiner zahlreichen Arme das mit Geröll besäte, 10 km breite, etwa vier Stunden lange Tal ausfüllt, das uns im Osten von der Gletscherkette trennt. In diese fluvioglazialen Geröllflächen sind die zwar nicht breiten, aber tiefen Rinnen des *Markarfljót* eingeschnitten. Wo die Gletscher aufhören, teilt sich der Strom in vier verschiedene Betten und bildet ein sandiges und sumpfiges Delta von fast sechs geographischen Meilen. Der westlichste dieser vier Arme, die *Þverá*, durch die das Delta mit der *Þjórsá* zusammenhängt, war noch im 17. Jahrhundert ein selbständiger Strom; erst die wiederholten Überschwemmungen des *Markarfljót*, vor allem ein Ausbruch des *Eyjafjallajökull* im Anfange des 18. Jahrhunderts haben der *Þverá* einen gewaltigen Zufluss an Wasser gegeben, ihr Flussbett erweitert und nach oben hin verlängert und so die *Þverá* dem *Markarfljót* dienstbar gemacht. Keinem Zweifel aber unterliegt, dass die *Þverá* zur Sagazeit noch ein ganz unbedeutender Fluss gewesen ist und keine Rolle gespielt hat. In der *Njálssaga* wird die *Þverá* nicht einmal genannt, sondern nur die *Rángá*, und in ihre Nähe wird auch Gunnarrs Hof *Hlidarendi* verlegt (Kaalund I, 237—243). Mit dem von Geröll ausgefüllten Tale des *Markarfljót* beginnen die „sandar" an der Südküste. Die Inseln, die sich zwischen den Hunderten von Armen des *Markarfljót* gebildet haben, heissen *Landeyjar* (Landinseln); aus ihnen ragen die vereinzelten Kegel des *Litla* und *Stóra Dímon*[1]) hervor. Über die niedrige, zum grössten Teil aus Moor bestehende Gegend schweift der Blick bis zu der von Sandflächen und Strandwällen begrenzten Küste des Atlantischen Ozeans, bis zu den davor gelagerten Vertiefungen mit seichtem, stillstehendem Wasser *(gljá)*, und darüber hinaus bis zu den weissbrandenden Wogen. Schliesslich verschwimmt der silberne Wasserspiegel vor den Augen, und sie gewahren nur undeutlich noch die Zacken der *Vestmannaeyjar*. Aber da tauchen neben ihnen ein paar Segel auf. Neugierig passen wir auf, wohin sie ihren Lauf lenken. Aber siehe da, sie rühren und regen sich nicht, festgebannt liegen sie an derselben Stelle, und da merken wir, dass es Felsen sind, die bei der klaren Beleuchtung so nah erscheinen, wie grosse Schiffe an der Küste, es sind die *Drángar* (Klippen), die wir schon von der Seereise her kennen (die Daniel Bruun [Det høje Nord Kph. 1902, S. 45] entnommene Figur Nr. 71 zeigt den Blick von *Hlidarendi* nach den *Vestmannaeyjar*).

Steigen wir in dem Kirchlein von *Hlidarendi* im Glockenstuhl empor, oder reiten wir noch zwei Stunden weiter bis zum nächsten Pfarrhof, so wähnen wir uns in ein Tal von völlig alpinenhaftem Charakter versetzt. Der Anblick der *Þórsmörk*, der grünen Oase inmitten der Eis- und Feuerberge, ist überwältigend. Grüne, mehr oder minder steile Weiden bilden die Talwände, auf deren halber Höhe einige Höfe wie Schwalbennester aufgebaut sind. Von allen

---

[1]) Der öfter vorkommende Name bezeichnet kleine, freistehende Berge. Nach Gust. Storm ist er keltisch und eine gemeinsame Bezeichnung zweier runder Berge (Minder fra en Islandsfærd. Christiania 1874, S. 19).

Fig. 71. Blick von Hlidarendi nach den Vestmannaeyjar.

Seiten blitzen grössere und kleinere Wasserflächen auf, und drei oder vier schäumende Wasserfälle hängen wie breite, mattsilberne Bänder an den Abhängen. Der eine ist besonders darum merkwürdig, dass man das Flüsschen, das ihn bildet, die *Merkiá* (Grenzfluss), zunächst hoch oben an einem Abhange wahrnimmt; dann verschwindet es völlig und kommt erst tief unten wieder zum Vorscheine, wie es aus vier Höhlen zugleich herniederstürzt. Weit ansehnlicher ist der *Seljalandsfoss*, der über die steile Wand des *Eyjafjallajökull* fällt. Dieser Plateau-Gletscher nimmt vor allem unsere Augen gefangen. Von seinem Doppelgipfel gewahrt man nur den stumpfen Kegel, sein Schnee- und Eispanzer reicht auf der uns zugekehrten Seite nur bis zur Hälfte, dann verläuft das Massiv über steinigen nackten Fels in die Ebene, die am Fusse des Berges mit zahllossen, grossen runden Steinen und Geröll bedeckt ist. Nach Norden sendet das ca. 1200 qkm grosse Eisfeld fünf grössere Schreitgletscher in das Tal hinab, einige der weissen und bläulichen Zungen gehen bis auf den Grund nieder. Nach Nordosten sehen wir in den schwarzen, von den trüben Wassern des *Markarfljót* in vielen Armen durchschnittenen Talgrund. Über seiner Mündung schaut die vielzinnige Reihe des *Tindfjallajökull* hernieder, nach seinen schwarzen Spitzen „Spitzenberggletscher" geheissen. Die Berge der *Þórsmörk* bestehen aus vulkanischen Tuffen, denen gelegentlich glaziale Gesteine beigemengt sind. In den Tuffen hat der deutsche Geologe von Knebel Maarkanäle festgestellt, d. h. mit vulkanischen Breccien erfüllte vulkanische Explosionsröhren[1]). Seltsam geformte braune und graue Felsen schliessen die „Donnersmark" gen Osten, eine Welt für sich von abenteuerlichen, wild zerrissenen Felsgestalten, stürzenden Bächen, Gletschern und Wäldern, den grössten des Südlandes. Gerade dieser Gegensatz macht die *Þórsmörk* so anziehend, und, abgesehen von der Südküste, ist man kaum wo anders der Gletscherwelt so nahe wie hier. Weit im Hintergrunde schimmern der *Merkurjökull* und der *Godalandsjökull* herüber, „eine kaum gehobene Bogenlinie, die an vier Stellen brüchige Eismassen tiefer herabhängen lässt". Hinter diesen beiden Gletschern führt ein wenig benutzter Weg von Norden her nach der Südküste am *Vatnajökull* vorbei. Hier war es, wo sich *Flosi* und die Seinen durchschlichen, als sie *Njáll* in *Bergþórshvoll* überfielen und in seinem Hause verbrannten; hier wurden sie nach der Tat von den Freunden des *Njáll*, obwohl vergeblich, bis nach den grossen Sandwüsten jenseits der Gletscher verfolgt. (Auch die Figur Nr. 72 ist Daniel Bruun entnommen [Det høje Nord S. 144].)

---

[1]) Dr. Walther von Knebel, Studien in Island im Sommer 1905. Globus 1905, Bd. 88, Nr. 22. — Vetter, Islands Donnermark, Beilage zur (Münchener) Allgemeinen Zeitung. 1888, Nr. 13, 14.

Fig. 72. Am Eyjafjallajökull.

Der *Eyjafjallajökull* ist der westlichste und höchste Teil der gewaltigen zusammenhängenden Gletschermasse, die mit einem Namen *Mýrdalsjökull* genannt wird. Er hat seinen Namen „Inselberge-gletscher" entweder von dem schwarzen Felsgrat, der sich aus dem weissen Rücken des Gebirges erhebt, oder, wahrscheinlicher, von den Inseln *(eyjar)*, die sich zu seinem Fusse hinziehen, den *Landeyjar* und den *Vestmannaeyjar*. *Sveinn Pálsson*, der bekannte isländische Arzt und Naturforscher, hat ihn 1793 bestiegen; nach ihm ist der Hauptkrater eingestürzt und mit Eis angefüllt, während drei oder vier Tuffklippen, an denen das Eis nicht hat haften können, wie Hörner über diesen ungeheuern vulkanischen Becher aufragen[1]. Prof. Vetter hat dann 1887 eine Besteigung versucht, aber es ist ihm nicht geglückt, auch von oben herab in die Felsen- und Gletscher-welt der *Pórsmörk* zu sehen[2]. Der *Eyjafjallajökull* hat zwei Aus-brüche gehabt, die aber keinen grossen Schaden angerichtet haben: im Jahre 1612 soll Wasser und Eis bis nach dem Meere hinaus-getrieben sein; 1821 spie er Wasser und Eis, eine gewaltige, mit Eisstücken gemischte Wassermasse staute das *Markarfljót* bis zu den Hauswiesen der gegenüberliegenden Gehöfte empor. Die zurück-gebliebenen Gletschertrümmer, die über zwei Jahre zum Auftauen brauchten, haben hier und da in der Ebene tiefe, runde Löcher zurückgelassen „wie die Vertiefungen in einer Äpfelkuchenpfanne" (Kaalund); wie die für Island charakteristischen „sandar", so be-ginnen hier auch die ebenso eigenartigen trichterförmigen Löcher, die vor allem in den Gegenden südlich vom *Vatnajökull* vorkommen. Ver-heerungen durch Lava und Asche scheint der Berg nicht angerichtet zu haben, wie sein Nachbar, die *Katla*; dagegen wird die Anlage des Flusstales, eines ehemaligen Fjordes, und des Küstenlandes auf seine Tätigkeit zurückzuführen sein.

„Schön ist die Halde! so schön hab' ich das Land noch nie gesehen . . . ich reite wieder heim und reise nicht." — Diese Worte des ritterlichsten Helden auf Island, des *Gunnarr Hámundarson von Hlídarendi*, fielen mir ein, als ich über das weite Flachland nach dem strahlenzitternden Meer hinausblickte. Hier, in *Hlídarendi*, hat *Gunnarr* im zehnten Jahrhundert gelebt.

Er war ein Mann gross von Wuchs und stark und der allerkampftüchtigste Mensch. Er hieb und schoss mit beiden Händen, wenn er wollte: mit dem Schwerte focht er so schnell, dass man glaubte, drei Schwerter in der Luft zu sehen. Er war der allerbeste Bogenschütze und traf alles, wonach er zielte. Er sprang höher, als er selber war, mit voller Waffenrüstung, und ebensoweit rückwärts wie vorwärts. Er konnte schwimmen wie ein Seehund, und kein Spiel gab es, worin einer mit ihm hätte wetteifern können; man sagt, dass kein ihm gleicher je wieder gelebt hat. Er

---

[1] Thoroddsen, Oversigt over de islandske Vulkaners Historie. Kph. 1882, S. 24, 54, 90.

[2] Vetter, Der Eyjafjallajökull. Jahrbuch des Schweizer Alpenklubs 1887.

war schön von Aussehen und hatte lichte, helle Hautfarbe; seine Nase war wohlgeformt und etwas nach aufwärts gebogen. Er hatte blaue Augen, einen lebhaften Blick und rote Wangen; sein Haar war stark, von blonder Farbe und stand ihm wohl. Er hatte von allen Männern die höfischste Lebensart, war entschlossen im Handeln, gab guten Rat und war wohlwollend, freigebig und besonnen, gütig und sorgfältig in der Wahl seiner Freunde. Ausserdem war er reich an Besitz (K. 19). Diese Charakteristik von ihm entwirft die *Njálssaga*, die Krone aller isländischen Sagas, und diese Charakteristik ist die schönste der gesamten Sagaliteratur. Mogk rühmt von der *Njálssaga,* dass sie an Grossartigkeit der Charakterschilderung, an ethischem und ästhetischem Wert, an dramatischer Darstellung, an der reichen Fülle interessanter Tatsachen alle anderen übertrifft[1]). Diese Saga voll Weibertücke und Weiberhass, Freundestreue und Blutrache ist die wohlüberlegte und planmässig durchgeführte Verschmelzung von zwei Sagas, die eine handelte von *Gunnarr* von *Hlíðarendi*, die andere von *Njáll* und seinen Söhnen auf *Bergþórshvoll*. Die Vereinigung der beiden Sagas war um so leichter, als ihre beiden Helden durch treue Freundschaft miteinander verbunden waren. Den Schauplatz dieses Meisterwerkes kennen zu lernen war einer der Hauptgründe für meine beiden Abstecher von *Stórólfshvoll* nach *Hlíðarendi* und *Bergþórshvoll* gewesen, und ich will den Versuch wagen, meinen Lesern eine Vorstellung von dem Inhalt und der dichterischen Bedeutung dieser Saga zu geben. Zu kurz war die Zeit, die mir zur Verfügung stand, als dass ich gründlich alle Angaben der Saga mit dem Schauplatze, wie er in Wirklichkeit ist, hätte vergleichen können.

Treue Freundschaft verbindet den edlen *Gunnarr* mit dem weisen *Njáll*. Nur selten erzählt eine Saga, dass eine Frau schön ist; und ist es der Fall, so bringt die Liebe nur Leid und Verderben: *ie diu liebe leide ze aller jungiste git.* Schön ist *Hallgerðr* und hochgewachsen, ihre Haare wallen so lang und schwer hernieder, dass sie sich darin einhüllen kann. Aber sie ist stolz, ränkesüchtig und rachgierig, für den Unterschied von Gut und Böse hat sie nicht das geringste Gefühl. Als Kind spielt sie einst mit einigen Mädchen auf der Diele. „Ist es nicht ein liebliches Mädchen?" fragt voll Stolz der Vater ihren Oheim. Nach langem Schweigen erwidert der: „Sehr schön ist sie, und mancher wird dafür büssen müssen. Aber ich kann nicht begreifen, wie die Diebesaugen in unsere Sippe kommen". Diese Worte werden für die ganze Erzählung bedeutungsvoll, sie verkündigen warnend ihr verderbliches Eingreifen in das Geschick von *Gunnarr* und *Njáll* und dessen Söhnen. Mit unwiderstehlicher Macht zieht sie alle Männer an sich, ihre beiden ersten Gatten beseitigt sie direkt oder indirekt. Auf dem „Lögberg" in *Þingvellir* begegnet *Gunnarr* der *Hallgerðr*, ihr herrliches Haar hängt ihr über die Brust herab, sie trägt ein rotes Gewand und darüber einen Scharlachmantel, dessen Borde bis zum Schosse reicht. *Gunnarr* beginnt ein Gespräch mit ihr und fragt sie, ob sie unverheiratet sei. Sie antwortet, dass dies der Fall wäre, „und es ist nicht vieler Männer Sache, mit mir eine Ehe zu wagen". „Scheine ich dir nicht eine angemessene Partie?" fragt er. „Darum handelt sichs nicht", versetzt sie, „aber wählerisch unter Männern werde ich sein." „Wie wirst du antworten, wenn ich um deine Hand bitte?" fragt *Gunnarr*. „Das wird nicht deine Absicht sein", entgegnet sie. „Du irrst", erwidert er. „Wenn es dir irgendwie Ernst ist", antwortet sie, „so suche meinen Vater auf." Trotz der Warnung ihres Oheims: „Du, *Gunnarr*, bist tüchtig und brav; aber sie hat ihre

---

[1]) Geschichte der norwegisch-isländischen Literatur. Strassburg 1904, S. 214. — Finnur Jónsson, Der oldnorske og oldisl. Litteraturs Historie. Kph. II. 1898, S. 525—547; — Om Njala, in: Aarb. f. nord. Oldkynd. og Hist. 1904, S. 89—166. — Lehmann u. Schnorr von Carolsfeld, Die Njálssage, insbesondere in ihren juristischen Bestandteilen. Berlin 1883. — Ausgaben: Kph. 1875, Reykjavik 1894. — Kap. 124—132 sind deutsch übersetzt von Bernh. Döring „Eine altisländisch Brandlegung". Leipzig 1878. Programm des Nicolaigymnasiums.

guten und schlechten Seiten, und ich will dich darüber nicht im Ungewissen lassen", verlobt er sich mit ihr. Auch *Njáll*, den *Gunnarr* sofort benachrichtigt, ist wenig erfreut: „Sie wird nur Böses anstiften, wenn sie hierher kommt". „Niemals aber", entgegnet *Gunnarr*, „soll sie unsere Freundschaft stören".

Zwischen *Hallgerdr* und *Bergþóra*, der hochsinnigen, aber stolzen und heftigen Frau des *Njáll* bricht der Kriemhildenstreit aus: *wie die küniginnen ein ander schulten*. Beim Gastmahl in *Bergþórshvoll* suchen die beiden Frauen einander mit den gehässigsten Hohnworten und Kränkungen den Vorrang streitig zu machen, und die unterliegende *Hallgerdr* heischt Rache von ihrem Gatten *Gunnarr*, wie Brünhild von Gunther Rache fordert. Ärgerlich darüber, dass sie, *Gunnars* Weib, den Platz vor einer von *Bergþóras* Schwiegertöchtern hat räumen müssen, ergreift *Hallgerdr* die Hand ihrer Feindin mit den Worten: „Du und *Njáll* passt gut zu einander, Du hast missgestaltete Nägel an jedem Finger, und *Njáll* ist bartlos". „Das ist wahr" entgegnet *Bergþóra*, „aber keiner von uns legt es dem andern zur Last. Dein erster Gatte war nicht bartlos, dennoch brachtest Du ihm den Tod".

*Hallgerdr* entblödet sich nicht, zu stehlen und ihren Gatten als Hehler hinzustellen. Sie stiftet während einer Hungersnot einen Sklaven an, nach *Kirkjubær* in der *Vestur Skaptafells sýsla* zu reiten, dort zwei Pferdelasten an Butter und Käse zu stehlen und dann den Speicher in Brand zu stecken. Als *Gunnarr* den gemeinen Diebstahl merkt, wird er zornig: „Schlimm wäre es, wenn ich Diebshehler sein sollte" und schlägt sie auf die Wangen. „An den Schlag sollst du denken!" ruft *Hallgerdr* und eilt hinaus (vergl. I, S. 219, 220).

*Gunnarr* und *Njáll* bleiben sich treu und zahlen einander gern die Sühne, die Mannen- und Freundesmord, den die Feindschaft ihrer Frauen hervorgerufen hat, nach den Gesetzen fordert. Einmal aber verletzt *Gunnarr* gegen den Rat seines Freundes das Gesetz, er muss seinen Hof *Hlidarendi* verlassen und auf drei Jahre ins Elend gehen. „Brichst du diesen Vergleich, wird es dein Tod sein. Gehst du aber ausser Landes, dann wird dir diese Fahrt mehr Ehre einbringen als deine Wikingerzüge." Schon hat *Gunnarr* einen Platz auf dem Schiffe belegt, das ihn nach Christiania bringen soll, hat Abschied von den Freunden genommen und seinen Dienstleuten Lebewohl gesagt. Er hat sich aufs Pferd geschwungen und ist das *Markarfljót* entlang geritten. Auf der Mitte des Weges zwischen *Hlidarendi* und dem Meere, auf einem grünen Rasenplatz, der seitdem *Gunnarshólmi* (Gunnars Inselchen) heisst, stolpert sein Pferd, er schwingt sich aus dem Sattel, sein Gesicht kehrt sich der Halde zu und seinem Gehöft auf *Hlidarendi*. Da sagte er: „Schön ist die Halde! so schön hab ich sie nie gesehen: die Fluren gelb und das Gras auf dem Tún geschlagen . . . ich reite wieder heim und reise nicht!"

So wird *Gunnarr* friedlos, seine Heimatsliebe gibt ihn seinen Feinden in die Hände. *Hallgerdr*, die *vàlentinne*, hat ihr Ziel erreicht: *Gunnarr* fällt im Kampfe, und *Njáll* wird in seinem Hause verbrannt. *Ólafr Pfau* hat *Gunnarr* einen grossen Hund geschenkt: „der hat Menschenverstand; er wird jeden anbellen, den er als deinen Feind erkennt, niemals aber deinen Freund, denn er sieht es jedem sogleich an, ob er dir wohlgesinnt ist, oder übel; seine Treue zu dir wird er durch Einsetzung seines Lebens beweisen, sein Name ist *Sámr*". Da *Gunnars* Feinde wissen, dass sie, solange *Sámr* lebt, ihm nichts anhaben können, zwingen sie *Gunnars* Nachbar, indem sie ihm den Dolch vor die Brust setzen, entweder sofort zu sterben oder den Hund an sich zu locken, der ihn als guten Nachbarn kennt, und so unschädlich zu machen. *Sámr* liegt oben auf dem Hausdache, der Bauer lockt ihn an sich auf dem eingehegten Weg, der durch das Tún läuft. Freundlich wedelnd springt der Hund herab, als er aber die anderen Männer sieht, packt er den Bauern und beisst ihn. Da schlägt ihm ein anderer die Axt tief ins Gehirn. Der Hund stösst ein Geheul aus, wie man noch nie von einem Hunde vernommen hat und stürzt tot nieder. *Gunnarr* erwacht in seinem Schlafhause und ruft: „Schmerzlich ist dir mitgespielt, *Sámr*, mein Liebling! mein Tod wird dem deinen schnell nachfolgen!"

*Gunnars* Haus war von lauter Holz gebaut und aussen mit Brettern überkleidet. Fenster waren neben der Plattform und Läden vorgezogen. *Gunnarr* schlief in der Oberstube. Auf dem Erdboden lagen Stränge, und diese wurden dazu verwendet, das Haus beständig festzuhalten. Mit deren Hilfe winden die Feinde, an ihrer Spitze *Gissurr hvíti* und *Geirr godi*, das Dach ab, *Gunnarr* aber merkt es erst, als es geschehen ist. „Gib mir zwei Locken von Deinem Haar", sagt *Gunnarr* zu seinem Weibe *Hallgerdr*, da ihm die Bogensehne unbrauchbar geworden, „und flicht Du mir eine Bogensehne daraus, Mutter," zu seiner Mutter *Rannveig*. „Hängt etwas davon ab?" fragt *Hallgerdr*. „Mein Leben hängt davon ab", erwidert er, „solange ich meinen Bogen gebrauchen kann, sollen meine Feinde nie Macht über mich bekommen!" „Dann werde ich Dir die Ohrfeige gedenken, die Du mir gabst", sagt sie, „mir verschlägt es nichts, ob Du Dich längere oder kürzere Zeit wehrst." „Jeder hat etwas, womit er sich einen Namen macht", entgegnet *Gunnarr*, „ich werde Dich nicht lange bitten." *Rannveig* ruft ihr zu: „Arg handelst Du, ewig wird Deine Schande leben!" Tapfer kämpfend fällt *Gunnarr*. Sein Sohn *Högni* aber und *Skarphedinn*, Njáls ältester Sohn, übernehmen die Rache und ruhen nicht eher, als bis *Gunnars* Mörder alle getötet sind: *„von zweier vrouwen bâgen wart vil manic helt verlorn."* *Hallgerdr* ist eine Frauengestalt, die in dem verführerischen Reiz, den sie auf die Männer ausübt, in ihrer zügellosen Wildheit und unbezähmbaren Rachsucht an Shakespeares Frauengestalten gemahnt. Hochdramatisch ist die Streitszene zwischen ihr und *Bergþóra*, im vollen Sinne tragisch die Umkehr *Gunnars*, als sein Blick auf die blühende Halde fällt, und dem letzten Akt, wo in der höchsten Not die Frau dem Manne, der ihr alles geopfert, die Hilfe versagt, wüsste ich wenig Stellen in der Weltliteratur zur Seite zu setzen.

Isländische Volkslieder gibt es sehr wenig; auf den Färöern aber, „wo die Wendung des Geschmackes auf ausländische Ritterromantik sich weniger durchgreifend geltend machte", hat sich manches Lied isländischen Ursprungs noch erhalten.

Auf Syderö, einer der Färöer, ist ein Volkslied aufgezeichnet, *Gunnars* Lied, *Gunnars kvædi*[1]):

> Gunnarr, der Recke, schoss — da sprang
> Ihm an seinem Bogen der Strang.
> > Da handelte sie so schmählich,
> > Schmählich verriet sie den Helden kühn,
> > Und das war doch so schmählich.
>
> „Hallgerd, zeige, dass Du mich liebst,
> Damit, dass Du eine Locke mir gibst."
>
> „Meine Locken sind meine Lust,
> Golden wallen sie über die Brust.
>
> Künde mir klar, sage mir wahr,
> Was begehrest Du jetzt mein Haar?"
>
> „Wäre mein Bogen mir unversehrt,
> Leicht ich mich meiner Feinde wehrt'.
>
> Schneide mir schnell eine Locke ab,
> Denn mein Leben hängt davon ab."
>
> „Hängt Dein Leben auch davon ab —
> Nie schneid ich für Dich eine Locke ab.

---

[1]) Færöiske kvæder, samlede og besörgede ved V. U. Hammershaimb Kph. 1855, Nr. 8. — Antiquarisk Tidsskrift, udgivet af det kongelige Nordiske Oldskrift-Selskab. Kph. 1849—51, S. 87.

> Immer gedenke des Tages ich,
> Da auf die Wange Du schlugest mich!"
>
> Verflucht sei das Weib, Schand ihr und Scham,
> Die ihrem Gatten das Leben nahm!
>
> Mutter weinet so bitterlich:
> „Nimm mein Haar und rette Dich!"
>
> „Niemals! Eh'r falle dem Feinde mein Haupt,
> Ehe man Dich eines Haares beraubt!"
> > Da handelte sie so schmählich,
> > Schmählich verriet sie den Helden kühn,
> > Und das war doch so schmählich.

In diesem Volksliede tritt ein neues, erschütterndes Motiv zutage: Mutterliebe opfert alles dem vielgeliebten Kinde; aber eher will der Sohn sterben, als dass er der Mutter ein Härchen krümmt, als dass er ihrem heiligen Haupte eine Locke entzieht.

Etwas nüchtern, weil halbgelehrten Ursprung oder doch Einfluss verratend, mutet dagegen ein isländisches Volkslied an, *Gunnarskvæði*[1]):

> Von Gunnarr, dem Bauern und streitbaren Helden
> Auf Hlidarendi, will mein Lied euch melden.
> — Auf dem Thing
> Liebte Brynhild mehr den Hring.

In dieser, in jedem Verse wiederkehrenden Strophe wird auf die *Hringssaga og Tryggva* angespielt, die heimische Mythen mit romantischen Gestalten und Ereignissen verwebt. Das Lied handelt von dem Diebstahle des Käses und von der Ohrfeige, die *Gunnarr* der *Hallgerðr* gab, und davon, welchen Lohn er bekam, als er sich gegen *Gissurr* und seine Genossen wehrte:

> Hallgerd will das Haar nicht geben,
> Hängt daran auch Gunnars Leben —

Das Volkslied schliesst so:

> Also endet der beiden Zank —
> Tot zur Erde Gunnarr sank.
> — Auf dem Thing
> Liebte Brynhild mehr den Hring.

Übrigens ist der Refrain gut gewählt, er passt ausgezeichnet zu dem Gegenstande. —

Es ist merkwürdig, dass ein so durch und durch tragischer Stoff noch keinen Dramatiker auf Island gelockt hat; *Indriði Einarsson* und *Matthías Jochumsson* hätten wohl die Kraft dazu. *Jónas Hallgrímsson* allerdings hat in einer wundervollen Elegie „*Gunnarshólmi*" den Zug festgehalten, dass das Heimweh und die Vaterlandsliebe den Helden derart packen, dass er den Eid bricht und dem sichern Tod entgegengeht. Aber *Gunnarr* selbst kommt

---

[1]) Jón Þorkelsson, Om Digtningen paa Island S. 183; Finnur Jónsson, Bókmentasaga Íslendinga. Kph. 1904/5, S. 467.

bei ihm zu kurz; wer seine Saga nicht kennt, wird nimmermehr ein Bild dieses lichten Sonnenjünglings erhalten. Allzu üppig überwuchert die Naturschilderung die Handlung. Dafür entschädigt freilich der Wohllaut der Sprache, und über der Beschreibung liegt ein Zauber ausgegossen, der dem Gedichte allzeit einen Ehrenplatz in der isländischen Lyrik sichert.

*Bjarni Thórarensen*, *Jónas* Freund, hat in *Hlídarendi* (d. h. Halden-Ende) seine Kindheit verlebt. Vergleicht er die Landschaft jetzt mit der, wie sie zu *Gunnars* Zeiten gewesen ist, wie öde und ärmlich ist sie geworden! Im schlichten Versmasse der Edda gibt er seinem Schmerze darüber Ausdruck[1]):

Ein wüster Fleck  
Ist *Fljótshlíd* geworden,  
Das einst so wunder-  
Lieblich gewesen!  
Bergkies umfliesst  
Die Füsse jetzt,  
Die ehmals auf grünem  
Grasfeld gestanden.

*Gunnarr* vom hohen  
Grabhügel sieht  
Die früher so schönen  
Steige verblasst,  
Und er bereut's jetzt,  
Dass er zurück kam,  
Um in so öder  
Erde zu ruhen.

Auch *Jónas* weiss, dass zu *Gunnars* Tagen das Land weit schöner gewesen ist: jetzt ist die *Þverá* über ihre Ufer getreten und hat die Gegend in eine Sandwüste verwandelt; lieblich ist nur noch der Holm, wo sein Ross strauchelte, und wo *Gunnarr* umkehrte. Aber mit um so grösserer Liebe verweilt er beim Ausmalen der Landschaft, wie sie ehedem gewesen ist, während *Bjarnis* Sinn die traurige Gegenwart gefangen hält. Im verklärenden Lichte der Romantik sieht *Jónas*, wie die Abendsonne die silberblauen Zinken des Eyjafjallagletschers bestrahlt, der hoch über das Land nach Osten emporragt und sein lichtes Haupt im klaren Blau des Himmels badet . . . Dort ragt der *Tindfjallajökull* mit seinem dunkelblauen Mantel und dem blanken Helm, der im Schneeglanze blitzert. Von Norden her der Hekla-Gipfel dräut, dessen blanker, schwarzer Achat wie ein Spiegel blinkt. Das *Markarfljót* strömt brausend durch ein waldiges Tal, grüne Wiesen bedecken seine Ufer, die Drossel singt in der Luft.

Dann wird erzählt, wie *Gunnarr* und sein Bruder sich zum Aufbruch fertig machen und abreiten.

Noch einmal wendet *Gunnarr* sich zurück;  
Da gilts ihm gleich, ob auch der Tod ihm werde  
Von Feindeshand zum baldigen Geschick.

„Nie", ruft er, „sah ich schöner dies Stück Erde;  
Die rote Blume blinkt im gelben Hage,  
Zerstreut auf breiten Weiden geht die Herde.

---

[1]) Übersetzung von Pöstion, Isl. Dichter der Neuzeit, S. 299.

> Hier will verbringen ich die Lebenstage,
> Die noch beschieden mir. — Ich bleib im Land!
> Leb Bruder wohl!" Das ist die *Gunnars* Sage.

Das Gedicht schliesst mit den beiden Stanzen:

> Denn er verschmähte Heil an fremdem Strand;
> Den Tod im Lande hat er vorgezogen.
> Es liess der Held in grimmer Feinde Hand
> Sein Leben bald, durch schlaue List betrogen. —
> Lieb dünkt mich *Gunnars* Sage, wenn im Sand
> Ich stehend staune, wie der Macht der Wogen
> Der Gunnarsholm, so niedrig er auch liegt,
> In seinem grünen Schmucke noch obsiegt.
>
> Durch Sand sollt jetzt die *Þverá*, wo einmal
> Es Äcker gab, umsäumt von grünen Auen;
> Des Stroms Verheerung in dem schönen Tal
> Im Sonnenrot die alten Berge schauen.
> Die Zwerge flohn, der Felstroll starb, und Qual
> Der Not herrscht drückend in den öden Gauen;
> Doch schirmt den Ort geheimnisvolle Macht,
> Wo *Gunnarr* umgekehrt trotz seiner Acht[1]).

Neidlos erkannte *Bjarni Thórarensen* die Schönheit des Gedichtes an. „Nun glaub' ich, es ist am besten, ich höre auf zu dichten!" rief er aus, als er das Gedicht des dreissigjährigen Freundes gelesen hatte. Mit den Augen hatte *Bjarni* allerdings die Natur nie angesehen, er wäre nie darauf verfallen, die Liebe des Helden zur Natur zum Motiv seiner Umkehr zu machen: bei ihm hätte es *Gunnarr* aus Heldentrotz und Todesverachtung getan.

Das Tragische, das in der *Gunnarssaga* liegt, ist noch nicht gehoben, aber ein Ansatz dazu ist gemacht — von Henrik Ibsen in seinem Schauspiele „Nordische Heerfahrt".

Nichts hat das Verständnis dieses Dramas in Deutschland und in Skandinavien so erschwert wie die irrige Annahme, dass der Dichter die Brynhild-Tragödie der *Edda* und der *Völsungasaga* in realistischer Form dramatisiert habe. Die isländischen Sagas vielmehr, vor allem die *Njálssaga*, haben ihm Stoff und Farbe gegeben. Oernulfs Totenklage im IV. Akte ist eine Nachdichtung des *Sonatorrek* (Verlust der Söhne), des *Egill Skallagrimsson*, eines der grossartigsten und am tiefsten gefühlten Skaldenlieder, das wir haben. Wie der heidnische Skald gibt der moderne Dichter seiner Ohnmacht den Göttern gegenüber Ausdruck und ballt wie Prometheus voll Trotz seine Faust. Nicht nur den Namen des unversöhnlichen Kaari und der Bergthora, des alten Oernulf Gattin, hat der Dichter der *Njálssaga* entnommen, auch der Spott über *Njáls* Bartlosigkeit, der Vorwurf, dass Oernulf in Weiberkleidung gesteckt habe (vergl. Nj. 124), die treue Freundschaft zwischen *Sigurd* und *Gunnar*[2]), vor allem

---

[1]) Übersetzung von Pöstion, Isl. Dichter, S. 356; Eislandblüten S. 41 (abgedruckt bei Valtýr-Palleske, Island am Beginn des 20. Jahrh., S. 171).

[2]) Mit *Sigurds* Worten „Fest soll unsere Freundschaft bestehen, versucht man gleich sie zu erschüttern," vergl. *Gunnars* Worte „Niemals soll sie *(Hallgerdr)* unsere Freundschaft stören", und „er werde niemals seinen Freundschaftsbund mit *Njáll* brechen" (K. 37).

der ganze II. Akt (das Festmahl in *Gunnars* Halle und das Festmahl auf *Bergþórshvoll*) stammen eben daher. *Hjördis* ist schön, aber hartgesinnt und rachgierig wie *Hallgerdr*. Deutlich ist die Szene, wie der „eingebrannte" oder richtiger: belagerte *Gunnar* (denn die Brandlegung kommt nur bei *Njáll* vor) seine Gattin um eine Haarflechte bittet, von dem norwegischen Dichter benutzt, wenn auch mit leise geänderter Motivierung, die an Shakespeares Verhältnis zu seinen Quellen erinnert. *Hjördis* erzählt *Sigurd* im III. Akt einen Traum: Sigurd der Starke kommt ins Land, Mord und Brand will er üben. Alle Mannen *Gunnars* sind gefallen, nur er und *Hjördis* sind übrig. Schon legen sie von draussen Feuer ans Dach — „Ein Bogenschuss", ruft *Gunnar*, ein einziger kann uns erretten" — — da reisst der Strang. „*Hjördis*, schneide von Deinem Haar eine Flechte und mache eine Bogensehne daraus — es gilt das Leben!" Aber *Hjördis* lacht — „Lass brennen, lass brennen! Das Leben ist mir keine Handvoll Haare wert." Den grossen Beifall, den die Aufführungen von Ibsens „Nordischer Heerfahrt" in *Reyjavik* gefunden haben, schiebe ich einmal darauf, dass die Isländer besser als wir das wahrheitsgetreue, lebensvolle Bild des Dichters aus der altnordischen Vorzeit zu würdigen gewusst haben[1]), sodann darauf, dass Ibsen wie Björnson mit den Menschen der alten Sagazeit verwandt sind. Auch in Ibsens Schicksalsdramen kann man, wie Alex. Bugge hervorhebt, deutlich die Übereinstimmung mit der Auffassung der Eddalieder und der Geschlechtssaga von Menschen und Schicksal verspüren (Bugge-Hungerland, Die Wikinger. Halle 1906, S. 282).

Als wir die kleine Kirche verliessen, die dasselbe Altarbild wie in *Lundur* schmückt, Christus mit einem Kinde, gesellte sich der Bauer zu uns und erbot sich, uns die einzelnen Stätten zu zeigen, an denen die Tradition haftet. Nordöstlich vom Gehöfte soll *Gunnars* Grabhügel sein, eine natürliche Anhöhe aus Grus und Stein; aber das ist unmöglich, weil die *Þverá* hier alles verwüstet hat. Ein paar ansehnliche Steinblöcke mögen in der Tat als Fundament benutzt sein. Sie sollen die Überreste des Hauses sein, in dem *Gunnarr* sich heldenhaft wehrte. Eine kleine grüne Erhebung im Boden heisst *Sámshaugr*, hier soll *Gunnars* treuer Hund *Sámr* liegen. *Eggert Ólafsson* und *Bjarni Pálsson* haben auf ihrer Reise hier zwei alte Schwerter, einen Spiess und einen Ringpanzer angetroffen (deutsche Ausgabe II, 229), und nach einer Beschreibung vom Jahre 1746 wurde in *Skálholt* eine Axt aufbewahrt, die *Skarphedinn*, *Njáls* Sohn, gehört hatte (Kaalund II, 408)[2]). Mag man dem auch zweifelnd gegenüberstehen, eine Angabe der *Njála* ist von so überraschender Naturwahrheit, dass man gern auch die übrigen annehmen wird. *Sigmundr Lambason* und *Skjöldr* waren von *Gunnarr* aufgenommen, *Hallgerdr* warf auch nach ihnen ihre Netze aus und überredete sie, einen Mann *Njáls* treulos zu überfallen, der dessen Söhne erzogen hatte. *Skarphedinn* zog mit seinen Brüdern zur Rache nach *Hlidarendi* und traf die beiden Mörder „zwischen

---

[1]) Auch die charakteristische Mischung von Heidentum und Christentum bei *Sigurd* ist in der *Njálssaga* enthalten; das hat gut erkannt Roman Woerner, Henrik Ibsen I, München 1900, S. 100/1, auch S. 82 oben.

[2]) Über archäologische Funde hier vergl. Kaalund, Islands Fortidslævninger S. 63 f., 90 Anm. 1, 103.

zwei Bächen", wo sie nach einigen Pferden suchten (K. 45): diese Stelle liegt etwas östlich von *Hlídarendi* und passt genau zu der Beschreibung.

Der Bauer sprach lebhaft und schnell, ich hatte grosse Mühe, seinen Worten zu folgen. Da begleitete er seine Erklärung mit allerhand Gesten, er warf sich auf die Erde, um mir zu veranschaulichen, wie *Gunnars* Feinde herangekrochen wären, und ahmte das Bellen des Hundes nach, der seinen Herrn warnen sollte, — kurz, er war bis auf das kleinste mit dem Inhalt und dem Schauplatze der Sage vertraut. Ich musste daran denken, ob wohl auf den Süptitzer Höhen ein Bauer mir die Schlacht von Torgau auch nur annähernd so genau und lebendig zu schildern vermöchte. Unser Bauer wusste aber auch weiter Bescheid. Der Mineraloge und Chemiker *Gísli Magnússon* (1621—96) lebte hier und legte einen Gemüsegarten an, auch Gerste säte er, doch soll seine Ernte nie mehr als einen Scheffel Getreide betragen haben. Der Kümmel, der sich jetzt über die ganze Landschaft *Fljótshlíd* verbreitet hat, soll von *Hlídarendi* stammen, wohin ihn *Gísli* zuerst gebracht hat. *Jón Þorkelsson* (1697—1759) und *Eggert* (1756) fanden den Gemüsegarten *Gíslis* vollständig verödet, nur Kümmel wuchs noch von dem, was er gesät hatte.

Wir waren schnell vertraut geworden. Der Bauer bat um die Ehre, mir eine Tasse Kaffee anbieten zu dürfen, und wartete sogar mit einer guten Zigarre auf. Er wusste auch von manchen Sagen zu erzählen; da ich sie aber bei meiner Rückkehr gedruckt vorgefunden habe, gehe ich auf sie nicht ein[1]). In der einfachen, aber saubern Stube stand ein schottisches Harmonium; der 18jährige Sohn, ein Bauernjunge mit groben, ungefügen Fingern, setzte sich ohne langes Zieren an das Instrument und spielte Choräle und Lieder, die wir mitsangen. Auf ein heimliches Flüstern mit seinem Vater schlug er mit einem Male wohlbekannte Töne an, und zu Ehren des deutschen Gastes erklang das gewaltige Trutz- und Siegeslied der protestantischen Kirche: „Ein feste Burg ist unser Gott". Durch die offenen Fenster tönte es in isländischer Übersetzung hinaus zu den ewigen Bergen und Gletschern, als wollte es Zeugnis dafür ablegen, dass der nördlichste, germanische Stamm trotz aller heissen Bemühungen der katholischen Kirche das „Wort" bewahren werde. Nicht oft in meinem Leben habe ich das alte Lutherlied mit solcher Andacht und Weihe gehört und gesungen, wie hier auf dem weltentlegenen Eislande, fernab von dem, was man „Zivili-

---

[1]) Eine Elben- und Ächtersage von *Hlídarendi* bei Maurer, Isl. Volkssagen, S. 13, 246; eine Gespenstersage am *Markarfljót* a. a. O. 66; eine Riesen- und Pestsage von *Fljótshlíd* a. a. O. 44, 224. Ein wunderliches Fortleben *Gunnars* bis in die Neuzeit bei Maurer, Zeitschrift d. Ver. f. Volksk., V, 99.

sation" nennt. Auch mein skeptischer Führer war sichtlich ergriffen, und während er sonst von deutschen Liedern eigentlich nur „Ich weiss nicht, was soll es bedeuten" kannte und summte, fing er heute beim Weiterritt immer wieder an, in die klare Luft hinaus zu schmettern:

*Vor gud er borg á bjargi traust,*
*hid besta sverd og verja.*

Es war, als wollte der heutige Tag uns geradezu mit einer Fülle des Schönen überschütten. Als wir die *Pverá* entlang zurück ritten, deren Wellen immer mehr Land einzureissen drohen, hatten wir den überraschenden Anblick einer Fata morgana *(tídbrá, upphillingar* m. pl.): die Höfe und Anhöhen erschienen wie Inseln auf einer in Wirklichkeit gar nicht vorhandenen Wasserfläche zu schwimmen, selbst der Berg *Dímon* schien emporgehoben und auf dem Wasser zu spiegeln, fern auf dem Meere schwebten einige Schiffe in der Luft. Der Genuss dieses in seiner Schönheit überwältigenden, in seiner geheimnisvollen Natur aufs höchste erregenden Schauspiels ist nur bei klarem, stillem und warmem Wetter möglich; die Luft selbst zittert und flimmert wie bei uns auf der Heide in der heissen Mittagssonne. Etwas ähnlicher ist die *tídbrá* in Lavawüsten, die *Steingrímur Thorsteinsson* besingt:

Die Lava glänzt im warmen
Zitternden Sonnenschein;
Von schwarzen Kieseln glitzerts
Beim Moosgrund im Gestein[1]).

Als wir zurückkamen, hörten wir einen Knecht, die Sense auf dem Rücken, mit melodischer Stimme ein Lied singen, das über die Wiesen in der Stille des Abends weithin klang — es war eine englische Weise, der Text eine Übersetzung. Ein gemütlicher Plauderabend mit den liebenswürdigen Wirten beschloss den schönen Tag würdig. Die Mitteilung, dass in *Stórólfshvoll* zuweilen Theateraufführungen stattfinden, interessierte mich sehr. Auch zeigte mir der Arzt ein Drama, das eine englische Dame *Beatrice Helen Barmby* verfasst und *Matthías Jochumsson* ins Isländische übersetzt hat: *Gísli Súrsson, Sjónleikur.* Akureyri 1902 — aber ich muss gestehen, das Drama verlohnt weder die Mühe des Übersetzens noch die Kosten des Druckens.

---

[1]) Pöstion, Eislandblüten, S. 145. Über die Luftspiegelungen vergl. Kaalund I, 218 Anm.; v. Knebel, Globus 1905, Bd. 88, Nr. 22, wo auch eine sehr gute Abbildung.

5. Juli.

„Das ist eine schlimme Geschichte", begrüsste mich der Doktor am Morgen; „das Pferd, das Sie in *Galtalækur* umgetauscht haben, ist ausgerissen, obwohl es an den Füssen gefesselt war." Obgleich sich alle verfügbaren Kräfte auf die Suche machten, wurde es doch nicht gefunden; lange Zeit nachher habe ich erfahren, dass es drei Monate später, völlig verwildert, aber stark und gesund, in einer Einöde aufgegriffen ist. Ich hatte aber keine Lust, deswegen auf den Besuch von *Bergþórshvoll* zu verzichten, den Wohnsitz des weisen *Njáll*, und da Ögmundur, der völlig ausser Fassung war, allein weitersuchen wollte, besorgte mir der Arzt einen Führer, der mich dahin geleiten und an einem genau mit Ögmundur vereinbarten Platze zu einer bestimmten Stunde wieder abliefern sollte. *Jóhann Páll Þorkelsson* war eine prächtige isländische Erscheinung, mit blondem Spitzbart und langen Seitenkoteletten, seine wasserdichten Strümpfe reichten bis zum Gesäss. Er ritt eine reizende Isabelle *(fífilbleikur;* nach der Farbe des *Fífill*, Löwenzahn, benannt), und führte ein zweites Pferd am Zügel. Jóhann sprach nur isländisch, es war also das erste Mal, dass ich ausschliesslich auf meine isländischen Sprachkenntnisse angewiesen war, und da auf beiden Seiten der beste Wille vorhanden war, sich zu verständigen, ging es auch ganz gut.

Als mein Begleiter und ich durch die schmutziggelbe, reissende *Þverá* reiten sollten, stockten wir unwillkürlich einen Augenblick; das Boot aber, das am andern Ufer lag, schlugen wir aus, da wir uns nicht vor den Mägden blossstellen wollten, die, lustig kichernd, den Hund hinter sich auf dem Sattel, auf uns zukamen.

Als wir uns nach zwei Stunden *Bergþórshvoll* näherten, kamen uns viele Hunderte von Lämmern entgegen, sie waren eben erst ihren Müttern fortgenommen und wurden auf die Gemeindeweide getrieben *(afrjettur)*. Das klägliche Blöken der Schafe, das kläffende Bellen der Hunde, die die Herde auf allen Seiten ansprangen, das laute Rufen der Knechte und Mägde, die nach Männerart auf ihren Pferden sassen, erfüllte die Luft mit einem Höllenlärm; nur langsam bewegte sich der lange Zug vorwärts, und als er hinter eine Höhe verschwunden war, drang immer noch aus der Ferne ein dumpfes Gewirr durchdringender Töne zu uns herüber.

*Bergþórshvoll* liegt auf einem kleinen Höhenzuge, der sich in der Ebene wellenförmig etwa von Osten nach Westen erstreckt; zwischen drei Höhen liegen tiefere Einschnitte, und in einer von ihnen erschien dem Erzieher von Njálls Söhnen seine *Fylgja* in Gestalt eines Bockes, und verkündete ihm seinen bevorstehenden Tod (Nj. 41; Herrmann, Nord. Myth. 82). Die südöstlichste Höhe heisst *Flosholl*, nach dem Anführer der Mordbrenner, davor liegt eine kleine Vertiefung *(låg) Flosalåg* — „eine Vertiefung war in dem Hügel", K. 128 —, wo die Feinde ihre Rosse anbanden und rasteten, bis der Abend anbrach. Den ersten Einschnitt kann man allenfalls in der Saga wieder erkennen, der zweite passt nicht, unmöglich können sich an diesem kleinen Platze 100 Mann mit 200 Pferden versteckt halten, das kann nur weiter östlich gewesen sein. Ich glaube nicht, dass der Erzähler der *Njålssaga* diesen Schauplatz aus eigener Anschauung gekannt hat, und finde es bei der abgeschiedenen Lage von *Bergþórshvoll* auch erklärlich. Der Führer zeigte *Káragerdi*, d. h. Erdzaun, über den *Kåri* lief, und nannte einen kleinen Teich *Káratjörn*, in ihm löschte der aus dem brennenden Hause entflohene *Kåri* seine in Brand geratenen Kleider — nach der Saga aber geschah es in einem Bache (K. 129). Wie wir ausprobiert haben, kann man hier vom Hause aus nicht gesehen werden, besonders nicht in gebückter Stellung. Darüber hinaus ist ein Loch, gross genug, um einen liegenden oder kauernden Menschen zu bergen. In dieser Grube erholte sich *Kåri* von dem furchtbaren, nächtlichen Kampfe, und „diese Grube ist später *Káragróf* (Karis Grube) genannt worden" (K. 129). Ganz auffallend aber ist, dass das *Affall* (Abfluss), die westlichste Verzweigung des *Markarfljót*, das das Gehöft nach Osten begrenzt, in der Saga gar nicht erwähnt wird; sein breites, tiefes Bett musste den Angreifern fast unüberwindliche Schwierigkeiten bereiten. Im Jahre 1883 hat man bei Nachgrabungen unter den Trümmern von *Njåls* ehemaligem Gehöfte eine verkohlte Masse gefunden, die sich bei der Analyse als *skyr* oder Käse erwies[1]). Auch das Schulterblatt eines Ochsen wurde zutage befördert — ob desselben, dessen frisch abgezogenes Fell die Leichen des *Njåll* und der *Bergþóra* trotz der Feuersbrunst frisch und unversehrt bewahrte, wage ich nicht zu entscheiden. Wenn ich auch die Freude der Isländer über diese Funde verstehe, als Beweise für die Wahrheit und Zuverlässigkeit der Saga, so meine ich doch, dass es solcher äusserlicher Zufälligkeiten nicht erst bedurft hätte. Saga ist doch nicht Sage in unserem Sinne, sondern der Sagaschreiber erzählt von wirklichen Ereignissen und wirklichen Personen, wenn auch natürlich unbewusst sie dichterisch ummodelnd: Dichtung und Wahrheit wie bei Goethes Darstellung seines Lebens, ein historischer Roman, ohne erdichtet zu sein (Petersen, Bidrag til den oldn. lit. historie. Kph. 1861. S. 221).

In *Bergþórshvoll* lebte am Ende des 10., anfangs des 11. Jahrhunderts der wegen seiner Rechtschaffenheit und Weisheit vor anderen berühmte *Njåll* mit seiner treuen, hochgesinnten, aber stolzen und heftigen Gemahlin *Bergþóra*, seinen vier Söhnen und zwei Töchtern. Von *Bergþóra* und ihrer unversöhnlichen Feindin *Hallgerdr* ist früher gesagt, dass es Frauengestalten sind, zu denen wir Seitenstücke nur

---

[1]) V. Storck, Kemiske og mikroskopiske Undersögelser af et ejendommeligt Stof, fundet paa Bergthorshvol. 1887.

in der norwegischen Literatur unserer Tage, bei Ibsen und Björnson, haben. *Njåll* aber ist eine einzig dastehende Gestalt in der gesamten Sagaliteratur, eine echte Patriarchengestalt. Als Dankbrand 998 von *Alptafjördr* aus seine Mission begann, wobei er den *Flosi* in *Svinafell* bekehrte und *Kirkjubœr* besuchte, kam er auch nach *Bergþórshvoll*, „da nahm *Njåll* den Glauben an und alle seine Hausgenossen" (Kph. 101). Er war reich an Gut und von edler Sinnesart, milde und menschenfreundlich. Er war so gesetzeskundig, dass er darin nicht seines gleichen hatte, klug und mit der Gabe des zweiten Gesichtes versehen, er gab gute Ratschläge und erteilte sie gern, und was er riet, das geriet wohl. *Skarphedinn* war *Njålls* ältester Sohn. Er war gross von Wuchs, aber von bleichem Aussehen und gespensterhaft, stark und sehr kampftüchtig, rasch entschlossen, furchtlos und schlagfertig in der Rede. Er hatte dunkelbraunes, gekräuseltes Haar, das er hinter die Ohren strich, treffliche Augen, aber auf der Nase eine Warze; seine Zähne standen vor, und darum war der Mund ein wenig hässlich. Er machte gern eine spöttische Miene und sah oft so bös aus, wie wenn er aus Meeresklippen gekommen wäre. Dieser *Skarphedinn* hatte mit dem Sohn *Gunnars* von *Hlidarendi* die Rache übernommen, und nicht eher geruht, als bis *Gunnars* Mörder getötet waren.

Im zweiten Teile, in der eigentlichen *Njålssaga*, stehen *Njåll* und seine Söhne im Vordergrunde. Es handelt sich um die Verwicklungen der Njålssöhne und ihres Schwagers *Kåri Sölmundarson* mit *Prainn Sigfússon*, einem Verwandten *Gunnars*. Heimtückische Gegner zerreissen die Freundschaft zwischen den Njålssöhnen und ihrem Pflegebruder *Höskuldr*. Sie überfallen ihn und ermorden ihn; mit den Worten: „Gott stehe mir bei und verzeihe euch" bricht der Edle unter ihren Streichen zusammen. „Ich liebte *Höskuldr*", ruft *Njåll* aus, „mehr als meine Söhne. Als ich seinen Tod erfuhr, war es mir, als ob mir das süsseste Licht meiner Augen ausgelöscht wäre. Lieber wünschte ich, ich hätte alle meine Söhne verloren und jener lebte noch." Diese Tat war grauenvoll; ein Unschuldiger war von seinen Ziehbrüdern erschlagen; furchtbar war sie in ihren Folgen, denn viele, viele Leute kostete sie das Leben, zunächst *Njåll*, seine Frau und seine Söhne. Von allen, die davon hörten, wurde dieser Mord aufs herbste getadelt. *Flosi Þórdarson* übernimmt die Rache, die in der *Njålsbrenna* endet (1011). Die „brenna", Brandlegung ist ein Kampfmanöver, das man anwendet, wenn man den Gegner nicht mit Waffengewalt bezwingen kann. Aus dem Saalbrand im Nibelungenlied und aus Gust. Freytags „Ingo" ist dieses Verfahren bekannt.

In der schauerlichen Kluft *Almannagjå* wird der Plan gefasst, alle Njålssöhne zu töten. Acht Wochen vor Winteranfang will man von daheim aufbrechen, sich auf dem Rücken des Berges *Príhyrningr* treffen und dann gemeinschaftlich gegen *Bergþórshvoll* vorrücken, um mit Feuer und Schwert gegen *Njåll*, seine Söhne und seinen Schwiegersohn *Kåri* vorzugehen (über diesen Weg s. u. *Kirkjubœr*). In einer Vertiefung vor *Njålls* Gehöft machen die 100 Mordbrenner Halt und beginnen die drinnen im Hause durch Rauch zu ersticken, wie einen Polarfuchs in seiner Höhle. Wie Hagen und Volker im Nibelungenliede (V. 1715 ff.) versprechen sich *Skarphedinn* und *Kåri* Treue bis in den Tod, und dass der Überlebende den andern rächen werde. Und wie Hagen im zweiten Teile des Nibelungenliedes, so ist *Skarphedinn*, dessen äussere Erscheinung doch auch in manchen Punkten an den fahlen Tronjer erinnert, mit besonderer Vorliebe gezeichnet. Die Njålssippe teilt der Nibelunge Not: *dô qualte man mit fiure den helden dâ den lîp*.

Die Feinde zünden Feuer an und errichten einen grossen Scheiterhaufen vor der Türe. Die Frauen schütten saures, mit Wasser vermischtes Milchwasser in die Flammen und löschen sie. Da bemerkt *Flosi*, dass in dem Hause ein Obergemach angebracht ist und zwar auf dem Querbalken. Sie nehmen Vogelgras, das ausserhalb des Hauses aufgehäuft liegt [Alsine media, isländisch *arfanóra*] und bringen Feuer hinein; die im Hause merken es nicht eher, als bis die ganze Zimmerdecke in Brand steht. Dem alten *Njåll* und seiner Frau wollen die Feinde Ausgang aus dem Hause gewähren, da sie unverdient zu solchem Geschicke kommen. Aber in einer Szene, die altklassischen Heroismus atmet, lehnen beide es ab, *Njáll* mit den Worten: „Ich will das Haus nicht verlassen; denn ich bin ein alter Mann und wenig dazu geeignet, meine Söhne zu rächen, und mit Schande will ich nicht leben." Und die Frau sagt: „Ich bin mit *Njáll* jung verheiratet worden; das habe ich ihm versprochen, dass Los über uns beide ergehen soll." Darauf gehen beide ins lodernde Feuer zurück und lassen sich mit ihren Söhnen, auf deren Vernichtung allein die Feinde es abgesehen haben, verbrennen. *Njáll* ruft seinen Haushalter zu sich: „Nun sollst du acht geben, wo wir beide uns niederlegen; ich beabsichtige, mich von hier nicht mehr fortzubegeben, wie sehr mich auch Rauch oder Hitze belästigt." Er befiehlt ihm, die frische Haut eines Ochsen zu nehmen, den sie vor kurzem geschlachtet haben, und über ihn und seine Frau zu breiten, wenn sie sich hingelegt haben. Dann legen sich beide auf das Lager, zeichnen sich mit dem Kreuz und befehlen ihre Seele in Gottes Hände; als später ihre Leichen gefunden werden, sind sie unverbrannt, *Njálls* Aussehen kommt ihnen so hell vor, wie sie noch nie den Körper eines Toten gesehen haben.

Das Dach ist abgebrannt, dann die Zimmerdecke; ihr äusserster Balken an einer der Giebelwände stürzt in schräger Lage hinab, so dass man an ihm hinauf zum Dach klettern und so ins Freie gelangen kann. Bevor auch noch der Kantenbalken herabstürzt in der Richtung gegen jene Giebelwand, läuft *Kári* längs des Querbalkens hinaus, schwingt sich vom Dache und entkommt, durch den schwelenden Rauch gedeckt. Als aber *Skarphedinn* es ihm nachmachen will, bricht der glimmende Balken unter ihm zusammen; er versucht die Wand emporzuklimmen, da stürzt der Kantenbalken auf ihn, das ganze Dach bricht zusammen, er gerät zwischen dieses und die Giebelwand und wird so eingeklemmt. So wird sein Leichnam, aufrecht an der Endwand stehend, gefunden; alle machen die Beobachtung, dass seine harten Züge vom Tode mild verklärt sind und gewahren zu ihrem Erstaunen, dass *Skarphedinn*, wie Sigurd in Ibsens „Nordischer Heerfahrt", ein heimlicher Christ gewesen ist: in die Haut zwischen den Schultern und auf die Brust ist ein Kreuz eingebrannt.

Die Mordbrenner reiten auf den Rücken des *Þríhyrningr*, weil sie von dort die ganze Umgegend überblicken können, und dann in ein Tal, das nachmals *Flosadalr* genannt ist. Da *Kári* entronnen ist, wissen sie, dass die Rache für *Njáll* unausbleiblich ist: *durch sin eines sterben starp vil maneger muoter kint*. *Káris* Rache an *Flosi* und seiner Schar bildet den Schluss der Saga. Auf der Althingsebene kommt es zu einem gewaltigen Kampfe, die Brandmänner müssen Island verlassen, zum Teil für immer, zum Teil für einige Jahre. *Kári* aber bleibt unversöhnlich und verlässt sogar Island, um die Feinde in der Fremde aufzusuchen und zu erschlagen. Wie er schliesslich in *Svínafell* mit *Flosi* noch einmal zusammentrifft, wie das Drama endlich doch noch einen versöhnenden Abschluss findet, das hoffe ich später erzählen zu können, wenn wir glücklich die *Vestur Skaptafells sýsla* und den *Skeiðarársandur* durchquert haben. —

Zwei heutige Volkssagen mögen den Beschluss bilden. Nach empfangener Taufe soll *Hallgerðr* gesagt haben: „Das lächert mich, dass *Gunnarr* als Heide starb, ich aber eine Christin geworden bin," und sie bestimmte, dass sie auf *Laugarnes* bei *Reykjavík* begraben würde, weil sie voraussah, dass hierhin dereinst der Bischofssitz verlegt würde — diese wilde Rachsucht, die selbst dem verstorbenen Manne das Heil der Seele nicht gönnen will, passt trefflich zu dem Charakter des rachgierigen Weibes. Die Erinnerung an die Klugheit und prozessualistische Gewandtheit des alten *Njáll* ist auf Island niemals erloschen. Aber der Spruch, den die heutige Volkssage ihm in den Mund legt: „Durch langewährendes Unwetter und durch Gesetzlosigkeit wird Island zugrunde gehen", stammt aus dem 17. Jahrhundert[1]).

---

[1]) *J. Árn. Ísl. Þjóðs.* I, XIV, XV, 437/38. Maurer, Germ. IX, 235/36.

In *Bergþórshvoll* war nur ein altes, freundliches Mütterchen zu Hause. Als unser Führer neunmal mit dem Peitschenstiel an den Türpfosten geklopft hatte, erschien sie und lud uns zum Kaffee ein. Leider beging ich eine gutgemeinte Taktlosigkeit, indem ich ihr eine Krone zum Danke für die Bewirtung unter die Tasse legte. Damit hatte ich sie sichtlich gekränkt: wenn sie auch arm sei, soviel hätte sie doch, um einem Fremden, der soweit herkäme, eine Erquickung anzubieten; auch sei alles viel zu einfach und ärmlich bei ihr, und sie müsse befürchten, dass ich daran Anstoss nähme. Erst mit vieler Mühe gelang es mir, sie zu beruhigen, und auch *Jóhann* musste sich für mich ins Zeug legen, dass ich sie nicht hätte kränken wollen. Ich zog daraus die Lehre, dass man Gastlichkeit nicht mit Geld erkaufen könne. Aber ihrem etwa vierzehnjährigen Enkel, der uns die Furt durch das *Affall* zeigte, drückte ich die verschmähte Krone für seine Sparbüchse in die Hand, und als wir schon weit entfernt waren, stand er immer noch da und blickte, glückerfüllt, schier ungläubig, auf das unbekannte, blanke Geldstück. Da *Jóhann* trotz seiner scharfen Augen Ögmundur in der Ferne nicht sehen konnte, beschlossen wir einen kleinen Umweg nach N.O. zu machen, bis in die Nähe des *Stóra Dímon*. Wir passierten die *Álar* (Riemen, pl.), den mittleren Arm und das ursprüngliche Flussbett des *Markarfljót*, und *Jóhann* zeigte mir *Gunnarshólmi*, den kaum wahrzunehmenden *Illídarendi* und in der östlichen Bergseite eine rötliche Felspartie, *Raudaskridur*.

Hier hatten *Gunnarr* und *Njáll* einen gemeinsamen Wald, sie hatten ihn niemals geteilt, sondern jeder holte sich seinen Bedarf, ohne dass je darüber Zwistigkeiten entstanden waren; hier brach die Feindschaft zwischen *Hallgerdr* und *Bergþóra* offen aus, indem erstere einen Dienstmann des *Njáll* hier erschlagen liess (Kph. 36). Hier lauerten *Skarphedinn* und *Kári* dem *Þráinn Sigfússon* auf. „Es blitzen Schilde im Sonnenschein dort oben auf *Raudaskridur*!" rief einer von Þráins Mannen. „Nun müssen wir über das *Markarfljót* und ihnen entgegen!" sagte *Skarphedinn*, als die Feinde vom Wege ablenkten. Am Rande des Flusses hatte sich festes Eis angesetzt, dazwischen war das Wasser frei, aber hier und da dienten kleine Eisschollen als Brücke. *Skarphedinn* lief aufwärts zum Flusse. Aber der war so tief, dass er eine lange Strecke unpassierbar war. Eine grosse Eisscholle, die glatt wie Eis ist, war am Ostrande des Flusses angetrieben. Mitten darauf stand *Þráinn* mit seinen Begleitern. *Skarphedinn* schwang sich empor und sprang über den 12 Ellen breiten Fluss von einem Eisrande zum andern, hemmte seinen Lauf nicht, sondern rutschte sogleich auf dem Eise vorwärts. Die Eisscholle war gehörig glatt, und er fuhr so schnell dahin, wie nur ein Vogel fliegt. Mit seiner furchtbaren Axt spaltete er *Þráinn* das Haupt bis zu den Zähnen, so dass diese auf dem Eise umherrollten. Einen Backenzahn davon warf er später, als er in *Bergþórshvoll* eingebrannt wurde, einem der Brandmänner ins Auge, dass diesem das Auge herausgeschlagen wurde und auf die Wange herabhing (K. 92). Ich schenke Jóhanns Versicherung Glauben, dass man bei hellem Wetter wirklich von hier helle Gegenstände am *Raudaskridur* wahrnehmen kann.

Wir sprengten wieder südlich, durchritten das *Markarfljót* und spähten nach Ögmundur aus, aber vergeblich. Die Sache begann ungemütlich zu werden, was sollten wir ohne ihn und unsere Packpferde anfangen? sollten wir zurück nach *Störólfshvoll?* oder weiter nach *Þorvaldseyri*, das als Nachtquartier bestimmt war? Ich schimpfte und wetterte gehörig und hatte auf die schöne Umgegend nicht sonderlich acht. Da meinte *Jóhann*. Ögmundur hätte vielleicht ein anderes Gehöft aufgesucht. Wir suchten weiter, riefen seinen Namen über die flache Ebene und trafen ihn wirklich am Fusse eines Bauernhofes, das von einer ordentlichen Strauchhecke umschlossen war. Die Pferde waren abgesattelt und grasten, er selbst sass traurig auf einer Packkiste und starrte vor sich hin. Das Wiedersehen war etwas kühl: er war bedrückt, weil er das entlaufene Pferd nicht wiedergefunden hatte, ich war verstimmt, dass er nicht an dem verabredeten Platze gewartet hatte. Nachdem ich *Jóhann* abgelohnt hatte — er forderte 6 Kr. —, rasteten wir nur wenige Minuten und begnügten uns mit Cakes und Speck, denn bis *Þorvaldseyri* sollten noch fünf Stunden sein. Der Ritt führte uns an den Wasserfällen vorüber, die ich gestern von *Hlídarendi* aus gesehen hatte, an dem kleinen reizenden *Gljúfrafoss*, und bald darauf an dem grösseren *Seljalandsfoss*, der aus einer Höhe von etwa 60 m zischend und siedend in ein rundes Bassin stürzt, von wo aus er wie ein kleiner Bach abfliesst, und endlich an dem *Drífandifoss*, der sich bei seinem Fall ganz in Staubregen auflöst. Wie durch Wasserfälle, so ist die ganze Strecke durch eine Reihe natürlicher Höhlen in den steilen Tuffgebirgen am Fusse des *Eyjafjallajökull* berühmt: sie stammen aus der Zeit, als der Wasserstand gleich nach der Eiszeit bedeutend höher als jetzt war, und werden von den Bewohnern als Heuschober, Viehställe, Packhäuser und Versammlungsorte benutzt; die bekanntesten dieser von der Brandung geschaffenen Höhlen sind *Paradísarhellir* (57 m ü. M.) und *Loptsalahellir* (30 m ü. M.). Wir hatten aber keine Zeit, um uns aufzuhalten. Auf der schmalen Poststrasse ging es in flottem Trabe vorwärts, rechts das Meer, links im Schutze des mächtigen Inselberggletschers; allerhand seltsame Felsbildungen, Ruinen vergleichbar, tauchten auf, nach 2½ Stunde wird sogar ein isländisches „Dorf" passiert; es besteht aus fünf armseligen Häusern und etwa 50 Bewohnern und liegt gewissermassen an der Dorfstrasse. Einen Bauern, der einen feingebauten, jungen Schimmel am Zügel führte, hielten wir an und erstanden sein Pferd für unseren Ausreisser ohne langes Feilschen für 95 Kr.: der Bauer war zufrieden, soviel Geld baar ausgezahlt zu bekommen, aber auch der Schimmel hat sich bewährt, er war etwas nervös und unerfahren, aber unter einer sicheren Faust war er vortrefflich zu gebrauchen. Damit war Ögmundur eine schwere Sorge genommen, unsere Stimmung schlug wieder um, mit fröhlichem Hohoho wurden die Pferde angetrieben, die lange Hetzpeitsche schwirrte und sauste, bald wurde

*Dyrhólaey*, der südlichste Punkt Islands, sichtbar, und die Frage wurde lebhaft erörtert, ob wir wohl den „Zieten" in *Vík* antreffen würden. Kurz nach 9 Uhr waren wir in *Þorvaldseyri* am Fusse des *Eyjafjallajökull* angelangt (Fig. 73). Leider war der Besitzer, der

Fig. 73. Þorvaldseyri (dahinter der Eyjafjallajökull).

als einer der reichsten und gastfreiesten Bauern bekannt ist, nicht anwesend; die Haushälterin aber liess es an nichts fehlen, Kartoffeln in Milch und gesalzenes Hammelfleisch standen bald auf dem Tische, die Schlafzimmer waren in Ordnung, Karbolseife und saubere Kämme lagen bereit, und da es recht kühl war, gingen wir bald zu Bett.

6. Juli.

Am Morgen wurden Haus und Hof einer genaueren Besichtigung unterzogen. Das stattliche Wohnhaus würde jedem Städtchen zur Zierde gereichen, eine Treppe führt auf den Hausflur, um den rechts und links die geräumigen Zimmer liegen, darunter wohl ein Dutzend Fremdenstuben, ein bischen kahl vielleicht eingerichtet und die Wände unbekleidet, aber das Gerät durchweg aus Mahagoniholz und die Dielen überall mit Fellen bekleidet, die einen etwas scharfen Geruch verbreiten. Hinter dem modernen Hause liegen vier Wohnräume alten Stils, dann kommt ein grosser Hof mit Dunggrube, eingefasst von den vielen Vorratshäusern und Ställen, und ganz am Ende ein Heustall, der wohl 20000 Pferdelasten Heu aufnehmen kann. Der Besitzer dieses „Mustergutes" soll über 100 Pferde, etwa 20 Rinder und mehrere hundert Schafe haben.

Vor dem Hause ist eine Menge weissen Treibholzes aufgestapelt, das mit Ketten zusammengehalten wird; auch die mächtige Rippe eines Grindwals liegt da.

Erst jetzt können wir die schöne Lage von *Þorvaldseyri* würdigen: es liegt in einem kleinen freundlichen und fruchtbaren Tale mitten zwischen den Bergen; auf der linken Seite reicht eine grüne Gletscherzunge bis zur Mitte des Tales nieder, rechts oben schimmert ein grosses Gletscherfeld, die schwarzen Bergwände des Hintergrundes sind hier und da mit mächtigen Schneemassen besetzt. Es ist nur gut, dass *Þorvaldseyri* so wenig bequem zu erreichen ist; läge der Hof in Tirol oder in der Schweiz, so würde sich hier bald ein „erstklassiges" Hotel erheben.

Schon am gestrigen Abend hatte ich ein dürftiges, unscheinbares Männchen gesehen; es war ärmlich gekleidet, trug einen dicken Schal um den Hals und auf dem Kopfe einen eingetriebenen Hut aus der Zeit Albrechts des Bären. Es stand und drückte sich herum, ich merkte, es wollte mich anreden, wusste aber nicht, was ich von ihm denken sollte. Auch jetzt wieder schlich es mir nach, sah mich mit seinen guten blauen Augen an, fasste sich dann endlich Mut und fragte mich, ob ich aus *Pýzkaland* wäre. Es war *Sigurdur Jónsson* aus *Orrustustadir*, jener wackere Bauer, der zuerst die unglücklichen Schiffbrüchigen des „Friedrich Albert" aufgefunden und sich ihrer in so rührender Weise angenommen hatte. Gern nahm ich seine Begleitung für die nächsten Tage an: es zeigte sich bald, dass wir ohne ihn schwerlich den ersten Gletscherfluss hätten passieren können.

Etwa eine Stunde nach dem Aufbruche erreichten wir das *Hrútafell*, wo wir den Engländer von *Störófshvoll* treffen wollten. Auch hier liegen mehrere Höhlen unmittelbar am Wege, am interessantesten ist der sogenannte *Hrútshellir*: man klettert über ein paar mächtige Felsblöcke bis zu der hohen, geräumigen Höhle, die in der Decke ein grosses Loch hat, zum Abziehen des Rauches und zum Ausspähen, wenn Feinde kämen; ein paar Fuss höher ist eine Einbuchtung, wo *Hrútr* sein Bett hatte; von hier aus kommt man wieder zu einer Grotte oberhalb der Haupthöhle und kann durch die erwähnte Öffnung im Dache in die Höhle gelangen. Das benutzten die Knechte, die mit *Hrúts* strenger Herrschaft unzufrieden waren und töteten ihn; nach anderer Überlieferung gruben seine

Feinde durch die Decke dieser Höhle und machten ihn im Schlafe nieder[1]).

Östlich von *Hrútafell* ragt ein freistehender Knollen empor, *Dránghlíd*, voller Höhlen und kleiner Grotten; seine senkrechten, glatten Wände sind mit weissen, brütenden Möven besetzt (procella

Fig. 74. Skógafoss.

glacialis). Während man diese seltsamen Bergformationen betrachtet und sich an dem Schreien und Krächzen der Vögel ergötzt, steht man plötzlich nach einer scharfen Biegung des Weges gerade dem prächtigen *Skógafoss* gegenüber (Fig. 74). Er ist etwa 80 m hoch und stürzt senkrecht von dem grünen Felsen mit seiner gewaltigen,

---

[1]) Eine etwas abweichende Fassung bei Maurer, Isl. Volkssagen, S. 228.

vom *Eyjafjallajökull* stammenden Wassermenge hernieder, wobei er sich in 10—12 parallel niederfallende Schaumsäulen teilt, „wie ein isländischer Brautschleier", meinte Ögmundur. Wir versuchten bis zu der Stelle vorzudringen, wo der Fall die Erde erreicht, wurden aber mit einem solchen Staubregen überschüttet, dass wir schleunigst flüchteten. Nach der Volkssage hat hier, in der Nähe des herrlichen Wasserfalles, der zauberkundige *Prasi Þórólfsson* gewohnt, von dessen Zauberkünsten und -Kämpfen wir bald hören werden. Man erzählt, dass er seinen Schatz, der in einigen mit Gold gefüllten Kisten bestand, in diesen Foss gestürzt habe, und die Kleinode harren noch bis heute ihres Finders (Maurer, Germ. IX, 237; Isländische Volkssagen 216/17).

Der Graswuchs hört jetzt auf, und die erste der zwölf Sandwüsten *(sandur)* der *Skaptafells sýsla* breitet sich vor uns aus. Der *Skógasandur* (westlich der *Jökulsá*) und der *Sólheimasandur* (östlich der *Jökulsá*), die zusammen ein Areal von 80 qkm einnehmen, werden durch das tiefe Flussbett der *Jökulsá* voneinander getrennt. Im *Skógasandur* wächst kein Halm und keine Blume, der Schutt besteht aus kantigen Basaltbruchstücken, und auf der Oberfläche liegen grosse Brecieblöcke verstreut umher. Der *Sólheimasandur* ist von ähnlicher Beschaffenheit, aber weiter nach Osten hin ist der Grus mehr gerollt; in den Einsenkungen und alten Flussbetten haben einige Pflanzen Boden gefunden, bisweilen sieht man grosse, gelbe Flächen von Galium verum (*Gulmadra*; Labkraut oder Unserer lieben Frau Bettstroh). Die berüchtigte *Jökulsá á Sólheimasandi* entspringt auf einem Laufgletscher des *Mýrdalsjökull*, dem *Sólheimajökull*, und hat sich mitten durch die Sandwüste, wo der Weg nach dem Meere am kürzesten ist, ein tiefes, von Terrassen begrenztes Bett gegraben, das mit grossen Rollsteinen ausgefüllt ist, die vom Wasser herabgeführt und bearbeitet werden. Der Gletscherfluss ist sehr gefährlich wegen seiner grossen Wassermenge, der reissenden Strömung, des unsichern Bodens und der häufigen Gletscherstürze, oft führt er auch Eis mit sich. Er ist durch seinen Gletschergestank *(jökla-fýla)* d.h. durch seinen durchdringenden Schwefelgeruch berüchtigt und heisst deswegen auch *Fúlilækur* (Gestankbach). Man kennt die Ursache dieses eigentümlichen Schwefelwasserstoffgestankes nicht. Der schwedische Geologe Paijkull erklärt ihn damit, dass die Steine, die der Gletscher bei seinem Vorrücken zermahlen hat, Körper von Schwefelkies und Schwefeleisen einschliessen (En Sommer i Island, Kph. 1867, S. 64). Thoroddsen hält es für nicht unwahrscheinlich, dass sich verschiedentlich Solfataren unter dem Eise befinden, sie seien ja ziemlich häufig in den schneelosen Bergen in Islands vulkanischem Mittelstück, dass sie ebensogut auch unter dem Eise vorkommen könnten; aber diese Solfataren seien natürlich unbekannt und unzugänglich.

Schon Abt *Arngrímr* erzählt († 1361): „Aus den Gletschern rinnt gelegentlich ein reissender Strom unter heftigem Getöse hervor, und mit dem wüstesten Gestanke, so dass davon die Vögel in der Luft sterben und die Menschen und Tiere auf der Erde." Das von der tödlichen Wirkung Berichtete beruht selbstverständlich auf Übertreibung. Aber beim Gletschersturz am *Skeidarárjökull* im März 1892 wurde der Gletschergeruch sogar in *Reykjavik* wahrgenommen. Auch uns blieb der hässliche Gestank nicht erspart, aber wir spürten ihn nicht vor dem Überschreiten und während desselben, sondern unmittelbar nachdem wir das östliche Ufer erreicht hatten; es war ein niederträchtiger Geruch nach faulen Eiern, und einem empfindlichen, nüchternen Magen hätte wohl schlimm werden können. Wir versuchten den Übergang zuerst oben am Gletscher, der mich übrigens in seiner Form sehr an den bekannten Svartisen-Gletscher nördlich von Drontheim erinnerte, aber die tiefe Kluft mit ihren fast senkrechten Wänden schreckte uns ab. Das Gletschertor hat die prächtigste grüne Farbe, die man sich vorstellen kann, von allen Seiten rieseln zahlreiche Eisströme in Regenbogen bildenden Kaskaden in den Hauptlauf hernieder; *Ögmundur* behauptete, gehört zu haben, dass man zuweilen im Hauptarm ein paar Pfützen mit stillstehendem, gelbgrünem Wasser sehen kann, die Schwefelwasser sein sollen. Wir ritten also zurück, den ca. eine Meile langen Fluss entlang bis etwa zehn Minuten von seiner Mündung entfernt; die Pferde wurden zusammengekoppelt, die Gurte nachgesehen, der Engländer zog seine Schuhe aus und die Wasserstiefel an, die bis zum Unterleib gingen, der „deutsche" Bauer setzte sich an die Spitze, lange sahen wir ihm nach, ob es ihm gelingen würde, eine Furt zu finden — aber siehe da, unsere Sorge war umsonst gewesen, nach wenigen Minuten winkte er triumphierend von drüben, wir sollten ihm folgen. Der Übergang war für unsere Verhältnisse und nach unsern bisherigen Erfahrungen harmlos; und als wir das östliche Ufer und damit den westlichen Bezirk der *Skaptafells sýsla*, den *Mýrdalur*, erreicht hatten, riefen wir nach guter isländischer Sitte neunmal Hurra! Das Hauptziel lag vor uns.

Elftes Kapitel.

# Reise durch die Vestur Skaptafells sýsla[1]).

Die kurze, nur etwa eine Meile lange *Jökulsá á Sólheimasandi* bildet auf ihrem Wege von den Gletschern bis zum Meere seit alter Zeit die Grenze zwischen Süd- und Ostviertel (Lnd. IV, 13, 5); 1783 wurden durch königlichen Befehl die beiden Skaptafells-Bezirke zum Südamt geschlagen. Aber der Übergang über diesen Gletscherfluss bildet noch heute gleichsam den Eingang zu einem ganz eigenartigen Landstriche; bis zu Thoroddsens Forschungsreisen in den Jahren 1893 und 1894 waren grosse Strecken noch nie von einem Menschen betreten worden.

Abgesehen von der Besiedlung der *Skaptafells sýsla*, die uns ziemlich ausführlich in der *Landnámabók* erzählt wird, sind nur einzelne Angaben über diesen Bezirk überliefert, und zwar betreffen sie meist vulkanische Ausbrüche: die der *Katla* ca. 900, 1245, 1262, 1311, 1332 (?), 1416, 1580, 1625, 1660, 1721, 1755, 1823, 1860, des *Eyjafjallajökull* 1612, 1821, der *Eldgjá* ca. 930, der Kraterreihe des *Laki* ca. 900 (?), 1783, des *Öræfajökull* 1341, 1350, 1598, 1727 und der *Grímsvötn* (oder des *Síðu-* oder *Skeiðarárjökull*) 1389, 1598, 1638, 1681, 1685, 1716, 1725, 1727, 1753, 1774, 1784, 1867, 1873, 1883, 1903. Saxo erzählt etwas von der Veränderung im Innern der Schiebegletscher, und der Mönch Alberich schildert Gletscherstürze an der *Katla*. Die erste ausführliche Be-

---

[1]) Thoroddsen, *Ferð um Vestur-Skaptafells sýslu sumarið 1893* (*Andvari XIX*, S. 44—161); *Ferð um Austur-Skaptafells sýslu og Múlasýslur sumarið 1894* (*Andvari XX*, S. 1—84, XXI, S. 1—33); Reise i Vester Skaptafells Syssel paa Island i Sommeren 1893 (Geogr. Tidsk. XII, S. 167—234); Fra det sydöstlige Island (Geogr. Tidsk. XIII, S. 3—37); kurzer Auszug daraus mit guter Karte in Petermanns Mitteilungen 1895, Bd. 41, S. 288—290). — Daniel Bruun, Gennem afsides Egne paa Island. Jagttagelser foretagne paa Rejser i Skaptafellssyslerne 1899 og 1902 (Tidsskrift for Landökonomi 1903, S. 1—118, auch als Sonderausgabe zu haben).

schreibung der *Vestur Skaptafells sýsla* stammt von *Bjarni Nikulásson* (1744), der *Austur Skaptafells sýsla* von *Sigurdur Stefánsson* (1746). 1756 wurde diese Gegend von *Eggert Ólafsson* und *Bjarni Pálsson* bereist. Die Kraterreihe des *Laki* wurde 1794 von dem isländischen Naturforscher *Sveinn Pálsson* besucht und untersucht, nachdem er grosse Teile der Südküste schon vorher bereist hatte; ihm verdanken wir auch die besten Aufschlüsse über die Topographie dieser Gegend. 1824 durchquerte Henderson vom Osten her diesen Bezirk, und ihm wurde bei dieser Gelegenheit von den Bewohnern gesagt: er sei ein so ungewöhnlicher Gast, dass Jahrhunderte verfliessen könnten, eher ein solcher Reisende wieder käme (I, S. 352). Beinahe trifft diese Befürchtung auch zu, denn soviel Island auch sonst bereist ist, in diese Öden haben sich nur wenige Forscher verirrt. *Björn Gunnlaugsson*, Islands Kartograph, war 1835 in der *Vestur Skaptafells sýsla*. Preyer und Zirkel wollten 1860 die Stätte der Verwüstungen der *Kötlugjá* besuchen und nach den gänzlich unerforschten Eisgefilden des riesigen *Vatnajökull* vordringen; aber kein Isländer wollte sie dahin führen, obwohl sie doppelten Lohn versprachen (S. 74). In demselben Jahre wollte Zeilau, der Führer der Fox-Expedition, von *Djúpivogur* aus einige Leute am Fusse des *Vatnajökull* durch die *Skaptafells sýsla* schicken, um eine Landlinie für die geplante Telegraphen-Anlage zu suchen; aber die Bewohner bekreuzten sich und fielen fast in Ohnmacht vor Entsetzen über Zeilaus Unkenntnis von dem furchtbaren Innern Islands (Fox-Expeditionen, Kph. 1861, S. 55/6). Der Schwede Paijkull hat 1865 die ganze Südküste bereist, und ebenso der Sagenforscher Kristian Kaalund 1873. Der Norweger Helland vermass 1881 den grössten Teil der Kraterreihe des *Laki* und zeichnete vorzügliche Bilder von ihr (vergl. Fig. 7, Bd. I, S. 59), seine Karte aber von der *Vestur Skaptafells sýsla* ist geographisch und geologisch sehr mangelhaft. Keilhack aus Berlin kehrte 1883 in *Höfdabrekka* um, und Küchler setzte 1905 schon die *Jökulsá á Sólheimasandi* "ein unüberschreitbares Ziel" (Unter der Mitternachtssonne S. 54).

Erst Thoroddsen hat die beiden Bezirke für die Wissenschaft erschlossen und Strecken durchforscht, wo noch nie ein Mensch gewesen war. Er untersuchte 1893 die ganze Gegend zwischen *Mýrdals-* und *Vatnajökull*, entdeckte den See *Langisjór* und die *Eldgjá*, untersuchte die unbewohnten Teile östlich der *Skaptá* und fand die bisher unbekannten Quellen der *Skaptá* und des *Hverfisfljót* auf. 1894 bereiste Thoroddsen die *Austur Skaptafells sýsla*, und zwar besonders den Südrand des *Vatnajökull*, den *Öræfajökull*; vor allem aber drang er in die wenig bekannten Teile des inneren Hochlandes an der Nordostecke dieses ungeheuren Gletscherkomplexes, so dass er, zusammen mit seinen Reisen von

1884, 1889 und 1893, die ganze 8000 qkm grosse Eisfläche zum ersten Male von allen Seiten erforscht hat. Der dänische Hauptmann Daniel Bruun war 1899 in der *Vestur-* und *Austur Skaptafells sýsla*. Abteilungen des dänischen Generalstabs haben 1903 die 23 ☐ Meilen lange Küste von *Papós* nach Westen hin bis zum *Breidamerkursandur* aufgenommen, 1904 die Gegend von da bis *Vík* und eine grossartige Karte des *Skeidarársandur* und *Öræfajökull* gezeichnet. Ein Deutscher ist also in diesen Gegenden noch nicht gewesen, jedenfalls, um mich vorsichtig auszudrücken, ist von deutscher Seite noch kein Reisebericht darüber erschienen; man wird verstehen, dass dies ein Grund mehr für mich war, allen Warnungen zum Trotze, diesen Bezirk aufzusuchen und zu beschreiben. Ich brauche wohl nicht noch einmal hervorzuheben, dass der Zweck dieser Reise weder geographischer noch geologischer Natur war, und dass mir vor allem nicht in den Sinn kommen konnte, Thoroddsen irgendwie zu verbessern. Bruuns Reisebericht lernte ich erst nach meiner Rückkehr kennen, und auch ihm bin ich vielfach zu Danke verpflichtet; dass unsere Ergebnisse so oft übereinstimmen, rührt daher, dass wir dieselben Gewährsmänner und für einen Teil der Reise denselben Führer hatten. Auch hier ist meine Absicht, nach persönlichen Eindrücken durch eine populäre Schilderung über die ehemaligen und jetzigen Lebens- und Kulturverhältnisse aufzuklären.

Die *Skaptafells sýsla* besteht eigentlich aus zwei Jurisdiktionsbezirken, der *Vestur-* und *Austur Skaptafells sýsla*, mit etwa 3200 Seelen, wird aber von einem einzigen *Sýslumadur* verwaltet, der acht Tage gebraucht, um seine ganze *sýsla* zu durchreiten. Die bebaute Küste von der *Jökulsá á Solheimasandi* an bis zur *Skeidará*, die zwischen den beiden grossen Firnplateaus *Mýrdalsjökull* und *Vatnajökull* (ca. 160 ☐ Meilen) eingeklemmt ist, heisst die *Vestur Skaptafells sýsla* (1898 1950 Menschen); der Strich südlich vom *Vatnajökull*, von der *Skeidará* oder von den *Núpsvötn* an bis zur *Lónsheidi*, heisst die *Austur Skaptafells sýsla* (1898 1187 Bewohner). In dem ganzen Bezirke habe ich merkwürdigerweise nicht eine warme Quelle angetroffen. Die Sandstrecken *(sandur)* des westlichen Teiles nehmen ein Areal von 1230 qkm ein und bestehen aus Grus und Lehm, den die Gletscherströme mitgeführt haben, sowie aus vulkanischen Schlacken und Flugsand; östlich von den *Núpsvötn* nehmen sie ein Areal von 1500 qkm ein und bestehen ausschliesslich aus abgerolltem Gletscher- und Flussgeröll, vulkanische Asche oder Tuffstaub spielen hier keine Rolle. Diese *sýsla* ist also eine schmale Küstenlinie am Fuss ungeheurer Gletscher, von denen eine Menge gefährlicher Gletscherströme herniederstürzen, mit stets wechselnden Flussbetten, die den Verkehr sehr schwierig, zeitweise sogar unmöglich machen: sie haben durch den vielen Gletscherkies, Lehm und Sand, den sie mit sich führen, alle eine trübe Farbe, die bald milchweiss undurchsichtig, bald schmutzig weissgrau, bald schokoladenbraun ist. Die Oberfläche der Grus- und Lehmstrecken ist hier und da von Lavaströmen und an einzelnen Stellen von Erdreich bedeckt; wo aber die Gletscherflüsse mit ihren vielen Armen das Flachland überfluten, wird alles Erdreich fortgeschwemmt oder mit Grus bedeckt, und kein Pflanzenwuchs gedeiht. Darum stehen auch in der Ebene fast keine menschlichen Wohnungen, die wenigen Gehöfte stehen in kleinen Oasen an den Bergseiten, wohin das Gletscherwasser nicht gelangen kann. Nach Thoroddsen bedecken im westlichen Teile die Lavaströme ein Areal von 1368 qkm, mit einem Volumen von 23845 Million cbm.

Wie den Pflanzen, so setzen die Gletscherflüsse und die öden Sandstrecken auch den Tieren eine Grenze. Die kleine Glockenblume, Campanula rotundifolia, die im Westen und Osten zu den gewöhnlichen Pflanzen zählt, verschwindet südlich vom *Vatnajökull* an der *Skeidará* vollständig. Ratten und Mäuse kommen nur an einigen Stellen vor, wo der Verkehr bequemer ist. Aber im Distrikte *Öræfi*, unter dem Gletscher gleichen Namens, findet man weder Ratten noch Mäuse, nur bis zum *Hreppur Borgarhöfn*, westlich davon, sind die Mäuse vorgedrungen, aber nicht auch die Ratten. Das langsame Vordringen dieser Tiere, die sonst überall den Weg mit den Menschen in die meisten Stätten zu finden wissen, ist der beste Beweis für die fürchterliche Abgeschiedenheit dieser Gegend.

Das Traurige ist, dass diese Verhältnisse niemals sonderlich verbessert werden können, nicht einmal mit den technischen Errungenschaften und Hilfsmitteln unserer Zeit. Die Ströme sind meist viel zu reissend und wasserreich, als dass man mit einem Boote hinübersetzen könnte, und Brücken können überhaupt nicht angelegt werden, da ja das Flussbett sehr veränderlich ist und oft nur aus heimtückischem Flugsande besteht. Nur über die *Skaptá* bei *Kirkjubær* führt eine Brücke, und erstaunlicherweise sind nach dem neuesten Staatsbudget für je eine Brücke über die *Hólmsá* und das *Skaptáreldvatn* 12000 Kr. ausgeworfen, unter der Voraussetzung, dass der Bezirk selbst mindestens 2000 Kr. zuschiesst. Dieser Plan verdient wegen seiner Kühnheit das höchste Lob. Denn das Stromgebiet der beiden Flüsse gehört an einigen Stellen zu den Strecken, die oft ein zwei bis drei Stunden langes Passieren von überschwemmtem Land nötig machen. Wenn man sich hier also auch die Anlage von Brücken als möglich denkt, so müssen sie doch so enorm teuer werden, dass sie schon aus diesem Grunde nicht geschlagen werden. Dazu kommt noch, dass die Küste selbst keinen Hafen und keinen Fjord hat — mit Ausnahme von *Vík* — und dass das Meer fast überall in gewaltiger Brandung gegen den flachen Strand braust. Wo die

Gletscherströme münden, verschwinden bald alle Einschnitte wegen der Menge von Geröll, das sie mit sich führen. Durch den Widerstand des Meeres werden die Flüsse an einigen Stellen zu seichten, veränderlichen Lagunen aufgestaut, den Haffen der südbaltischen Küste vergleichbar; schmale Landzungen, von den Flüssen und der Brandung gebildet, trennen sie vom Meere (*hóp* oder *lón*, wenn die Lagune Süsswasser enthält; *ós* [älter: *óss*], wenn sie durch Verbreiterung eines Flusses bei der Mündung gebildet ist; Pöstion, Island, S. 168). Oft sind die Lagunen im Winter grösser als im Sommer. Denn bei schweren Winterstürmen werden die Ausflüsse verstopft, so dass das Flusswasser sich über grössere Strecken ausbreitet. Im Sommer ist dagegen die Brandung schwächer, so dass die Strömung der Flüsse wieder Öffnungen in den aufgeworfenen Sandriffen bilden kann. Wird eine im Winter verstopfte Öffnung im Juni von 20—30 Mann wieder aufgeschaufelt, so fliesst das Wasser ab, und sogleich spriesst in der Niederung Gras hervor; bleibt aber die Überschwemmung einmal aus, so entsteht Heumangel.

Die Bewohner der *Skaptafells sýsla* sind also in jeder Beziehung übel daran, und das Schlimmste ist, wie gesagt, dass keine Aussicht ist, es könnte je besser werden. Denn, wie Bruun richtig bemerkt: wären dies die einzigen Übelstände, mit denen die Bevölkerung zu kämpfen hätte, so könnte sie sich doch anderweitig darauf einrichten und ihr schweres Los gefasst und in Frieden tragen. Aber das Fürchterlichste sind die schrecklichen Verheerungen, die vulkanische Ausbrüche verursacht haben und auch in Zukunft verursachen werden. Die feuerspeienden Vulkane liegen unter dem Gletschereise verborgen, bei den Ausbrüchen schmelzen die Gletscher und zerreissen, das Flachland wird von gewaltigen Wasserfluten überschwemmt, und Eisstücke, grösser noch als Häuser, werden auf die Sandstrecken niedergeführt oder hinaus auf das Meer. Das auf den Vulkanen gelagerte Eis schmilzt, und die Dämpfe verwandeln die ganze Lavamasse in Asche; deshalb werfen die Vulkane in dieser Gegend niemals zusammenhängende Lava aus, sondern lauter Asche. Beim Ausbruche der *Katla* (11. Mai 1721) wurde eine solche Masse Eisberge hinaus ins Meer geführt, dass man von dem höchsten Berge der Umgegend nicht über die Eisfelder hinwegsehen konnte, die das Meer bedeckten, und dass fast nirgends eine Wake zu erblicken war[1]); die äussersten Eisberge blieben in einer Tiefe von 70—80 Faden, etwa drei Seemeilen vom Land entfernt, stehen und bildeten förmlich eine Eisbarrikade; das Meer wurde durch sie emporgehoben, überschwemmte die Küste und vernichtete die Wiesen und Hauswiesen. Bei dem vulkanischen

---

[1]) Wake, Wuhne, offene Stelle im Eis.

Ausbruche des *Laki* 1783 war der Lavastrom so gross, dass man sagt, er habe denselben Kubikinhalt wie der Mont Blanc.

Nicht ohne Grund hatte man mich vor den Gletscherströmen gewarnt. Ein Ritt durch sie erfordert in der Tat gute Nerven und völlige Schwindelfreiheit. Ich war wirklich froh, durch die Probetour und den Anfang der grösseren Reise einigermassen auf sie vorbereitet zu sein. Diese Flüsse verändern fast täglich den Lauf und darum auch fast täglich die Übergangsstellen und Furten; heute kann man hier den Fluss passieren, morgen eine halbe Stunde weiter nördlich; heute dauert der Übergang fünf Minuten, morgen währt er vielleicht zwei Stunden, um nur einen einzelnen Arm zu durchkreuzen. Ja, es ist vorgekommen, dass Leute, die von Osten her den *Sandur* passierten, die *Jökulsá á Breidamerkursandi* überhaupt nicht angetroffen haben. Während sie in der Wüste waren, war der Ursprungsort des Flusses plötzlich verstopft, das Wasser suchte sich einen neuen Weg, das alte Flussbett wurde leer, und während der Reisende bei diesem angelangt war und vergeblich den Fluss suchte, hatte dieser hinter seinem Rücken, wo der Bauer vielleicht vor einigen Augenblicken gewesen war, ein neues Bett gefunden. Nur wer aus jahrelanger eigener Erfahrung die Flüsse kennt, vermag die Furten zu finden und die Reisenden hinüber zu geleiten.

Scheint die Sonne auf die Gletscher, so dass diese schmelzen und das Flussbett mit Wasser füllen, und regnet es noch dazu, wie es während der Reisezeit die Regel ist, so ist ein Übergang lebensgefährlich oder geradezu unmöglich. Dazu kommt, dass man nie sicher ist vor einem plötzlichen Gletscherlauf oder -sturz *(jökulhlaup)*: die Flüsse, besonders die, die ihren Ursprung in einem sogenannten *skridjökull* haben, d. h. einem Gletscher, der in fortwährender Veränderung und Verschiebung begriffen ist, oder in einem *fjalljökull* d. h. Fallgletscher, d. h. einem solchen, der sich langsam nach abwärts bewegt, schwellen unversehens an infolge vulkanischer Ausbrüche unterhalb der Firnen (aussergewöhnliche Gletscherstürze) oder durch Bersten der Gletscher (gewöhnliche Gletscherstürze). Dann stürzen ungeheure, mit Eisblöcken angefüllte Wassermassen aus den Gletschern hervor, grosse Steine, Kies und Schlamm mit sich fortwälzend, alles fortreissend, was dem Wassersturze in den Weg kommt, und die fürchterlichsten Verheerungen anrichtend; nach jedem Ausbruche müssen sich die Flüsse neue Betten bilden. Durch solche *jökulhlaup* ist besonders die *Skeidará* berüchtigt; dann hebt sich der ganze Gletscher, von dem sie entspringt, der *Skeidarárjökull*, der sich wie ein 4 ☐ Meilen grosser Eiskuchen von dem eigentlichen *Vatnajökull* nach dem *Skeidarársandur* erstreckt (15 ☐ Meilen gross), bis die Eisdecke unter fürchterlichem Krachen birst. Durch Gletscherstürze bei vulkanischen Ausbrüchen, wo die feuerspeienden

Krater unter Eis und Schnee verborgen liegen, sind die *Katla* und der *Öræfajökull* besonders berüchtigt.

An der Art und Weise, wie das sprudelnde Wasser wirbelt, an der Art der Brechung der Strömung *(eptir brotum)*, an der Schnelligkeit, mit der das Wasser dahin schiesst, und an anderen ähnlichen Zeichen erkennen die Bewohner die Übergangsstellen, und zwar sowohl die Tiefe des Flusses als auch die Beschaffenheit des Bodens. Ohne Lokalführer kann man sie überhaupt nicht passieren, und es ist geradezu wunderbar, mit welcher Geschicklichkeit sie den Fremden hinübergeleiten. Zuweilen reitet ein Führer voraus und probiert mit einer langen Stange, wo die seichtesten Stellen sind, und wie der Grund beschaffen ist. Bald reitet man aufwärts, der Strömung entgegen, dann wieder wendet man sich von ihr ab und reitet wohl zehn Minuten lang flussabwärts. Glaubt man endlich drüben zu sein, so merkt man, dass man erst auf einer Insel oder Sandbank angelangt ist, die vom verlassenen Ufer kaum einige Schritt entfernt zu sein scheint, und das aufregende Schauspiel beginnt von neuem. Es ist ein förmliches Vorwärtstasten, da es ja keine festen Furten gibt, und der Grund sich täglich ändert. Anfänglich kommt es einem so vor, als ob die ganze Karawane sich rückwärts bewege; man hat jedes Gefühl dafür verloren, ob man gerade oder schief im Sattel sitzt, und es überfällt einen dasselbe dämonische Gefühl wie Goethes Fischer: halb zieht es ihn, halb sinkt er hin. Nervösen Leuten ist dringend zu empfehlen, sich krampfhaft an die Mähne zu klammern oder die Zügel kurz zu fassen, den Kopf des Pferdes hochzuhalten und die Beine gerade in das Wasser zu stecken, um die Gewalt des Stromes zu brechen und dem Pferde mehr Halt zu geben; sehr heilsam ist auch, den Blick starr auf das jenseitige Ufer oder in die Höhe zu richten, um nicht immerfort die schäumenden Wellen vor Augen zu haben. Langsam, aber unerschütterlich arbeiten sich die Pferde durch den reissenden Strom; langsam geht es, denn es fällt ihnen schwer, die aufgehobenen Füsse vorwärts zu bringen, und vorsichtig tasten sie erst, bevor sie sie niedersetzen, ob der Grund auch fest ist, und kein glatter Stein sie ausrutschen lässt. Auch ohne dass man ihnen besondere Hilfen gibt, stellen sie sich schräg, um den Anprall zu hemmen, und um nicht umgeworfen zu werden. Das Wasser, das öfters über ihren Rücken zusammenschlägt, beirrt sie viel weniger als den ungeübten Reiter. Gleitet dieser aus dem Sattel in die über 1 m hohen Wellen, so ist er verloren, weniger wegen der Tiefe des Stromes, als wegen seiner rasenden Geschwindigkeit, gegen die es kein Aufkommen und Ankämpfen gibt.

Andere Flüsse setzen, wo ihr Gefälle geringer ist, Gletscherschlamm ab. Dieser sinkt auf den Boden nieder, häuft sich an und wird immer mehr, bis das Bett ganz von ihm ausgefüllt ist. Dann wird das Bett für den Fluss zu eng, er steigt über seine Ufer, um

Platz zu gewinnen und sich auszudehnen, und sucht sich ein neues Bett. Dieser Schlamm ist für die Pferde äusserst gefährlich, sie sinken in den weichen Boden ein und können sich nicht wieder in die Höhe richten. Es war ein schrecklich aufregender Augenblick, als ein Bauer, der unseren Führer verschmähte und sich auf eigene Faust eine Furt suchte, plötzlich mit seinem Rösslein verschwand. Zum Glück war es nah am Ufer und ziemlich seicht. Mann und Pferd ruderten mit Arm und Bein, endlich kam der Bauer, über und über nass und mit Dreck beschmiert, empor; aber es gelang ihm nicht so leicht, sein Pferd in die Höhe zu bringen; je wilder es mit aufgeblähten Nüstern um sich schlug, um so tiefer versank es in dem nachgebenden Flugsande; erst nach langen, langen Minuten wurde das Pferd gerettet, und reumütig folgte uns der Bauer jetzt auf dem Fusse. Bei solchen Flüssen, die wegen ihres Flugsandes berüchtigt sind, jagt man zuweilen die losen Pferde voraus, damit sie den lockeren Sand feststampfen, denn sie können im Falle der Not schwimmen. In der Regel findet der Übergang da statt, wo der Fluss am breitesten ist, weil es da am flachsten ist. Ein Übergang über einen Gletscherfluss, der sich in weiten Verzweigungen über eine Stunde ausbreitet, kommt einem dagegen wie ein Kinderspiel vor, auch wenn das Wasser fortwährend über den Knien zusammenschlägt. Im Winter bei leichtem Frost sind die Gletscherflüsse am leichtesten zu passieren; im Sommer bei Hitze und warmem Regen schwer; sind sie absolut nicht zu durchreiten, so muss man versuchen, einen Weg über die Gletscher selbst zu suchen. Wer feste Nerven, einen guten Magen und einen eisernen, widerstandsfähigen Körper hat, wird auch als einfacher Tourist hier auf seine Kosten kommen, zumal wenn sein Sinn allem Ungewöhnlichen und Abenteuerlichen noch nicht ganz entfremdet ist.

Die Geologen, namentlich Thoroddsen, haben bewiesen, dass Islands Südküste seit dem Ende der Eiszeit sich über das Meer erhoben hat. Das niedrige Küstenland zwischen den Vorgebirgen *Hjörleifshöfdi* und *Ingólfshöfdi*, zwischen dem *Mýrdals-* und *Oræfajökull* ist am Schlusse der Eiszeit vom Meer bedeckt gewesen. Es wird in Norden von steilen Felswänden begrenzt, die deutliche Spuren von der Arbeit des Meeres an sich tragen, Höhlen, die die Brandung des Meeres gewaschen hat.

Für Geologen ist also die Südküste von grösstem Interesse. Nirgends sonst in Island hat man so leicht Gelegenheit, die gewaltige Tätigkeit der Gletscher, Gletscherströme und Vulkane zu studieren und Sandflächen kennen zu lernen, die in ihrer Unwirtlichkeit eher an Afrika und Asien gemahnen, als an Europa. Aber auch für den Historiker ist ein Besuch dieser Gegend von hohem Reize. Hier waren die ersten Bewohner gelandet, hier hatten Iren und Norweger kurze Zeit zusammengesessen, hier war also die älteste

Bevölkerung von Island ganz gewiss keine rein norwegische, sondern irisches und germanisches Blut hatten sich hier miteinander gemischt. Hier war der deutsche Missionar Dankbrand 998 von Osten her durch das Südland zum Althing gezogen, hier hatte der erste auf Island getaufte Einheimische gewohnt, *Sidu-Hallr*, hier waren bis zur Reformation zwei der grössten isländischen Klöster *Kirkjubær* und *Pykkvibær*, und hier spielt ein grosser Teil der Ereignisse der *Njálssaga*, vor allem ihr grossartiger Schluss.

Vor allem aber musste diese Gegend wegen ihrer abgeschiedenen Lage noch manchen Ertrag für die Volkskunde abwerfen, denn hier haben sich natürlich alte Sitten und Bräuche länger erhalten als anderswo.

In den *Skaptafells sýsla* leben wirklich noch Menschen, die von den Fortschritten unserer Zeit keine Ahnung haben, die ausser ihrem Hofe höchstens noch die Gebirgsweiden und die nächste Kirche kennen, und denen das übrige Island als das gelobte Land gilt. Dem politischen Leben, das sonst die Isländer so leidenschaftlich erhitzt, stehen sie gleichgültig gegenüber. Gedruckte Zeitungen habe ich nur vereinzelt auf den Bauernhöfen gefunden, ein eigenes Blatt für diesen Bezirk gibt es überhaupt nicht. Interessant war mir eine geschriebene Zeitung, die ich auf zwei Gehöften antraf (*sveitablad*, sveit = Distrikt): Jeder Bauer schreibt auf seiner Farm die Ereignisse eines längeren Zeitraumes oder auch Gemeindeangelegenheiten auf und tauscht seinen Bericht gegen den eines anderen ein, so bleibt er über alles ihn Interessierende leidlich auf dem Laufenden und erfährt mitunter auch im strengsten Winter etwas von dem, was draussen in der grossen Welt vorgeht.

Ob es auch hier, wie an der Hornküste, noch einige ältere Leute gibt, die nicht lesen können, was sonst auf Island unerhört ist, entzieht sich meiner Beurteilung. Nach Bruun haben alle Bewohner von ihren Eltern das Lesen gelernt, und zwar nach alten Andachtsbüchern, aber nicht Rechnen und Schreiben. Vor Unterschriften hatte man noch vor 50 Jahren einen heillosen Respekt, wie es ja auch bei uns noch in entlegenen Winkeln oft genug vorkommt. Mit der Konfirmation ist die Erziehung gewöhnlich abgeschlossen. Postillen, Gesangbücher und andere religiöse Schriften habe ich wiederholt vorgefunden, seltener eine ganze Bibel. Im Winter sind Hausandachten üblich, auch die alten Sagas werden dann vorgelesen oder erzählt; doch sind gedruckte Sagas seltener als anderswo, meist werden sie von Gehöft zu Gehöft geliehen. Im übrigen steht es, wie ich glaube, bei der heranwachsenden Generation mit dem Schreiben und Rechnen besser. Die Schreibhefte der Kinder, die ich mir angesehen habe, waren sauber und in Ordnung, die Buchstaben wie gestochen; auf den Rechnungen, die ich mir für Quartier und Kost ausstellen liess, habe ich fast nie einen Fehler bemerkt. Die Aussprache scheint mir etwas anders zu sein wie sonst, mir persönlich jedenfalls mundgerechter, nicht so lispelnd und schnell, sondern eher rauh und bedächtig, mehr an die der Færinger erinnernd. Über Unreinlichkeit habe ich nirgends auch nur im Geringsten zu klagen gehabt, und auch mein Führer, der meist mit dem Gesinde zusammenschlief, war stets zufrieden. Die Lepra kommt nirgends und der Hundewurm nur noch vereinzelt vor. Die kurze Sommerzeit wurde nach Kräften ausgenutzt, und wenn ich mich meist gegen sieben Uhr erhob, waren die Leute schon lange auf dem *Tún* und den angrenzenden Wiesen mit der Heuarbeit beschäftigt. Über alles Lob ist die Gastlichkeit und Hilfsbereitschaft erhaben, die mir durchweg zuteil geworden ist.

So kärglich auch die Natur die Bewohner der *Skaptafells sýsla* bedacht hat, ganz vernachlässigt hat sie sie doch nicht: das Holz, das der Wald ihnen schuldig bleibt, liefert ihnen die Meeresströmung. Treibholz (*rekavidur*) wird in grossen Mengen an die Küste angeschwemmt, meist Nadelholz: Fichten, Tannen, Lärchen, doch auch Laubholz: Pappeln und besonders Mahagoniholz. Früher hat man ausschliesslich den Golfstrom dafür verantwortlich gemacht, jetzt weiss man, dass auch die Polarströme dabei eine Rolle spielen. Nach dem schwedischen Botaniker Ingvarson haben die Treibhölzer grösstenteils ihren Ursprung in Sibirien. Ein Teil des Golfstromes geht vermutlich an der Nordküste Spitzbergens hinauf, und das Treibholz gelangt dann durch den Polarstrom von den Mündungen der sibirischen Flüsse über Nowaja Semlja nach Grönland hin. Von dort trifft der Polarstrom mit dem Golfstrome zusammen und geht mit ihm wieder nach Island, den Færöern, Norwegen und weiter nordwärts. Ich war oft ganz erstaunt über die Menge der Stämme, die den Strand bedeckten oder auf den Gehöften aufgeschichtet lagen, und über ihre Dicke: es sind meist unbehauene, rindenlose Bäume mit Wurzelknorren und Astenden, mit Muscheln und Tang bedeckt, von der Luft weissgrau gebleicht. Sie sollen dauerhafter und zäher sein als die eingeführten Bauhölzer und werden noch heute, wie früher, für das Haus und das Hausgerät verwendet; verfaulte Stücke und alte Stämme sind willkommener Brennstoff. Überall findet man in den sonst so kahlen und ärmlichen Räumen Möbel, Tische und Kommoden aus Mahagoniholz, selbst in Ställen kann man Pfosten aus diesem Holz sehen; die Bewohner haben offenbar keine Ahnung von dem Werte, den es sonst überall auf der Welt hat. Auch hier, wie an der Nordküste, wird gleichwohl darüber geklagt, dass das Treibholz jetzt nicht mehr so reichlich sei wie früher; es nimmt natürlich in dem Masse ab, wie die Wälder ausgerodet werden. Vor dem *Hornafjördur* wurde vor dreissig Jahren eine Menge Bambusrohr angeschwemmt und von den Bewohnern zur Anfertigung von Gefässen benutzt. Der Transport der Treibhölzer nach den mehr im Innern gelegenen Gehöften ist im Sommer sehr schwierig; im Winter wird er mit Schlitten bewerkstelligt.

Wem gehört das angeschwemmte Treibholz? Als die ersten Ansiedler sich an den Küsten niederliessen, grenzten sie wohl ihr Eigentum ab, trafen aber weder Bestimmungen über das Treibholz, das in unerschöpflichen Mengen antrieb, noch über antreibendes Wrack (*vágrek*, jetzt *vogrek*). Etwa 940 wurde gesetzlich ausgesprochen (Grettis S. 12), dass „im Zweifel der Strand Pertinenz des Grundeigentums" sei (Maurer, Island, S. 448); auch die Gesetzbücher halten diese Regel noch fest. Später ist das Strandrecht häufig von dem Grundbesitz abgetrennt; es kommt vor, dass Klöster eine stattliche Reihe von Strandberechtigungen in fremden Gegenden aufzuweisen haben. Der Strandberechtigte durfte das Treibholz mit seiner Marke bezeichnen, um sich dadurch das Recht auf dasselbe zu sichern für den Fall, dass es wieder weggeschwemmt würde. Heute gehört das meiste Treibholz den häufig fernliegenden Kirchen, die für billiges Geld die Strandgerechtigkeit den Angehörigen des Kirchspiels verpachten.

Ein antreibendes Wrack gehört nicht dem Strandberechtigten, sondern dem Grundeigentümer zu; dazu wurden Leichen, Waren, andere Güter, Schiffsholz und verarbeitetes Holz gerechnet. Alles dies wurde aber nicht ohne weiteres Eigentum des Empfängers, sondern er durfte nur soviel behalten, wie zur Bestreitung der Begräbniskosten nötig war, oder wie zu verderben drohte. Konnte der Besitzer oder dessen Erbe seine Ansprüche glaubhaft nachweisen, so erhielt er seine Sachen zurück; erst nach fünf Jahren, wenn sich niemand meldete, hatte der Grundeigentümer Recht auf das übrige Wrack. Diese Behandlung des Wracks ist, sagt Maurer, ausserordentlich mild und menschenfreundlich und sticht auffallend ab gegen die harte Handhabung des Strandrechts damals in andern Ländern und noch heute in vielen Gegenden. Heute steht nach meinen Erkundigungen das *vogrek* in der Regel dem Besitzer des Strandes zu, doch so, dass der Finder oder Berger, namentlich wenn das Wrack Gefahr lief, wieder abgetrieben zu werden, einen bestimmten Anteil erhält. Es kann auch sein, dass das *vogrek* an gewissen Orten einem andern wie dem Besitzer zukommt, einem Privatmann oder vor allem einer Kirche. Weder der *Syslumadur* noch der Distrikt haben Anteil am Wrack, es sei denn, dass ein Wal an Land treibt. Die naive, grausame Anschauung des Naturmenschen spricht aus folgender Anschauung eines Bauern. Wir hatten über den gestrandeten deutschen Fischereidampfer „Friedrich Albert" gesprochen, und ich meinte, man müsse an der Südküste Leuchttürme errichten, auch wenn sie noch so viel kosteten, um das Scheitern und Stranden zu verhindern. Da erwiderte er ganz unbefangen: „O nein, das wäre nicht gut für uns, damit würde uns viel entgehen."

6. Juli.

Nach diesen allgemeinen Bemerkungen kehre ich zu der Beschreibung meiner Reise zurück. Der *Sólheimasandur*, den wir nach der Überschreitung der *Jökulsá* als die westlichste der Sandwüsten der *Skaptafells sýsla* erreicht haben, erhebt sich, wie sich Thoroddsen ausdrückt, schwach kuppenförmig gegen den Gletscher gleichen Namens hinan als ein flacher, ungeheuer grosser Gruskegel, der das Tal des *Sólheimajökull* hinunter geglitten ist. Die Entstehung dieser Sandstrecke ist nach einer alten Sage augenscheinlich durch einen Gletschersturz bewirkt worden (Lnd. IV, 5):

> Der alte zauberkundige *Lódmundr* wohnte in *Sólheimar*, ein anderer, nicht minder zauberkundiger Landnahmemann, *Prasi*, wohnte in *Skógar*. Eines Morgens bemerkte *Prasi*, wie ein gewaltiger Wasserstrom aus einem Gletscher näher und näher kam. Durch seine Zauberkunst gab er der Flut eine andere Richtung, so dass sie nach Osten, nach *Sólheimar* stürzte, wo *Lodmundr* wohnte. Aber dessen Knecht sah das und erzählte seinem Herrn, dass das Meer von Norden auf sie loskäme. *Lodmundr* war blind und forderte den Knecht auf, ihm einen Eimer Wasser von dem zu bringen, das er „Meer" nannte; als er zurückkam, sagte *Lodmundr*, er glaube nicht, dass es Meerwasser wäre. Dann liess er sich von seinem Knechte nach dem Wasser hinführen, „und stecke meinen Stab in das Wasser hinein"; an dem Stabe war ein Ring, *Lodmundr* umfasste den Stab mit beiden Händen und biss in den Ring: da begann der Wasserstrom abermals seine Richtung zu ändern und ergoss sich nach Westen, nach *Skógar*. So trieben *Prasi* und *Lodmundr* abwechselnd das Wasser einander zu, bis es sich in einer Kluft traf (dem eigentlichen Flussbette), und sie kamen nunmehr überein, den Strom den kürzesten Weg nach dem Meere zu einschlagen zu lassen. Dieser Fluss heisst jetzt *Jökulsá á Sólheimasandi* und trennt das Süd- und Ostviertel von einander."

Noch heute heissen zwei Berge an jenem Flusse zur Erinnerung an jene Zauberkünste *Lodmundarsæti* und *Prasaháls*. Pfarrer *Jón Egilsson* erzählt, vor 1500 sei ein Riesenweib am *Sólheimasandur* angetrieben (*Safn til sögu Íslands* I, S. 46), und dass abergläubische Gemüter sich hier zauberkundige Männer, Riesen und Geister wohnhaft dachten, ist nur allzu natürlich. Die Stimmung, die einen Reisenden in unseren Tagen in dieser schweigenden Wüste überfällt, gibt ein Gedicht von *Grímur Thomsen* trefflich wieder:

*Sólheimasandur.*

(Mel: Du gamla, du friska, du fjällhöga Nord . . .
Du Land meiner Väter, du felsiges Land [Schwed. Volkslied]).

So reite mit mir übern *Sólheimasand*,
Wo die Welle rauscht und niemals schweiget,
Die *Jökulsá* spinnt von Eiswolle ein Band,
Und der Gletscher bis dicht ans Meer sich neiget.

Und Schweigen hüllt dort die Küste ein,
Kein Laut unterbricht den Frieden, den stillen,
Die Natur spricht dort mit sich selbst allein,
Doch nur wenige verstehen ihren Willen.

Im flotten Trabe ging es vorwärts. Zwei weitere Küstenflüsse, der *Klifandi* und die *Hafursá*, die die östliche Grenze des *Sólheimasandur* bildet, wurden ohne jede Schwierigkeit überschritten. Die Sonne strahlte, das Wetter ward hell und heiter, eine Schneehülle nach der andern entschleierte sich und offenbarte ihre reinen Formen, ein grüner Gletscher nach dem andern tauchte auf; Klippen, die weit entfernt waren, schienen in nächster Nähe zu liegen, und manche andere seltsame Bilder zeigten uns die Luftspiegelungen: die Wüste glich einer überschwemmten Ebene mit vielen zitternden kleinen Seen; lange Karawanen von kleinen Lasttieren schienen sich am Horizont zu bewegen, wo in Wahrheit kein lebendes Wesen war. Vor allem suchten unsere Augen natürlich die beiden grossen Vulkane des *Myrdalsjökull*, den *Eyjafjallajökull* und die *Katla*. Letztere liegt im obersten Teile des Firnbeckens des Gletschers, der sich östlich von der Mitte des *Myrdalsjökull* bis zu den Sandwüsten hinab erstreckt, unter dem Eise. Sie hat in geschichtlicher Zeit zwölf Ausbrüche gehabt, von denen der erste ungefähr 900, der letzte 1860 stattfand. *Katla* ist eigentlich ein Frauenname.

Im Kloster *Þykkvibær* lebte eine zauberkundige Haushälterin mit Namen *Katla*. Sie hatte einst im Zorne den Schafhirten in einem Bottich mit *sýra* ertränkt (die Molken, die beim Seihen des *Skyr* ablaufen). Als die Zeit nahte, wo die Leiche, da die *sýra* ausgetrunken war, gefunden werden musste, zog sie schnell ihre Hexenhosen an — eine Art Siebenmeilenstiefel, um die sie sich mit dem Hirten erzürnt hatte, der sie heimlich gebraucht hatte —, lief auf den Gletscher und stürzte sich in den Kraterschlund. Bald hatte der Gletscher den ersten „Lauf", und dieser richtete sich gegen das Kloster. Man schrieb ihn der Hexe zu, und die Kluft hiess seitdem *Kötlugjá* (Spalte der *Katla*) und die verödete Gegend *Kötlusandur*[1]).

Als ein langes, grünes Tal uns aufnahm, richteten wir unsere Blicke auf das weite Meer und gewahrten mehrere englische Trawler, die dicht an der Küste lagen und den armen Bewohnern ihr Eigentum vor der Nase fortnahmen; aber wir freuten uns, dass der „Zieten", den wir hier vermuteten, sie abfassen würde. Ganz deutlich waren die *Vestmannaeyjar* und *Dyrhólaey* zu sehen, die uns vor wenigen Wochen vom Schiffe aus den ersten Anblick von Island gewährt hatten. Scharf hob sich die türartige Klippe ab, die aus dem Wasser emporragt und, wie ihr Name andeutet, eine Passage hat, durch die grössere Fischerboote fahren können. Auf einer Oase, am Fusse des *Reynisfjall*, machten wir Halt, kochten eine Konservenbüchse, die, wie gewöhnlich, Frankfurter Würstchen und Grünkohl

---

[1]) Jón Árnason, *Isl. Þjóðs.* I, S. 184/85.

enthielt, und taten zur Vorsicht in das eiskalte Bergwasser beim Trinken einen Schuss Rum. Aber ich war in den 10 Tagen, die seit dem Aufbruch vergangen waren, so des Alkohols entwöhnt worden, dass mir ein Teelöffel voll Rum in eine Kaffeetasse Wasser schon zu viel war; ich schlich mich seitwärts und schlief einige Minuten fest und tief, was ich sonst nie während des Marsches getan habe.

Auf Schlangenwegen ging es dann das *Reynisfjall* hinan; ein paar Strecken mussten wir zu Fuss gehen, den Pferden wurden die

Fig. 75. Vik i Mýrdal.

Zügel über den Kopf und die Steigbügel über den Sattel geworfen, und munter suchten sie sich selbst den Weg. Dieser war steil und schroff, aber höchst malerisch: grosse Steinblöcke hingen drohend über unseren Häuptern, und Reiter, die uns begegneten, erschienen wenige Minuten darauf unmittelbar unter unseren Füssen. Fröhlich trabten wir bergab, bei dem ersten stattlichen Hause, das wir erreichten, schwenkte der Engländer unserem Kontrakt gemäss ab, wir ritten weiter bis unmittelbar an den Strand und fanden herzliche Aufnahme bei dem Faktor *Gunnarr Ólafsson*.

In *Vik* wohnte der schon oft genannte isländische Arzt und Naturforscher *Sveinn Pálsson* 1809—40; er war ein tüchtiger Geolog und Botaniker und in vieler Beziehung seiner Zeit weit voraus; er gab zum Beispiel zuerst eine richtige Erklärung der Bewegung der Gletscher. Der Handelsplatz *Vík* liegt in einem schönen, üppigen Tale, die 10—12 Häuser mit ca. 100 Einwohnern sind dem Meere zugekehrt, ringsum erheben sich steile Berge (Fig. 75). Auf der offenen Reede in der kleinen Bucht können bei gutem Wetter Handelsschiffe anlaufen, und darum wird hier im Sommer ein nicht

Fig. 76. Brandung bei Vík (Reynisdrángar).

unbeträchtlicher Handel getrieben. *Vík* ist, wie gesagt, die einzige Stelle an der ganzen Süd- und Südostküste, wo dies möglich ist, und erst bei *Hornafjördur* in der *Austur Skaptafells sýsla* können Schiffe vor Anker gehen. Nur bei Nordostwind kann man in den Hafen einfahren. Ausserhalb des *Reynisfjall*, das die Bucht nach Westen begrenzt, erheben sich, gewissermassen als seine Verlängerung, eine Reihe spitzer Klippen, die *Reynisdrángar*, aus dem Meere (Fig. 76): drei vielzackige, schwarze Felsenriffe.

Nach der Volkssage ist das erste Riff, das an der Spitze in 3 Teile gespalten ist, ein Schiff, das einen jungen Riesen an Bord genommen hat; das Riff dahinter ist die Frau des Riesen, die das Schiff in seiner Fahrt aufzuhalten sucht, und das dicke Riff soll der Sohn des Unholdes sein. Gerade als die Riesin das Schiff umstürzen wollte, ging die Sonne auf, und alle drei erstarrten zu Stein. Ohne diese Volkssage zu kennen, sagt *Henderson* (I, S. 341): Diese rohen Felsen haben bei nebligem

Wetter Ähnlichkeit mit einer Flotte von Schiffen, und wirklich hielt ich sie selbst beim ersten Anblick für Schiffe.

Nach Osten zu fällt die *Arnarstakksheidi* steil nach dem Meere und endet in den sogenannten *Vikurklettur*, von Schluchten und vorspringenden Klippen durchfurchten, aber meist, selbst im Winter, mit grüner Angelika bedeckten, fast senkrechten Felswänden. Diese Tufffelsen mit ihren Sohlen und Absätzen sind von unzähligen Scharen schneeweisser Vögel belebt (Procellaria glacialis); man rechnet, dass hier allein jährlich im Herbste 3000 erwachsene Junge gefangen werden.

Das Klima beträgt im Winter durchschnittlich 7°, selten mehr, vor einigen Jahren waren allerdings 20° Kälte.

Unsere erste Frage an den liebenswürdigen Faktor war, ob der kleine Kreuzer „Zieten" hier gewesen wäre; denn wir hatten verabredet, uns hier zu treffen, damit wir, wenn nötig, unseren Proviant ergänzen könnten. Das Schiff war in der Tat vor 2 Stunden draussen gesehen, hatte auch verschiedene Signale gegeben, aber was vor wenigen Stunden noch möglich gewesen wäre, war jetzt unmöglich. Auch am nächsten Morgen konnten wir durch das Fernglas den „Zieten" draussen manövrieren sehen, mussten aber schweren Herzens die Hoffnung aufgeben, ihm in Islands Gewässern wieder zu begegnen.

Von dem Hause des Faktors führen Schienenstränge bis weit auf den Strand hinaus. Als ich mich ahnungslos zu weit hinauswagte, kamen einige Wellen wie hohe Mauern unter lautem Donnern herangerollt, schossen über die Schienen und die aufs Land gezogenen Boote und überfluteten mit ihrem gelbweissen Schaum alles bis unmittelbar zu der Stelle, wo ich war.

Vor dem Hause herrschte noch am Abend reges Leben. Karawanen, manche 20 Pferde stark, beladen mit Wolle und getrocknetem Fisch, kamen an (man nennt einen solchen Zug Packpferde *lest*), und die Begleiter wurden von den Anwesenden froh mit Kuss und Handschlag begrüsst. Andere Karawanen, belastet mit Säcken voll Zucker, Kaffee, Korn und sonstigen Waren, machten sich zum Abschiede fertig und wollten die ganze Nacht hindurch wandern. Allerliebst sah es aus, wie die Füllen, nicht grösser als Bernhardinerhunde, neben den Stuten umhersprangen. Eine solche Handelsreise wird in diesem Bezirke nur einmal im Jahre unternommen, sehr selten zweimal; darum stecken die Bauern auch bei dem Kaufmann nicht in Schulden und sind, für Islands Verhältnisse, nicht arm. Kleine Zelte waren aufgeschlagen, aus denen lustiges Lachen und Scherzen heraustönte, aus einem liess sogar eine Handharmonika ihre quäkende, gedehnte Stimme erschallen; aber kein einziger Betrunkener war zu sehen, alle Fröhlichkeit hatte ihre Grenze, und kein Zank und Streit kam vor.

Die Faktorei war ein recht ansehnliches Gebäude. Das Wohnhaus links war ganz komfortabel eingerichtet, so wie bei uns die besseren bürgerlichen Wohnungen. Der eigentliche Laden war in einem grossen, zweistöckigen Hause untergebracht und war ein Warenhaus im kleinen. Hinter den hohen Ladentischen liefen eifrig 5 bis 6 junge Leute umher und häuften geschäftig Ballen auf Ballen, vieles packten sie sogleich in die roten Packkoffer ein. Weiter nach rechts lagen noch einige Speicher, in denen noch andere Vorräte aufgestapelt lagen. Man konnte an dem ganzen Treiben merken, dass Käufer und Verkäufer Vertrauen zueinander hatten und miteinander zufrieden waren.

Als ich vom Pferde stieg, trat ein junger Bursch auf mich zu und fragte: „Sind Sie nicht der Deutsche, der vor 4 Wochen in *Reykjavík* war?" Er hatte mich trotz der Reiseausrüstung wieder erkannt; er freute sich, dass ich mit der bisherigen Tour zufrieden war und wünschte mir *góda ferd* für den *Skeidarársandur* und die *Jökulsá á Breidamerkursandi*, und dabei machte er eine abwehrende Bewegung, dass die Namen, die durch ihre Länge schon nicht recht geheuer aussehen, mir noch gefährlicher erschienen. Ein paar andere junge Leute, mit weissen Drillichjacken und blauen Militärhosen, grüssten ganz nach Soldatenart, und ich wunderte mich, woher die Polizisten kämen; denn Soldaten hat doch Island gar nicht. Erst am nächsten Morgen merkte ich, dass es dänische Soldaten waren, die Offiziere des Generalstabs begleiteten.

Unser Wirt und seine Frau waren von einer Gastlichkeit und Gefälligkeit, die uns in hohem Grade erfreuten. Ein Kaffee, so vortrefflich, wie man ihn nur in Island bekommt, erschien sofort auf dem Tisch der guten Stube, dazu Natronkuchen und hinterher Zigarren; die Kiste stand während unseres ganzen Aufenthaltes offen. Zum Abend gab es Ragout, Hummer, Sardinen usw., am nächsten Morgen gefüllten Eierkuchen und für jeden eine Flasche Bier, die natürlich, obwohl sie „alkoholfrei" war, nach so langem Fasten trefflich mundete — und der Preis für die Schlemmerei und das gute Nachtlager? Drei Kronen, für jeden von uns eine ganze Krone! Ich genierte mich ordentlich, diese lächerlich geringe Summe zu bezahlen. Von der Güte seiner Waren konnte ich mich überzeugen, als ich unsere Esskiste bei ihm wieder füllte; wir kauften 2 Flaschen Rotwein, die Flasche zu 2 Kr., der sogar recht gut war, einige Büchsen Lachs, 1 Kr., und 100 Zigarren zu 9 Kr., die etwa einer anständigen deutschen 6 Pfennig-Zigarre entsprachen.

7. Juli.

Mein Lager war mir aus den Hochzeitsbetten hergestellt, wie die schönen Stickereien und die grossen, roten, verschlungenen Monogramme zeigten. Eigentlich sollte heute Ruhetag sein, aber das Wetter war zu verlockend, und so gab ich Ögmundur früh Befehl, nach den Pferden zu sehen. Um 11 Uhr waren sie zur Stelle; es war nicht leicht gewesen, sie aus den hohen Bergen herunterzuholen, und in dem sie vor dem Hause umgebenden Gedränge suchten sie sich jeden Augenblick zu drücken. Es war ein Leben wie bei uns zur Jahrmarktszeit, nur dass der ohrenbetäubende Lärm der „Musik" fehlte. Mit Mühe gelang es uns, unseren trefflichen Wirt in einem unbeschäftigten Augenblicke abzufassen und Abschied von ihm zu nehmen. Dann setzten wir uns in Bewegung und wollten gerade aus dem Gehöft abbiegen, als ich plötzlich meinen Namen und auf gut deutsch die Worte höre: „Warum wollen Sie schon so früh fort?" Ich reisse erstaunt mein Rösslein herum und sehe vor mir einen Hünen mit blondem Vollbarte, die Soldatenhosen in Stiefeln, einen Sweater statt des Waffenrockes. Es war Hauptmann Hammershöj vom dänischen Generalstabe, der schon früher auf den Færöern mit Triangulierungsarbeiten beschäftigt gewesen war. Jetzt sollte er mit zwei Kameraden und neun Unteroffizieren die Strecke von *Vík* bis zur *Jökulsá á Breidamerkursandi* aufnehmen, nachdem 1903 die Küste von *Papós* bis zur *Jökulsá* aufgenommen war. Schon 1856 hatte Lord Dufferin gesagt: „Die Aufnahme Islands scheint das Steckenpferd der dänischen Regierung gewesen zu sein und hat eine so vollendete Karte geliefert, dass jeder kleine Felseinschnitt, jeder Bergstrom, jede Lavaflut mit bewundernswerter Genauigkeit darauf angegeben ist (Aus hohen Breitengraden, 1860, S. 85). Was würde er zu den neusten Karten des Generalstabes sagen, diesen unerreichbaren Mustern an Genauigkeit, Übersichtlichkeit und Sauberkeit! Der Hauptmann war erst spät am Abend von seiner Arbeit zurückgekehrt und hatte den ganzen Vormittag zu tun gehabt. Nun war er frei und freute sich, ein verständiges Wort reden zu können, und ich musste gerade fort. Er bot mir Lebensmittel und Konserven an, was ich dankend ablehnte, da ich reichlich versorgt war, trug mir Grüsse an seine Kameraden auf, die ich in einigen Tagen antreffen würde, und dann schieden wir mit einem herzhaften Händedrucke.

Der Weg ging anfangs in der Nähe des Meeres an steilen, grün bewachsenen und mit Vogelguano gedüngten Felsen vorüber. In ihren Spalten sassen, schnurrten und schrien Tausende von Eissturmvögeln; ein ohrenbetäubendes Grrr scholl von den Nestern her, und aus der Luft tönte es unablässig Grab, gra, grab, gra... Die Eissturmvögel legen Mitte Mai ein weisses, nach Moschus duftendes Ei, das ihnen von den Bewohnern fortgenommen wird; aber Mitte August, wenn die Jungen erwachsen sind, werden sie massenweise von den Vogelfängern erschlagen, die sich an Tauen oft 80—90 Faden tief auf die Felsen herablassen. Ende August ziehen die Vögel fort, kehren aber im Dezember zurück, und wieder wird ein Teil der nun ausgewachsenen Tiere gefangen, mit Vogelstangen, an deren Ende ein sackförmiges Nest ist. Auch Papageitaucher waren ziemlich häufig (Fratercula arctica glacialis); *prestur* „Priester" nennt sie der Isländer wegen ihres ernsten Benehmens, grelle rote und gelbe Streifen heben das sonst weisse und schwarze Gefieder. Sie hockten auf kleinen Vorsprüngen, putzten die mit Erde befleckten Federn und drehten den dicken Kopf mit dem starken Schnabel, der dem der Papageien ähnlich, aber an der Spitze nicht umgebogen ist. Sie scheinen eine wenig friedenliebende Sippe zu sein, ihr ärgerliches Knurren drang fortwährend an unser Ohr, und vor den Höhlen zankten und stritten sie sich mit fremden Eindringlingen. Sie werden gleichfalls mit Vogelstangen gefangen, die Jungen werden selten herausgenommen. Uria Troile aber, die Lomme, die sonst auf den isländischen Vogelbergen, namentlich auf den *Vestmannaeyjar* so häufig ist, soll hier gar nicht vorkommen.

Bald begann die Wüste, die zweite Sandstrecke des Südlandes, des *Mýrdalssandur* oder *Kötlusandur*, der sich von der *Arnastakksheiði* bis zum *Kúðafljót* erstreckt und ein Areal von 600 qkm hat. Diese Strecke steht völlig unter der Herrschaft des nahen Vulkans *Katla*, der bei Ausbrüchen das ebene Land mit Wasserfluten, Eisstücken und Schutt überschwemmt und mit Asche und Scorien bedeckt. Der westliche Teil ist ohne alle Vegetation, während im östlichen Pflanzen und Gebüsch gedeihen. Nur im Juni und Juli, wenn die Handelsfahrten nach *Vík* unternommen werden, ist etwas Leben in dieser Öde.

Eine Menge recht ansehnlicher Gletscherflüsse, die fast alle auf dem *Mýrdalsjökull* entspringen, durchströmen die Wüste mit weiten Verzweigungen und oft veränderten Flussbetten. Ögmundur zählte mir die auf, die wir heute zu passieren hatten: *Kerlingardalsá* (Altweiberfluss), *Múlakvísl* (die *Grímsá* der *Landnáma?*), die aus der *Kötlugjá* direkt stammt, früher *Höfðá* hiess und sich später mit dem *Sandvatn* vereinigt, ferner die *Eyjará* (Inselache) und *Jökulvatn* oder *Nývatn* (Neuwasser); den südlicheren *Dýralækur*, die *Leirá* und die *Skálm*, die im NO. fliessen, berührten wir nicht. Aber die Angabe meines Führers, obwohl sie durch die Karte von *Björn Gunnlaugsson* unterstützt wird, bewahrheitete sich nicht: eine *Eyjará* gibt es nicht mehr, und das *Jökulvatn*, das bei dem Ausbruche 1823 gebildet wurde, ist verschwunden; auch muss die *Múlakvísl* früher östlicher geflossen sein.

Wir lenkten unseren Kurs nach Norden und ritten durch den mit Geröll angefüllten *Kerlingardalur*, der früher ein Fjord gewesen ist, *Kerlingarfjörður* (Lnd. IV, 13) und seinen Namen daher hatte, dass bei dem Schiffbruche des *Eysteinn*, der hier Land nahm, ein Weib an Land trieb, „da wo jetzt der *Höfðasandr* ist". Ögmundur machte darauf aufmerksam, dass man an den grünbewachsenen Bergwänden die Lage des Fjordes und auch den Weg noch erkennen könnte, der von ihm über die Berge führte. Aber die Vogelberge des *Kerlingarfjördr*, die einst weit ins Meer hinaus ragten, sind jetzt durch breite Sandebenen völlig miteinander verbunden. *Eggert Ólafsson* erzählt, dass noch zu seiner Zeit die ältesten Leute sich erinnerten, dass vor 60 Jahren (d. h. also im Anfange des 18. Jahrhunderts) das Meer bis an die Öffnung des Tales gereicht habe, und dass das Wasser noch so tief gewesen sei, dass man auf den Klippen mit Angeln fischen konnte (II, S. 121). Doch ist kaum zu glauben, dass sich die ehemalige Lage des Fjordes noch bestimmen lässt. Denn als das Buch von der Besiedlung Islands aufgezeichnet wurde, war er schon durch Gletscher-

Fig. 77. Hjörleifshöfdi.

stürze aus der *Katla* ausgefüllt, und bei dem Ausbruche von 1660 ergossen sich neue Gletscherfluten mit Gestein und Sand in den Fjord: wo man früher bei einer Tiefe von 20 Ellen im Meere gefischt hatte, entstand trockner Ufersand, und der Strand nahm an fast 1000 m in das Meer hinein zu.

Die ganze Gegend überhaupt hat früher ein anderes Aussehen gehabt. Kap *Hjörleifshöfdi*, das sich jetzt eine ziemliche Strecke landeinwärts befindet und durch eine vorgelagerte, 3 km breite Sandstrecke vom Meere getrennt ist, lag zur Zeit der Besiedlung Islands an einem Fjord ganz am Meere (Fig. 77); einige spitze Klippen rings um das Vorgebirge erinnern noch daran, dass das Meer einst ganz hierher reichte; nach den dänischen hydrographischen Untersuchungen findet sich ausserhalb von *Hjörleifshöfdi* die sog. *Reynis*-Tiefe, 5 Seemeilen lang, 4 breit und ca. 20 Faden tief.

In geschichtlicher Beziehung ist diese Gegend besonders interessant als Schauplatz der verschiedenen Händel und des Todes des ersten Ansiedlers *Hjörleifr*.

Hier, wo damals noch der *Kerlingarfjördr* war, landete 874 *Ingólfs* Genosse, *Hjörleifr*, wurde aber im nächsten Frühling von seinen irischen Knechten in einem Wald in der Nähe erschlagen. Die Knechte flüchteten darauf auf die *Vestmanna eyjar*, wurden hier aber von *Ingólfr* aufgesucht und getötet. Bei der Abreise aus Norwegen hatte *Hjörleifr* den Göttern nicht opfern wollen, darum sagte sein Freund und Reisegefährte bei seinem Tode: „Welch trauriges Los für einen so edlen Mann, durch die Hand elender Knechte zu fallen! Aber so seh' ich es jedem ergehen, der nicht den Göttern opfern will!" Auf dem höchsten Punkte des Kaps *Hjörleifshöfdi* wird eine *Hjörleifsvarda* gezeigt, wo der erschlagene Wiking von seinem Freunde begraben sein soll[1].

Jeder Reisende wirft auf das ziemlich junge Steindenkmal ein paar Steine. In diesem Brauche lebt eine alte religiöse Anschauung fort; ursprünglich wollte man die Seele des übelwollenden Toten durch die Last der auf ihm ruhenden Steine in seinem Grabe festbannen; später ward der Steinwurf zum Opfer, das bei Vermeidung von Strafe von dem Verstorbenen gefordert wurde.

Nach *Hjörleifs* Tode wagte keiner, aus Furcht vor den Landgeistern, östlich von der *Grimsá* (heute *Múlakvisl*) Land zu nehmen, bis *Ölvér* diese Strecke in Besitz nahm und sich in [*Hjörleifs-*] *Höfdi* niederliess (Lnd. IV, 13). Zwischen der *Grimsá* und *Kerlingará* nahm *Sigmundr Kleykir* Land, und *Björn* zwischen der *Kerlingará* und *Hafrsá*. Aber schon die ersten Bewohner sollten die verheerenden Ausbrüche des Vulkans hier kennen lernen (gegen 900). *Molda-Gnúpr* nahm Land zwischen dem *Kúdafljót* und der *Eyjará* und ganz *Álptaver*. Die Gegend war ziemlich dicht bevölkert, damals war hier auch ein grosser See, und viele Schwäne wurden auf ihm gefangen; wie der Name *Mýrdalr* zeigt, muss der Boden aus Moos bestanden haben, das wohl mit Gras bewachsen war. Aber bei den herausbrechenden Lavaströmen aus der *Eldgjá* mussten die Bewohner nach Westen, nach *Höfdabrekka*, flüchten und schlugen da Zelte auf (Lnd. IV, 12). *Hrafn hafnarlykill* nahm Land zwischen der *Hólmsá* und *Eyjará* und wohnte zu *Dynskógar*. Er sah aber richtig voraus, dass ein vulkanischer Ausbruch diesen Ort vernichten würde und siedelte darum nach *Lágey* über (= flacher See, westlich von der *Eyjará*, Lnd. IV, 12). Bei diesem Ausbruch wurde das ganze Land zwischen der *Eyjará* und *Hólmsá* bis zum Flusse *Skálm*, sowie ein ganzer Bezirk, das *Dynskógahverfi*, verwüstet und hierdurch der *Mýrdalssandur* gebildet. Von dem Ausbruch der *Katla*, bei dem der *Sólheimasandur* entstand, habe ich früher erzählt. 1311 wurde der Bezirk *Lágeyjarhverfi* verwüstet, zwischen *Eyjará* und *Múlakvisl*, 51 Gehöfte stürzten bei dem Erdbeben ein. Bei der fünften Eruption nahmen die Wasserfluten die Richtung nach Kap *Hjörleifshöfdi* (daher heisst der Ausbruch *Höfdahlaup*), bei der achten, 1600, rissen die Fluten, mächtige Eisblöcke einherwälzend, die Kirche von *Höfdabrekka* mit sich fort, und man sah sie, von Eismassen umgeben, weit in die See hinaustreiben.

Der Pfarrhof *Höfdabrekka*, an dem wir auf langen Serpentinen vorbeikamen, wurde wieder aufgebaut und liegt jetzt 150 m ü. d. M., um den Gletscherstürzen der *Katla* zu entgehen. Die Aussicht, die man von dem hohen, schön bewachsenen Berge geniesst, geht

---

[1] Kaalund, II, S. 338; Kahle, Z. d. V. f. V. XII, S. 205, 322.

nach Osten weit über den ganzen *Mýrdalssandur*, und am Meere taucht *Hjörleifshöfdi* auf. Wunderbar war, dass uns fortwährend, obwohl wir doch zwei Meilen vom Meere entfernt waren, Eissturmvögel begleiteten.

Die einzige Abwechslung in der graslosen Öde, die uns nachher aufnahm, bot das Durchreiten der in vielen Verzweigungen aus dem Katlagebiete stammenden Gletscherströme, die unangenehm trüb aussahen und reissend dahinschossen. Sehr angenehm empfanden wir, dass von Zeit zu Zeit lange Stangen *(stika)* in der Wüste errichtet waren, um bei Finsternis, Nebel, Schnee- und Sandstürmen dem Reisenden einen Anhalt für die Richtung in dieser absolut flachen Gegend zu gewähren. Auch am nächsten Tage trafen wir diese Wegweiser jenseits des *Kúdafljót*. Henderson erwähnt, dass auch in den Flüssen solche langen Stangen in verschiedenen Entfernungen eingerammt seien, um die bequemsten Durchgangsstellen zu bezeichnen (I, S. 327). Ich habe sie nirgends mehr vorgefunden und meine auch, dass sie bei der fast täglichen Veränderung, die die Gletscherbäche erleiden, den Fremden eher in Gefahr locken, als ihm die Richtung angeben[1].

Gegen zwei Uhr machten wir Halt, da, wo einst das Kloster *Þykkvibær* gestanden hatte. Der Tag war überaus herrlich; von Westen her tauchten mächtige, dunkelblaue, mit Schneefurchen durchzogene Gletscher auf, die runden, glitzernden Gipfel der *Katla* wurden frei, und allmählich ward in weiter Ferne ein Schneeberg nach dem andern sichtbar, von denen namentlich einer in seiner weissen Keuschheit an den Johannisberg im Gross-Glockner-Gebiet erinnerte. Riesige Gletscher leuchteten von Nordosten her, und vor allem baute das breite, ungeheure Massiv des *Vatnajökull* mit seiner höchsten Erhebung, dem eisgepanzerten *Öræfajökull*, der wie ein ungeheures Vorgebirge über die Schneefelder hinausragt, sich immer deutlicher und gigantischer vor uns auf.

Hier ist auch der Schauplatz für den dritten Missionsversuch, der auf Island von *Þangbrandr* unternommen wurde.

<small>Im Frühjahr 998 zog er vom *Berufjördr* über *Stafafell* und *Svinafell* nach *Skógarhverfi* (Waldbezirk) und wohnte in *Kirkjubær* bei einem Manne, dessen Vorfahren bereits Christen gewesen waren (Ketill enn fíflski, s. u.). Von da ging er weiter nach *Höfdabrekka*. Im *Kerlingardalr* wohnte ein Mann, *Galdra-Hedinn* (Zauber-), mit ihm schlossen die Heiden einen Vertrag, dass er Dankbrand und seine Gesellschaft töten sollte. Er ging hinauf auf *Arnastakksheidi* und richtete da ein grosses Opfer her, als Dankbrand von Osten herritt. Da barst [durch die Zauberkunst des *Hedinn*] die Erde auseinander unter seinem Pferde, er aber sprang vom Pferde und kam auf den Rand zu stehen. Die Erde aber verschlang das Pferd mit allem Reitzeug, und sie sahen es nicht wieder (Njáls S. 102). Einer von Dankbrands Begleitern fand den *Galdra-Hedinn* auf der Heide, kam auf Schussweite auf ihn</small>

---

[1] Zu Lnd. III, 6 vergl. oben I, Kap. VI, S. 289.

heran, schoss mit dem Speere nach ihm und durchbohrte ihn. Dankbrand zog weiter nach *Bergþórshvoll* und bekehrte den *Njáll* mit allen seinen Hausgenossen.

Wir haben zuletzt den Teil der *Njálssaga* erzählt, in dem *Flosi* mit seinen Leuten *Njáll* überfällt und Feuer an sein Haus legt. Die *Arnastakksheidi* ist der Schauplatz der weiteren Verwicklungen.

Trotz des Vergleiches, der nach heftigem Kampf auf dem Althing geschlossen war, wollte *Kári Sölmundarson*, *Njáls* Schwiegersohn, der allein dem Mordbrand entronnen war, auf eigene Faust Rache üben. Seine Rache an *Flosi* und seiner Schar bildet den Schluss der Saga, und wichtige Ereignisse spielen hier. Kurz nach den Gerichtsverhandlungen auf dem Althing gelingt es *Kári* und *Þorgeirr skorargeirr* einen Teil der Brandstifter, nämlich die Sigfüssöhne, zu überfallen, die sich auf dem Wege nach *Höfdabrekka* im *Kerlingardalr* zum Schlafen hingelegt hatten. *Kári* und *Þorgeirr* waren über die *Arnastakksheidi* geritten, aber die *Kerlingardalsá* war zu stark angeschwollen, als dass sie sie passieren konnten. Da sahen sie höher herauf an dem Flusse gesattelte Pferde stehen. Sie ritten dorthin und fanden hier in einer Vertiefung die Sigfüssöhne schlafen; ihre Spiesse standen zu ihren Füssen. Sie nahmen die Speere und schleuderten sie in den Fluss. „Sollen wir sie wecken?" fragte *Þorgeirr*. *Kári* antwortete: „Schlafende Männer darf man nicht überfallen", und sie drangen nicht eher auf ihre Feinde ein, als bis diese sich gerüstet hatten. *Kári* tötete *Sigmundr Lambason*, *Mörðr Valgardsson*, *Þorgeirr* schlug *Þorkell Sigfússon* nieder. Da riefen sie: „Lasst uns zu unsern Pferden eilen, gegen diese Übermenschen vermögen wir nichts auszurichten." Da stürmten sie nach ihren Pferden und schwangen sich auf sie. Zehn Brandstifter hatten ihr Leben gerettet, sie ritten nach *Svinafell* und kündeten *Flosi* die traurige Mähr'. „Das war zu erwarten", meinte *Flosi*, „in Zukunft zieht nicht mehr so sorglos einher" (Njáls S. 146).

*Þykkvabæjar-Klaustur* war seinerzeit eines der grössten Klöster gewesen, hoch berühmt durch seine reiche Bibliothek. Dieses Augustinerkloster ist 1168 von einem reichen Besitzer des Hofes, der „Christus und seine Heiligen" zu Erben einsetzte, gestiftet worden. Das zweite Augustinerkloster wurde 1172 auf der Insel *Flatey* im *Breidifjördur* gegründet, aber 1184 nach *Helgafell* verlegt, das dritte 1226 auf der Insel *Videy*, und das vierte 1295 oder 1296 zu *Mödruvellir*. Das letzte Augustinerkloster, zugleich das letzte Kloster auf Island überhaupt, wurde 1493 in *Skrida* im *Fljótsdalr* errichtet, die dazu gehörige Kirche wurde erst 1512 eingeweiht. Nach Einführung der Reformation wurde das Kloster *Þykkvibær* aufgehoben.

Bei den isländischen Klosterleuten zeigte sich frisches und freies geistiges Leben. Die Klöster waren die Pflegestätten der Gelehrsamkeit und Literatur, und zwar einer durchweg nationalen Literatur. Es ist ganz gewiss richtig, dass Island dem katholischen Priestertum hauptsächlich die Begründung und Blüte seiner älteren Literatur, vom Ende des 11. bis zur Mitte des 16. Jahrhunderts, verdankt. Seit dem Ende des 12. Jahrhunderts, als sich die Skaldenkunst inhaltlich überlebt hatte, wurden auch kirchliche Stoffe von geistlichen Skalden behandelt. Der Kanonikus *Gamli* von *Þykkvibær* dichtete in der zweiten Hälfte des 12. Jahrhunderts ein Preislied auf den Apostel Johannes im skaldischem Versmasse und das Lied „Sonne in Leiden", eine geistige Betrachtung von Christi Leiden und Sterben, seiner Auferstehung, Himmelfahrt und Wiederkunft am jüngsten Tage. In *Þykkvibær* ist auch in der ersten Hälfte des 14. Jahrhunderts die Messiade Islands entstanden, die *Lilja* des Augustinermönches *Eysteinn Ásgrimsson*, das innigste, kunstvollste Gedicht des Mittelalters[1]. Wie berühmt es geworden war, zeigt das Sprichwort „Jeder Skalde möchte die Lilie gedichtet haben", und es wurde bald ein richtiges Volksbuch, das ganz oder teilweise, von Einzelnen wie von ganzen Familien gebetet wurde, von manchen täglich, von andern wenigstens einmal in der Woche vorgelesen wurde, und ein Versäumnis hierin galt noch nach der Reformation geradezu als ein Zeichen geringer Frömmigkeit.

Aber auch durch seine Gelehrsamkeit war das „Kloster *í Veri*", wie es auch genannt wurde, berühmt. *Þorlákr Þórhallsson* der Heilige (Bischof von *Skálholt* 1178—93), der in Paris und Lincoln studiert hatte, half dem greisen Gründer des ersten Augustinerklosters in *Þykkvibær* bei der Ausführung dieses Planes und übernahm 1168 erst als Prior, dann 1172 als Abt die Leitung des neuen Konvents. Er war wissenschaftlich hochgebildet und allen seinen Zeitgenossen gewachsen, ein Musterbild priesterlichen Lebens, aber allem weltlichen Treiben abgeneigt. Eine förmliche Kanonisation durch den Papst fand nicht statt, doch wurde gegen die ihm erwiesene Verehrung auch kein Einspruch erhoben[2]. Von Abt *Brandr Jónsson*, der später Bischof wurde, wissen wir, dass er während der Jahre 1147—62 der dortigen Schule sein besonderes Augenmerk zuwandte; seine Kunstfertigkeit, sein Geschick im Schreiben, dann aber sein Verständnis in allen Zweigen der Büchergelehrsamkeit, besonders in der Geschichte, wird hochgerühmt; er übersetzte z. B. für den norwegischen König Magnus die Geschichte Alexanders des Grossen und mehrere andere römische Schriftsteller ins Isländische. Der spätere Abt von *Þykkvibær Runólfr Sigmundsson* war sein tüchtigster Schüler. *Laurentius Kálfsson*, früher Lehrer an der Domschule zu *Hólar*, hielt später in *Þykkvibær* zum Besten vieler Schüler und Klosterleute Schule, übernahm dann den Unterricht der Konventualen und sonstiger Schüler zu *Munkaþverá*. Hier wurden auch um die Mitte des dreizehnten Jahrhunderts die ersten Versuche gemacht, die Bibel in die Landessprache zu über-

---

[1] *Eirikur Magnússon*, An icelandic religious poem of the fourteenth century... London and Edinburgh 1870. Nachdichtung von: Baumgartner, Die Lilie. Isländische Mariendichtung aus dem 14. Jahrhundert. Freiburg 1884.

[2] Über die *Þorláksmessa* vergl. Lehmann-Filhés, Isl. Volkssagen II, S. 264 f.

setzen. Endlich war auch der Verfasser der *Njálssaga* oder der Vereiniger der *Gunnarssaga* mit der *Njálssaga*, wie sie jetzt vorliegt, nach einer recht ansprechenden Vermutung Kaalands (II, 327) ein Geistlicher des Augustinerklosters zu *Pykkvibær*, wo um die Mitte des dreizehnten Jahrhunderts die erwähnten *Brandr Jónsson* und *Runólfr Sigmundsson* als Äbte wirkten. Schliesslich war auch *Jón Jónsson*, Bischof von *Hólar* (1424—27), früher Abt von *Pykkvibær* gewesen.

König Kristian III. von Dänemark verfügte am 1. Februar 1541, dass die Klöster *Pykkvibær*, *Kirkjubær* und *Skrida* Volksschulen werden sollten, später wurden sie unter dem Titel „Redemptur" vermietet, der Ertrag dem königlichen Schatze zugewiesen und das Kloster selbst von einem königlichen Administrator verwaltet.

Während die niedrige, sumpfige Stelle, wo einst das Kloster stand, heute kaum noch zum dauernden Wohnen einladet, muss es früher wohlhabend, wenn nicht reich ausgestattet gewesen sein. Das Kloster hatte 24 Kühe auf dem Heimland und 5 auf den Aussenlanden, 23 Ochsen, 2 Stiere, 25 jährige Rinder und 22 Kälber, ferner 220 Milchschafe daheim und 160 auf den Aussenlanden, 95 ältere Hämmel, 257 jährige Schafe, 60 Jährlinge mit Lämmern und 215 Lämmer auf der Weide, endlich 39 Pferde (Dipl. Isl. I Nr. 48, S. 252, Nr. 100, S. 396). 1340 war der Bestand des Klosters an Betten und Wandteppichen bedeutend, ebenso gab es eine Menge Messgewänder und Kircheninventar, darunter verschiedene Heiligenbilder. Eine stattliche Anzahl Rindvieh wurde gehalten — darunter 43 Kühe auf dem Heimlande —, und viele, zum Teil weit entfernt liegende Gehöfte hatten Abgaben zu zahlen. Reesen erwähnt in seiner Descriptio nova Islandiae (1681—88), dass ein Mann im Kloster *Pykkvibær*, der Missetaten auf dem Gewissen hatte, einst einen kurz vorher Begrabenen erweckt habe, um von ihm zu erfahren, wie es ihm ergehen würde. Als aber der Erweckte erschien, ganz russig und schwarz von Rauch und Feuer, erschrak jener dermassen, dass er den Verstand verlor[1].

Die vulkanischen Ausbrüche haben aber diese Gegend furchtbar mitgenommen. Bei der sechsten Eruption der *Katla* 1580, die durch heftigen Aschenregen, Rauchsäulen und mächtige Ströme geschmolzenen Eises ausgezeichnet war, überschwemmte ein Strom das Kloster, der andere ergoss sich über den *Mýrdalssandur*. Beim achten Ausbruch der *Katla* 1625, der zwölf Tage anhielt, und bei dem unter Erdbeben Feuersäulen aus dem Krater stiegen, ward das Kloster von einer Wasserflut heimgesucht, die so mächtig war, dass sie nach Berichten von Augenzeugen das grösste Seeschiff hätte tragen können. Das Weideland war zwei Fuss hoch mit Bims-

---

[1] Thoroddsen-Gebhardt II, S. 200.

stein bedeckt. Bis nach Bergen (180 geogr. Meilen weit) wurde die feine Asche getragen[1]).

Durch die ungeheuern Lavamassen, die aus der grossen Ausbruchsspalte *Eldgjá* geströmt sind und die Landschaft *Álptaver* bedeckt haben — „Schwanenlager", weil sich hier bei einem nicht mehr vorhandenen See viele Schwäne aufhielten; wie ein fürchterlicher Hohn klingt der Name für die Landschaft heute! — ging es zu unserem Nachtquartier *Mýrar*; wir fanden bei *Sira Bjarni Einarsson* Unterkunft, dessen Bruder 1899 in einem der Gletscherströme ertrunken war. Der Pfarrhof liegt prächtig mitten in einer grünen Oase. Nach Süden konnte man bis zum Meere sehen, auf dessen langen, rollenden Wellen sich einige Dampfer schaukelten. Über alle Beschreibung schön aber war der Sonnenuntergang über den fernen Schneefeldern und Gletschern; von hellem Gelb übergossen lagen sie schweigend da, nur zu früh trieb uns der kalte Abendwind ins Haus zurück. Da es mir zum Schlafengehen noch zu zeitig war, benutzte ich die Zeit und suchte mir aus dem Packkoffer Thoroddsens Aufsatz „Reise durch die *Vestur Skaptafells sýsla*" hervor, um mich näher über die Ausbrüche der *Eldgjá* zu unterrichten.

<small>Diese grösste der bekannten offenen, klaffenden Ausbruchsspalten ist im Sommer 1893 von Thoroddsen entdeckt worden. Nach den historisch-kritischen Studien desselben Gelehrten muss der Ausbruch ca. 930 erfolgt sein, kurz nachdem diese Landschaft angebaut war; vielleicht fand auch schon in vorgeschichtlicher Zeit ein Ausbruch statt. Es ist nicht unwahrscheinlich, dass Nachrichten von dem Unheil, das der aus der *Eldgjá* ins *Álptaver* sich ergiessende Lavastrom angerichtet hat, früh ins Ausland gedrungen sind, und dass sie, entstellt von Mönchen in Süd-Frankreich, in den Chronica des Mönches Alberich vorliegen (vergl. I, S. 87). Die *Eldgjá* erstreckt sich am nördlichsten Rande des *Mýrdalsjökull*, hat die Richtung von SW. nach NO. und eine Länge von 30 km. Die ungeheuern Lavaströme, die sie ausgegossen hat, sind in drei Armen aus der Spalte geflossen: zwei davon verfolgten den Weg durch die Talklüfte zweier in NO. gelegener Flüsse bis in das Tal der *Skaptá*, der grösste und breiteste aber strömte aus dem südlichen Ende der *Eldgjá* heraus und breitete sich über die Landschaft *Álptaver*, *Medalland* und *Landbrot*, welche beiden letzteren wir in den nächsten Tagen passieren sollen. Die Lavaströme bedeckten ein Areal von 613 qkm bei einem Volumen von 9325 Millionen cbm.</small>

8. Juli.

Schon kurz nach 6 Uhr war ich auf den Beinen, denn ein anstrengender und nicht harmloser Tag lag vor uns; es hiess, wir könnten durch die verschiedenen Gletscherströme sehr lange aufgehalten werden, und es könnte Nacht werden, bis wir *Kirkjubær*, unser nächstes Quartier, erreichten. In der Nacht war es bitterkalt

---

<small>[1]) Relation om den Ild-og Vand-Flod, som anno 1625 udbrod af Isbjerget Mýrdalsjökull: forfattet af Tychebeg Klosterforpagter, Herr Thorsteen Magnussen, som den Tid selv var der til Stede.</small>

gewesen, und ein eisiger Nordwind herrschte noch; das war gut für die Flüsse, die nun nicht zugenommen hatten. Ögmundur zählte mir beim Kaffee wieder unser Pensum auf, es galt folgende vier Ströme zu passieren: die *Skálm*, das *Kúdafljót*, das *Eldvatn* und die *Skaptá*. Schon bei dem ersten Flusse merkten wir, dass unsere Karte nicht mehr stimmte; nach *Björn Gunnlaugsson* fliesst die *Skálm* ziemlich weit nördlich in den westlichen Arm des *Kúdafljót* und sein Lauf ist westlich, heute aber mündet sie nicht weit von *Mýrar* in den *Kúdafljótsós*, ihr Lauf ist also südlich.

Natürlich kommt der Engländer, der den Lokalführer mitbringen soll, nicht pünktlich, der gute Whisky liegt ihm vermutlich noch in den Beinen. Mein Begleiter beschwert sich über ihn: wenn ich vorausritte, schlage der Engländer mit Vorliebe nach dem Pferde des Studenten und suche es wild zu machen, nicht einmal im Wasser lasse er ihm Ruhe, und als sein erschreckter Gaul mitten im Flusse gebockt habe, hätte er vor kindlichem Vergnügen laut aufgelacht. Ich tröstete ihn mit den Worten des Führers, der Engländer sei eine Mischung von Kind und Narr, versprach ihm aber energische Vorstellungen zu erheben und uns im schlimmsten Falle ganz von ihm zu trennen. Wie bald sollte ich selbst gehörig mit ihm zusammen geraten!

Unruhig und unmutig ging ich gestiefelt und gespornt vor dem Hause auf und wieder. Der Pfarrer, der sich gar nicht recht wohl fühlte und mir deshalb keine Gesellschaft leisten konnte, holte aus seiner Bibliothek hervor: Magnus Stephensen, Kort Beskrivelse over den nye Vulcans *(Laki)* Ildsprudning i Vester Skaptafellssyssel paa Island i Aaret 1783, Kp. 1785 und Thoroddsen, Oversigt over de isl. Vulkaners Historie. Er forderte mich auf, um mir die Wartezeit zu vertreiben, die Seiten zu lesen, die von Islands grösstem Vulkanausbruche, dem sogen. *skaptáreldur* „Skaptá-Feuer", handelten, und zwar gerade in der Gegend, die wir heute durchqueren sollten[1]).

Die Kraterreihe des *Laki*, von der der fürchterliche Ausbruch im Jahre 1783 herrührt, ist die bedeutendste auf Island. Bevor sie sich bildete, im ersten Jahrhundert der Besiedlung des Landes, ist der westliche Rand des *Vatnajökull* vollkommen flaches Land gewesen, und unzählige Gletscherströme ergossen sich von Süden in die *Skaptá*. Die Kraterreihe bildet zunächst dem *Vatnajökull* die Wasserscheide zwischen der *Skaptá* und dem *Hverfisfljót*; die Wasserscheide ist erst bei der ersten Eruption der Spalte entstanden, zuvor hat sich der grösste Teil der Wassermasse des *Hverfisfljót* in die *Skaptá* ergossen, und das *Hverfisfljót* hat nur als kleiner Bach existiert. Über den ersten Ausbruch der *Laki*-Spalte ist nicht viel zu berichten; Thoroddsen nimmt an, dass dies zu Anfang des 10. Jahrhunderts geschehen sei: *Eyvindr karpi* nahm Land zwischen dem *Almannafljót* und der *Geirlandsá*.

---

[1]) „Tillæg til Beskrivelserne over den Vulcan, der brændte i Skaptafells-Syssel 1783", of Svend Paulsen (Norsk Touristforenings Aarbog 1882). — Helland, Laki's Kratere og Lavaströmme. Kristiania 1886. — Thoroddsen, Geogr. Tidskr. XII, 1894; Globus 64, 1893, Nr. 19.

Bevor das *Almannafljót* (der grosse Fluss) „lief", war es nur ein kleiner Bach, der *Raptalækr* hiess (Lattenbach; Lnd. IV, 11). Das *Hverfisfljót* (benannt nach dem *Fljótshverfi*, „Stromniederung") hiess früher *Almannafljót;* der andere Name, *Raptalækr*, zeigt, dass das *Hverfisfljót* ursprünglich kein grösserer Fluss gewesen ist, sondern nur ein kleiner Bach, der aber durch einen Gletschersturz verändert wurde.

Die berühmte 30 km lange Spalte des *Laki* hat bei den grossartigen Ausbrüchen im Jahre 1783 von neuem gewaltige Lavaströme ausgegossen. Diese Ausbrüche gehören zu den heftigsten, die man überhaupt von Vulkanen kennt, sie waren für Island geradezu ein Nationalunglück. Die Lavamassen bedeckten ein Areal von 565 qkm mit einem Volumen von 12320 Millionen cbm; ausserdem wurden 3000 Millionen cbm Asche, Bomben und Schlacken ausgeworfen. Auf der ganzen Spalte befinden sich ungefähr 100 Krater, die kleineren Öffnungen mitgerechnet (vergl. die Abb. I, S. 59). In zwei Armen erreichte die Lava die Ansiedlungen: der westliche Arm strömte zunächst durch den Bezirk *Skaptártunga* und ist etwa 11 Meilen lang und in *Medalland* drei Meilen breit; der östliche Arm ist 4½ Meilen lang und 1—2 Meilen breit.

Im Mai 1783 war der unterseeische Vulkan bei *Eldeyjar* oder *Fuglasker* auf dem Meeresboden tätig gewesen, am 1. Juni spürte man in der *Skaptafells sýsla* starke Erderschütterungen, die immer heftiger wurden. Die *Skaptá*, die damals 130 m breit war und sich durch die Tuff- und Basaltmassen ein 500—600 Fuss tiefes Bett gegraben hatte, verschwand plötzlich am 11. Juni völlig, dafür wälzte sich am nächsten Tage ein gewaltiger Lavastrom wie ein brausendes Meer das Flussbett entlang, füllte es nicht nur völlig aus, sondern ergoss sich sogar noch in mächtigen Fluten über die Ufer. Aschenwolken verdunkelten den Himmel, stinkender Rauch hüllte die Erde ein, die Sonne sah wie eine rote Scheibe aus. Ein Erdbeben folgte dem andern, begleitet von unterirdischen Kanonaden, und das Echo leitete den unaufhörlichen Donner von Berg zu Berg weiter. In der Landschaft *Sida* wurden zwei Gehöfte ganz, fünf zum Teil zerstört. Von der Landschaft *Medalland* aber wurde der Lavastrom durch einen ungeheuern Schlund abgehalten. Am 14. Juni stürzte aus den Aschenwolken ein säuerlicher Regen, am 18. kam ein neuer Ausfluss aus dem Vulkan, er teilte sich in zwei Arme, der eine floss südwärts nach *Medalland*, der andere östlich über *Sida*. Am 30. Juni kam ein neuer Lavastrom; ein Arm machte vor dem *Kudafljót* halt, da er nicht Kraft genug hatte, eine solche Wassermasse zu durchbrechen; der andere strömte nach der Landschaft *Landbrot* und verwüstete weite, mit Strandhafer bewachsene Strecken; der dritte floss gerade nach Osten im Bette der *Skaptá*, die Landschaft *Sida* entlang. Am 20. Juli stand die Lava eine Viertelstunde von *Kirkjubær* still, beim *Systrastapi*, wo sie einen 130 m breiten und 40 m tiefen Kanal ausfüllte.

Aber nicht nur das Tal der *Skaptá* wurde heimgesucht. Am 29. Juli zog über die Landschaft *Fljótshverfi* und den östlichen Teil von *Sida* eine grosse Aschenwolke herauf, das *Hverfisfljót* sandte am 31. Juli an einzelnen Stellen Dämpfe empor, andere Stellen kochten geradezu, am 7. August stürzte sich ein brausender Lavastrom diesen Fluss entlang, füllte ihn an und breitete sich über das Land im Süden aus. Neue Lavaergüsse und Erdbeben folgten das ganze Jahr hindurch, erst anfang 1784 wurden die Ausbrüche schwächer, die Gletscherflüsse, zumal die vom *Skeidarárjökull* schwanden mehr und mehr, bis dieser am 18. April 1784 in den Flüssen *Sula* und *Nupsvötn* einen gewaltigen „Gletschersturz" entsandte; dieser überschwemmte alle unterhalb liegenden Sandstrecken und machte auf lange den Verkehr zwischen dem westlichen und östlichen *Vatnajökull* unmöglich.

Der Einfluss der Lavamassen auf die Flüsse war sehr bedeutend. Das Bett der *Skaptá* wurde ausgefüllt, sie musste sich neben ihrem früheren Bett einen andern Weg bahnen. In *Medalland* verschwanden verschiedene Flüsse; vom unteren Rande des Lavafeldes quellen hier viele kleine Bäche hervor und bilden das recht ansehnliche *Eldvatn* (Feuerwasser). Das *Hverfisfljót* hatte früher seinen Weg an der westlichen Seite des Berges *Hnúta*, jetzt fliesst es östlich, näher am *Sidujökull*.

Vor dem Ausbruche gab es in der *Vestur Skaptafells sýsla* 289 Bauern, 1785 nur 190, 1793 210. Acht Gehöfte wurden vollständig zerstört und verbrannt, 29 mehr oder minder beschädigt, zwei Kirchspiele auf zwei Jahre gänzlich unbewohnbar gemacht. Wegen der dicken Nebel- und Aschenwolken konnten die Fischer nicht aufs Meer (man nennt die Jahre 1783 und 1784 darum noch heute *reykjamóðuhardindi*: *reykur* Rauch, *móda* Nebelluft, *hardindi* durch Misswachs herbeigeführte harte Zeit). Die Forellen und Lachse starben. Das isländische Moos fehlte drei Jahre lang völlig, der Strandhafer war gänzlich vernichtet, das Gras verdorrt und versengt, Schnauzen und Klauen der Schafe wurden gelb von dem feinen, säuerlichen, halb zersetzten Bimsstein- und Schwefelstaub. Wie meist bei vulkanischen Ausbrüchen, stellte sich bei ihnen eine besondere Krankheit ein *(gaddur)*: die Backenzähne entwickelten hohe Spitzen, die das Zahnfleisch und den Gaumen verwundeten und Entzündungen und tiefe Wunden erzeugten.

Auch der Gesundheitszustand der Menschen litt direkt und indirekt unter den Folgen des Ausbruches. Die verdorbene Luft, sowie Mangel und Elend, hervorgerufen durch das Zugrundegehen des Viehes, verursachten verschiedene Krankheiten. Ein bösartiger Skorbut plagte die Leute in den Landschaften, welche dem Vulkanherde am nächsten lagen, verbreitete sich jedoch mit der Not selbst über die fernsten Teile des Landes. Füsse, Arme, Hals und Kopf schwollen auf, an den Rippen und an den Knochen entstanden Geschwülste, die Muskeln wurden von Krämpfen zusammen gezogen, die Zähne gelockert, am Gaumen und im Hals bildeten sich übelriechende Wunden. Diese Krankheit hörte nicht eher auf zu rasen, als bis nach ein paar Jahren die Felder wieder ihr gewöhnliches grünes Kleid trugen und die Zeiten sich zu bessern begannen.

Da die Landleute keine äussere Hülfsquelle hatten, als ihr Vieh, mussten sie, nachdem sie dieses verloren hatten, zu den ungeniessbarsten Dingen greifen. Einige kochten sogar alte Häute, Felle, Taue u. dergl., um ihr Leben zu fristen, andere schlachteten die wenigen übrig gebliebenen Tiere und wanderten, als diese verzehrt waren, hinab an die Meeresküste; allein da auch die Fischerei fehlschlug, fielen sie dem sicheren Hungertode anheim. Viele starben geradezu an Hunger, andere an der Ruhr, hier und da fand man an Hunger und Kälte gestorbene oder halbtote Menschen auf den Wegen, wo sie vor Ermattung umgesunken waren. In Landschaften, wo sonst etwa 20 Menschen jährlich starben, starben jetzt 200. Im ganzen starben auf Island in den Jahren 1784 und 1785 infolge der Wirkungen des Ausbruches 9238 Menschen oder ungefähr ein Fünftel der ganzen Bevölkerung, und all dies Elend führte zuletzt eine Auflösung der bürgerlichen Verhältnisse herbei, so dass Diebstähle und andere Verbrechen in einer beunruhigenden Weise zunahmen. Von allen bekannten Vulkanausbrüchen ist dieser für Island der verderblichste gewesen[1]).

In Dänemark dachte man allen Ernstes daran, die Reste des isländischen Volkes aus seiner ruhmreichen Heimat in die unbesiedelte Heide Jütlands zu verpflanzen; von einer für die so schwer Heimgesuchten gesammelten Kollekte bekamen sie nur den vierten Teil, der Rest — 30000 Reichstaler — wurde anderweitig verbraucht, z. B. zur Deckung der Kosten der Küstenvermessung. —

Kurz vor 10 Uhr kam der Engländer endlich mit seinem Führer und dem Lokalführer, und der Übergang über die *Skálm* begann sofort. Er fing recht harmlos an, der Lokalführer ritt voran, einer nach dem andern folgte, hinter mir der Engländer. Man merkte wohl, dass das Flussbett so breit war, dass man es kaum mit den Augen übersehen konnte, aber das Wasser war so flach und seicht, dass es kaum die Fesseln der Pferde netzte, immer neue Inselchen

---

[1]) Thoroddsen, Oversigt.., S. 77 ff, 87, 88

kamen zum Vorscheine, und man war dann wieder ein paar Augenblicke auf dem Trockenen. Nur mein sonst so ruhiger Schimmel war heute auffallend unruhig, er bockte und stieg und liess sich gar nicht beschwichtigen; nur wenn wir uns auf einer Sandbank verschnauften, war er friedlich. Nun aber wurde das Wasser tiefer, es reichte bis zu den Stiefelsohlen, und bald bis zu den Knien, man musste die Beine aufheben, wenn die nasse Flut nicht von oben in die Stiefelschäfte stürzen sollte, und ordentlich auf den Vordermann aufpassen. Die ersten Pferde stampften für die folgenden den Weg in dem Flugsande fest, und Ögmundur hatte uns eingeschärft, genau da auf eine Insel loszureiten, wo die anderen Pferde bereits emporgeklettert seien. Allmählich wurde der Ritt ungemütlich, man konnte kein Ende absehen, immer neue Inseln tauchten auf, und immer neue, und immer tiefere Verzweigungen der *Skálm* breiteten sich vor uns aus, und immer mehr machte mir mein Schimmel zu schaffen. Einige Pferde, die sich aus der Linie entfernten, versanken bis an den Rücken und mussten herausgeholt werden, wenn sie sich nicht durch kräftiges Strampeln selbst losmachten. Endlich lag der letzte Wasserarm vor uns, das Hauptbett. Gerade schicke ich mich vorsichtig an, von einer Rasenbank in das etwas steil abfallende Bett hinunter zu lenken, da bekomme ich einen gehörigen Peitschenhieb über meine linke Hand, im Nu drehe ich mich um und sehe, wie der Engländer zu einem neuen Schlage ausholt. Die Klage meines Gefährten fiel mir ein, sofort war mir klar, dass der Engländer während der ganzen Zeit mein braves Rösslein geschlagen hatte, und dass es deswegen so unruhig gewesen war. Dass er nicht einmal in diesem nicht ganz ungefährlichen Augenblicke sein kindisches Spiel lassen konnte, reizte mich aufs Höchste. Denn ich hatte keine Lust, seinetwegen Bekanntschaft mit dem kalten Wasser und womöglich mit dem nicht weiten Meere zu machen, auf Nimmerwiedersehen. Darum riss ich mit einem Ruck mein Ross herum, schwang meine schwere Peitsche mit dem langen Lederriemen und liess sie kräftig auf den Körperteil des Mr. Beefsteak niedersausen, der von der Natur bei unnützen Buben dazu eingerichtet ist. Woher mir auf einmal der Reichtum an Kraft- und Schimpfworten kam, mit denen ich den sich ängstlich Duckenden überhäufte, weiss ich heute noch nicht. An Übung fehlte es mir jedenfalls völlig; darf doch ein Schulmeister weder schelten noch schlagen. Beides sass aber sicher. „You are a fool, a mooncalf!" waren noch Koseworte. Einen so harten Ausgang hatte Mr. Beefsteak offenbar nicht erwartet. Obwohl er mir an Körperkraft mindestens gleich gewesen wäre, kroch er ängstlich zusammen und konnte sogar plötzlich deutsch reden, wenn es auch nur ein einziges Wort war, das er immer wieder herausstiess: „Sweinerei! Sweinerei!" Ganz entsetzt sahen die andern der Tragödie zu, die sich so schnell vor ihren

Augen abspielte; wie gelähmt, sassen sie mitten im Wasser auf ihren Pferden. Aber als Ögmundur herbeistürzte, rief ich ihm zu: „Alles erledigt! Weiter!" und merkte in der Erregung kaum, wie das Wasser über dem Sattel zusammenschoss und ich nach einigen Minuten glücklich das andere Ufer erreichte. „Doch zuweilen sind erfrischend, wie Gewitter, gold'ne Rücksichtslosigkeiten." Ich fühlte mich so frei, so leicht, so gehoben, dass ich im Augenblick vor nichts zurückgeschreckt wäre. Ganz hinten kam Old England nachgeschlichen, zusammengekauert, wie ein Häufchen Unglück. Der Übergang hatte 55 Minuten gedauert.

Wir landeten unmittelbar an einem Gehöfte und sahen auf der anderen Seite des neuen Flusses, der jetzt den Weitermarsch aufhielt, ein anderes liegen. Es war das *Kúdafljót*, das seinen Namen nach dem Schiffe *Kúdi* des Ansiedlers *Vilbaldr* hat, der hier landete und das *Tunguland* zwischen der *Skaptá* und *Hólmsá* nahm (Lnd. IV, 11). Henderson nennt diesen Fluss den Nil Islands. Das wusste ich wohl; da ich aber das andere Ufer so nahe sah und wohl auch etwas erregt war, steckte ich mir eine Zigarette an. Das *Kúdafljót* wird von mehreren bedeutenden Flüssen gebildet, der *Leirá*, *Jökulskvísl*, *Hólmsá*, *Tungufljót* und *Skaptá*, ganz im Süden strömt auch noch die *Skálm* hinein: es ergiesst sich also eine ganz ansehnliche Wassermenge in den Ozean. Als sich der Lokalführer aber noch einen jungen Burschen aus dem Gehöfte zu Hilfe holte, als die Pferde sorgfältig nachgesehen, die Gurten und Riemen festgezogen, die Eisen geprüft, die vier Packpferde für sich und die acht losen Gäule für sich zusammengekuppelt wurden, indem die Schwänze des ersten mit dem Kopf- und Brustriemen des folgenden verknotet wurden, da merkte ich doch, dass etwas Aussergewöhnliches vorging. Ögmundur ermahnte uns dringend, genau dem Lokalführer zu folgen: der Boden sei voll Schlamm und Lehm, und diese weichen Stellen müssten wir zu umgehen suchen. Der Lokalführer ritt voraus, die vier Packpferde an einem langen Riemen festhaltend, der Bauernbursche leitete die übrigen Tiere; Ögmundur nahm die rechte, der Führer des Mr. Beefsteak die linke Seite ein, wir drei bildeten die Spitze. Zuerst ging es etwa vier Minuten stromabwärts, dann machten wir eine scharfe Wendung nach links und ritten denselben Weg zurück, um ein tiefes Loch im Flussbette zu vermeiden. Die Strömung war schwer, aber nicht gerade reissend, das Wasser reichte bis an den Sattelknopf. Auf einer Insel wurde Halt gemacht; es hatte sich herausgestellt, dass der Weg, der gestern noch passierbar gewesen, es heute nicht mehr war. Der Lokalführer versuchte mit seinem Pferde, das durch die fast tägliche Gewöhnung durchaus zuverlässig und ruhig war, einen neuen Weg zu finden; aber sofort schlug das Wasser über ihm zusammen, und schwimmend kehrte er zu uns zurück. Er ritt bald hierhin, bald dorthin, den Strom bald herauf, bald herunter, endlich hatte er eine Furt gefunden, schwenkte den Hut, und wir folgten ihm. Von neuem begann das Waten von Sandbank zu Sandbank. Die Pferde pusteten und stöhnten, und wir nahmen alle Sinne zusammen, die Füsse lose in den Bügeln haltend, und die Zügel fest in der Faust. Prächtig sah es aus, wie die Packpferde an den sandigen Bänken emporklommen, wie sie erst behutsam die Vorderfüsse aufsetzten und probierten, ob der Boden hielt, und wie sie sich dann mit dem Vorderleib vorn hereinlegten und sich zuletzt mit einem mächtigen Ruck emporschwangen. Wie bei der *Skálm*, kommt der tiefste Arm zuletzt, und während der Führer erleichtert aufatmend ausrief: „Das ging gut!", schwangen wir uns aus dem Sattel und frühstückten — aber in getrennten Lagern: der Engländer mit seinem Führer allein, und wir allein. Der Lokalführer erhielt 4 Kr., die er redlich verdient hatte.

Nach kurzer Rast ging es über sumpfige Wiesen, die im Westen vom *Kúðafljót* im Sommer vollständig unter Wasser gesetzt werden, nach der Landschaft *Medalland*, die 1783 von Lava und Sand völlig bedeckt worden ist. Im Flugsande wächst eine ziemlich bedeutende Menge Strandhafer, der von armen Leuten zuweilen noch geerntet wird, um die Körner als Brot zu verwenden. An der Küste sahen wir ein grosses Wrack aus dem Sand aufragen. Ögmundur behauptete, es wäre das französische Hospitalschiff „St. Pierre", das 1899 hier gestrandet sei; aber die französischen Katholiken hätten ein neues Hospitalschiff gebaut und ausgerüstet und trotz des bösen Omens wieder „St. Pierre" genannt; in der Nähe wohne ein Bauer, dessen Zimmer mit allerlei Gegenständen aus dem gestrandeten Schiff angefüllt sei.

Das *Eldvatn*, das wir gegen 2 Uhr erreichten, ist erst gegen 1783 entstanden. Es ist ein ziemlich wasserreicher Strom und kann nur an einem Punkte durchritten werden. Dieser liegt zwar fest, da das *Eldvatn* kein Gletscherstrom ist, aber wegen der Spalten und Löcher auf dem Boden ist der Übergang trotzdem nicht ungefährlich. Gleichwohl verzichtete Ögmundur darauf, einen besonderen Führer zu nehmen, wenn er in dem Gehöfte, das nicht weit davon entfernt lag, sichere Auskunft bekäme. Während der kurzen Wartezeit lernten wir zum ersten Male die Mückenplage auf Island kennen, die wahrlich hier nicht geringer ist als in den Sumpfwäldern Lapplands. Gewitzigt durch die Höllenqualen, die die Stiche dieser in wolkenähnlichen Zügen auftretenden Mücken mir vor fünf Jahren verursacht hatten, war ich mit einem schönen, langen Mückenschleier versehen — aber, ach, er ruhte wohlverwahrt ganz unten in irgend einem Packkoffer, da ich ihn erst beim *Mývatn* für nötig gehalten hatte. Ich will nicht gerade sagen, dass ihre Stiche besonders schmerzhaft und juckenerregend waren, aber die ekelhaften kleinen

Tierchen drangen in Mund, Ohren, Nase und Augen und erschwerten nicht nur das Sprechen, sondern machten selbst das Rauchen fast unmöglich. Am meisten hatten die armen Pferde zu leiden; sie wurden fast rasend, und da ich fürchtete, die losen Pferde würden durchgehen, begann ich auf eigene Faust den Übergang. Als Ögmundur zurückkam, waren wir schon in der Mitte; triumphierend schwenkte er den photographischen Apparat, geleitete den Studenten auf eine Insel, von wo aus er eine Aufnahme des Überganges machen sollte (Fig. 78) und schloss sich uns wieder an, um ja nicht auf dem Bilde zu fehlen. Aber die tiefen Stellen kamen erst jetzt. Einige Pferde, die ahnungslos und sorglos einherpatschten,

Fig. 78. Ritt durch das Eldvatn.

verloren plötzlich den Grund und mussten schwimmen. Mr. Beefsteak stolperte blind hinterdrein, verschwand bis an die Brust im Wasser und wurde noch knapp zur rechten Zeit wieder herausgerissen. Auf einer schönen, frischen Wiese am Fusse eines Lavafeldes liessen wir die Pferde grasen, verspeisten mit dem frohen Gefühle, für heute alle Fährlichkeiten überwunden zu haben, die üblichen Frankfurter Würstchen und die Eier, die uns Rektor Olsens gütige Schwester mitgegeben hatte, erquickten uns an der ausgezeichneten deutschen Konservenbutter (von Bruns in Oldenburg) und gönnten uns sogar eine halbe Flasche von dem in *Vik* gekauften Rotwein. Weit abseits lag der Engländer. Plötzlich stand er auf, winkte Ögmundur zu sich heran, und wir sahen sie beide lange und lebhaft miteinander verhandeln. Ögmundur meldete: Mr. Beefsteak bedaure aufrichtig, absichtslos meinen Zorn erregt zu haben, er bat regelrecht um Entschuldigung und bot mir sogar seinen sorgsam gehüteten, vielgeliebten Whisky an. Ich liess ihm sagen: die Sache sollte erledigt sein, für seinen „Lebenstau" dankte ich, aber in *Berufjördur* müssten sich unsere Wege trennen. Da er sich somit schliesslich doch noch als „Gentleman" gezeigt hatte, will ich seinen Namen nicht verraten, sondern schliesse so, wie es in den alten Sagas beliebt ist: *ok er hann ôr sögunni* (er kommt in dieser Saga nicht mehr vor).

Spät am Abend gelangten wir, nachdem wir die Landschaft *Landbrot* von S.W. nach N.O. durchquert hatten, über und über mit Sand bedeckt, an der reissenden *Skaptá* an (Schaftfluss). Wenn man ihre schäumenden zischenden Wogen in dem engen Felsental rollen und sich auf- und niederbäumen sieht, kann man verstehen, dass die erregte Phantasie sich vorstellte, ein schillernder Schlangenkörper wälze sich in dem braunen Wasser[1]). Seit kurzem führt eine ansehnliche Brücke über die *Skaptá*. Auf mächtigen Quadersteinen schwingt sie sich kühn über die einzelnen Arme des Flusses in drei Bogen (vergl. das farbige Titelbild), ihre Herstellung nahm verschiedene Jahre in Anspruch und kostete 10000 Kronen. In der Ferne schimmerten die zackigen Schneeberge und Gletscher des *Öræfajökull*, und eine feierliche Stille lag über der weiten Flur.

In *Kirkjubær* wohnt der *Sýslumadur* und *Alfingismadur Gudlaugur Gudmundsson*, der bei dem Festessen des Konsuls Thomsen in *Reykjavík* mein Tischnachbar gewesen war, ein liebenswürdiger, hochgebildeter Mann, der von 1886—89 Instruktor der Reykjaviker Schauspielergesellschaft gewesen war. Vor dem stattlichen Wohnhaus, das unmittelbar am Fuss eines Berges liegt, von dem ein hübscher Wasserfall herniederstürzt, waren mehrere Zelte aufgeschlagen (Fig. 79). Es war eine andere Abteilung des dänischen Generalstabes, die hier Messungen vornahm, und ihr Führer Premierleutnant Buchwaldt, eine wahre Siegfriedserscheinung, kam mir weit entgegen und begrüsste mich dänisch, da er in dem brillenbewaffneten Reiter ohne weiteres einen Fremden vermutete.

Die Aufnahme, die wir beim Bezirksvorsteher fanden, war überaus herzlich: es war nicht, als ob wir uns flüchtig von einem Diner her kannten, sondern als ob sich alte gute Freunde nach langer Trennungszeit wiedersehen. Kaum hatten wir ein gründliches Bad genommen, so wurde das Abendessen aufgetragen, obwohl es schon auf Mitternacht ging, und die zarten, selbstgezogenen Radieschen mundeten köstlich. Seine erste Frage war, ob ich nun geläufig isländisch sprechen könnte, was ich, trotz Ögmundurs Protest, abwehrte. Mit meinem Gefährten sprach er fliessend Deutsch, obwohl

---

[1]) Annalen des Bischofs *Gisli Oddsson* in *Skálholt* von 1637, vergl. Z. d. V. f. V. I, S. 169.

er seit seiner Kopenhagener Studienzeit, abgesehen von den Unterredungen mit den Schiffbrüchigen des „Friedrich Albert", keine Gelegenheit mehr dazu gehabt hatte. Mit Freuden nahm ich seine Einladung an, den Sonnabend bei ihm zu bleiben und erst am Sonntag weiter zu ziehen.

Auch dieses Gehöfte zeigt, was guter Wille, Energie und Intelligenz selbst auf Island zu leisten vermögen. Das Haus machte einen durchaus modernen und praktischen Eindruck, die Amtsstube

Fig 79. Kirkjubær á Síðu.

war mit Schreibpult, Regalen voller juristischer Bücher und mit Schränken ausgestattet, in denen, was mich am meisten in Erstaunen setzte, dicke Aktenstösse aufgehäuft waren. Neben dem Hause lag ein grosser, wohlgepflegter Garten, dahinter die Ställe und eine Mühle, die von dem Wasserfall getrieben wurde. Die Landschaft *Síða*, die wir mit *Kirkjubær* betreten hatten, gehört überhaupt zu den schönsten und fruchtbarsten in ganz Island. Wohl gibt es im S.O. nach der Küste zu öde Sandstrecken, und höher hinauf, am *Hverfisfljót*, Lavafelder, aber die meisten Höfe liegen am südlichen Abhang einer zusammenhängenden Bergkette, in die verschiedene kleine

Täler einschneiden, und noch weit nach Norden hin, dem *Vatnajökull* zu, liegen fruchtbare Gebiete. Die Landschaft liegt zwischen den Flüssen *Skaptá* und *Hverfisfljót* und hat ihren Namen „Seite" nach dem steilen Bergabhange, in dem das Hochland hier abfällt, und an dessen Fuss die meisten Ansiedlungen liegen. Noch weiter nördlich von *Kirkjubær* kommen vereinzelte Birkenbäume vor, aber die Bewohner wissen diese seltene Gabe zu schätzen, und niemand darf auch nur ein Zweiglein davon abschneiden.

Ostwärts bei *Hörgadalur*, so erzählt eine Volkssage, wächst am Rande einer Bachschlucht ein einzelnes Birkenreis, hoch und schön. Zu keinem, wenn auch noch so dringenden Zwecke darf man es abschneiden oder brechen. Einst trieb ein Mädchen seine Kühe in der Nähe vorüber. Diese waren ungeduldig und unmutig und liefen bald hierhin, bald dorthin. Da kam das Mädchen auf den Einfall, von jener Birke eine Rute loszureissen und damit die Kuh zu schlagen, die am ungeberdesten war. Sogleich stürzte diese mit gebrochenen Schenkeln zu Boden, und das kam daher, dass das Mädchen sie mit einem Zweige der Birke geschlagen hatte, von der man zu keinem Zweck etwas abschneiden darf.

*Kirkjubær* ist reich an geschichtlichen Erinnerungen, die sogar über die Besiedelung Islands durch die Norweger hinausgehen.

*Ketill enn fíflski* (als „der Närrische" von den Heiden wegen seines Christenglaubens verhöhnt) zog von den Hebriden nach Island, er war ein Christ (Lnd. IV, 11). Er nahm Land zwischen der *Geirlandsá* und *Fjardará* oberhalb des *Nýkomi* (das Neugekommene, Neugebildete). Er wohnte in *Kirkjubær*. Dort hatten früher *Papar* gesessen (irische Anachoreten), und deshalb durften sich keine Heiden hier ansiedeln. Nach *Ketills* Tode wollte dennoch ein Heide namens *Hildir* seinen Wohnsitz dorthin verlegen und glaubte nicht, dass kein Heide hier leben dürfte. Als er an die Einfriedigung des *Tun* gekommen war, wurde er plötzlich aus dem Leben abgerufen; er liegt im *Hildishaugr* (Grabhügel des *Hildir*, östlich von *Kirkjubær* (Kirchenhof)). Höchst verdächtig lautet die Nachricht, dass man in diesem Hügel beim Ausgraben einen Schildbuckel gefunden habe. Kaalund meint, dass der Distrikt *Sída* früher *Papýli* geheissen habe; *Papýli* statt *Papbýli* ist Pfaffenwohnsitz[1]).

Die ganze Küste von *Vík* bis *Ingólfshöfdi* ist heute für Schiffe unzugänglich, früher aber muss es besser gewesen sein. Thoroddsen nimmt mit Recht an, dass die Iren in *Kirkjubær* selbst gelandet sein müssen; denn ohne Pferde, die sie sicherlich nicht auf das Schiff mitgenommen hatten, können sie nicht über die weite Landstrecke gezogen sein. Wie der *Kerlingarfjördur* bei *Hjörleifshöfdi*, so muss da, wo heute die Landschaft *Landbrot* und der *Skaptárós* liegen, ein Fjord gelegen haben, der sich bis *Kirkjubær* erstreckte, und in ihn wird sich die *Fjardará* ergossen haben (Fjordfluss). Aber die Lava aus der *Eldgjá* ca. 930 hat die ganze Landschaft verändert, kurz nachdem die Norweger sich hier niedergelassen hatten, und dadurch wurde *Neuland* gebildet (*Nýkomi*) unterhalb von *Sída*. Da sich aber die Vegetation auf dieser Landstrecke

---

[1]) Kaalund II, S. 276, 314. — Thoroddsen, *Andvari* XIX, S. 90. — Bogi Melsted, *Islendinga Saga* I, S. 191, Anm. 1.

schnell entwickelte, so war schon 200—300 Jahre nach dem Ausbruche *Medalland* und *Landbrot* wieder dicht besiedelt.

Daher konnte schon 1186 in *Kirkjubær* ein Benediktiner-Nonnenkloster errichtet werden, das erste Frauenkloster auf Island überhaupt[1]). Solche Anachoretinnen (*nunna, einsetukona* Einsiedlerinnen) trugen klösterliche Tracht und bauten ihre Zellen in der Nähe der Bischofssitze, Männerklöster oder anderer Kirchen; schon zu Anfang des elften Jahrhunderts wird eine solche Frau genannt (Laxd. S. 78). In *Kirkjubær* wohnte auch der hervorragend gelehrte Priester *Bjarnhedinn Sigurdarson* († 1173), bei dem der heilige *Porlákr* sechs Jahre wohnte. Von dem Kloster ist jetzt nichts mehr übrig; es soll öfter umgebaut worden sein. Zuerst stand es weiter nach NO., wo jetzt schwarzer, spärlich mit Strandhafer bewachsener Flugsand liegt. Henderson (I, 325) und Thoroddsen (Geogr. Tid. XII, 178) erwähnen einen viereckigen steinernen Fussboden, 25 Fuss lang und 20 Fuss breit, der aus regelmässigen, fünfkantigen Steinen gebildet und mit einer zementähnlichen Masse zusammengefügt ist. Dies soll der Fussboden und die Grundlage der alten Klosterkirche sein. Aber es ist nicht eine äusserst künstlerische Zusammenfügung von zugehauenen Basaltsäulen, sondern ein Werk der Natur, man kann die Basaltsäulen bis tief in die Erde hinein verfolgen, Menschenhände haben also nicht die Pfeilerreihe in diese Ordnung gebracht; und selbst das ist nicht sicher, dass die Christen, als sie dieses Basaltbett entdeckten, ihr Gotteshaus darauf erbauten. Ähnliche Basaltlager mit Säulenstruktur finden sich übrigens in *Síða* noch öfter[2]).

Ursprünglich scheint das Kloster eine besondere Bedeutung nicht gehabt zu haben. Obwohl es der Hauptschauplatz der sogen. *Svínfellinga Saga* ist (Mitte des 13. Jahrhunderts, eines Teiles der *Sturlunga Saga*), werden darin doch mit keinem Worte die weiblichen Insassen des Klosters erwähnt. Das ist um so wunderbarer, als in derselben Saga, im Jahre 1249, eine fast unglaubliche Menge Vieh in *Kirkjubær* erbeutet wird: 30 Kühe, 36 Stück Jungvieh, 4 Pflugochsen, 120 Milchschafe, 50 Hämmel, 70 jährige Schafe, 20 Pferde, 25 Schweine, 50 Gänse; ausserdem werden mitgenommen: 12 Schilde, 12 Speere, 6 Stahlhauben, 6 Panzer, 10 Kisten und 1 Pferdelast Bettdecken (I, S. 91/2). Nach dem Zusammenhange ist das nicht einmal das gesamte Gut von *Kirkjubær*, sondern nur die Hälfte, vielleicht sogar nur ein Viertel; beachtenswert ist auch, dass unter den Haustieren Gänse und Schweine genannt werden, die

---

[1]) Kahle, Kristni Saga S. 103, Anm., S. 125.
[2]) Nach Kaalund haben *Sigurdur Vigfússon* diesen „Kirchboden" untersucht (*Árbók Fornleifafjelagsins* 1888—92, S. 68), der Dichter *Brynjólfur Jónsson* (a. a. O. 1894, S. 19, 20) und Prof. Thoroddsen.

heute auf Island fast ausgestorben sind, und Pflugochsen, die Ackerbau voraussetzen. In einer Urkunde werden 30 Kühe und 7 Kuhwerte an nicht melkendem Rindvieh aufgezählt, 150 Milchschafe, 60 Hämmel, 60 jährige Schafe, 30 Pferde (Dipl. isl. No. 99, S. 394).

In der Mitte des 14. Jahrhunderts (1343) wurde eine Nonne lebendig verbrannt, weil sie sich dem Teufel verschrieben und sich überdies an einer geweihten Hostie gröblich vergangen hatte[1]. Sonst wissen wir, dass 12 Äbtissinnen an der Spitze des Klosters gestanden haben, bis es zur Zeit der Reformation säkularisiert wurde und seine Besitzungen (31 Bauernhöfe) mit den Privatdomänen des dänischen Königs vereinigt wurden. 1552 schrieb Kristian III. an die letzte Äbtissin *Halldóra* — es waren damals ausser ihr nur sechs Schwestern im Kloster — und befahl ihr, eine Schule in der Abtei zu errichten, worin die Jugend der umliegenden Gegend lesen und schreiben lernen und in den Grundsätzen der Reformation unterrichtet werden sollte — aber der Plan wurde nie ausgeführt[2]. Jetzt ist *Kirkjubær*, wie gesagt, Sitz des *Sýslumadur*; sein Haus liegt weiter nach Westen, als das ehemalige Kloster lag.

Von den Bewohnern der beiden Klöster weiss die Volkssage mancherlei zu erzählen.

Natürlich fehlt es nicht an Verkehr zwischen den Mönchen und Nonnen. Jenseits der *Skaptá*, in der Landschaft *Landbrot*, wird eine *sönghóll* gezeigt, von wo die Mönche in *Þykkvibær* ein Signal gaben, wenn sie die Nonnen in *Kirkjubær* besuchen wollten[3]. Eine hübsche Geschichte, auf deren Verwandtschaft mit Boccaccio (II. Erzählung des 9. Tages) Kahle aufmerksam gemacht hat, will ich erzählen[4]:

Einmal war ein Abt und ein oder mehrere Mönche mit ihm im Kloster *Kirkjubær*. Mitten in der Nacht visitiert die Äbtissin die Nonnen und trifft in einer Zelle eine Nonne mit einem Mönche im Bette liegend. Die Äbtissin beginnt die Nonne zu schelten, da sieht diese nach dem Kopfputze der Äbtissin und sagt: „Was habt ihr denn da an dem Kopfe, gute Mutter?" Da wurde die Äbtissin gewahr, dass sie versehentlich die Hose des Abtes ergriffen und sich mit ihr statt des Schleiers geschmückt hatte. Da ging sie fort und sagte: „Wir sind alle Sünderinnen Schwester!"

9. Juli.

Hinter dem Wohnhause ist ein schöner, mit Gras bewachsener Bergabhang. Am nächsten Morgen ging ich mit meinem Wirte dahin, obwohl der Anstieg ziemlich steil, und die Luft bei dem feuchten Westwinde drückend schwül war. Oben auf dem Berge ist ein grosses, üppiges Grasland, die *Kirkjubæjarheidi* (163 m hoch); in der ganzen Runde wohnt zwei Stunden von hier nur ein einziger Bauer. Auf

---

[1] *Flateyjar Annáll*, ed. Storm 402 = Z. d. V. f. V. I. S. 42.
[2] *Finnur Jónsson*, Histor. eccles. IV, 77—82.
[3] *Sönghóll* = ein Hügel, wo gesungen wird (vielleicht von Elfen), oder „Echofels", oder „Höhe, auf der gesungen wird", oder „Kapelle" (?)
[4] *Jón Árnason, Ísl. Þjóds.* II, S. 71 ff. — Kahle, Germania 1891, Bd. 36, S. 375.

der Hochebene befindet sich ein stiller, dunkelblauer See, *Systravatn* (Schwesternsee). Er hat seinen Namen, wie mir Herr *Gudlaugur* erzählte, daher, dass in ihm zwei Nonnen beim Baden ertranken. Bei *Jón Árnason* fand ich folgende Sage:

> Zwei Nonnen aus dem Kloster gingen dahin. Ein wundervoller goldener Kamm schimmerte aus den Wellen empor, die eine versuchte dorthin zu waten, aber das Wasser wurde immer tiefer, und sie musste ertrinken. Auch die andere verlangte nach dem Kamme. Da bemerkte sie ein steingraues Pferd am See stehen. Es war so gross, dass sie es nicht eher besteigen konnte, als bis es sich auf die Knie niedergelassen hatte. Mit ihm ritt sie in den See hinein — aber weder von dem Ross, noch von der Nonne, noch von dem Kamme hat man je wieder etwas gehört.

Wohl zwei Stunden streiften wir auf der Hochebene umher, ich war ganz entzückt von dem herrlichen Ausblick über die vielfachen Windungen der *Skaptá* und über das ganze Land bis zum Meere hin, wie von dem üppigen Blumenflor. Beim Abstiege kamen wir an einem seltsam geformten, mitten in lachenden Wiesen gelegenen, einsamen Felsen vorbei, *Systrastapi* (Schwesternklippe, vergl. das Titelbild). Auf ihm sind die Gräber zweier Nonnen, von denen die eine mit Unrecht, die andere mit Recht wegen unerlaubter Liebe zum Tode verurteilt worden war. Oben auf der Klippe, auf die wir uns mit Mühe hinaufwanden, sollen die Gräber sein: das nach Westen gelegene, wo die unschuldig Bestrafte schlummert, prangt Sommer und Winter im grünen Schmuck; das andere, östliche, ist alle Zeit aller Blumen bar und öd und grau. Nach Bischof Finns Kirchengeschichte ist der *Systrastapi* von der *Skaptá* umflossen, heute liegt er nördlich davon und etwa fünf Minuten vom Wohnhaus entfernt (vergl. S. 96).

Auf *Kirkjubær* endlich findet das Ereignis statt, das den Anstoss zu *Gunnars* Unglück gibt und schliesslich seinen Tod bewirkt: der Diebstahl seiner schönen und stattlichen, aber herzlosen und rachsüchtigen Ehefrau *Hallgerdr*. Ich habe früher erzählt, wie sie durch ihren Knecht von hier zwei Pferdelasten Speisewaren stehlen lässt, wie *Gunnarr* sie deswegen schlägt, und wie sie ihm droht: „Den Backenstreich sollst du mir büssen!" (Kap. V, S. 219, Kap. X, S. 50). Der Diebstahl und die Brandlegung des Speichers *(búr)* wird dadurch bezeugt, dass man beim Graben an der Stelle, wo man das *búr* vermutet hatte, wirklich seine Fundamente aufgedeckt hat[1]). Das Sprichwort, das ich einmal auf Island hörte: *vída koma Hallgerdi bitlingar* „*Hallgerdr* bekommt ihr Essen überall her", d. h. von allen Seiten bekommt man Nachrichten über etwas, stammt aus dieser Diebsgeschichte[2]).

---

[1]) *Árbók fornleifafj.* 1888—92, S. 53/4.
[2]) Kann sich auch darauf beziehen, dass *Hallgerdr* zufällig durch ein paar Bettelweiber von den Plänen des *Njáll* und seiner Söhne erfährt.

Auch eine Runeninschrift auf einem fünfeckigen, blauen Basaltsteine ist hier aufgefunden. Sie hat den üblichen Anfang: „hier ruht . . .", aber die Zeichen sind so verwischt, dass sie nicht mehr zu entziffern sind[1]).

Nach Tisch schlenderten wir ziellos umher, um uns an dem hellen Sonnenschein und der Blumenfülle zu laben, die Täler und Höhen schmückten. Ögmundur sang ein isländisches Lied auf die Blumenpracht nach der feierlichen Melodie von „Integer vitae". Es war eine ordentliche Erholung für das Auge, nach den langen Wüstenwanderungen, den vielen Lavagebilden und nackten Felsgesteinen, sich an dieser Pracht laben zu können. Aus den saftig grünen Wiesengräsern lugten zahllose duftige Spiräen *(Mjadjurt)* hervor, bescheidene Stiefmütterchen (Viola tricolor, *Fjóla*), Bergmohn mit der zarten weissen Blüte und der rötlichbraunen Aussenseite, (Papaver radicatum, *Melasól*), der lebhaftgelbe Löwenzahn (Taraxacum vulgare, *Fifill*), das dunklere Gelb des Hahnenfusses, (Ranunculus acer, *Sóley*; R. repens = *Skridsóley*; R. pygmäus = *Dvergsóley*), die zarte gelbgrüne Orchidee (Coeloglossum viride, *Barnarót*). An den Halden standen die Alpen- oder Rauschbeere (Empetrum nigrum, *Krækiber*) mit ihren noch unreifen, grünen, runden Beeren; nach dem Flusse zu versteckten sich das weisse Leberkraut (Parnassia palustris, *Mýrarsóley*), in den sumpfigen Teilen nickten die silberschimmernden Büschel des Wollgrases (Erioph. angustifol., *Fifa*), und Vergissmeinnicht blickten verstohlen zwischen aufdringlicheren Blumen empor (Mysotis arenaria, *Gleymmjer-ei* [wörtliche Übersetzung von Vergiss mein nicht] oder *Kattaranga* „Katzenauge"; die Blätter heissen *Kattarkló*, „Katzenklaue", weil sie fest kleben bleiben, wenn man sie auf die Kleider wirft). Alle Farbentöne aber überwog das Blau. Sehr erstaunt war ich, verschiedene Gentianen vorzufinden, die funkelnden Edelsteine, wie ein Reisender sie nennt, bei denen man Hunger und Durst vergisst (Gent. camp., *Maríuvöndur*); Gent. Amarella subarct., *Grænvöndur*; Gent. tenella, *Maríuvendlingur*). Davon hob sich das Himmelblau des Storchschnabels überaus zart ab (Geranium = *Blágresi*; Ger. silv., *Storkablágresi* oder *Litunargras*, früher auf Island zum Blaufärben benutzt). Doch keine Blume erfreute mich so wie die bescheidene kleine Glockenblume (Campanula rotundifolia, *Bláklukka*). Wo immer ich sie auf meinen Reisen angetroffen hatte, von Tirol an und weiter südwärts, von Kopenhagen und Kristiania an bis fast zum Nordkap, von Stockholm bis zur Lappmark — überall, du treuer Reisegefährte, hat mich dein schlichter Zauber gerührt, haben mich deine klaren blauen Farben erfrischt, deine reizenden Blüten mich entzückt, und stets war mir,

---

[1]) Henderson I, S. 325. — Kaalund, Fortidsl. 124.

wie wenn du mir mit deinen zierlichen Glocken einen Gruss aus der fernen Heimat zuläutetest! Und niemals hätte ich gedacht, dass sich in diesen „Gestaden der Vergessenheit", wo Feuer und Eis in grauenvollem Bunde die schrecklichsten Verheerungen angerichtet haben, ein paradiesischer Ort finden würde, auf den, wie auf das ganze Eisland überhaupt, das wundervolle Gedicht von *Jón Th. Thóroddsen* passen würde:

### Island.

O wundervoll ist unser Land
Am schönen Sommertage!
Die Erde trägt ein grün Gewand,
Die Herde spielt im Hage.
Auf schlägt sein blaues Aug das Tal
Zum Sonnenlicht, dem hellen.
Die Wiese glänzt, der Wald zumal,
Wie Gold erglühn die Wellen.

Im Winter sind nicht minder schön
Die schneebedeckten Zacken.
Des Nordlichts Strahlendiadem
Umfunkelt Haupt und Nacken,
Wenn flimmernd blitzt der Sterne Glanz
Weit auf kristallnem Eise,
Im Felsen schlingt der Elfen Tanz
Geheimnisvolle Kreise.

Du bargst die Ahnen gnädiglich,
Hast ihnen Ruh gegeben:
Mög auf der Vorzeit Trümmern sich
Gestalten neues Leben!
Gesegnet seist du, schönes Land,
Gesegnet all die Deinen,
Solange grünt der Berge Wand,
Solange Sternen scheinen.

Der schöne Tag fand durch einen gemütlichen Abend im Kreise der Familie einen würdigen Abschluss. Es ist in Island nicht Sitte, dass sich die Hausfrau mit den Gästen zu Tisch setzt; gewöhnlich weilt sie im Nebenzimmer, um jedes Winkes gewärtig zu sein; ja, bei einem *Prestur* war ich zwei volle Tage zu Gaste, ohne überhaupt die Dame des Hauses zu Gesicht zu bekommen, die sich in sorglicher Tätigkeit für uns geradezu aufrieb. Eine Ausnahme hatte bisher nur *Reykholt* gebildet, wo die reizenden Pfarrerstöchter, *Stórinúpur*, wo die liebenswürdige junge Frau Pastor, und *Störólfshvoll*, wo die gütige Frau Dr. an den Mahlzeiten und Männerreden teilgenommen hatten. In *Kirkjubær* kamen nach dem Abendessen die allerliebsten Töchter zu uns, während wir aus der unerschöpflichen Zigarrenkiste rauchten, und plauderten mit uns; die Hausfrau selbst lernten wir erst am letzten Vormittag kennen. Für den fremden Wanderer gibt es kein behaglicheres Gefühl, als im trauten Familienkreise von den Seinen daheim erzählen zu können und ein empfängliches Ohr für die kleinen Sorgen und Ängste zu finden, die den Gatten und Vater überfallen, wenn er so unerreichbar weit von Frau und Kindern ist. Dankbar gedenke ich auch des musikalischen Genusses, den uns die jungen Damen bereiteten; die eine hatte eine angenehme frische Stimme, und die andere begleitete sie auf dem Harmonium. Zuerst wurden dänische Lieder gesungen (Danmarks Melodier), dann, als ich um einige isländische Lieder bat, auch solche: Das Tausendjahr-Feierlied von *Matthías Jochumsson*, komponiert von *Sveinbjörn Sveinbjörnsson*, und „Island" von *Hannes Hafsteinn*, nach der Melodie: „Die Wacht am Rhein". Der Vater, der ja kurz vorher in *Reykjavík* gewesen war, hatte einige neue Kompositionen von *Bjarni Þorsteinsson* mitgebracht, z. B. *Kirkjuvoll* (Gedicht von *Guðmundur Guðmundsson*). Das Lied erzählt von einem Knaben, der an einem Sonntagabend den Gottesdienst der Elfen in einem Hügel belauscht hat. Wie den, der im Reiche der Elfen verweilte, unbezwingbare Sehnsucht erfasst, bis er zu ihnen zurückkehrt oder stirbt oder von Sinnen gerät, so vernimmt der Knabe seitdem fortwährend vor seinen Ohren den wunderbaren Klang der Elfenglocken. „Vom Hügel tönt die Glocke melodisch in die Nacht", lautet der Refrain; mit tief empfundener Kunst hat der Tondichter diese geheimnisvollen Schauer des Elfenreiches auszumalen verstanden, und die feierlichen, mystischen Glockentöne passen gerade für das volle Harmonium ausgezeichnet.

Den Höhepunkt der musikalischen Unterhaltung bildete aber unstreitig der Vortrag zweier Lieder desselben Komponisten, die im wahren Sinne volkstümlich und patriotisch zu nennen sind; dem ersten prophezeie ich nach Text und Melodie geradezu die Bedeutung eines isländischen Nationalliedes. Beide Gedichte stehen in *Indriði Einarssons* Drama „Das Schiff sinkt." Das erste „Gissurr tummelt froh den Renner" hat mit der Handlung wenig zu tun, das zweite „Kühn war er wie ein Löwe" passt besser (I, S. 356), es ist gewissermassen die Variation eines bekannten gemeingermanischen Themas: wer sich gegen sein eigenes Land wendet, auch wenn ihm die Heimat noch so übel mitgespielt hat, wird als noch so gefeierter „Überläufer" doch stets von heisser Sehnsucht nach ihr und von bitterer Reue gequält werden; es ist eine der wenigen volksliedartigen Balladen, die die isländische Poesie aufzuweisen hat, und verdient schon deshalb Beachtung.

Von dem zweiten Liede teile ich zunächst die Übersetzung mit:

## Islands Freiheit geht verloren.

*Gissurr* tummelt froh den Renner, ihm gelang der Trug.
Seinem Tross ist keine Strasse, kein Weg breit genug.
Ach, die Burgen sind zerstört! —
Auf dem Pferd häng' ich gebunden, wohin führt man mich?
Erst bei Hel der Ritt wird enden. Freunde, denkt an mich!
Kummer quält mich unerhört, drückt schwer wie Blei.

Tanze, armer Fuchs, nun, tanze! 's ist das letzte Mal,
Dass du sprengst mit deinem Reiter über Berg und Tal.
Ach, die Burgen sind zerstört! —
Wenn die Sonne wieder aufgeht, deine Last ist leicht,
Denn an deinem Sattelknopfe hängt mein Haupt so bleich.
Kummer quält mich unerhört, drückt schwer wie Blei.

Hocherhob'ne Beile blinken, Feuer ringsum loht,
Bis zur Stätte, wo ich sterbe, flammt es blutigrot.
— Ach, die Burgen sind zerstört, alles vorbei! —
Über Island schwebt nun drohend fremde Königsmacht,
Warum ist der arge Bube nicht längst umgebracht? —
Kummer quält mich unerhört, drückt schwer wie Blei.

Während das zweite Lied „Kühn war er wie ein Löwe" ein durchaus eigenes Erzeugnis des Dichters ist, hat er die Idee und den Grundakkord zu dem ersten der *Sturlunga-Saga* entnommen.

Unter den Anhängern des wenig sympathischen *Gissurr Þorvaldsson*, des ersten Statthalters des norwegischen Königs, befand sich anfänglich auch *Þórdr Andrésson*. Er half 1253 auf dem Thing, unterstützte ihn mit 30 Mann, merkte aber bald, dass auf *Gissurr* kein Verlass war, und fasste dann den Plan, ihn aus dem Wege zu räumen. Dieser Anschlag auf sein Leben ward aber *Gissurr* verraten, und es kam zwischen beiden zu offener Feindschaft. *Þórdr* hielt sich mit seinen Brüdern in den Bergen nördlich von der *Þórsmörk* auf; da aber *Gissurr* verräterischerweise 1264 eine Zusammenkunft mit ihm verabredete, folgte *Þórdr* allzu vertrauensselig der Aufforderung. Zu einem Bauern, der ihn begleitete und ihn fragte, was er nach seiner Versöhnung mit *Gissurr* tun würde, äusserte er: „So wird das nicht zugehen. Ich werde getötet werden, aber meine Brüder werden Frieden haben." Bei diesen Worten spornte er sein Ross an und sang mit lauter Stimme: *„Mínar eru sorgir þungar sem blý"*[1]). Er wurde ergriffen und mit einer Axt in den Hals gehauen, so dass er tot zusammenbrach. Aber *Gissurr* befühlte die Wunde und befahl, die Axt noch einmal in den Leib des Toten zu schlagen.

Die Stimmung also, die in dem losgerissenen Seufzer liegt: „Meine Kümmernisse sind schwer wie Blei" hat *Indridi* den Grundton zu seinem ergreifenden Liede gegeben. Er hat mit feinem dichterischen Empfinden gemerkt, dass diese Worte wohl der Kehrreim, der „Stev" eines volkstümlichen, erzählenden Gedichts gewesen sind, sie deshalb mit Glück als Refrain beibehalten und ihnen ein Gegenstück in dem Kehrreime gegeben: „Ach, die Burgen sind zerstört." Sonst hat er den Helden weit über seine Vorlage erhoben und

---

[1]) Oxforder Ausgabe II, S. 263–265, Buch VII, K. 329.

112  Kirkjubær. „Islands Freiheit geht verloren."

idealisiert, das Episodenhafte getilgt oder zum Reinmenschlichen erhöht und *Pórdr* zum letzten Verteidiger der isländischen Freiheit gemacht. Für ein Konzert in Torgau, bei dem beide Lieder gesungen wurden, hatte ich als Überschriften gewählt: „Islands Freiheit geht verloren" und für das zweite Lied einfach: „Ballade." Ich war sehr erfreut, als mir der Dichter sein volles Einverständnis mit dieser Bezeichnung brieflich mitteilte. Durch die Wiedergabe der Komposition von *Bjarni Porsteinsson* hofte ich mir den Dank meiner Leser zu verdienen. Sie mag besser als Worte einen Begriff von der isländischen Musik unserer Tage geben. Wer den unendlich schwermütigen Refrain „Ach, die Burgen sind zerstört", „Kummer quält mich unerhört, drückt schwer wie Blei" einmal vernommen, wird ihn nicht leicht wieder aus dem Gedächtnis verlieren.

### Islands Freiheit geht verloren.
*(Indridi Einarsson.)*

"Islands Freiheit geht verloren."

(Vers 3)

Herrmann, Island II.

„Islands Freiheit geht verloren."

10. Juli.

Die drückende Schwüle von gestern hat sich in Nebel und sanften Regen aufgelöst; dichte Schleier hängen über der ganzen Landschaft, so dass man nicht einmal die *Kirkjubæjarheidi* unmittelbar hinter dem Hause sehen kann. Als Ögmundur auf dem Hochplateau unsere Pferde suchen will, kann er kaum zwei Schritt weit blicken, und als er mit Mühe sieben Tiere eingefangen hat und nach den noch fehlenden zweien umherirrt, sind die ersten wieder verschwunden. So kommt er erst gegen zwei Uhr zurück, müde und durchnässt, während wir schon Mittagbrot gegessen haben und uns an Schokolade und Kuchen erquicken. Zwar hat sein langes Fernbleiben mich daran gehindert, den Arzt in der Nähe, *Bjarni Jensson*, zu besuchen, der sich der Unglücklichen des „Friedrich Albert" so aufopfernd angenommen hat, aber es hat doch auch das Gute gehabt: der Regen hat aufgehört, und ich habe Zeit genug gehabt, mich beim *Sýslumadur* über die Schicksale der Schiffbrüchigen zu erkundigen. Wir gingen davon aus, dass das Deutsche Reich jede Beihilfe für ein Kabel nach Island abgelehnt habe, weil es kein Interesse daran habe. Aber nach Angabe des Herrn *Gudlaugur* kommen jährlich etwa 300 deutsche Fischerfahrzeuge nach Island, und das traurige Los des „Friedrich Albert" hätte den Behörden zeigen sollen, dass auch wir an einer schnellen Verbindung mit Island lebhaftes Interesse haben. Wie viel Angst, Aufregung und Kummer wäre den Angehörigen erspart geblieben, wenn sie telegraphisch hätten nach Hause melden können, dass sie gerettet seien. So kam wohl die Kunde von der Strandung verhältnismässig früh nach Deutschland, aber die wertvollere Nachricht von ihrer Rettung gebrauchte Monate.

Ich vermute übrigens, dass Ernst von Wildenbruch von dem kläglichen Schicksale des „Friedrich Albert" gehört hat. In seine „Hauskomödie: Der unsterbliche Felix" spielt eine Episode hinein, die genau den hier erzählten Ereignissen entspricht. Die Angehörigen eines Steuermanns auf einem Fischereidampfer „Christophoros" sind lange ohne Nachricht geblieben, „und Island, das ist weit"; sie sehen in den Zeitungen nach, ob vielleicht in ihnen etwas steht, gehen doch so viele Schiffe da oben verloren. Ein Schiffsbau-Techniker aus Bremerhaven hat den schweren Auftrag bekommen, Nachforschungen nach der Familie anzustellen und sie darauf vorzubereiten, dass das Schiff ein wenig lange ausbleibt, ja monatelang verschollen ist, und dass der Steuermann als ertrunken gelten muss. Der herzzerreissende Schmerz der Mutter, die ihren einzigen Sohn, und der Frau, die den Gatten und Vater ihres kleinen Kindes verloren hat, wirkt auf den Helden der Komödie, den eingebildeten Dichterling so ein, dass er, da ihm zugleich die Augen über sein bisheriges, auf Eitelkeit und Reklame gegründetes Leben aufgehen, beschliesst, die Waise an Kindesstatt aufzunehmen. Aber im letzten Augenblicke kommt ein Telegramm von der Reederei über Kopenhagen: Das Schiff ist an der Küste von Island gescheitert und zum Teufel, die Besatzung aber hat sich ans Land gerettet und lebt; von Bremerhaven ist schon ein Schiff hinaus, sie zu holen. Nicht nur die allgemeinen Umrisse scheinen mir überraschend zu stimmen, sondern einer der Geretteten stammt auch, wie ich später bei dem Arzte *Þórdur Þórdarson* erfuhr, aus Weimar, dem Wohnsitze des gefeierten Dichters[1]).

Am Abend des 19. Januar 1903 gegen 10 Uhr strandete der Geestemünder Fischdampfer „Friedrich Albert" an der Südküste von Island, etwa 12 Seemeilen westlich von *Ingólfshöfði* in einer wegen ihrer starken Stromversetzung verrufenen Bucht und wurde wrack; diese Bucht ist darum besonders gefährlich, weil während der Nacht jede Orientierung fehlt, da Leuchtfeuer nicht vorhanden sind. Den wachthabenden Steuermann traf insofern ein Verschulden an der Strandung, als er trotz Befehls des Kapitäns es unterlassen hatte, zu loten, und dass er, als das Schiff in der Brandung war, nicht abdrehte, sondern rückwärts ging. Die Leichen der drei bei dem Schiffbruch verunglückten Leute wurden später gefunden, und zwar z. T. im Schiffe selbst. Befände sich die Südküste Islands, an der gerade die deutsche Fischerflotte so tätig ist, durch Befeuerung in besserer Verfassung, so könnte sie den Schiffer rechtzeitig warnen. Die aus 12 Mann bestehende Besatzung rettete sich vier Stunden später ans Land, wo sie bis zum elften Tage vergeblich nach menschlichen Wohnungen zu gelangen suchte. Hätten sie sich nach Osten gewandt, würden sie an einem Tage den Bauernhof *Fagurhólsmýri* erreicht haben. Aber abgeschreckt durch die Schnee- und Eismassen des *Öræfajökull* zogen sie es vor, nach Westen und Nordwesten zu tappen, über Lagunen, Abflüsse, Sandwüsten und Gletscherströme. Infolge der Kälte, Anstrengungen und Entbehrungen starben 3 Mann, mehrere erlitten durch Frost Beschädigungen und Verlust von Gliedmassen, an vieren wurden später von Dr. *Þórdur Þórdarson* Amputationen vorgenommen, und es wurden ihnen z. T. die Füsse bis zur Ferse abgenommen. Die Kunst des isländischen Arztes hatte sie später doch soweit gebracht, dass drei wieder gehen konnten, wenn auch nur langsam, und auf Stöcken

Fig. 80. Sigurdur Jónsson, Bauer von Orrustustaðir mit Frau und Tochter.

---

[1]) Der folgende Bericht ist auf den Erzählungen isländischer Gewährsmänner aufgebaut. Dass er nicht übertrieben ist, zeigt das inzwischen erschienene Buch: Vom Tode erstanden. Dem Andenken der toten Kameraden auf Island gewidmet von ihrem Kapitän Georg Büschen, Bremerhaven 1905. — Es freut mich, dass darin auch der Männer dankbar gedacht ist, denen ihre treue Hilfe nicht amtlich durch Ordensverleihungen bescheinigt ist, des Herrn Kaaber, Geschäftsführer des Deutschen Konsuls in *Reykjavík*, und vor allem des wackern Bauern *Sigurdur Jónsson*.

gestützt, der vierte muss Zeit seines Lebens getragen werden. Ein fünfter hat beide Beine unter den Knien infolge des erlittenen Frostschadens verloren. Unter der umsichtigen und energischen Leitung des Kapitäns — eine Karte besassen sie nicht, und diese hätte ihnen in dem öden *Skeidarársandur* auch wenig genützt — gelangten die Überlebenden endlich zu bebauten Gegenden, wo ihnen von der isländischen Bevölkerung liebevolle Aufnahme und Pflege zu teil wurde. Ich habe früher erzählt, dass der *Sýslumadur* für seine bewunderungswürdige Umsicht und tatkräftige Hilfe mit dem Roten Adler-Orden III. Klasse, Konsul Thomsen mit dem Kronen-Orden IV. Klasse und Dr. *Pórdur* zu *Borgir* mit dem Roten Adler-Orden IV. Klasse ausgezeichnet sind. Nur den armen Häusler *Sigurdur Jónsson*, unsere Reisebekanntschaft von *Porvaldseyri*, hat man vergessen, und in gewisser Beziehung hat gerade er die grössten Verdienste. Er nahm die Unglücklichen in seinem kleinen Bauernhofe *Orrustustadir* auf (Schlachtstätte), packte sie sofort in seine Betten und erquickte sie mit warmer Milch, ritt ohne Zögern unter nicht geringen Gefahren über die reissenden, winterlichen Ströme und benachrichtigte den *Sýslumadur*. Hoch klingt das Lied vom braven Mann! Das Seeamt Bremerhaven hat in seinem Spruche vom 2. Juni 1903 allerdings ausgesprochen: „Insbesondere verdient hohe Anerkennung die allen Schiffbrüchigen von dem Besitzer des kleinen Bauernhofes *Orrustustadir*, den sie zuerst erreichten, zuteil gewordene Pflege und Fürsorge" (Nordwestdeutsche Zeitung, 4. Juni 1903, Beilage Nr. 128). Aber ich meine, der wackere, bescheidene Mann — „Höher und himmlischer wahrlich schlug das Herz, das der Bauer im Kittel trug!" — verdient es auch im Bilde festgehalten zu werden. Es ist das Einzige, was wir für ihn tun konnten. Als wir am Nachmittag an seiner Behausung vorüberkamen, liessen wir es uns nicht nehmen, ihn, seine Frau und seine Tochter zu photographieren, trotz ihres Sträubens und trotz ihrer Angst, die sie vor der *ljósmyndavjel* hatten (photographischer Apparat; Fig. 80).

Nachdem das Seeamt dem tatkräftigen Eingreifen des „Strandvogtes" (*sýslumadur*, auch als „Kreisrichter" bezeichnet) und Bezirksarztes, sowie dem sofortigen Handeln des deutschen Konsuls die vollste Anerkennung gezollt hatte, der sogleich alles Erforderliche veranlasste, um die traurige Lage der Schiffbrüchigen zu erleichtern und ihre Rückkehr in die Heimat in die Wege zu leiten, sprach es weiter aus: Die von dem deutschen Konsul Thomsen angeregte Errichtung von Schutzhütten an der Südküste zur Verhütung solcher Leiden wäre mit Freuden zu begrüssen, und es wäre wünschenswert, wenn das Seeamt Veranlassung zu diesen Massregeln gäbe. Konsul Thomsen hat aber nicht nur „sehr gute" Vorschläge gemacht, sondern sie auch in die Tat umgesetzt. Er hat auf eigene Kosten an dem gefährlichsten Teile der Südküste, an der Stelle, wo die Besatzungen der gestrandeten Fischdampfer zum grössten Teile zugrunde gingen, eine Schutzhütte errichten lassen, wie sie vom Deutschen Seefischerei-Verein angeregt worden war. Kenner der Südküste, besonders des *Skeidarársandur*, unter anderem auch der Kommandant des dänischen Kreuzers „Hekla", der neben dem Schutze der Fischerei mit der Vermessung der isländischen Küste beschäftigt ist, zweifeln zwar, dass die Hütte stand halten werde. Da aber das Wrack über zwei Jahre dicht am Strande der Brandung widerstanden hat, scheint die Möglichkeit nicht ausgeschlossen, sehr stark gebaute und tief verpfählte niedrige Hütten in der Nähe des Strandes zu errichten und zu erhalten. Ebenso wird es möglich sein, an einigen Punkten der Küste Baken zu errichten, die in erster Linie einen Anhaltspunkt für Navigierung in der nächsten Nähe dieser ganz entblössten Küste geben sollen, dann aber, wie die Schutzhütten, mit einfachen Reiseplänen nach den nächsten Ansiedlungen, sowie mit einigen Lebensmitteln ausgerüstet sein müssen.

Ich hatte Konsul Thomsen versprochen, wenn irgend möglich seine zwischen *Hvalsiki* und *Raudabergsós* gelegene Schutzhütte aufzusuchen, zu photographieren und ihm Bericht über den Fortgang der Arbeiten abzustatten. Ögmundur sträubte sich aber mit aller Gewalt dagegen, einen Abstecher von drei Tagen in diese Sandwüste zu machen. Da auch Premierleutnant Buchwaldt dringend abriet, mir ein Bild von der Hütte entwarf und mir auf meiner Karte die Strandungsstelle und die Lage der Schutzhütte eintrug, nahm ich Abstand von meinem Vorhaben. In *Akureyri* las ich dann, dass Herr Thomsen seine Hütte persönlich aufgesucht hatte. Er sah nicht nur ein, dass ich, ohne meine ganze Reise aufs Spiel zu setzen, seine Bitte nicht erfüllen konnte, sondern überliess mir auch gütig Material über die Beschaffenheit und Ausstattung der Hütte.

Seine Schutzhütte *(sæluhús)* besteht aus 13 × 13 cm Balken, die mit gekehlten Brettern und dicker Teerpappe bekleidet sind. Die Dimensionen des Hauses über der Erde sind 2 × 2 m, die Höhe beträgt 2,10—2,70 m, aber die Balken sind noch 2 m länger; unter der Erde sind sie noch mit ebenso dicken Balken und Eisen wieder verbunden, es scheint daher ausgeschlossen, dass das Haus umfällt, obwohl es auf Sand gebaut ist. Die Hauptschwierigkeit bestand in dem Transport des Baumaterials nach der betreffenden Stelle, doch war sie durch Geld und Zeit zu überwinden. Das „Hospiz", wie der Konsul sein Werk nennt, enthält Kojen und Bettzeug für 14 Mann, Proviant für mindestens 14 Tage (Konservenfleisch, Brot, Fett, Reis, Tee, Zucker), Kochapparat und Essgeschirr, Petroleum, Lampe und Kerzen, Medizin, eine Menge Verbandstoff, Bretter, Handwerkszeug, Schreib- und Nähzeug, Spielkarten, und zwei Tonnen Teer: die sollen die Schiffbrüchigen anzünden, um die Aufmerksamkeit der Bauern auf sich zu lenken. Herr Thomsen hat später noch hinzugefügt: mehr Petroleum, Unterdecken, Kompass, eine Karte, auf der die Wege zu den nächsten Gehöften verzeichnet sind, und vor allem ein leichtes, tragbares Segeltuchboot (39 Kilo). Am 15. August 1904 war die Hütte fertig und mit allem ausgerüstet.

Wenn also wieder einmal ein Fischereidampfer am *Skeidarársandur* stranden sollte, werden die Schiffbrüchigen alles vorfinden, was sie vorläufig gebrauchen. Konsul Thomsen hat mit der glücklichen Lösung dieser sehr schwierigen Aufgabe, auf dem äusserst unwirtlichen und schwer zu erreichenden Gelände eine Schutzhütte zu errichten, eine Tat vollbracht, die allen an Islands Südküste Schiffahrt treibenden Völkern zum grössten Segen gereichen kann. Der Deutsche Seefischerei-Verein hat ihm auch für seine opferwilligen Bemühungen öffentlich gedankt. Derselbe Verein hat dann auch angefangen, Material dafür zu sammeln, um den Islanddampfern für jeden Mann der Besatzung eine Küstenkarte mit den eingezeichneten Wegen zu bewohnten Plätzen und eine Erläuterung dazu mitzugeben. Von der betreffenden dänischen Behörde ist beides (Karte und Anweisung) auf Grund der neuesten örtlichen Vermessungen hergestellt und als „Tillaeg til Efterretninger for Söfarende" gedruckt. Das Kaiserliche Reichs-Marine-Amt hat eine Übersetzung hiervon anfertigen und als Beilage zu den „Nachrichten für Seefahrer" erscheinen lassen. Gleichzeitig hat der Staatssekretär des Reichs-Marine-Amts auf Empfehlung des Deutschen Seefischerei-Vereins Sonderabdrücke dieser „Anweisung für Schiffbrüchige auf Island" auf starkem Papier in Taschenformat und mit abwaschbarem Dermatoidumschlag herstellen lassen und dem Verein zur Abgabe an die Islandfahrer übergeben. Dieser hat an die Reedereien der Islanddampfer eine hinreichende Zahl von Exemplaren übersandt mit der Empfehlung, bei Antritt der Islandfahrt jedem Manne der Besatzung ein Exemplar der Anweisung einhändigen zu lassen. Es ist dieses leicht in der Tasche zu tragen und gibt damit jedem Manne die Mittel in die Hand, mit Hilfe der Karte sich zu orientieren und unter Beherzigung der Winke für die einzuschlagenden Wege entweder das Schutzhaus oder die Niederlassungen zu erreichen. Sollte daher das Unglück noch einmal wollen, dass jemand von den deutschen Dampfern als Schiffbrüchiger den gefürchteten Strand betreten muss, so darf gehofft werden, dass das planlose Umherirren, das für die früheren Schiffbrüchigen so verhängnisvoll wurde, jetzt vermieden werden kann.

Ach, nur zu bald sollte beides auf die Probe gestellt werden! Im Februar 1906 strandete an der Südküste der Geestemünder Heringsdampfer „August Wilhelm", etwas später bei *Ingólfshöfdi* der „Nordstern" — beide Male wurde die Besatzung durch fremde Schiffe gerettet.

Aber dasselbe furchtbare Schicksal wie den „Friedrich Albert", drohte am 18. Februar 1906 den Fischdampfer „Württemberg" aus Bremen zu treffen. Es war fast genau dieselbe Stelle, an der der „Friedrich Albert" gescheitert war. Zur Ebbezeit gelang es der Mannschaft, im ganzen 13 Mann, glücklich an Land zu kommen. Glücklicherweise hatte man die von der nautischen Abteilung des Reichs-Marine-Amts herausgegebenen Büchlein mit Karte durch die Wüste und Beschreibung der Schutzhütte in drei Exemplaren an Bord. Die Schiffbrüchigen setzten ihre ganze Hoffnung auf diese Schutzhütte. Man machte sich also sofort auf den Weg gegen Westen, die Küste entlang. Es waren 6 bis 8 Grad Frost, dabei wehte ein eisig scharfer Wind. Die Leute waren nass und fast erstarrt. Die sumpfigen Sandstrecken innerhalb der Strandlinie waren meistens gefroren, aber mehrmals mussten die Schiffbrüchigen reissende Ströme durchwaten. Als es dunkel wurde, kamen sie an einen Strom, der schwer zu überschreiten war, und sie mussten für die Nacht Rast halten. Ein kleines Segel hatten sie mitgebracht, unter welchem für vier bis fünf Mann Platz war, die anderen lagerten sich in den Schnee dicht dabei.

Am nächsten Morgen um sechs Uhr wurde die Wanderung fortgesetzt. Nachmittags fing es an zu schneien, und noch um drei Uhr war keine Hütte sichtbar. Die vor Hunger und Kälte erschöpften Leute vermochten sich kaum noch auf den Beinen zu halten. Es war klar: falls die Schutzhütte jetzt nicht bald erreicht wurde, waren alle rettungslos verloren! Endlich gegen fünf Uhr nachmittags zeigten die Vorposten durch Rufen und Winken an, dass die Schutzhütte sichtbar sei. Als die Schiffbrüchigen endlich beim Einbruche der Finsternis die Schutzhütte erreichten, waren zwei von den Leuten so erschöpft, dass sie zusammenbrachen. In der Hütte war für 14 Mann alles vorhanden, was sie brauchten. Zwei Tage hielten sich die Schiffbrüchigen dort auf, um sich von den ausgestandenen Strapazen zu erholen. Des Abends zündeten sie von Treibholz und Teer grosse Feuer an, um von bewohnten Gegenden die Aufmerksamkeit an sich zu lenken. Ihre Feuer wurden auch von den westlichen Gemeinden bemerkt; ehe aber von dort ein Hilfsunternehmen ausgerüstet wurde, wurde ihnen von einem östlich gelegenen Dorfe schon Hilfe geleistet. Einige Leute, die zufällig nach dem Strande geritten waren, um nach Treibholz zu suchen, sahen das Wrack und folgten den Spuren nach der Schutzhütte. Am nächsten Morgen nahmen sie zwei Schiffbrüchige mit sich nach der westlichen Gemeinde, wo dann ein Hilfsunternehmen ausgerüstet wurde, um die zurückgebliebenen elf Mann abzuholen. Und so erreichten die deutschen Seeleute alle heil und gesund wieder menschliche Niederlassungen, wo sie aufs beste behandelt wurden. Am 28. Februar reisten sie in einer langen Karawane mit 26 Pferden von der gastfreundlichen Gemeinde ab. Am 8. März, um 7 Uhr abends kamen die Schiffbrüchigen in *Reykjavik* beim deutschen Konsul an. Nur durch die Schutzhütte sind sie gerettet worden! —

Der Abschied von der liebenswürdigen Familie fiel uns wirklich schwer. Klingender Dank wurde entrüstet zurückgewiesen, dafür erhielten wir von dem dänischen Generalstabsoffizier Premierlieutnant Buchwaldt eine Einladung in sein Zelt für den übernächsten Tag nach *Svinafell*. Das Land zwischen den drei Flüssen *Geirlandsá*, *Hörgsá* und *Fossalar* war völlig überschwemmt, fast drei Stunden ritten wir ununterbrochen durch Wasser, in dem die Pferde lustig bis an die Knie umherpatschten. Den *Brunasandur* (verbrannter Sand), der ein Areal von 160 qkm hat, liessen wir südlich liegen und ritten auf Moorboden, immer ein etwa 1 m hohes, dünnes Lavafeld entlang, den östlichen Arm des Lakistromes. Hart an seinem Rande liegt *Orrustustadir*, wo der „deutsche" Bauer wohnt. Nachdem mein Begleiter ihn photographiert hatte, baten wir ihn, uns den Weg über das *Hverfisfljót* und die *Djúpá* zu weisen. Da der erste Fluss heute schon mehrere Male passiert war, hatten die Pferde einen ordentlichen Weg in dem weichen Sande festgestampft, und der Übergang dauerte kaum eine halbe Stunde. Es kann aber vorkommen, dass selbst die hier ansässigen Führer in das trübe, schlammige Wasser bis an die Brust hineinwaten müssen, um der Karawane den Weg festzutreten.

Auch die *Djúpá* meinte es gnädig mit uns. Sie führt zwar keinen Sand, ist aber ziemlich tief. Ich wollte einem Packpferde, das mir mit den scharfen Ecken des Koffers zu nahe kam, eins mit der Peitsche versetzten, beugte mich dabei zu sehr aus dem Sattel und zog mir den linken Stiefel voll Wasser. Zeit zum Wechseln der Strümpfe war nicht, aber auch nicht zum Erkälten; die paar Liter wurden ausgeschüttet, im Quartier warme Socken angezogen und die Stiefel mit trockenem Heu ausgefüllt. Hier trennten wir uns von unserm biedern, rührend guten und schlichten Bauern, den wir wohl zum letztenmal in unserm Leben gesehen haben. Immer wieder schüttelte er uns die Hand. Noch lange sahen wir ihm nach, wie er sein isabellenfarbiges Rösslein durch die *Djúpá* lenkte, dann schwenkte er seinen Hut, wir unsere Tücher, und unsere besten Segenswünsche begleiteten den in der Ferne langsam Verschwindenden, dem unsere armen Landsleute Rettung und Leben zu verdanken hatten. Die *Djúpá* ist übrigens, wie mir Ögmundur erzählte, durch zahlreiche kleine Gletscherläufe berüchtigt und bedeckt dann die in der Nähe liegenden Lavaströme und Sandflächen mit einer dichten Lehmmasse. Als Ögmundur vor elf Jahren mit Thoroddsen hier war, hatte sie eine sehr bedeutende Wassermasse und eine so reissende Strömung, dass der Übergang geradezu lebensgefährlich war. Zwei Tage später hatte sie einen regelrechten Gletscherlauf, das Lärmen und Brüllen des Flusses übertönte noch das Heulen des orkanartigen Sturmes, der gerade tobte; die schokoladenbraune schlammige Wassermasse schoss in grossen Kaskaden einher, und wo sie sich an Steinen oder Sandbänken brach, wurde sie gleich riesigen Sprudelquellen emporgeschleudert[1]).

Der letzte Teil des Weges führte über ein elendes Lavafeld, das voller spitzer Steine und scharfer Zacken war, die Pferde strauchelten unablässig. Da uns der dänische Offizier schon in *Núpstadur* angemeldet hatte, wurden wir sogleich mit Kaffee und Kuchen bewirtet. Unsere erste Frage galt den Flüssen, die am nächsten Tage zu überschreiten waren. Die Antwort lautete wenig erfreulich: durch die gestrige Wärme sei die *Skeidará* so angeschwollen, dass sie unmöglich durchritten werden könnte. Der Bauer versprach aber zwei tüchtige Führer zu besorgen; einer allein wage den Rückweg nicht, die Tour dauere für sie zwei Tage, jeder bekäme 12 Kronen.

Der Bauernhof liegt an der äussersten Grenze des bewohnten Distriktes *Fljótshverfi* am Fusse eines senkrechten Berges, dessen spitze Zinnen kühn in den Himmel ragen (Fig. 81). Die hohen Türme und Schanzen scheinen so lose in der Luft zu schweben, dass man jeden Augenblick befürchtet, ein paar tausend Zentner Steine würden herniederstürzen und das Gehöft zertrümmern; aber der Tuff wird von mächtigen Basaltgängen zusammengehalten. Nach Osten ragt der *Lómagnúpur* (Lummentaucherberg, 770 m) wie ein gewaltiger Keil aus der Sandwüste, die unmittelbar hinter dem *Tún* beginnt; seine steilen Tufffelsen beherrschen in ihrer stattlichen Höhe die ganze Landschaft und geben ihr ein düsteres, grossartiges

---

[1]) Ich habe Ögmundurs trockeneren Bericht in letzter Minute noch etwas mit Thoroddsens Farben aufgefrischt; Thoroddsen, Island I, S. 38/39.

Gepräge. In der Ferne rollen die langgestreckten blauen Wellen des Meeres.

Hier wohnte einst *Gnúpa-Bárdr*, der zuerst gegen Ende des 9. Jahrhunderts durch das innere Island gereist sein soll (I, S. 83). Nach Thoroddsen liegt oben auf dem Berge eine Höhle *Gapi*, wo *Bárdr* nach der Volkssage sein Handwerkszeug vergessen haben

Fig. 81. Núpstadur.

soll. Ein paar beherzte Männer waren vor einigen Jahren hinaufgeklettert, fanden aber natürlich nichts. Von hier aus trat der Engländer William Watts am 25. Juni 1895 seine beschwerliche, 16 Tage dauernde Wanderung über den *Vatnajökull* nach *Grimstadir* an.

Ein Runen-Leichenstein ist hier gefunden, die verwetterten und unleserlich gewordenen Zeichen lassen sich vielleicht enträtseln als „Hier ruht Björn." Ein Gebäude, das abseits von den übrigen

Räumen liegt und als Packhaus dient, ist vielleicht das einzige aus katholischer Zeit erhaltene Bethaus. An der Tür waren die Felle von sechs Seehunden angenagelt, die der Bauer selbst erbeutet hatte. Ögmundur macht mich noch besonders auf die „Kirchhoftür" aufmerksam *(súluhlid, súladrahlid)*, durch die die Toten nach dem Kirchhofe getragen werden: nur wenn der Gestorbene auf diesem Wege zur Ruhe gebracht wird, findet er Frieden und stört die Hinterbliebenen nicht; so wird auch in Bayern der Totenweg, in Holland der Lijk-, Nood- oder Reeweg ausschliesslich nur mit Leichen befahren.

Mitten zwischen den Gletschern nördlich von *Lómagnúpur*, an den Canons der *Núpsá*, liegt der in Island berühmte Birkenwald *Núpstadaskógar*. Der *Súlumadur* hatte mich besonders auf ihn aufmerksam gemacht; leider war es zu spät an diesem Abend, und am nächsten Morgen mussten wir zu früh aufbrechen, als dass wir ihn noch besuchen konnten. Er hat nach *Eggert Ólafsson* eine Länge von 1 1/4 und eine Breite von beinahe 1/2 Meile: das sei um so wunderbarer, als das Eis sich dicht heranerstrecke, und die kalten Gletscherwasser der *Núpsvötn*, die den Wald durchströmten, sich an dessen Nordseite aus den Eismassen ergiessen und den Fuss der Bergseite überschwemmten. Nach Thoroddsen aber übertrifft der *Núpstadaskógur* die andern Wälder Islands weder an Ausdehnung noch an Höhe der Bäume. Er wird wegen seiner Entlegenheit nur selten besucht und ist auch nur unter sehr halsbrecherischen Klettereien zu erreichen. Hier kommen seit 200 Jahren verwilderte Schafe vor.

Als wir mit dem Bauern beim Abendbrot sassen — es war alles peinlich sauber, über das Präsentierbrett war sogar eine weisse Serviette gebreitet —, erdröhnten mächtige Schritte, und in der Tür erschien alsbald ein in schwarzes Leder gekleideter Hüne, der mit dem Kopfe fast an die Decke stiess: es war wirklich, wie wenn ein alter Wiking auferstanden wäre und uns mit seinem Besuche erfreuen wollte. Ich habe manchen Isländer getroffen, der einen würdigen Flügelmann in der Garde abgegeben hätte, aber gegen diesen Riesen verschwanden selbst Rektor *Ólsen* und *Porgrímur* in *Reykjavík* und die herkulischen Pfarrer von *Gardar* und von *Reykholt;* nicht wenig trug zu diesem imposanten Eindruck allerdings seine Bekleidung bei. Es war der Pfarrer von *Kirkjubær*, *Magnús Björnsson*, der noch in der Nacht in der Begleitung des Postreiters nach seinem Pfarrhofe zurückreiten wollte und schon von *Svinafell* kam, wohin wir am nächsten Tage wollten. Leider verliess er uns schon nach einer halben Stunde. Wir hatten uns bald angefreundet, und er erzählte mir von seinen gefährlichen Sonntagstouren; namentlich einen Weihnachtsabend, wo er 16 Stunden lang durch Schnee, Eis und Wasser geritten sei, um seine sorgende Gattin noch am heiligen Abend zu überraschen, werde er nie vergessen. Er hatte bei der Operation der Schiffbrüchigen hilfreiche Hand beim Chloroformieren geleistet und rühmte das mutige und anständige Verhalten der Gestrandeten. Seine Auskunft für morgen war wenig ermutigend: nur für sehr unerschrockene Männer und tüchtige „Wasserpferde" sei der Weg zu wagen. Er selbst ritt einen hohen, starkknochigen Gaul, dem man wohl zutraute, dass er weder Gletscher noch Strudel scheute. Von dem Postreiter, mit dem er zusammen ritt, um im schlimmsten Falle Hilfe zu haben, zog ich einige Erkundigungen über isländisches Postwesen ein:

Vor etwa 50 Jahren fand Beförderung von Briefen — nicht auch von Paketen — in der *Skaptafells sýsla* nur etwa drei bis vier Male im Jahre, zu ganz unbestimmten Zeiten statt, und zwar meist nur für die Beamten; ein Pferd wurde dem Postreiter nicht gestellt, doch durfte er sich eins von den Bauern borgen. Seitdem aber *Vík* und *Hornafjördur* von Dampfern angelaufen werden, wenn es Wind und Wetter gestatten, werden etwa alle 14 Tage Briefe über Land befördert, zusammen im Jahre 15 mal. Oft hat der Postillon eine ganze Karawane von Pferden bei sich, die mit roten Koffern beladen sind, auf die ein goldenes Horn gemalt ist, und wenn er in die Nähe eines Hofes kommt, lässt er lustig sein Horn ertönen. In der Wüste östlich der *Jökulsá á Axarfirði* können die Postillone nicht reiten, sondern müssen bei Schnee- und Sandstürmen zu Fuss gehen und dazu noch einen Schlitten mit den Postsäcken ziehen. Mancher ist schon dem stürmischen, rauhen Wetter zum Opfer gefallen, wenn er die „Warten" verloren hat oder ist hinter Steinblöcken und in unterirdischen Höhlen erfroren, wo er Schutz gesucht hat. Bauern, die eine notwendige Reise unternehmen müssen, schliessen sich den Postreitern gern an; auch ist es billiger, als wenn sie sich einen besonderen Führer nehmen. Für die Route von *Kirkjubær* bis *Borgir* erhält der Postreiter 35 Kr., muss sich aber zwei Pferde auf eigene Kosten verschaffen; wenn er mehr als ein Bagagepferd gebraucht, erhält er für jedes Pferd 20 Kr. besonders; für die weitere Strecke von *Kirkjubær* bis *Oddi* erhält er 65 Kr. Er übernachtet auf den Höfen und kann im allgemeinen darauf rechnen, hier Kost und Quartier umsonst zu erhalten. Von *Oddi* bis *Reykjavík* verkehren sogar Postwagen, die Personen und Güter befördern. Wie gross überhaupt die Fortschritte im Postverkehr sind, kann man daraus ersehen, dass die Zahl der Briefe von 1879—1894 um 309,7, die der Geldbriefe und eingeschriebenen Briefe um 160 und die der Pakete um 137,5 v. H. gestiegen sind. Die Leitung des Postwesens liegt, unter der Oberaufsicht des Ministers, in den Händen des Postmeisters in *Reykjavík (póstmeistari)*, dem 26 Postagenten *(postafgreiðslumaður)* und 165 Inhaber von Briefablagestellen unterstehen *(brjefhirðingamaður)*.

Zwölftes Kapitel.
# Reise durch die Austur Skaptafells sýsla.

11. Juli.

Der *Skeidarársandur*, den wir heute in seiner ganzen Länge durchqueren müssen, um nach *Svínafell* zu gelangen, ist von den Sandwüsten der Südküste die grösste (ca. 700 qkm.). Er besteht fast ausschliesslich aus gerölltem Gletscherschutt mit dazwischen gemengtem Lehm und feinem Sand, bei Gletscherläufen und Überschwemmungen werden bedeutende Massen Gletscherton abgesetzt, und bei trockenem Wetter jagt der Wind diesen durch die Luft. Bei starken Stürmen wird der sehr feine vulkanische Staub in die fernsten Gegenden Islands gewirbelt, so dass der Himmel neblig, rotbraun und bisweilen verfinstert ist. *Mistur* (Staubnebel) nennen die Isländer diesen Zustand. Wo der Flugsand ständig in Bewegung ist, kann kein Pflanzenwuchs gedeihen, ausser einigen Büscheln Strandhafer auf kleinen Sandhügeln; aber wenn all der bewegliche, feine Staub bis auf den gröberen Schutt fortgeweht ist, so sagen die Isländer, der Sand sei *örfoka*, d. h. er kann nicht mehr fortfliegen, dann können Pflanzen zwischen dem Grus Wurzel fassen, vorausgesetzt, dass die Gletscherflüsse die aufspriessende Vegetation nicht wieder vernichten. „Eine Sandstrecke, die längere Zeit mit Erdreich bedeckt gewesen ist, wird oft wieder durch Sandstürme vernichtet und zerrieben; tiefe Rinnen und Furchen graben sich durch das Erdreich; sie erweitern sich mehr und mehr, bis das ganze Grasland zerrieben und fortgeblasen ist, und nur einzelne dicke, schwarzgrüne Stücke bleiben zerstreut in der Wüste liegen, als Zeugen der furchtbaren Verheerung, die hier gehaust hat" (Thoroddsen, Geogr. Tid. XII, S. 212).

Die kahle Fläche des *Skeidarársandur* liegt zwischen den beiden gefürchteten und gefährlichen Flüssen *Núpsvötn* und *Skeidará*; seine Ausdehnung von Westen nach Osten beträgt 35 km, vom *Skeidarár-*

*jökull* bis zum Meere ca. 20 km. Kurz nach 9 Uhr brachen wir bei leichtem Nebel und Regen, in unser Ölzeug gehüllt, von *Núpstadur* auf, voraus die beiden Lokalführer. Das Passieren der zahllosen, weitverzweigten Arme der *Núpsvötn* mit den dazwischen liegenden Lehm- und Sandinseln und Kiesrücken, die ebenso veränderlich sind wie der Gletscherfluss selbst, dauerte zwar geraume Zeit, ging aber ohne besondere Anstrengung glücklich vorüber, und wir waren damit in der *Austur Skaptafells sýsla* angelangt. Es war auffallend, wie gut sich unsere Führer aus der Strömung eine Vorstellung von dem Grunde des Flussbettes zu machen wussten: wo sie sehr stark ist, lagert grosses Geröll, und dieses wird klarer und kleiner, je schwächer die Strömung wird. Schlamm ist nur da, wo das Wasser träge dahinschleicht und verhältnismässig flach ist; auch die der Strömung abgekehrten Enden der Sandinseln sind meist schlammig; die Führer ritten fast durchweg auf die der Strömung zugewendeten Riffe zu, und die Pferde konnten auf dem groben Geröll ohne Schwierigkeit Fuss fassen.

Dann ging es den Fuss des *Skeidarárjökull* entlang (20 km lang, an der schmalsten Stelle 7 ½ km breit), und die eigentliche, uns endlos vorkommende Wasserwanderung in dem immer dichter fallenden Regen begann. Da dieser Gletscher tief in den *Sandur* hineinreicht, ist er schwarz von Schutt und Steinen und sieht fast wie ein Lavastrom aus. Er ist von unzähligen Spalten zerrissen, und überall quellen gelbliche und hellbraune Gletscherbäche aus den Rissen und Ritzen hervor. Einige vereinzelte Moränenzüge und durch Gletscherläufe hervorgebrachte Geschiebehügel bilden die einzige Erhöhung in der weiten Ebene. Wie im *Mýrdalssandur* und später wieder im *Breidamerkursandur* trafen wir eine Reihe „Gletscherlöcher", trichterförmige Vertiefungen, die bereits Saxo erwähnt: grosse Eisstücke, die bei Gletscherläufen von den Gletschern losgerissen sind und hier und da zurückgeblieben sind; sie schmelzen bei warmem Wetter langsam und sehr allmählich, es kann Jahre dauern, bis das letzte Stückchen Eis zergangen ist. Es ist nicht ungefährlich, in die Nähe solcher Löcher zu kommen, da Sand und Lehm um sie herum durch das Gletscherwasser so aufgeweicht sind, dass Ross und Reiter darin leicht verschwinden können. In einigen Trichtern war das Wasser von wundervoller dunkelblauer Färbung, während der Boden silberhell durchschimmerte.

Fast keine Pflanze erfreute unser Auge, nur hie und da einige Halme Strandhafer, ein paar kümmerliche Abendlichtnelken (Melandryum album) und wunderbarerweise vereinzelte Epilobium angustifolium. Im nördlichen Teile riefen Schmarotzermöven (Stercorarius parasiticus, *Kjói*) ihr unmutiges, rabenartiges Gau Gau, während die Raubmöven (Megalestris skua, *Skúmur*) den südlichen Teil beherrschen. Herr Buchwaldt glaubt beobachtet zu haben, dass beide Arten sich streng an ihr Jagdgebiet halten und nur in der Mitte gemeinsam nebeneinander vorkommen. Ordentlich froh begrüssten wir ein paar Schafe, die sich hierher verirrt hatten; aber kaum hatten sie uns erblickt, da stoben sie in langen Sätzen davon.

Um vier Uhr waren wir an der *Skeidará* angelangt (*skeid* = Weberlade mit dem Kamm), die in der südöstlichen Ecke des *Skeidarárjökull* entspringt und nicht nur wegen ihrer plötzlichen, gewaltsamen Gletscherläufe berüchtigt ist, sondern auch wegen ihrer sonst häufiger vorkommenden Überschwemmungen. Sie scheint früher mitten auf dem *Sandur* zum Meere geströmt zu sein, hat aber allmählich ihren Lauf verändert und mündet in die Lagunen ausserhalb *Öræfi*.

Bei dem Gletschersturze von 1892, bei dem man den Schwefelwasserstoffgeruch (*jöklafýla* = Gletschergeruch) in *Reykjavík* deutlich wahrnahm, verlegte sie ihr Bett mehr nach Westen. Früher lief sie westlich von dem Gehöfte *Skaptafell* vorbei und teilte sich später in mehrere Arme, so dass sie leicht zu passieren war; seit 1892 aber bahnte sie sich ihren Weg in einem einzigen Flussbette, so dass sie anfangs überhaupt nicht zu durchreiten war, allmählich jedoch verzweigte sie sich und breitete sich in ein paar Dutzend Arme aus, so dass sie jetzt wenigstens nicht mehr absolut unüberwindbare Hindernisse bietet [1]).

Viele von den Ausbrüchen, die dem *Sídu*- oder *Skeidarárjökull* zugeschrieben werden, rühren nach Thoroddsen von dem *Grimsvötn* her, nordwestlich vom *Skeidarárjökull* unter dem Eise, und die vielen Gletscher- und Wasserstürze dieses *Jökull* sind durch vulkanische Umwälzungen an den *Grimsvötn* hervorgerufen. Thoroddsen zählt mindestens 15 Eruptionen dieser Ausbruchsstelle.

Die Führer sorgten in ihrer Unterhaltung dafür, dass die Erinnerung an die furchtbaren Naturereignisse in uns wach und rege blieb, und malten aus, was geschehen würde, wenn ein Gletschersturz uns überfiele. Aber auch ohne deren Reden war Ögmundur und mir etwas bänglich zu Mute. Denn wenn wir die *Skeidará* nicht passieren konnten, war es mit der Weiterreise nach Osten vorbei, und gesetzt, wir kehrten um und wollten nach *Núpstadur* zurück, — wie, wenn jetzt auch die *Núpsvötn* unpassierbar geworden wären? Dann sassen wir da zwischen den beiden Strömen und ritten bald nach Osten und bald nach Westen und machten jedesmal die Entdeckung, dass wir eingekeilt waren und mindestens eine Nacht und einen Tag noch im Freien bleiben mussten. Die Anstalten zum Übergang wurden mit einer Sorgfalt getroffen, wie

---

[1]) Maurer, Isl. Volkssagen S. 304—306. Den Gletschersturz von 1892 hat Gebhardt nach isländischen Berichten geschildert: Globus 1892, Bd. 62, Nr. 6. — Thoroddsen, Island II, S. 189 ff.

noch nie zuvor; man hatte das beruhigende Gefühl, zu der Gewissenhaftigkeit der beiden Lokalführer volles Vertrauen haben zu können. Eine Zigarre wurde trotz des Regens angezündet — „wer weiss, ob es nicht Ihre letzte ist?", meinte der eine. Die Brille wurde von den Regentropfen gereinigt, der Südwester vorn hochgeklappt, damit er nicht den Blick hindere, Zügel, Riemen, Gurte und Eisen der Pferde wurden nachgesehen, die Koffer noch einmal verschnürt, und dann ritten die Lokalführer allein voraus, um zu sehen, ob der weite Umweg über die Gletscher zu ersparen wäre. Ungeduldig harren wir am Ufer und bewundern den Mut und die Geschicklichkeit der beiden. Der jüngere, ein Bursch von etwa 18 Jahren, der oftmals die Post hier geritten hatte, ein richtiger *vatnamadur* lenkte seinen Braunen bald hierhin, bald dorthin, riss ihn im Nu herum, sobald der Boden zu weich wurde, und steuerte ihn wieder durch die meterhohen Wogen. Etwa in der Mitte des Stromes war eine ziemlich breite Sandbank; von ihr aus kehrten sie um, um uns abzuholen. Jeder nahm darauf zwei Packpferde mit der linken Faust, die Zügel des Pferdes meines Gefährten und des meinigen mit der rechten, und der jüngere Bursch und ich übernahmen die Führung: einmal, weil er der mutigere von beiden war, und zweitens damit ich, wenn es not tat, seine Worte verdolmetschen konnte. Es war $4^{20}$, wie mich ein Blick auf die Uhr belehrte, die Zigarre wurde fortgeworfen, auf Rat der Führer mit beiden Händen die Mähne fest gepackt und der Leib des Pferdes wie mit einem Schraubstock umklammert. „Und Gott befahl ich meine Seele." Von dem steilen Uferrande stapfen die Pferde sofort bis über die Mitte des Sattels in das tosende Wasser hinein, und wenn wir nicht vorbereitet gewesen wären und uns mit eiserner Kraft festgehalten hätten, wären wir unfehlbar in die eiskalten Strudel hineingeflogen. Wer einen solchen Strom hat passieren müssen, versteht, dass die Nordleute sich ihre Hölle als eine Wasserhölle vorstellten: der Grenzstrom, der sie von den übrigen Welträumen scheidet, wälzt Schwerter und Messer in seinen schäumenden Strudeln; meineidige Männer und Mordgesellen und solche, die anderer Ehefrauen verführten, mussten hier wilde Ströme durchwaten, deren eiskalte, schneidende Wogen wie Gift und Schwerter stechen.

Mit unheimlicher Geschwindigkeit kam das milchweisse Wasser herangeschossen; die armen Tiere, die den ganzen Tag noch kein Futter bekommen hatten, stöhnten, schnoben und zitterten, als wir gegen die Strömung auf den Schrittgletscher los ritten. Höchst ungemütlich war, dass wir uns selbst gar nicht frei bewegen konnten, sondern völlig auf die eherne Faust der Führer angewiesen waren, die uns auf unseren Pferden Schritt für Schritt mit fortriss. Dazu kam, dass bei jeder unvorsichtigen Bewegung der schwere Packkoffer gegen die Kniescheibe schlug, was tüchtig weh tat, und dass Ögmundurs Pferd nach vorn kam und meinen braven Passgänger zu beissen begann. Sobald wir auf der erwähnten Insel Halt machten, um uns zu verschnaufen, stellte ich daher dem Lokalführer vor: ich wollte allein reiten, und Ögmundur sollte sein loses Pferd am Zügel führen. Aber der Führer schlug mir meinen Wunsch rundweg ab: die Gefahren kämen erst jetzt, und wenn ich strauchelte und aus dem Sattel glitte, wäre ich verloren; die rasenden Wellen, die jetzt fast zwei Mann hoch waren, würden mich sofort mit sich reissen, und wenn ich nicht das Glück hätte, gegen eine Sandbank geschleudert zu werden, würde ich unten im Meere landen.

Er hatte recht. Was wir bisher unternommen hatten, war ein Kinderspielzeug gegen das, was jetzt kam. Immer mehr Arme breiteten sich vor uns aus, und einer war schlimmer als der andere. Wir pressten die Füsse um den Leib des Pferdes, dass sie uns schmerzten und hielten die Zügel mit eiserner Faust fest, dass sich die Nägel ins Fleisch bohrten, obwohl der Führer sie selbst schon gepackt hatte. An einer recht bösen Stelle, wo das Wasser in wilder, ungehemmter Wut auf uns losgebraust kam, tauchte mit einem Male wieder Ögmundurs Pferd neben mir auf und fing von neuem an, mein sonst so sanftes Reitpferd zu beissen, dass es bockte und hoch stieg. Mit aller Kraft zog ich ihm eins mit meiner schweren Reitpeitsche über den Rücken, aber der Schlag machte es nur noch wilder, und immer näher drängte es sich an mich heran, so dass ich buchstäblich von den beiden Pferdeleibern eingekeilt war und mich nicht rühren noch regen konnte. Zugleich riss der Führer sein Pferd mit Gewalt nach rechts und schrie: „Vorsicht! tiefes Loch im Grunde!" Woher ich die schnelle Überlegung und Geistesgegenwart hatte, weiss ich heute noch nicht. Ich überschrie das Donnern und Tosen des Stromes: „Zügel los!", versetzte dem lästigen Störenfried einen so wohlgezielten Hieb, dass er zurückblieb und lenkte selbständig, ohne Hilfe, ohne eine Spur von Angst, mein „Wasserpferd" durch Strudel und Gischt hindurch ans rettende Ufer. Der Übergang hatte genau eine Stunde 10 Minuten gedauert.

Ich war mir gar nicht bewusst, etwas Besonderes geleistet zu haben, und war daher sehr erstaunt, aber auch aufrichtig erfreut, als der Führer auf mich los kam, mir die Hand schüttelte und die schlichten Worte sagte: „Das war wacker." Auch Ögmundur, der von dem ganzen Vorfall überhaupt nichts bemerkt hatte, so schnell hatte er sich abgespielt, war zufrieden mit mir und klopfte mich auf die Schulter. Wir waren völlig durchnässt, das Ölzeug hatte nichts mehr geholfen, da das Wasser uns oft über den Leib ging; wir konnten aber nur die Stiefel ausziehen und den nassen Inhalt ausschütten, da wir uns beeilen mussten. Der Regen hörte auf, und wir konnten den *Skeidarárjökull* und *Svínafellsjökull* deutlich erkennen; letzterer machte einen recht hässlichen Eindruck, so voll war er von Grus und Dreck; dahinter tauchte der *Skaptafellsjökull* auf, von dem die *Skaptafellsá* entspringt.

Aber noch einmal mussten wir einen Gletscherstrom passieren, bevor uns der wohlverdiente heisse Kaffee zuteil wurde. Die *Svínafellsá*, ein zwar reissender aber sonst wenig gefährlicher Fluss, war so angeschwollen, dass wir zweimal vergeblich versuchten, hinüber zu kommen; die Pferde verloren sogleich den Boden unter den Füssen oder rutschten auf den grossen glatten Steinen aus oder gerieten plötzlich in Gruben oder auf Sand. Endlich glückte es uns, eine Furt zu finden, obwohl uns das Wasser immer noch bis an die Brust reichte.

Das Gehöft *Svínafell* liegt in einer Oase am Fusse eines Tuffelsens gleichen Namens und wird von fünf Familien bewohnt, die zusammen 35 Pferde, 16 Kühe und 395 Schafe haben. *Páll Jónsson*, bei dem ich abgestiegen, und den wir sogleich für den übernächsten Tag verpflichteten — er sollte uns von dem nahen *Fagurhólsmýri* abholen —, ist einer der besten Führer im ganzen Bezirke *Öræfi*. Mit seinem rötlich-blonden Vollbart und dichtem Haupthaar und den energischen braunen Augen machte er sofort einen sympathischen Eindruck auf uns, und gerne folgten wir ihm durch den dunkeln Gang in die saubere Stube, wo alsbald Kaffee und Kuchen auf den Tisch kamen. Als wir uns anzogen, trat Premierleutnant Buchwaldt vom dänischen Generalstab ein und lud uns zum Essen in sein Zelt.

Unmittelbar nördlich vom *Tún* des Gehöftes beginnt wieder die öde Wüste. Sonst ist die nähere Umgebung recht anmutend, und die grünen Abhänge erfreuen um so mehr, je wilder die weitere Umgebung ist: die traurige Sandstrecke, die mit Dreck und Schmutz bedeckten Gletscherarme, die sich fast unmittelbar bis an den Hof erstrecken, die reissenden Gletscherflüsse, die überall über die Geröllhalden dahinstürzen. Der Bezirk *Öræfi* (*Öræfahreppur* = Wüstenbezirk) gilt als einer der abgeschlossensten Teile Islands, er ist von der übrigen Welt wie abgeschnitten, nicht einmal Katzen und Mäuse gibt es hier. Nur wo die Vegetation vor Gletschern und Gletscherflüssen gedeihen kann, ist sie verhältnismässig reich. Ja, noch oberhalb von *Svínafell*, bei *Skaptafell*, findet man blumige Abhänge, malerische Felsen, Wasserfälle und reichbelaubte Birken und Vogelbeerbäume von 10 m Höhe. Zwei Schluchten mit Wasserfällen rechnet Thoroddsen zu den schönsten Plätzen auf ganz Island.

Von einem anderen, ungemein dichten und laubreichen Gehölz in derselben Gegend, bei *Bæjarstadir,* sagt Thoroddsen: „Der *Bæjarstadarskógur* ist einer der schönsten und blühendsten Wälder auf Island; er ist sehr dicht, so dass man an vielen Stellen nur schwer hindurch kommen kann, und überall hoch gewachsen, jugendfrisch und kräftigen Wuchses; nirgends ist er so niedrig, dass er den Wanderer nicht überragte. Durchschnittlich mag die Höhe der Bäume 10 bis 12 Fuss betragen, viele messen 14 bis 16 und einzelne 17 bis 18 Fuss, alle sind sie kerzengerade, gut gewachsen und blühend. Einige 12 bis 14 Fuss hohe Ebereschenstämmchen sind im Walde verstreut und manchmal eine „gelbe Weide" (Salix phylicifolia) dazwischen, von denen eine, die ich mass, 7 Fuss hoch war. Wir durchwanderten fast den ganzen Wald und ruhten uns auf dem grünen Boden einer Rodung aus, wo sich aber das Geäst trotz der Grösse des Platzes über unseren Häuptern beinahe schloss. Man hätte sich hier, wo man von der gigantischen Wüstenei der Umgegend nichts sah, einbilden können, in einem ausländischen Walde zu sein."

Das Zelt des Offiziers und seiner Mannschaft lag dicht hinter dem Bauernhofe, wo ein Bach in hübschen Wasserfällen über den mit saftigem Grün üppig bewachsenen Abhang stürzt; auf einer Terrasse stehen zu beiden Seiten des Baches mehrere stattliche Birken, wovon die höchste wohl 6 m gross ist. Der Lagerplatz war also mit grossem Geschick und Geschmack ausgesucht. Das Zelt war überaus praktisch, an der Decke war die Lagerstatt für den Burschen angebracht, der hinaufturnen musste, das Feldbett des Offiziers stand auf dem Boden, das ganze Zelt konnte ein Pferd bequem tragen. Durch uns drei war der Raum natürlich gänzlich ausgefüllt, und statt auf Stühlen sassen wir auf Packkisten. Es waren reizende Stunden, die wir bei dem liebenswürdigen Manne verlebten. Das Mahl, das er uns bot, erschien uns geradezu lukullisch: nach guter dänischer Sitte zunächst vortrefflicher Akvavit und Smörbrod, belegt mit zartem, dänischem Käse und Ölsardinen, dann Konserven — Kalbfleisch, und zuletzt eine süsse Speise aus getrockneten Apfelschnitten, die für 12 Personen gereicht hätte. Durchkältet wie wir waren, nahmen wir mit aufrichtigem Danke den edlen Kornschnaps an, der bald eine angenehme, behagliche Wärme in unserem Innern bewirkte, und tranken mit besonderem Behagen einige Flaschen Tuborg Pilsner: das waren Genüsse, die wir uns in dieser Einöde niemals hätten träumen lassen. Gläser gab es natürlich nicht, aber aus der Flasche zu trinken hatten wir doch noch nicht verlernt. Als wir freilich nachher erfuhren, dass der Offizier für sich und seine Leute für die ganze Zeit, die er hier oben in angestrengter Tätigkeit und rauhem, regnerischem Wetter zubrachte, nur sechs Flaschen Akvavit und einige Flaschen Bier zur Verfügung hatte, tat uns unsere Schwelgerei leid. Er zeigte uns auf soeben aufgenommenen Kartenskizzen den Weg, den wir gestern zurückgelegt, und jeden grössern Arm der *Skeidará* und jede bedeutende Sandbank konnten wir wieder erkennen. Natürlich verhehlte er sich nicht, dass durch den nächsten Gletschersturz das

Bild wieder völlig geändert werden würde[1]). Am 19. März hatten sie Kopenhagen verlassen, ein englischer Trawler hatte sie am 12. April gegen 3 £ und 25 Flaschen Akvavit von den *Vestmannaeyjar* nach der Nähe von *Vik* gebracht, und sofort war mit der Arbeit begonnen. Diese wurde unter Premierleutnant Koch und Buchwaldt verteilt, mitten im *Sandur* wurde ein Depot von Lebensmitteln errichtet, eins nordöstlich auf dem *Skeidarárjökull* und eins nördlich vom *Morsárjökull*. Die Gegend nördlich vom *Skaptafellsjökull* und die östlichen, völlig unzugänglichen Abhänge des *Öræfajökull* wurden aufgenommen, *Máfabygdir* und *Esjufjöll*. und der *Breidamerkurjökull*, so dass die Küste von *Papós* an bis *Vik* jetzt neu kartographiert ist. Von den ungeheuern Schwierigkeiten, mit der die Offiziere zu kämpfen hatten, kann man sich kaum eine Vorstellung machen. Nicht nur die reissenden Flüsse und die Sandwüste bereiten täglich neues Ungemach, sondern vor allem die gänzlich unbekannten Gletscher, wo man sich Schicht für Schicht erkämpfen muss. Bald kann man Tage lang nicht arbeiten, da keine Sonne scheint, und ist auf das enge Zelt beschränkt, dann muss man ununterbrochen 48 Stunden auf dem windumtosten Gletscher Messungen und Berechnungen vornehmen. Aber der Erfolg hat alle Mühe gekrönt, und Dänemark kann stolz auf solche Offiziere und deren Leistungen sein.

Die Strapazen des heutigen Tages und der ungewohnte Alkoholgenuss hatten mich so müde gemacht, dass ich zum ersten und einzigen Male keine Zeit mehr fand, die gewohnten Eintragungen in das Tagebuch zu machen, sondern es auf den nächsten Morgen verschob.

12. Juli.

*Svínafell* war der Wohnsitz einer der Hauptpersonen der *Njálssaga*, des *Flosi*, der durch die Macht der Verhältnisse gegen seinen Willen dazu gezwungen wurde, als Führer der Mordbrenner beim Njálsbrande aufzutreten.

Nach *Svínafell* rief *Flosi* zwei Monat vor Winters Anfang alle seine Mannen zu sich zur Fahrt nach Westen, die ihm zu folgen gelobt hatten. Sie kamen alle, ein jeder mit zwei Rossen und guten Waffen, und blieben in *Svínafell* zur Nacht. Am Sonntag liess sich *Flosi* frühzeitig Gottesdienst abhalten und ging dann zu Tisch. Nachdem er noch seinem Gesinde aufgetragen hatte, was es in seiner Abwesenheit arbeiten sollte, ging er zu seinen Pferden und ritt mit seinen Begleitern westwärts nach dem *Skeidarársandur*. *Flosi* ermahnte seine Leute, zunächst nicht mit allem Eifer zu reiten und erklärte, dass sie auch ohne übermässige Eile ihren Plan zu Ende führen würden; zugleich forderte er sie alle auf zu warten, wenn irgend einer Verlangen

---

[1]) Eine vorzügliche Karte des *Öræfajökull* und *Skeidarársandur*, aufgenommen von der topographischen Abteilung des Dänischen Generalstabes, ist soeben in Geogr. Tidskrift erschienen 1905, XVIII, Massstab 1 : 200000. J. P. Koch: Fra Generalsstabens topografiske Afdelings Virksomhed paa Island S. 1—4.

hätte, Halt zu machen. Sie ritten westwärts nach *Skógarhverfi* und kamen nach *Kirkjubær*. *Flosi* forderte alle Leute auf, in die Kirche zu gehen und zu beten und diese gehorchten. Dann bestiegen sie die Pferde, ritten hinauf ins Hochland, dann weiter nach den *Fiskivötn*, ritten etwas westlich von den Seen weiter und lenkten ihren Ritt nach dem *Mælifellssandr*, wobei sie den *Eyjafjallajökull* links liegen liessen, darauf hinab nach *Godaland*, setzten über das *Markarfljót* und kamen Montag Nachmittag gegen 3 Uhr auf dem Rücken des *Príhyrningr* an; dort warteten sie bis gegen 6 Uhr abends. Daselbst kamen sämtliche Verschworene zusammen, ausser *Ingjaldr at Keldum*. Die Sigfússsöhne schalten heftig auf ihn, aber *Flosi* ermahnte sie, auf *Ingjaldr* nicht zu schelten, solange er nicht da wäre; „aber später", sagte er noch, „wollen wir es ihm vergelten, dass er nicht kommt." Darauf ritten sie nach einer Vertiefung in dem Hügel, auf dem *Bergþórshvoll* liegt, banden daselbst ihre Rosse an und warteten, bis es stark auf den Abend ging, sie bildeten eine Schar von etwa 100 Mann (K. 126). Der Überfall selbst ist früher erzählt[1]).

Ich hatte die *Njálssaga* in der bequemen Reykjavíker Ausgabe bei mir, las das Kapitel noch einmal genau durch und versuchte auf der Karte den Weg zu verfolgen, wie er angegeben ist. Die an und für sich geringe Zeit, die *Flosi* zur Verfügung stand, wird noch verkürzt durch eine Reihe von Geschäften, die am Abmarschtage vollführt werden: Besuch der Messe, Einnahme von Speis' und Trank, langsames Reiten, wobei noch der Befehl ausgegeben wird, zu warten, wenn einer zurückbleiben muss; ausserdem hat jeder Reiter nur zwei Pferde! Und dennoch soll die stattliche Schar, die sich natürlich nicht so schnell vorwärts bewegen kann, wie ein einzelner Reiter, in kaum 1½ Tagen die weite Strecke durch unwegsames Land zurückgelegt haben! Aber auch die Marschroute erscheint unmöglich. Von *Kirkjubær*, wo noch einmal die Messe gehört wird, reiten sie wunderlicherweise auf grossen Umwegen nach Norden an den *Fiskivötn* vorbei, dann wieder nach Süden nach dem *Godaland*, und dann erst direkt nach Westen nach dem *Príhyrningr*: sie schlagen also einen möglichst weiten und auch möglichst unbequemen Weg ein, der sie noch dazu durch möglichst ungastliche Gegenden führt. Die Zeit, die Umstände und Richtung des Weges also verstossen in dem Masse gegen die Wirklichkeit, dass die Saga unmöglich in der Gegend entstanden und aufgezeichnet sein kann, von der sie handelt. Kein Landeskundiger hätte sich jemals solche Irrtümer zuschulden kommen lassen. Was anderes aber ist es, wenn, wie Kaalund annimmt (II., S. 328), der Verfasser oder Aufzeichner ein Bewohner der *Vestur Skaptafells sýsla* war, der niemals selbst weite Reisen über das Gebirge unternommen hatte, der darum die *Fiskivötn* in die Nähe des *Mælifellssandr* verlegte, also

---

[1]) Maurer, Germania VII, S. 244; Lehmann und Schnorr von Carolsfeld, Die Njálssage. Berlin 1883, S. 168; Finnur Jónsson, Oldn. Lit. Hist. II. S. 339; Finnur Jónsson, Om Njála, S. 106 (Aarb. f. nord. Oldk. und Hist. 1904, S. 89 bis 166).

ein Geistlicher war, vielleicht Abt *Brandr Jónsson* (vergl. S. 93). *Njáls* abgelegenen Wohnsitz *Bergþórshvoll* kennt der Verfasser, wie früher gezeigt ist, gleichfalls nicht aus eigener Anschauung, und selbst *Finnur Jónsson*, der viele andere Bedenken sonst durch seine scharfsinnige Untersuchung gehoben hat, muss zugeben, dass die Erwähnung der *Fiskivötn* auffallend ist, und dass der Verfasser den Weg selbst kaum gekannt hat. Wohl führt er Thoroddsens Autorität dafür an, dass der Weg mit guten Pferden sich in so kurzer Zeit zurücklegen lasse, aber der Bauer *Páll Jónsson*, den ich danach befragte, erklärte es für durchaus unmöglich, selbst für einen einzelnen Reiter und mit stets frisch untergelegten Pferden. Von einer Höhle im *Svínafellsfjall*, *Flosahellir*, wusste er mir keine Volkssage mehr zu erzählen.

In *Svínafell* spielt auch der letzte Akt des gewaltigen Dramas, das uns die *Njálssaga* vorführt. Ihr Schluss erzählt uns die Rache, die die Brandmänner für ihre Freveltat trifft.

Auf der Althingsebene kommt es zu einem Kampfe zwischen den Angehörigen des *Njáll* und den Gegnern, nachdem der Prozess für die Klagen der Verwandten des *Njáll* einen ungünstigen Ausfall zu nehmen drohte, da *Flosi* mit lauter Kniffen und Tücken vorgeht. Der Streit endet damit, dass *Flosi* und die Seinen weichen müssen und sich in die *Almannagjá* zurückziehen. Dennoch kommt es am folgenden Tage auf dem *Lögberg* zu einem Ausgleiche, und zwar infolge einer ergreifenden Rede, die der Vater eines Jünglings hält, der beim Überschreiten der *Öxará* von unbekannter Hand mit einem Speere erschossen war. *Njáll* sollte mit dreifacher, *Bergþóra* mit doppelter Mannbusse gebüsst werden, *Skarphedins* Tod sollte sich ausgleichen gegen die Ermordung des *Höskuldr Þráinsson*, *Flosi* und alle Brandstifter sollten ins Elend gehen, *Flosi* auf 3 Jahre, die übrigen durften niemals nach Island zurückkehren; wenn sie nach Verlauf von 3 Wintern nicht abgefahren wären, sollten sie vogelfrei sein. Nur *Þorgeirr Skorargeirr* und *Kári* verschmähen jede Aussöhnung, und selbst als sich ersterer später mit *Flosi* in *Svínafell* vertragen hat, weist es *Kári* schroff zurück (K. 138 ff.). Einige von den Brandmännern, die nicht im Althings-Kampfe gefallen sind, werden später getötet (vergl. S. 91).

*Flosi* ritt nach dem *Hornafjördur* und stach von hier in See. Er ging nach Rom, holte sich persönlich vom Papste Ablass und kehrte dann nach Island zurück, als er seine Strafe völlig abgebüsst hatte. Auch *Kári* hatte in Rom Absolution empfangen und fuhr mit 18 Mann nach Island zurück. Nach langer Überfahrt erreichte er *Ingólfshöfdi*; hier zerschellte sein Schiff, doch die Mannschaft konnte sich retten. Es war ein schweres Unwetter, und als die Leute *Kári* fragten, was sie tun sollten, riet er, nach *Flosis* in der Nähe gelegenen Bauernhofe *Svínafell* zu gehen, um seine Heldenhaftigkeit auf die Probe zu stellen. *Flosi* sass in seiner Stube, als *Kári* kam. Er erkannte ihn sofort, sprang auf und eilte ihm entgegen, küsste ihn und führt ihn zu seinem Ehrensitze. Nunmehr söhnten sich die beiden erbitterten Gegner von ehemals völlig aus; ja *Flosi* verheiratete sogar mit *Kári* seine Nichte *Hildigunnr*, die Witwe des *Höskuldr Þráinsson*, da inzwischen *Káris* Frau, *Helga*, *Njáls* Tochter, verstorben war. *Kári* und seine Nachkommen lebten nachmals auf Island; *Flosi* dagegen kam in hohem Alter auf dem Meere um. Er war nach Norwegen gereist, um sich Bauholz zu holen; spät im Sommer fuhr er auf lockerem Fahrzeug trotz der Abmahnung anderer zurück; von seinem Schiffe hat man nie wieder etwas gehört (K. 159). —

Der Vater oder Grossvater der Bauern von *Svinafell* war ein gemütlicher, alter Herr. Er konnte sogar ein paar dänische Brocken, und Leutnant Buchwaldts grösstes Vergnügen war, sich von ihm Schnupftabak auszubitten *(neftóbak; munntóbak* = Priem; *ad taka i nefid* = schnupfen, *ad brúka upp i sig* = priemen). Grossvater sass den ganzen Tag vor der Tür und zerschnitt mit seinem Messer die auf Island bei der ärmeren Bevölkerung ausserordentlich beliebten Kautabakrollen. Er priemte, rauchte und schnupfte zu gleicher Zeit; ja, ich glaube, er trocknete den gekauten Priem noch einmal auf, zerrieb ihn und benutzte ihn noch einmal für die Nase. Schnupftabaksdosen *(dós)* findet man nur bei den Reicheren; ununterbrochen wird der Deckel aufgeklappt, ein Prieschen herausgenommen und mit Behagen eingesogen. Die Ärmeren haben förmliche Pulverhörner *(baukur)*, die oben mit einem an einer Kette hängenden Stöpsel versehen, und da die Goldschmiedekunst auf Island ziemlich entwickelt ist, meist künstlerisch geschnitzt und mit Silber beschlagen sind. Der Schnupf- und Kautabak hat sich seit 1619 ungemein schnell eingebürgert, besonders leidenschaftliche Schnupfer nennt man *tóbaksvargur* „Tabakswölfe" (sing. tantum), *Stefán Ólafsson* (1620—1688) besang ihn sogar in mehreren Gedichten. Der Tabak wird in Rollen und Blättern gekauft, sie zerreiben ihn selbst und streuen ihn zu Hause in langen Zeilen auf die Hand, „wie es die Bewohner des bayrisch-böhmischen Waldgebirges mit dem sogenannten Presiltabak machen"[1]). Auf der Reise bringen sie mit zurückgebogenem Kopfe die Mündung des Horns unmittelbar an die Nase, stecken sie abwechselnd in das rechte und linke Nasenloch, verlieren so nichts von dem Tabak und stopfen dann behutsam das Zäpfchen wieder in die obere Öffnung. Dass die holde Weiblichkeit dieser Sitte frönt, habe ich nicht beobachtet, eben so wenig, dass sie raucht, wie bei uns so viele Gebirgsbewohnerinnen tun.

Die *Austur Skaptafells sýsla* umfasst die Bezirke: *Öræfi, Sudursveit, Mýrar* oder *Mýrnasveit* (Sümpfe), *Nes* (Landspitze), *Lón* oder *Lónshverfi*. Die ersten Ansiedler fanden den *Skeidarársandur* schon vor, sonst würde es unverständlich sein, warum sie das Land zwischen der *Skeidará* und dem *Fljótshverfi* nicht besetzten[2]). In jüngster Zeit ist die *Skeidará* dem *Öræfahreppur* immer näher gekommen und hat immer grössere Strecken des fruchtbaren Graslandes zerstört. Heute gleicht das Flachland östlich von ihr ganz dem des *Skeidarársandur*, es besteht aus Geröll der vielen Gletscherflüsse, Überrieselungen und Lagunen. Nur hier und da

---

[1]) Küchler, Gartenlaube 1892, Nr. 25, S. 423.
[2]) Die Besiedelung dieser *Sýsla* bei Schumann, S. 36 7. — Eine Beschreibung aus dem 18. Jahrhundert bei Thoroddsen-Gebhardt II, S. 266 ff., 276.

liegen kleine Oasen mitten in den Wüsten; aber die Gletscher schauen sozusagen den Bauern hier in die Fenster und Türen hinein, und auf ihnen und unter ihnen droht einer der gefährlichsten Vulkane Islands. Die Bewohner wissen es freilich nicht anders, sie sind mit all den Gefahren so vertraut, dass man sich ihnen unbedenklich anvertrauen kann. Ihre Wohnungen sind so sauber wie aller Orten auf Island; da Zimmerholz schwer zu transportieren ist, verwendet man zum Häuserbau meist Treibholz, das ausgezeichnete Dienste tut; nur Wassergläser habe ich vermisst, Milch und Wasser wurde mir meist in Tassen angeboten[1]). Ihre allgemeine Bildung steht hoch über der der Bauern in abgelegenen Gegenden Deutschlands. Der Bauer in *Reynivellir* hatte eine grosse Karte von Europa in seiner Stube und verfolgte mit sichtlichem Verständnis meine Reise von Torgau über Berlin, Kopenhagen, Edinburgh bis *Reykjavík*. Er hatte mich für einen Schweizer gehalten, in dem leicht erklärlichen Irrtum: Torgau sei der Thurgau. In *Fagurhólsmýri* fand ich zwei Bände lyrische Gedichte von *Matthias Jochumsson*. Mancher alte Aberglaube lebt hier noch fort, besonders unerschütterlich der Glaube an Elfen: sie behaupten, ihnen oft begegnet zu sein, Klippen und Felsen seien von ihnen bewohnt. Die Lage eines Wohnhauses darf nicht verändert werden, sonst käme ein Bergsturz und risse das Haus ein. In den Flüssen hausen Wassergeister, auf den Bergen und Gletschern Riesen und Ächter, in ungeteilte Schafpelze gekleidet, die zottigen Haare hängen ungekämmt in langen Strählen auf den Rücken. Hoch oben im *Vatnajökull* liegen die *Máfabygdir* (Mövenkolonien), Felsenvorsprünge, auf denen Möven und Gänse nisten; hier sollen Ächter hausen; einige Leute, die mit einem Priester 1850 hier oben den Vögeln nachstellten, behaupteten, ihre Wohnungen gesehen zu haben und kehrten entsetzt um.

Wenn man, im Begriffe, auf das Meer zu gehen, beim Verlassen des Gehöftes strauchelt, so hat man Glück bei seinem Unternehmen, z. B. beim Fischfange *(fall til fararheilla* = die Fahrt bedeutet Glück); kommt man aber vom Meere nach Hause und fällt dabei zu Boden, so bedeutet es Unglück. Als ich nach *Fagurhólsmýri* kam, begrüsste mich der Bauer mit den Worten: sein Hund habe ihm meine Ankunft prophezeit *(spá gestum)*. Ich konnte nicht recht klug daraus werden, ob nicht der Bauer einen Spass mit mir machte, oder ob seine Äusserung ernst war; denn nachher stellte sich heraus, dass er meine Ankunft in einer *Reykjavíker* Zeitung gelesen hatte, und er vermutete natürlich, dass ich nach alten Glaubensresten fahnden würde. Aber als ich in ihn drang, nannte er mir ähnliche Ausdrücke, die den alten Glauben bekunden, dass die Tiere

---

[1]) Wie ich aus den *Fjárlög* für 1906/7 ersehe, suchen die Bewohner jetzt einen Arzt für sich, und die Regierung hat jährlich 150 Kr. Unterstützung bewilligt.

im Hause es prophezeien, ob der oder jener Gast kommt. Liegt der Hund z. B. auf dem Boden und schläft, den Kopf zwischen die Beine vergraben, so kommt ein Mensch aus demselben Bezirke; hat der Hund aber den Kopf auf die Vorderbeine gelegt, so kommt ein Fremder aus einem andern Bezirke. Lässt sich das Feuer auf dem Herde schlecht anmachen, so sagt man wohl: *eldur spáir gestum* (das Feuer prophezeit Gäste).

Die alten Nordleute hatten den Glauben, jeder Mensch habe seine *Fylgja* (Folgerin); gemeint ist entweder das zweite Ich des Menschen, das sich im Schlaf oder kurz vor dem Tode von ihm trennte und sichtbar wurde, oder die Seele des Ahnen, die als Schutzgeist dem Geschlechte folgte. Ich will nicht behaupten, dass diese alte Vorstellung noch heute geglaubt wird, aber bekannt ist sie jedenfalls noch in der ganzen *Sýsla*, und der sprachliche Ausdruck dafür lebt zum mindesten noch fort. Der eine hat eine gute, der andere eine böse *Fylgja*. Diese gehen dem Menschen voraus und kommen eher als dieser selbst nach dem Gehöft. Oft üben sie einen Einfluss auf andere aus, bewirken z. B., dass die Leute auf der Farm auffallend schläfrig werden; diesen Einfluss der Fylgjen nennt man noch heute wie im Heidentum *adsókn* (Angriff) und das dazu gehörende Verbum *adsækja ad*.

Während in der Mitte des vorigen Jahrhunderts Taschenuhren noch sehr selten waren — höchstens besassen der Pfarrer und der *Sýslumadur* eine solche — sind sie jetzt allgemein verbreitet, und selbst Knechte und Tagelöhner haben ein *úr;* Wanduhren sind fast auf jedem Gehöfte *(klukka)*. Darum war mir die Art und Weise interessant, wie man hier noch heute die Zeit bestimmt und nennt. Da in dieser abgelegenen *Sýsla* Taschenuhren noch verhältnismässig selten sind, berechnet man die Zeit nach dem Stande der Sonne am Himmel, oder wie sie ihre Schatten auf Felsen wirft. Die Zeit des Sonnenaufganges *(sólaruppkoma)* ist natürlich verschieden nach Ort und Zeit, die Bezeichnung erfolgt je nach dem Stande der Sonne:

6 Uhr morgens = *midur morgun*, ca. 9 Uhr = *dagmál* (mál = Anfang)
12 Uhr = *hádegi*   ca. 2 Uhr = *midmunda*
3 Uhr = *nón*   6 Uhr = *midaftan*.

Der Sonnenuntergang heisst *sólarlag*. Die Zeit, wenn man, natürlich nur an hellen Tagen, bei wolkenlosem Himmel, nicht mehr Licht am westlichen Himmel sieht, nennt man *dagsetur;*

9 Uhr abends = *náttmál*, 12 Uhr nachts = *midnótt, midnætti,* 3 Uhr morgens = *ótta*. Die dazwischen liegenden Stunden werden zuweilen nach Tagesachteln berechnet *(eyktamörk)*.

Mit *vaka* („wachen", im Gegensatze zu „schlafen") bezeichnet man die Zeit im Winter, wo man des Abends bei Licht arbeitet, gewöhnlich von 6 Uhr nachmittags an bis 11 oder 12 Uhr nachts.

Dann wird das Licht ausgelöscht, und die Zeit, da man zu Bett geht, heisst *vökulok* (Schluss der *vaka*). Die Zeit endlich von Sonnenuntergang bis zum Beginne der *vaka* nennt man *rökkur* (Dämmerung, vergl. *Ragnarökkr* = Götterdämmerung, Missverständnis für *Ragnarök* = Göttergeschick, Götterende).

Wohl auf der ganzen Insel verbreitet ist die Redensart: ein tüchtiger Bauer soll darauf aufpassen, dass die Wanduhren seines Gehöftes vorgehen, damit die Leute nicht allzulange am Morgen in den Federn liegen. Am Abend reguliert ja das Tageslicht von selbst die Arbeitszeit. Man trifft im Innern, namentlich im Sommer, Uhren, die ein bis zwei Stunden vorgehen. Eine solche Uhr heisst *búmannsklukka*, *búmadur* bedeutet dabei nicht „Bauer" überhaupt, sondern einen tätigen Bauern.

An volkstümlichen Spielen habe ich nur zwei kennen gelernt: beim *hnefaleikur* schlagen sich zwei Gegner mit der geschlossenen Faust gegen die Stelle, wo Nagel und zweites Glied sind; es ist verboten, auf den Handrücken oder das dritte Glied zu zielen; oft genug fliesst dabei Blut von den Knöcheln; beim Fingerspiel *(krókur)* stecken die beiden Gegner den Mittel- oder kleinen Finger ineinander und suchen so einander von der Stelle zu ziehen. Wenn ich nicht irre, gibt es in Bayern und Tirol etwas ähnliches (Hakeln?).

Auf eine hübsche Weise erfuhr ich, dass man mir nach guter, alter Sitte einen, übrigens recht schmeichelhaften, Beinamen beigelegt hatte. Derselbe Bauer, der mich damit aufgezogen hatte, dass ihm sein Hund mein Kommen gemeldet hatte, fragte mich spitzbübisch lächelnd: in Deutschland gäbe es wohl viele Tauben, und ich ässe wohl mit Vorliebe Taubenherzen. Da ich ihn durchaus nicht verstand, drang ich in ihn, mir zu sagen, was er meinte, und so in die Enge getrieben, erwiderte er: es wäre Glaube, dass, wer Taubenherzen ässe oder getrocknet bei sich trüge, sich die Liebe aller Menschen erwürbe: — mein Beiname war *Páll hinn ástúdlegi*.

Zwei sprichwörtliche Redensarten mögen den Schluss bilden: *Gull reynist í eldi, gedprýdi í mótlæti* = Gold bewährt sich im Feuer, Gleichmut in Sorgen. *Ad vatna músum* (den Mäusen Wasser geben) sagt man vom Weinen der kleinen Kinder.

Man sieht an dieser dürftigen Ausbeute, die allerdings durch zahlreichere andere Zeugnisse dieses Buches bedeutend anwächst, wie irrig die übliche Vorstellung ist, nach der Island ein lebendiges Repositorium uralter Überlieferungen sei, die aus der grauesten Vorzeit ohne alle Unterbrechung bis in die Gegenwart hinabreichen (Maurer, Germania IX, S. 233). Leider ist zu befürchten, dass, wer nach 25 Jahren kommt denselbigen Weg gefahren, überhaupt nichts Altertümliches und Eigenartiges mehr findet, dass dann auch Island in den grossen alles verwischenden und gleichmachenden Kulturstrom untergetaucht ist.

Da wir nur einen kurzen Tagesritt vorhatten, nahmen wir von dem Bauern in *Svinafell* und dem liebenswürdigen dänischen Offizier erst spät Abschied. Nach kurzer Zeit, nachdem wir sechs oder sieben Flüsse überschritten hatten, darunter die *Virkisá vestri* und *eystri*, die vom *Falljökull* entspringen, machten wir vor dem Pfarrhofe *Sandfell* Halt, der in einer grünen Oase am Fusse des *Öræfajökull* liegt; aber zu beiden Seiten lagen Gletscher, aus denen Gletscherstürze die Niederungen mit Felsstücken, Schutt und Sand

Fig. 82. Inneres der Kirche zu Sandfell.

überschwemmt haben. Die Wärme ist hier bedeutend grösser als sonst in der Umgegend; im März 1902, der besonders strenge Kälte aufwies, waren in *Sandfell* nur 6° Kälte, weiter östlich aber 18°. *Sandfell* ist die einzige Stelle in der *Skaptafells sýsla*, wo meteorologische Beobachtungen vorgenommen werden. Die Kirche ist auch wahrscheinlich die einzige noch erhaltene, die fast ausschliesslich aus Gras hergestellt ist. Da ich früher das Äussere der Kirche abgebildet gegeben habe (I, S. 324), mag hier eine Photographie des Innern folgen (Fig. 82). Man sieht, es ist nicht viel grösser als eine *Badstofa* und kann vielleicht 20 Personen fassen. Auf dem Altare standen zwei alte Messingleuchter; unter dem Dach im Innern hingen zwei Glocken, deren gedämpfter Schall durch das Ziehen an zwei dünnen Stricken hervorgerufen wurde. Im übrigen war das Kirchlein peinlich sauber wie ein Schmuckkästlein.

Zwischen den mächtigen Eisarmen des *Breidamerkurjökull* im Osten und des *Skeidarárjökull* im Westen erhebt der *Öræfajökull*, in Wirklichkeit ein kolossaler, eisgepanzerter Vulkan, seine schöne, weisse Kuppel. Er gehört zu den 24 Gletschern, die sich vom Südrande des *Vatnajökull* zwischen *Lón* und *Skeidará* fast aus jeder Bergkluft abwärts erstrecken und sich kuchenförmig auf den unterhalb liegenden Gerollflächen ausbreiten. Er ist aus Tuff- und Breccieschichten aufgebaut, die vom Zentrum aus abfallen; an seiner südöstlichen Seite finden sich auch ziemlich viel Liparit-Einlagerungen und Lavaströme mit Gletscherschliffen, die bis zur Küste hinabreichen und beweisen, dass der Vulkan schon während der Eiszeit tätig war. Von ihm erstrecken sich acht Gletscher herab, drei nach Osten, drei nach Westen und zwei nach Süden; im Westen: *Svínafells-*, *Virkis-* (oder *Fall-*), *Kotárjökull*, im Süden: *Hólár-*, *Stígárjökull*; im Osten: *Kvíár-* und der östliche und westliche *Hrútárjökull*. Diese sind bei den Ausbrüchen des Vulkans geschmolzen und haben grossen Schaden verursacht; jeder Ausbruch hat weite Strecken mit mächtigen Felsblöcken bedeckt, die die Gletscher mit sich führten, wenn sie bei den vulkanischen Eruptionen halbgeschmolzen in die Niederungen hinabglitten.

Von *Sandfell* aus unternahmen der Engländer F. W. Howell am 17. August 1891 seine Besteigung des *Öræfajökull*, die er in 24 Stunden ausführte, und der junge dänische Arzt Chr. Schierbeck am 30. Juni 1899, der diese Spitze des *Hvannadalshnúkur* (Gipfel über dem Angelikatale) auf einem leichteren Wege erreichte. Den südlichsten, steilen, sargförmigen Gipfel *Hnappur* (Bergknoten, 1851 m) hatte bereits der isländische Arzt *Sveinn Pálsson* am 11. August 1794 erstiegen, und der schneefreie *Hvannadalshnúkur* war schon 1813 zum ersten Male vom Hauptmann Frisak bezwungen, der an der grossen Höhenmessung von ganz Island zu Anfang des 19. Jahrhunderts teilnahm. Jetzt hat auch der dänische Generalstab die Höhe des *Hvannadalshnúkur* mit 2119 m festgestellt und diesen Gipfel damit als den höchsten Punkt der Insel erwiesen.

Von den vier Ausbrüchen des *Öræfajökull* in den Jahren 1341, 1350, 1598 und 1727 wird der erste zugleich mit einer Eruption der *Hekla* in den *Skálholter* Annalen erwähnt. An ihn haben sich einige Volkssagen angeknüpft, die bei den Bewohnern noch heute im Umlauf sind:

Der Hirt *Hallur*[1]) vom Bauernhofe *Svinafell* hatte die Melkschafe heimgetrieben, und die Mägde waren gerade dabei, sie zu melken. Da hörte man einen Knall vom Gletscher her und gleich darauf noch einen. Da sagte *Hallur*, es würde kaum geraten sein, noch auf den dritten zu warten und lief davon, was er konnte, zu dem Berge in der Nähe und versteckte sich in der Flosahöhle. Sogleich hörte man den dritten Knall, der Gletscher stürzte vor und fegte den ganzen Bezirk fort; *Hallur* war der einzige, der mit dem Leben davonkam. Man sagt auch, dass ein Pferd, eine Blässe, das oben auf der Felsspitze bei *Fagurhólsmýri* stand, die seitdem *Blesaklettur* hiess, entkam. Als einige Reisende später hier vorbeikamen, stand das Pferd noch auf der Klippe; aber als sie es fangen wollten, wurde es so scheu, dass es herabstürzte und starb. Von der Gletscherflut, die Häuser, Menschen und Vieh fortfegte, wurden zwei Kirchspiele (*Hof* und *Raudilækur*) mit 40 Gehöften und zwei Pfarrhöfen vollständig zerstört.

Die Gegend bei *Sandfell* war die einzige Oase des heutigen Tages. Ununterbrochen führte uns der Weg am Fusse des schmutziggrauen, hässlich anzuschauenden Gletschers entlang über eine lange Geröllwüste, die durch Gletscherstürze des 14. und 16. Jahrhunderts entstanden ist. Von den vielen Flüssen, die wir durchritten, konnte ich nur einige Namen erfahren: die *Kotá*, östlich von *Sandfell*, und die *Gljúfursá*, westlich von *Fagurhólsmýri*. Das Wetter hatte sich aufgeklärt, wir konnten *Ingólfshöfði* deutlich sehen, eine frei stehende Klippe an der Küste, und bemerkten mehrere Dampfer auf dem Ozean. Zuletzt ging es über ganz mit Wasser bedeckte Wiesen einen kleinen Bergrücken hinan, und wir waren in *Fagurhólsmýri*, wo uns *Ari Hálfdanarson* mit wohltuender Herzlichkeit aufnahm, ein wackerer und gutunterrichteter Mann, der uns bereitwillig über alle Fragen Auskunft erteilte. Er ist Posthalter und *Hreppstjóri*, d. i. Gemeindevorsteher. Diese werden von den Bauern gewählt — auf eine der 22 *sýslur* kommen je 5—12 Gemeinden, *hreppur*, pl. *hreppar* — und unterstehen dem *Sýslumadur*, ihnen liegt besonders die Armenpflege ob, ein noch heute wunder Punkt auf Island. Armenhäuser gibt es nicht, auf die 80000 Einwohner kommen rund 2300 Ortsarme, die dadurch den Gemeinden erwachsende Last wird also recht fühlbar, ja, die Armenlast ist die empfindlichste von allen Lasten auf Island. Die gänzlich Mittellosen werden, wie das früher auch in Deutschland der Fall war, meist gegen Entgelt in Privathäusern untergebracht, erhalten auch wohl im eigenen Heim Unterstützungsgelder ausgezahlt. Da die Ortsarmen sehr gut behandelt werden, hat der Gedanke, Unterstützungen zu empfangen, nichts Abstossendes, und das mag wohl eine Hauptursache sein, dass ihre Zahl so sehr gross und ihr Unterhalt die schwerste Last ist, die der Steuerzahler zu tragen hat:

---

[1]) Storm, Isl. Annalen, Kristiania 1888, S. 226. — Nach anderer Sage hiess der Mann *Flosi*. Da nun bei *Svínafell* eine Flosihöhle liegt, und die Tradition nichts von dem Helden gleichen Namens aus der *Njálssaga* zu erzählen weiss, so vermute ich, dass der *Flossahellir* nach dem Hirten benannt ist.

jeder Ortsarme erhielt 1895 durchschnittlich 66 Kr.; dazu kommen die Begräbniskosten für die Gemeindearmen, die Kosten für Abschiebung von Mittellosen und Unterstützungen und Darlehen an Mittellose, die keineswegs immer zurückerstattet werden. Etwas grössere Strenge gegen arbeitsscheues Gesindel wäre wohl am Platze: mancher Arme, der auf Island nicht mehr arbeiten konnte und nach Amerika abgeschoben wurde, hat dort schnell das Arbeiten wieder gelernt und schlägt sich dort ganz anständig durchs Leben. — Eine Altersversorgung besteht seit 1891. „In jeder Stadt und in jeder Landgemeinde ist eine Kasse gegründet worden, und alle Personen, die in einem Dienstverhältnis leben oder allein stehen (abgesehen von besonderen Verhältnissen), von dem 20. bis zum 60. Lebensjahre, ebenso auch Kinder, die noch im Elternhause sich aufhalten, sind verpflichtet, jährlich eine Summe in diese zu zahlen, und zwar die männliche Person 1 Kr., die weibliche 30 Öre. Zehn Jahre nach der Gründung dieser Kassen wird dann die Hälfte sowohl von den Zinsen, wie auch von den Jahresbeiträgen an kränkliche und altersschwache Arme, die in der betreffenden Gemeinde wohnhaft sind und keine anderweitige Gemeindeunterstützung beziehen, verteilt, wenn sie jemals zu den Klassen gehört haben, die zu der Kasse beitragpflichtig sind. Die andere Hälfte von den Zinsen und den Jahresbeiträgen wird stets zum Kapital geschlagen, so dass dieses mit der Zeit sehr anwachsen wird und eine beträchtliche Summe zur Unterstützung altersschwacher Personen zur Verfügung steht. Hier ist also ein grosser Schritt vorwärts getan und gut für die Zukunft gesorgt"[1].

*Fagurhólsmýri* ist das südlichste Gehöft im *Öræfahreppur* und liegt auf dem Höhenzuge, der sich zwischen *Hnappavellir* und *Hof* vom *Öræfajökull* erstreckt. Unmittelbar neben der Farm, die von zwei Familien bewohnt wird, zusammen von 20 Menschen (250 Schafe, 15 Pferde, 10 Kühe), liegt die etwa 16 m hohe Felsspitze *Blesaklettur*; senkrechte Doleritfelsen mit undeutlichen Eisschrammen erheben sich nach dem flachen Küstenlande zu. Da wir sehr zeitig ins Quartier gekommen waren, Ögmundur mit den Pferden und der Bauer mit der Ernte zu tun hatten, war es mir sehr lieb, von ihm die Gedichte von *Matthías Jochumsson* zum Lesen zu bekommen (*Ljóðmæli I. Seyðisfjörður* 1902). Das Buch enthielt vor allem Übersetzungen, von Ibsen: *Þorgeirr í Vík* (Terje Vigen), Abraham Lincolns Ermordung, Der Bergmann *(brestu fjall við harðvig högg)*, Lichtscheu; von Chamisso: Frauenliebe und Leben, von Horaz: Integer vitae, Persicos odi, O Venus regina, Sic te diva potens; ausserdem Tennyson, Poe, Shelley, Longfellow; von eigenen Dichtungen: Das Polareis, An *Hallgrímur Pjetursson*.

---

[1] *Valtýr-Palleske*, Die Fortschritte Islands, S. 24.

13. Juli.

Als ich um 6 Uhr ins Freie trat, war der Bauer schon wieder bei der Heuarbeit. Er zeigte mir die Stelle, wo der „Friedrich Albert" gestrandet war: hätten sich die armen Schiffbrüchigen nach Osten gewendet, so wären sie in einem Tage in *Fagurhólsmýri* gewesen. Klar und scharf hob sich in der hellen Luft das Vorgebirge *Ingólfshöfdi* ab.

Hier war der fromme *Ingólfr* gelandet, da er die Hochsitzsäulen, die er ins Wasser geworfen hatte, bei einem Sturm aus den Augen verloren hatte. Westlich vom Kap bildet heute die *Skeidará* eine riesige, seichte und hässliche Lagune von rotbrauner Farbe (*Markós*). Der Fluss hat sich immer mehr nach Osten, nach dem Bezirk *Öræfi* vorgeschoben — das Dörfchen und die Annexkirche von *Sandfell*, *Hof*, haben dadurch immer mehr von ihrem Graslande verloren —, und ergiesst jetzt seine Hauptwassermasse östlich von *Ingólfshöfdi*.

Nach *Arni Magnússon* war das Vorgebirge fast ganz mit Gras bewachsen und bloss im Norden kahl, nur an 2 Stellen konnte man es zu Pferde besteigen, sonst aber bestand es aus einem Felsen mit Namen *Selasker* (Robbenschäre). Daselbst soll früher ein Kauffahrteischiff geankert haben. 4 Fischerhütten lagen auf dem Kap. Von dem Fjord, der früher hier gewesen sein soll, sah man keine Anzeichen mehr. Auf dem Strande ging man im Sommer fast ganz rings um das Vorgebirge den Vögeln nach. Auf dem östlichen Strande stand ein mächtiger, einzelner Fels, dessen obere Hälfte mit Gras bewachsen war (*Borgarklettur* = Burgfels[1]). Bis 1700 hing also die Landspitze, die nach dem Meere hinaus von steilen Felsen eingefasst ist, während sie nach dem Lande zu steil abfällt, hier mit dem Lande zusammen, westlich davon war ein schiffbarer Fjord, und man zeigte vor kurzem noch einen Felsen mit einem Loch, durch das die Landungstaue befestigt wurden. Heute ist durch den niederen Wasserstand und die Untiefen alle Schiffahrt unmöglich geworden, und die *Skeidará* hat soviel Sand und Schlamm ins Meer gewälzt, dass jede Fischerei aufhören musste. Dafür ist der Vogelfang auf *Ingólfshöfdi* recht ergiebig. Noch vor kurzem konnte man freilich wenig Gebrauch davon machen, da das Wasser für die Kähne meist zu flach und der Grund für die Pferde zu schlammig war. Oft musste man in den Lagunen einen halben Tag hin und her kreuzen, bis man leidlich feste Stellen fand, auf denen die doch an die schlammigen Gletscherflüsse gewohnten Bauern nach der Landspitze gelangen konnten. Seit 1902 aber kann man von *Fagurhólsmýri* in 1½ Stunden bequem dahin über den Sumpf reiten. Wenn die Vögel die Felsen entlang streichen, werden sie mit Netzen gefangen, die an lange Stangen befestigt sind, oder die Leute lassen sich an Seilen herab, um die Seevögel zu erreichen, Eissturmvögel, Lummen, Nordseetaucher, Papageitaucher, dreizehige Möven, dünnschnäblige Lummen und Tordalke. Noch im Mai 1902 lag das Treibeis, das die ganze NW., N. und Ostküste blockierte, auch an der Südküste und selbst vor *Ingólfshöfdi*. Der Mangel an Lebensmitteln machte sich recht fühlbar, Mehl war selten, Kaffee und Zucker gab es kaum irgendwo. Erst Ende Mai verschwand das Eis, und mit Ungeduld und Sehnsucht erwartete man das nächste Handelsschiff im *Hornafjördur*. Im Jahre 1882 waren bei derselben Gelegenheit einige **Eisbären** an der *Austur Skaptafells sýsla* ans Land gekommen, fühlten sich aber offenbar unbehaglich und verschwanden spurlos. Drei Bären kamen nach dem *Hornafjördur*, wovon einer erlegt wurde; bei *Borgarhöfn* zeigten sich 2, in *Uppsalir* zerriss ein Eisbär ein weibliches Schaf. Seitdem hat man von diesen ungebetenen Gästen nichts wieder gehört, und 1902 scheint keiner der Südküste einen Besuch abgestattet zu haben.

---

[1] Thoroddsen-Gebhardt II, S. 267, 268.

Unser Führer *Páll Jónsson* aus *Svínafell* war schon um 7 Uhr zur Stelle. Wir ritten den Gletscherfuss entlang und kamen in einer halben Stunde nach *Hnappavellir*, einer Ansiedlung von 8 Familien, mit ca. 50 Menschen, 50 Pferden, 20 Kühen und 600 Schafen. Jede Familie hat ihren eigenen Hof, der aus vielen kleinen Gebäuden und Ställen besteht; die Zahl der Bauten ist darum mindestens ebenso gross wie die der Bewohner. Alle liegen dicht zusammen auf einem grossen *Tún*, das in der Regel nicht besonders für jeden abgezäunt ist, obwohl jeder genau weiss, welcher Teil der Hauswiese sein Eigentum ist. Eine neue Abteilung des Generalstabes hatte hier zwei Zelte aufgeschlagen, aber die Herren schliefen noch, und wir wollten sie nicht stören. Spuren ihrer Tätigkeit zeigte der folgende Weg: überall waren kleine Warten errichtet, auf denen lustig Fähnlein in den dänischen Farben flatterten. Bei *Hnappavellir* beginnt der Bezirk *Sudursveit* mit seinen nur schmalen Gletschern, da sich ihnen vorspringende Berge entgegen stemmen, und eine der längsten Sandstrecken Islands, der 40 km lange und sehr schmale *Breidamerkursandur* (ca. 160 qkm): er besteht aus grobem Geröll und etwa faustgrossen Rollsteinen, zwischen denen meist feiner Sand lagert, und bietet somit den Pferden nicht geringe Schwierigkeiten, da sie fortwährend straucheln. Da Gletscherläufe hier selten sind, zeigt dieser *Sandur* mehr Pflanzenwuchs als der *Skeidarársandur*. Zunächst ritten wir an zwei kleineren Gletschern vorüber, dem *Hólár*- und *Stigárjökull*, die fast bis auf das Flachland reichten, und passierten fortgesetzt eine Menge kleiner, reissender Gletscherbäche, darunter die *Kvíá vestri* und *eystri*; einer war so tief, dass der isländische Student ohne weiteres seine Stiefel auszog und über den Rücken hängte. Ein eisiger Wind hatte allen Nebel verscheucht und zeigte uns den *Vatnajökull* in seiner ganzen ungeheuern Pracht und Majestät, mit seinen riesigen gezackten Bergen und kolossalen Schneefeldern; am Strande sahen wir zwei Wracks liegen, darunter ein grosses Segelschiff. Gegen 3 Uhr machten wir gegenüber dem *Breidamerkurjökull*, der ganz aus Palagonitbreccie besteht, und den *Sudursveitarfjöll* Halt, um uns für den Übergang über die *Jökulsá á Breidamerkursandi* zu stärken. Die Gletscher auf dem *Breidamerkur* befinden sich in den letzten zwei oder drei Jahrhunderten in beständigem Vorrücken und haben sich nie zurückgezogen. Thoroddsen vergleicht ihn treffend mit einem 100—200 m dicken, graulichweissen Eisschilde, der unten auf dem flachen Lande liegt. Der Hauptstrom ist nur 6 km breit. Das Ende des Gletschers, der eigentlich durch Zusammenschmelzung von drei Gletschern entstanden ist, und dessen Rand eine Länge von 20 km hat, lag in der Mitte des 18. Jahrhunderts 7 km von der Küste entfernt, jetzt aber ist er dem Meere so nahe gerückt, dass seine äusserste Spitze nur 256 m vom Meeresstrand entfernt ist, und das Gletscherende jetzt nur 9 m über der Meeresfläche liegt. Ein wenig westlich von dem niedrigsten Gletscherende strömt die *Jökulsá á Breidamerkursandi* hernieder. Schon lange, ehe wir den Strom selbst gewahr wurden, sahen wir seine Wellen sich weit über die Ufer erheben, und ein Blick auf die fürchterliche, wild einher tosende Wassermasse zeigte uns, dass ein Durchreiten völlig unmöglich war.

Diese *Jökulsá* ist so recht der Typus eines der gefürchteten Gletscherflüsse, ja sie gilt wegen ihrer Wassermenge und wegen der Eisstücke, die sie mit sich führt, sogar als Islands gefährlichster Fluss. Sie stürzt wie durch eine Kloake unter dem Rande des Gletschers hervor und eilt, sich über die Sandfläche weit verzweigend, zur Küste hinab. Da der Weg bis zu ihrer Mündung im Meere so kurz ist (ca. 1½ km), so wird die Strömung sehr reissend. Bei Regenwetter schwillt sie nicht an, aber bei einem mit Sonnenschein begleiteten Südwestwinde wächst sie nicht nur durch das stärkere Schmelzen des Eises, sondern auch dadurch, dass die starken Brandungen des Meeres den Fluss in seiner heftigen und reissenden Fahrt hindern (Olafsen-Povelsen II, S. 60, § 783). Der Lauf der *Jökulsá* ist sehr veränderlich; bisweilen breitet sich die gewaltige Wassermasse über grosse, grosse Strecken aus, andere Male wieder hat sie sich eine tiefe Rinne in den Grus gegraben und ist dann so tief, dass sie überhaupt nirgends zu passieren ist: dann müssen die Reisenden über den Gletscher selbst gehen oberhalb des Ursprungs des Flusses, und das kann natürlich recht beschwerlich werden; man nennt das einen Fluss „*á undirvarpi*" passieren. Die bräunlichgelbe Wassermasse sprudelt schäumend aus dem Gletschertor heraus, das eine ganz erstaunliche Ähnlichkeit mit der Felsbildung auf Prellers Gemälde aufweist „Odysseus Gefährten schlachten die Rinder des Helios", wie ein wallender, riesiger *Geysir*; grosse, grosse schwarze Eisstücke werden vorwärts und rückwärts geschleudert, bis sie vom Strome gefasst und nach dem Meere geführt werden; die grössten Eisklumpen stehen hier und da auf dem Boden fest, bis auch sie aufgelöst und fortgeschwemmt werden. Wenn sich der Fluss über sein ganzes Bett in vielen Armen ausbreitet, kann man ihn zu Pferde passieren; aber das ist in einem warmen Sommer meist lebensgefährlich; nur die in allernächster Nähe wohnenden Bauern sind mit den Stromverhältnissen so genau bekannt, dass sie mit unsäglicher Mühe die Reisenden hinüber lotsen können. Man erzählt, dass einst, als die *Jökulsá* stark geschwollen war, aber doch sich über eine grössere Strecke ausbreitete, eine Handelskarawane acht Stunden zum Übergange gebrauchte. Dabei wurden die Lasten von 17 Pferden herabgeschleudert, ein Mädchen wurde vom Strome mit fortgerissen, aber auf eine Sandbank geworfen und so gerettet, ihr Pferd ertrank.

Den ganzen nächsten Tag gebrauchte man dazu, 14 Pferdelasten zu bergen, 3 waren vollständig verloren. Man kann sich denken, wie mühsam es für die Bewohner so entlegener Gegenden ist, sich Waren von den Handelsplätzen zu holen. Denn wenn auch die Reisen nach *Vik* oder *Hornafjördur* „nur" sechs bis acht oder zehn Tage dauern, verderben die Waren doch mehr oder weniger in den vielen Flüssen, die zu durchreiten sind; das Korn muss später getrocknet werden, andere Sachen werden völlig unbrauchbar. Man sagt, dass Pferde, die öfter diese *Jökulsá* passiert haben, anfangen sich zu schütteln, wenn sie sich dem Flusse nähern. Ein Bad in dem eiskalten Wasser muss auch durch Mark und Bein gehen, denn der Fluss hat da, wo er dem Gletscher entspringt, nur eine Temperatur von $1^0$ C.

Wie erwähnt, hat man in den letzten Jahren vorgezogen (ich glaube seit 1892), mit den Pferden über den *Breidamerkurjökull* zu gehen, und der nächstwohnende Bauer hat darum den Auftrag bekommen, und eine Unterstützung dazu, den sogenannten Gletscherweg instand zu halten; d. h. er soll eine genügend grosse Anzahl Holzbretter bereit halten, um sie über die grössten Risse im Eise zu legen. Wenn man sehr grosses Glück hat, kann man auf diese Weise in 25 Minuten den Gletscher unmittelbar am Fusse der *Jökulsá* passieren, meist aber dauert es weit länger; denn man muss, um die grossen Spalten und die glatten Eisrücken zu umgehen, weite Umwege oben über den Gletscher machen, so dass man 5—6 Stunden gebrauchen kann; es beansprucht auch geraume Zeit, die Holzbrücken nachzuschleppen, um sie da anzubringen, wo sie nötig sind, oder die Pferde mit Peitschenknall und -schlag und lautem Ruf „Hoho, topp, topp, topp!" anzuspornen, über die Risse in kühnem Schwunge zu springen. Zuweilen kommt es auch vor, dass die Pferde in eine Gletscherspalte stürzen; sie sind dann natürlich verloren und müssen erschossen werden. Wir hatten versprechen müssen, für den Verlust eines jeden Pferdes aufzukommen; aber alles ging glücklich von statten, und nach etwa zwei Stunden lag der gefürchtete Gletscher und Fluss hinter uns.

*Páll Jónsson* war vorausgeritten, um mit seinem Eispickel den Gletscher zu untersuchen; am Fusse des Gletschers hatte er einige hölzerne Bretter verborgen, die er jetzt hervorholte. Anfang und Ende des Gletschers waren ganz schwarz von Dreck und Grus, und die Oberfläche war sehr uneben wegen der zahlreichen Rücken, Spitzen und Kämme, zwischen denen man die Pferde vorsichtig am Zügel hindurch führen musste (Fig. 83). Beim Aufstieg war das vorderste Pferd ausgeglitten, und das hatte die anderen scheu gemacht. Meist war der Grus so dick, dass sie festen Boden unter den Füssen hatten; einige Male aber war es so glatt, dass es für die armen Tiere, die nicht mit scharfen Eisen versehen waren, sehr schwierig war, von der Stelle zu kommen. Die Spalten waren meist so schmal, dass sie leicht hinüberspringen konnten, und wir hinterher, natürlich ohne durch ein Seil verbunden zu sein. An einzelnen Stellen aber mussten wir doch über eine breite, tiefe Rinne eine Brücke legen. Die Führer hieben mit der Axt Stücke vom Rande der Spalte los, damit die Brücke gehörig fest lag, und dann wurden die Pferde einzeln hinübergeführt. Das dauerte doch geraume Zeit, da die vorsichtigen Tiere erst die Brücke beschnüffeln mussten, bis sie sich auf sie wagten, aber zuletzt kamen alle sechs Reiter und achtzehn Rosse glücklich hinüber.

Am Ende des Gletschers befanden sich wieder die schon mehrfach erwähnten trichterförmigen Gletscherlöcher, doch stammen diese

Fig. 83. Übergang über den Breidamerkurjökull.

wohl aus sehr alter Zeit, da sie rings mit uraltem, verwittertem, gelbweissem Moose bewachsen waren.

Über Steine, Ströme und tief mit Wasser bedeckte Wiesen ging es im frischen Galopp nach *Reynivellir;* wie marmoriert sieht die nackte Lehm- und Sandfläche aus, gelbliche Wasserbäche durchziehen den *Sandur* weit und breit wie Adern. Etwa 20 Minuten vom Gehöft entfernt trafen wir den Bauern und *Hreppstjóri Eyjólfur Runólfsson.* Kaum hatte er vernommen, dass wir bei ihm absteigen wollten, da stob er von dannen, um, wie der Führer ihm lachend hinterherrief, die gute Stube zu putzen. *Reynivellir* liegt auf einer grünen Ebene am Fusse schwarzer, steiler Bergabhänge. Nach Süden erstrecken sich die Wiesen bis zu den Lagunen, und in der Ferne dämmern die *Hrollaugseyjar* auf, drei kahle Inseln, auf denen der Besiedler der *Austur Skaptafells sýsla* seine Fischstation gehabt haben soll. Nach Westen ist die Aussicht öd und wild, aber in ihrer schroffen Zerrissenheit grossartig; nach Norden ragt eine senkrechte Spitze empor, über sie schimmert der gewaltige grauweisse Schild des *Breidamerkurjökull*, und dahinter lugt in der Ferne der riesige gezackte Kamm des *Öræfajökull* hervor.

Der Bauer litt, wie so viele Bewohner dieser *Sýsla*, an entzündeten Augen; kein Wunder bei der Unmasse des feinen vulkanischen Staubes, den der geringste Lufthauch aufwirbelt und in die Augen treibt! Obwohl seine Kinder schon längst erwachsen waren, tummelten sich doch ein paar jüngere Kinder umher. Wir taten damit Einblick in eine seit alters her auf Island geübte Sitte. Man gab früher, namentlich in reichen Häusern, das Kind andern zur Erziehung *(fóstr)*, um ihm eine bessere oder einfachere, strengere Erziehung zuzuwenden, als man selbst zu geben vermocht hätte; arme und selbst unfreie Kinder wurden mit Reichen zusammen erzogen. Wohlhabende pflegen noch heute sich ein oder zwei fremde Kinder anzunehmen, um Ärmeren zu helfen und die Last des Lebens zu erleichtern, oder auch, weil alle Isländer sehr kinderlieb sind und namentlich, wenn die eigenen Sprösslinge erwachsen sind, Verlangen nach jungem Leben im Hause haben. Bei *Eyjólfur* kam noch hinzu, dass ein Lieblingssohn von 16 Jahren beim Suchen zweier verirrter Schafe abgestürzt und verunglückt war.

14. Juli.

Ögmundur war seit gestern Abend wie ausgewechselt, er sprudelte förmlich von Übermut; alle wirklichen Gefahren waren vorüber, und treu und zuverlässig hatte er uns wider alle Fährlichkeiten behütet und bewahrt. Nachdem wir dem wackern *Páll Jónsson* gedankt hatten — er bekam 14 Kr. und musste den weiten Weg allein zurücklegen — beschlugen wir einige Hufe frisch und machten uns noch vor 9 Uhr reisefertig. Trotz des Regens beschlossen wir, aus den geplanten zwei Reisetagen einen zu machen, um besseres Quartier zu bekommen und um Dr. *Þórdur Þórdarson* in *Borgir* kennen zu lernen, der die Schiffbrüchigen des „Friedrich Albert" als Arzt behandelt hatte. *Eyjólfur* riet uns gleichfalls dazu und tröstete uns: nach dem Wind und Nebel zu urteilen, werde der Regen nicht lange anhalten, um 3 Uhr würden wir den schönsten Sonnenschein haben. Und er hatte recht! Die Isländer sind überhaupt vorzügliche Wetterbeobachter, nicht nur die Fischer, sondern auch die Bauern; für beide ist es oft eine Lebensfrage, Stürme, Frost, Schnee und Regen voraus zu wissen.

Zuerst ging es auf schmalem, mit spitzen, scharfen Steinen übersäten Wege nur langsam voran, dann im Trab und Galopp über sumpfige Wiesen und durch die berüchtigte *Steinavöln* (Gesteinswasser), über den *Steinasandur* (ca. 40 qkm Areal) am

Gehöft *Borgarhöfn* vorüber, das aus 7 Häusern besteht (31 Pferde, 21 Kühe, 360 Schafe, 35 Tagesernten Túnheu, 175 „Pferde", 695 „Pferde" *úthey*). Zuweilen tauchten auf ein paar Minuten die Spuren der alten Poststrasse auf, der schmale Streifen unterhalb der Gletscher, wo der Verkehr gewöhnlich stattfindet. Um 1 Uhr machten wir in *Uppsalir* Halt (1 Familie, 10 Pferde, 6 Kühe, 133 Schafe, 6 Tagesernten, 40 „Pferde", 200 Pferde *úthey*). Aber der Name „Oberhausen" (wörtlich: hohe Säle) passt zu dem ganz hübsch und hoch gelegenen Gehöfte nur wenig; denn eine über dem Kuhstall gelegene Wohnstube kann man doch beim besten Willen nicht „hohe Säle" nennen. Während wir frierend ein paar Sardinen, Speck und Schiffszwieback zu uns nahmen, erkundigte sich Ögmundur bei dem Bauern nach dem Wege: die Poststrasse war unpassierbar, völlig unter Wasser; wir mussten einen Umweg von mindestens zwei Stunden machen. Wir baten den Bauern, uns zu führen. Schnell wurden zwei Pferde für ihn eingefangen, und die beiden ersten der vier oder fünf Flüsse, deren Passieren unser heutiges Tagespensum bildete, die *Heinabergsvötn* und die *Kolgríma* wurden genommen. Die *Kolgríma* ist sonst ziemlich harmlos, heute aber war sie so breit und wasserreich, dass der Übergang immerhin 25 Minuten dauerte. Die *Kolgríma*, die auf dem westlichen *Heinabergsjökull* entspringt (Wetzsteinfelsengletscher) und sich in einen grossen *Lón* ergiesst, *(Hálsaós)*, bildet die Grenze zwischen dem Bezirk *Suðursveit* und *Mýrar* oder *Mýrnasveit*. Dieser ist, wie schon der Name „Moore, Sümpfe" zeigt, sehr feucht und besteht aus vielen sumpfigen Flächen und grossen Sandstrecken (*Heinabergssandur*, ca. 150 qkm); an den *Steinavötn* und *Heinabergsvötn* tritt der nackte, unfruchtbare Sand zutage. Die Sümpfe und Sande sind wohl eine Folge der Gletscherflüsse, die das Land durchschneiden. Die Gehöfte liegen inmitten dieser Moor- und Sandstrecken, meist am Fusse von Basalthügeln, und das *Tún*, das oft recht klein ist, erstreckt sich die Abhänge hinauf. Obwohl genug Gras wächst, ist die Gegend doch arm, denn sie eignet sich nicht zur Schafzucht, und die Bauern verstehen die Rinderzucht nicht. Da Torf hier gar nicht vorkommt, wird der Dünger statt für das *Tún*, zum Brennen verwendet, und darum werfen auch die Hauswiesen weniger Ertrag ab. Früher war der Fischfang an der Küste recht ergiebig, aber heute wagt sich kein Isländer hier im Sommer aufs Meer, aus Angst vor den rücksichtslosen englischen Trawlern, die hier stets in grosser Menge anzutreffen sind. Vom *Vatnajökull* kommen grosse Gletscher herab, der unruhige *Fláajökull* (13 km lang, 4 km breit) und der östliche und westliche *Heinabergsjökull* (der erste 2½—3 km breit, der zweite 2—3½ km breit). Auf dem östlichen entspringen die *Heinabergsvötn*; diese kleinen Flüsse ergiessen sich bald in die *Hólmsá*, bald in die *Kolgríma*, bald getrennt in beide. Die *Hólmsá*, wie kurz

vorher das *Landvatn*, wurde nicht leicht durchritten; in ersterer
reichte uns das Wasser bis an die Brust, und das Pferd meines
Begleiters musste vom Führer am Zügel genommen werden. Als
durchaus unpassierbar stellte sich das *Hornafjardarfljöt* heraus;
statt die sonst übliche Furt zu benutzen, die uns in kurzer Zeit
nach *Borgir* geführt hätte, mussten wir den Fluss umgehen. Wir
ritten hart nach Norden und durchquerten zuerst fast an seinem
Ursprung den westlichen Arm *(hin vestri H.)*, dann den östlichen
*(hin eystri Hornafjardarfljöt)*. Der Fluss schneidet tief in die
Berge ein, wie ein Fjord, und entspringt in mehren Bächen aus
zwei sich vereinigenden Laufgletschern des östlichen *Vatnajökull*.

So leicht und harmlos, wie wir uns vorgestellt hatten, war
dieser Weg denn doch nicht. Der linke Arm wurde zwar ohne besondere Mühe genommen; auf dem ziemlich steilen Felsen *Svínafell*
aber, der zwischen beiden Läufen liegt, und auf den die rechte
Seite haarscharf umgebenden, jähen Felswänden konnten die Pferde
kaum Fuss fassen, und bei jedem Schritte musste man befürchten,
in das brausende Wasser zu stürzen, dessen Gischt zu uns emporspritzte. Wir und die Pferde waren förmlich nervös und waren
froh, als wir nach dreistündigem Klettern und Waten die Ostseite
erreicht hatten. Hätte sich nicht die Wetter-Voraussage des Bauern
von *Reynivellir* erfüllt, hätten wir Nebel oder Regen gehabt, so
wäre nach meiner Ansicht auch dieser Weg unpassierbar gewesen,
und wir hätten irgendwo auf dem westlichen Ufer tagelang warten
können. Von den losen Pferden mussten verschiedene schwimmen,
die unachtsam gewesen waren, und eines purzelte sogar vom Felsen
ins Wasser, glücklicherweise ohne Schaden zu nehmen. Statt des
Regens hatte sich die Sonne pünktlich um 3 Uhr eingestellt, und ein
riesiges Schneefeld nach dem andern wurde sichtbar; ein Dreihut
in der Ferne erschien in den Wolkenschatten ins Ungeheure vergrössert. Nachdem wir dem Führer seine 8 Kr. gegeben hatten,
ging es ohne Rast weiter, um erst einmal wieder warm zu werden.
Wie die wilde Jagd brausten wir über üppiges Wiesengrün dahin,
dass Ross und Reiter schnoben, und Kies und Funken stoben. Als
wieder behagliche Wärme uns durchrieselte, gönnten wir den geplagten Gäulen Ruhe, wir selbst belohnten uns mit einer Extra-
Zigarre und einer doppelten Portion Schokolade. Nur mein Begleiter
machte mir Sorge, er klapperte vor Kälte mit den Zähnen, da seine
Stiefel gänzlich undicht geworden waren; aber Kognak verschmähte
er, und tröstender Zuspruch sowie ein kleiner Dauerlauf gaben ihm
Wärme und Mut wieder, obwohl der Abendwind eisig von den
Gletschern herüberwehte. Über die Schneefelder schwebten gelbe,
lichtumsäumte Wolken, und das die Wiesen bedeckende Wasser
strahlte gleichfalls golden wieder; im Westen aber hingen finstere,
unheilschwangere Regenwolken. Wie wir später erfuhren, war heute

der kälteste Tag auf der ganzen Reise, 4° C., und wenige Tage darauf hatten wir 36°. Die Füsse waren eisigkalt, und mich fror so, dass ich den Lodenmantel hervorholte; denn ganz umsonst wollte ich ihn nicht mitgeschleppt haben. Nach 10 Uhr waren wir in *Borgir (Nesjasveit)*, mit ungemeiner Herzlichkeit von Dr. *Þórdur Þórdarson* begrüsst. Kaum hatten wir uns umgezogen, da brachte schon die Hausfrau, die Mutter fünf strammer Söhne, siedend heissen Kaffee, das Abendbrot folgte unmittelbar, und beim traulichen Lampenscheine schmausten und plauderten wir, wie wenn wir schon lang Bekannte wären — es war das erste Mal, dass wir bei Licht assen, draussen war rabenschwarze Nacht, unsere Uhr zeigte 11½, aber die des Arztes 12½. In der mit allem Komfort ausgestatteten guten Stube, im breiten, behaglichen Bett schlafe ich bei offenem Fenster wie ein Murmeltier.

15. Juli.

Dr. *Þórdur* gab mir Briefe der von ihm behandelten Schiffbrüchigen des „Friedrich Albert" zu lesen. Sie waren freilich in einer Orthographie geschrieben, dass ein Ausländer unmöglich alles verstehen konnte, aber sie waren voll rührender Dankbarkeit und Anhänglichkeit. Sie klagten bitter darüber, dass der „Unfall" (gemeint ist die „Unfallversicherung") nichts zahlen wollte, und dass auch die Reederei nichts von sich merken liesse, obwohl sie ihnen in ihren Briefen nach Island alles Mögliche versprochen hätte. Wie anders sei es auf Island! Dort mache man keinen Unterschied zwischen arm und reich; dort sei noch wahre Liebe und Menschlichkeit zu finden; aber am gütigsten sei doch der Doktor zu ihnen gewesen. Der Unglückliche, dem *Þórdur* beide Füsse bis zum Knie hatte abnehmen müssen, und der auf einem Damensattel bis *Reykjavík* geritten war, erkundigte sich lebhaft nach einem Ausbruche im *Vatnajökull* vom Jahre 1904, von dem er aus den Zeitungen erfahren hatte.

Sehr schwer widerstand ich der liebenswürdigen Einladung, bei dem freundlichen Ehepaar noch einen Tag weiter zu Gaste zu sein. Als wir uns um 1 Uhr trennten, stand die ganze Familie vor dem Hause, und das Schwenken der Hüte und Tücher dauerte, so lange noch etwas zu sehen war. Leb wohl, du wackerer Mann! Deine aufopfernden Dienste hat dir der Staat weder mit den 80 Kr., die er dir für monatelange ärztliche Pflege geschickt hat, noch mit dem Roten Adlerorden vierter Klasse bezahlen können — aber in den Herzen dieser Armen wirst du fortleben, und Kinder und Kindeskinder werden von dem gütigen Manne im unwirtlichen Norden erzählen, der das Gleichnis vom barmherzigen Samariter in die Tat umgesetzt hat.

Der Distrikt *Nes*, den wir weiter durchritten, gehört zu den fruchtbarsten Teilen im östlichen Island. Leider aber kann hier keine Schafzucht getrieben werden, denn die Berge sind ohne Graswuchs, und das innere Hochland ist von Gletschern bedeckt. Das *Hornafjardarfljöt* ergiesst sich in den *Hornafjördur*, der seinen Namen von dem Vorgebirge *Vestrarhorn* hat und eigentlich eine Lagune ist; das östliche *Lón* heisst auch *Skardsfjördur* (Engpassfjord), wegen des von ihm ansteigenden Passes *Almannaskard*. Beide Lagunen haben einen gemeinsamen Abfluss durch den *Hornafjardarós*, und ein starker Strom hält immer eine Rinne von ca. 6 m offen. Deswegen können auch kleine Dampfer ihn bei gutem Wetter befahren, obwohl die Einfahrt nicht leicht ist. Seit 1880 ist hier ein autorisierter Handelsplatz. Einige Ruinen am Rande des *Ós* sollen die Reste von Kaufbuden sein und aus einer Zeit stammen, wo die Handelsschiffe noch durch den *Ós* fuhren; es ist nicht unwahrscheinlich, dass sie aus der Zeit herrühren, wo die Deutschen hier Handel trieben. Im Fjord wimmelt es von Forellen und Steinbutten; zuweilen werden auch Wale an Land getrieben, wenn sie zu unbesonnen Heringszüge verfolgen und sich aus dem engen Eingange nicht wieder heraus finden.

Nach der Volkssage war da, wo jetzt die Fluten sind, eine schöne, dichtbebaute Gegend. Da begann des Nachts, während alle Leute schliefen, der Gletscher zu „laufen", und alle kamen um, weder Menschen noch Vieh wurden gerettet. Die Fluten fegten alles ganz und gar hinweg, Höfe und Häuser und was darinnen war, und auch die Rasenschicht wurde mitgenommen. Auf diese Weise wurde der ganze Distrikt vernichtet und bot am Morgen, als man die Spuren des Geschehenen sah, einen merkwürdigen und grauenhaften Anblick.

Drei Jahre später war ein Hirt unten bei der Mündung des Stromes unterwegs. Da blieb sein Hund an einem Höcker auf dem sandigen Boden stehen. Der Hirt wollte weiter gehen, allein der Köter sprang schwanzwedelnd an ihm empor und lief abwechselnd zu dem kleinen Hügel, an dem er schnüffelnd scharrte, und zu dem Hirten. Der Hirt ging nun zu dem Erdhöcker und wollte wissen, was dort los sei. Da hörte er Hundegebell unten im Hügel. Schnell grub er nach und fand ein Mädchen und einen Hund bei ihr. Sie war hier gewesen, seitdem der Gletscherlauf stattgefunden hatte; das Haus, in dem sie war, hatte sich gehalten, war aber vom Sande verschüttet worden. Sie hatte dort für sich und den Hund genug Speise gefunden. Der Hirt ging mit seinem Funde heim, das Ereignis galt, und gilt auch noch, als sehr merkwürdig[1]).

Im übrigen spielen die *Hornfirdinger*, sehr mit Unrecht, die Rolle der deutschen Schildbürger auf Island. Einst kamen einige *Hornfirdinger* in einen Handelsort, was sonst nicht zu geschehen pflegte. Alles um sie her däuchte sie sehr prachtvoll und unähnlich dem, was sie im *Hornafjördur* gewohnt waren. Unter anderem fiel ihr Blick auch auf den Mond, der am klaren Himmel schien. „Das ist doch ein stattlicher Mond", sagten sie, „das ist etwas ganz anderes wie der verdammte Mond im *Hornafjördur*!"[2]).

---

[1]) Lehmann-Filhés, Isl. Volkssagen II, S. 76, 77; 241.
[2]) Vergl. auch Isländische Münchhausiaden, übersetzt von Gebhard, Globus, Bd. 72, 1897, Nr. 11; Maurer, Isl. Volkssagen S. 296-79.

Es ist beachtenswert, dass sich hier manches Altertümliche in Glauben und Denken bis in den Anfang des 19. Jahrhunderts erhalten hat: der Glaube an Trolle und Ächter war überaus lebendig, man zeigte ein paar „Wölwengräber" *(völvnleiði)* und scheint Wölwen gleichbedeutend mit Elfen aufgefasst zu haben. Auch eine *godaborg* gab es, einen kreisförmigen, eingehegten Platz, der eine Art Opferstätte gewesen sein soll. Auch die Besiedlung der *Austur Skaptafells sýsla* ist in dieser Gegend zuerst erfolgt.

*Hrollaugr* fuhr mit Erlaubnis des Königs Haraldr Haarschön nach Island, und mit ihm zogen seine Frau und seine Söhne. Er kam in die östlich von *Horn* gelegene Gegend und warf seine Hochsitzpfeiler über Bord. Sie schwammen in den *Hornafjördr*; er selbst aber wurde verschlagen und hielt westwärts, die Küste entlang. Sie landeten im Westviertel in dem *Leiruvágr* von *Nes* und hielten sich hier während des ersten Viertels auf. Da hörte *Hrollaugr* von seinen Hochsitzpfeilern und zog deswegen ostwärts. Während des zweiten Viertels war er am *Ingólfsfell*. Hierauf fuhr er ostwärts nach den *Hornafjördr* und nahm Land vom *Horn* ostwärts bis zur *Kviá*. Zuerst wohnte er an der *Skardsbrekka* im *Hornafjördr*, aber später zu *Breidabólstadr* im *Fellshverfi*. Zu dieser Zeit gab er die Länder nördlich von *Borgarhöfn* preis, aber die südlich von *Hreggsgerdismúli* besass er bis zu seinem Tode (Lnd. IV, 9).

Eine aus Basalt und Liparit bestehende Bergkette bildet die Grenze zwischen den Bezirken *Nes* und *Lón*. Um 3 Uhr hatten wir den Fuss des *Almannaskard* erreicht (Aller Leute Pass), auf engem, im Winter meist nicht zu passierendem Wege ging es ziemlich steil empor, einer hinter dem andern; um die geplagten Pferde zu schonen, liess ich absteigen. Als wir die Höhe erreicht hatten, bot sich uns eine Aussicht, wie ich sie überraschender, grossartiger und unbegrenzter kaum je zuvor genossen hatte. Unmittelbar unter mir lag die steile Höhe des Passes (168 m), dessen Fuss der *Skardsfjördur* umspült; nach Osten dehnte sich das weite Weltmeer aus, nur durch den entfernten Horizont begrenzt; nach Westen breitete sich der stattliche *Hornafjördur* aus, üppige Wiesen mit Bauernhöfen geschmückt, Inseln, Schären, Hoch- und Tiefland; dahinter war, soweit das Auge reichte, nichts zu sehen wie eine einzige, unermessliche Kette von Gletschern, der Südrand des *Vatnajökull*, oben glitzernde Firnflächen, ein Eiskatarakt, wie Thoroddsen sagt, in jedem Felseneinschnitt und Gletscher in den Tälern, die sich in der Ebene kuchenförmig ausbreiten. Die Meereswogen, die Gletscher und die Schneefelder waren von den matten Strahlen der Mittagssonne wie in Silber getaucht. Noch einmal sah ich den *Öræfajökull* in seiner stolzen Pracht, noch einmal überblickte ich den Weg der letzten Tage, dann riss ich mich gewaltsam los und bestieg wieder das Pferd. Der Sturm brüllte um uns, dass wir uns kaum auf den Gäulen halten konnten, und diese nur mühsam Schritt für Schritt weiter stapften. Wehe uns, wenn wir diesen Orkan in den grossen Sandwüsten gehabt hätten! Am Ende des Passes begann eine fürchterliche Steinwüste, ein nacktes Geröllfeld, aus Liparit, Granophyr (granitähnlicher Liparit) und Basalt zusammengesetzt, das die *Jökulsá í Lóni* mit ihren Nebenflüssen *Karlsá* und *Reidará* nach und nach über das Tiefland in *Lón* ausgebreitet hat.

Der Distrikt *Lón* bietet also einen überaus trostlosen Anblick dar, und die zackige Bergkette, die ihn auf beiden Seiten und im Hintergrunde im Halbkreis umgibt, besteht aus nackten, pyramiden- oder kegelförmigen, dunkelblauen oder schwarzen Felsen ohne jeden Pflanzenwuchs. Aber in ihren kleinen Tälern und Einschnitten gedeiht gutes Gras und ermöglicht eine leidliche Schafzucht, während an der Küste ein ergiebiger Fisch- und Seehundsfang getrieben wird, und auf der Insel *Vigur* viele Eiderenten brüten. Die Bauern gelten für wohlhabend. Die beiden langgestreckten Lagunen *Papafjördur* — so benannt nach den irischen Einsiedlern *papar* d. h. Pfaffen — und *Lónafjördur* erhalten das meiste Wasser von der *Jökulsá í Lóni* und haben durch den *Bæjarós* einen gemeinsamen Abfluss. Dieser wird meistens im Winter durch Sand verstopft und das Flusswasser in den Lagunen aufgedämmt, so dass die Ufer überschwemmt werden. Im Juni graben dann die Einwohner einen Kanal durch den Sand, woran meist 20—30 Mann einen Tag lang arbeiten. Das ausströmende Wasser erweitert die Rinne, der Wasserspiegel in den Lagunen sinkt, und auf den mit Lehm bedeckten Wiesen, die im Winter unter Wasser gestanden haben, wächst in kurzer Zeit das Gras. Wenn die *Jökulsá* zuweilen ihren Hauptarm durch den *Bæjarós* leitet, bleibt dieser den ganzen Winter offen, und es tritt dann stets im folgenden Jahre Misswachs ein; sonst ergiesst sich der Fluss gewöhnlich in mehreren Armen in den *Papafjördur*[1]). Seit den sechziger Jahren des vorigen Jahrhunderts hat man bei *Papós* ein festes Handelsetablissement angelegt.

Die *Jökulsá í Lóni*, deren Quellen Thoroddsen 1894 am Rand eines Gletschers im *Vesturdalur* entdeckt hat, setzt ihren Lauf durch 2—400 m tiefe Canons nach dem *Lón* hinab fort. Sie ist keiner von den gefährlichen Gletscherströmen, immerhin gehört grosse Erfahrung und Übung dazu, die stets wechselnden Furten aufzufinden. Der Führer, den wir herbeiholten, war ganz winterlich gekleidet: er trug einen Winterüberzieher, einen dichten Schal um den Hals und ein warmes Tuch über dem Munde, aber er verstand seine Sache ausgezeichnet, obwohl der Fluss seit dem gestrigen Tage seinen Lauf völlig verändert hatte.

*Stafafell*, wo uns *Sira Jón Jónsson* herzlich aufnahm, liegt am Fusse eines niedrigen, runden Berges, der früher mit Bäumen be-

---

[1]) Thoroddsen, Geogr. Tidskr. XIII, 1895, S. 5.

wachsen gewesen sein und daher seinen Namen „Baumberg" haben soll. Der Superintendent hatte deswegen auch verschiedene Versuche gemacht, Bäume bei seinem Pfarrhofe zu ziehen, aber sie waren alle wieder eingegangen; nur ein Vogelbeerbaum, den er mir mit berechtigtem Stolze wies, stand hinter einem Felsen geschützt, schon eine Reihe von Jahren, und hatte eine Höhe von etwa 3 m. Die Schäre *Vigur* ausserhalb des *Papafjördur* gehört zu *Stafafell* und bildet eine wesentliche Einnahmequelle für den Geistlichen, besonders wegen der hier brütenden Eiderenten. Auch einige Felle von Seehunden, die der *Prófastur* selbst erlegt hatte, waren wie in *Núpstadur* zum Trocknen aufgespannt.

*Sira Jón* ist das Vorbild eines Geistlichen und das Muster eines Landmanns. Er hatte einen Heu-Vorrat für zwei Jahre und war dabei, für sein Haus und für das *Tún* eine Wasserleitung anzulegen. Tiefe Gräben einer alten Wasserleitung über das *Tún* hat schon *Eggert Ólafsson* in *Stafafell* gesehen (II, S. 124). *Sira Jón* ist aber auch eine Grösse auf dem Gebiete der isländischen Sagenforschung. Wir waren bald in ein lebhaftes Gespräch über sagengeschichtliche und mythologische Fragen verwickelt, und er nahm es als selbstverständlich an, dass wir noch einen Tag hier blieben, um das Gespräch gründlich fortzusetzen.

Unterhalb von *Stafafell*, westlich von der *Jökulsá*, liegt ein kleines Gehöft, *Pórisdalur;* hier wohnte Ende des 17. Jahrhunderts *Pórdur Vidalín*, der die erste wissenschaftliche Abhandlung über Islands Gletscher geschrieben hat.

In *Stafafell* wohnte 998 *Porkell*, ein erbitterter Feind des eindringenden Christentums; er forderte Dankbrand zum Zweikampfe. Dieser setzte ein Kruzifix vor den Schild, und es nahm mit ihnen das Ende, dass Dankbrand den Sieg gewann und den *Porkell* erschlug *(Njálssaga* 101; weiteres s. o. S. 90). Von da zog Dankbrand nach dem *Hornafjördur* und blieb in *Borgarhöfn* zu Gaste, westlich vom *Heinabergssandr*.

16. Juli.

In der Frühe waren nur 6° C, bald aber machte sich die Sonne auf. Der Ruhetag wurde dazu benutzt, die Wäsche fortzugeben und die Koffer auszupacken. Die Stiefeletten waren verschimmelt, das reine Zeug und selbst die Zigarren waren feucht; der feine rötliche Staub aus der Zeit der Wüstenwanderungen war überall durchgedrungen und hatte alles beschmutzt. Aber die Sonne, unter deren Strahlen wir den Inhalt der Koffer ausbreiteten, trocknete bald alles.

Die Kirche ist aus einfachem, geteertem Holz hergestellt und mit einem Zaune von Grassoden und Steinen umgeben; vor 40 Jahren fand der schwedische Geologe *Paijkull* hier nur eine schlichte

Rasenkirche. Das kunstvolle Schloss an der Kirchtür, das schon *Eggert Ólafsson* bewundert hatte, ist noch heute da: es hat zwei Riegel, worin der Schlüssel beim Aufschliessen zweimal herumgedreht werden muss und ist „mit artigem, silbernem Laubwerk ausgelegt" (II, S. 124). Es soll vor mehr als 200 Jahren am Fusse eines Berges aufgefunden sein. In der Kirche bemerkte *Eggert* ein messingnes Taufbecken mit einer Inschrift, deren Zeichen den sogenannten *höfdaletur* sehr ähnlich sahen (vergl. I, S. 168). Ich kann nicht sagen, ob das Becken noch da ist. Ebensowenig erinnere ich mich, eine sehr alte Altardecke gesehen zu haben, auf die Maria und Petrus gestickt waren. Auffallend ist aber, dass *Eggert* nicht das Altargemälde aus dem 17. Jahrhundert erwähnt: es stellt den Erlöser am Kreuze dar, zu seinen Füssen knien der damalige Pfarrer und dessen Frau in der Tracht des 17. Jahrhunderts; das Bild ist also ein wertvoller Beitrag für die Trachtenkunde des 17. Jahrhunderts auf Island. Unten an dem Glockenseile in der Kirche hängen zwei Adlerklauen. Ein alter Mann soll in Seenot gelobt haben, im Falle der Rettung eine Adlerklaue für die Glocke zu weihen. *Sira Jón* meinte lächelnd, Daniel Bruun, der vor zwei Jahren bei ihm gewesen war, erkläre sie als ein Schutzmittel gegen Feuersgefahr. „Das Haus soll niemals brennen, in dem eine Adlerklaue ist", und der dänische Hauptmann habe ihm erzählt, auch in der Schmiede zu *Fagurhólsmýri* habe er eine solche mit wunderlichen Zeichen versehene Klaue an dem Griff des Strickes gesehen, womit der Blasebalg gezogen wurde. Auch Konrad Maurer berichtet nach mündlicher Überlieferung den Glauben, dass dem, der eine Adlerklaue in der Schmiede verwendet, um den Blasebalg zu ziehen, die Schmiede nicht abbrennt; auch hält man dafür, dass Kinder, die ihre Milch durch den Kiel einer Adlerfeder trinken, ein ganz besonders starkes Gedächtnis bekommen (Isländische Volkssagen S. 170). Auch Prof. Vetter fand in dem Gehöfte *Kollafjördur (Kj.)* an der Zugschnur eines Blasebalges eine Adlerklaue als Handgriff.

17. Juli.

Vor Anfang des Gottesdienstes brachen wir auf, *Sira Jón* hatte mir noch als Abschiedsgeschenk die meisten seiner Abhandlungen gegeben, namentlich die in isländischer Sprache abgefassten und in isländischen Zeitschriften erschienenen. Der unermüdliche Fleiss des Gelehrten ist um so höher zu schätzen, als er eines Augenleidens wegen nur im Sommer und nur bei hellem Wetter arbeiten kann.

Der Weg über die Wiesen war ganz leidlich, und die Zeit wurde dadurch angenehm verkürzt, dass uns alle Augenblicke Reiter begegneten; teils wollten sie zum Gottesdienste nach *Stafafell*, teils hatten sie von Ögmundurs Ankunft gehört, den sie von seiner Reise mit Thoroddsen kannten, und wollten ihn begrüssen. Der Übergang über die rauhe und öde *Lónsheiði* aber, die die Grenze zwischen der *Austur Skaptafells sýsla* und *Sudur Múla sýsla* bildet, war abscheulich. Dieses Plateau ist nicht sehr hoch (385 m), aber der Weg geht recht steil, ist sehr schmal und ganz mit kleinen, spitzen Steinen bedeckt. Die Szenerie erinnert lebhaft an die *Almannagjá*[1]); etwa auf der Höhe standen wir einem gähnenden Abgrunde gegenüber, in den ein reissendes Wasser hinabstürzte und dabei einen prächtigen Fall bildete. Da mich die armen Pferde dauerten, stieg ich ab und warf meinem Schimmel die Zügel über den Hals und die Steigbügel über den Sattel, dann kletterte er vorsichtig Zoll für Zoll im Zickzack weiter. Überall lagen grosse, blendend weisse Schneefelder umher, da die Sonne noch nicht so weit vorgedrungen war. Der Abstieg war wo möglich noch schlimmer, er war eine förmliche Treppe, und ein paar Mal mussten die Pferde von Stufe zu Stufe springen. Ein grosser Felsstein, auf den mehrere kleine aufgetürmt waren, zeigte uns an, dass wir gegen ³/₄ 3 Uhr die Grenze der *Skaptafells sýsla* erreicht hatten, und wie wir ihren Anfang begrüsst hatten, so riefen wir auch jetzt neunmal: Hurra!, aber nicht fröhlich und übermütig, sondern es tat uns wirklich leid, von dieser mit Unrecht so gefürchteten Gegend Abschied zu nehmen; denn was wir hier gesehen und erlebt hatten, das, wussten wir, würde den Höhepunkt unseres Lebens ausmachen. Niemals wieder würden wir diese Gletscher und Vulkane, diese Ströme und Wüsten sehen, und niemals wieder würden wir einem von den guten Menschen die Hand drücken, die uns nicht wie neugierige Fremde, sondern wie altvertraute Freunde aufgenommen hatten.

---

[1]) *Korrekturnote:* Bei Kaalund (II, S. 261) finde ich, dass eine grosse Kluft an der Ostseite der *Lónsheiði* wirklich *Almannagjá* heisst; ich kann aus seiner Notiz nicht ersehen, ob er dieselbe meint, deren Gestalt mich an die berühmte „Allmännerschlucht" an der *Öxará* erinnerte.

Dreizehntes Kapitel.

## Reise durch die Súður und Norður Múla sýsla.

Im *Starmýrardalur* machten wir Halt, nicht weit von dem Gehöfte *Þvottá* und dem Flusse gleichen Namens. In seinen Wellen hatte Dankbrand den edlen, friedliebenden Häuptling *Hallr* — gewöhnlich *Hallr á Síðu Þorsteinsson* oder *Síðu-Hallr* genannt — mit seiner Familie getauft.

Als Dankbrand nach dem nördlichen *Álptafjörður* kam, wollten die Isländer mit den Christen nicht reden und sie nicht nach einem Hafen weisen, und keinerlei Hilfe oder Menschlichkeit wollte ihnen das Volk der Umgegend erzeigen. Damals wohnte *Síðu-Hallr* zu *Þvottá*. Er hatte im *Fljótsdalr* zu tun gehabt, und als er wieder südwärts kam, suchte ihn Dankbrand auf, trat auf ihn zu und grüsste ihn höflich; er erzählte dem *Hallr*, wie es mit seiner Ankunft zuging, und zugleich, dass König *Ólafr* ihm sagen lasse, wenn er etwa ins Ostland käme, möge er ihm seinen Schutz angedeihen lassen, worin immer er dessen bedürfe. Da bat Dankbrand, dass *Hallr* sein Schiff in einen Hafen schaffen und ihm für die andern notwendigen Dinge Sorge tragen möchte. *Hallr* nahm seine Worte und die Botschaft des Königs *Ólafr* wohl auf; er sorgte sogleich für Leute, um Dankbrands Schiff nach dem südlichen *Álptafjörður* nach *Leiruvágr* zu schaffen und liess es da ans Land ziehen, wo man es seitdem *Þangbrandshöfn* oder *Þangbrandshróf* (Dankbrands-Hafen oder Schiffshütte) nennt; die ganze Ladung aber liess er heimführen in seinen Hofraum und schlug ihnen da ein Zelt auf, in dem sie während des Winters wohnten; Dankbrand sang darin Messen und verrichtete den Gottesdienst.

*Hallr* war freundlich gegen Dankbrand und alle seine Genossen und verschaffte ihm alles Nötige; er war lange in der Bude bei ihnen. Es war im Herbste, dem nächsten Tage vor dem Festtage Michaelis, da hielt Dankbrand mit den Seinigen den Vorabend heilig; der Hausherr *Hallr* war dabei und fragte, warum sie zu arbeiten aufhörten. Dankbrand antwortete: „Den Tag, der nachkommt, halten wir heilig und festlich zu Ehren des heiligen Erzengels Gottes Michael". *Hallr* sprach: „Was für Einer war Michael, oder wie steht es mit ihm?" Dankbrand antwortet: „Michael war kein Mensch, vielmehr ein Geist, vom allmächtigen Gott als Häuptling gesetzt den anderen Engeln, die er gesetzt hat gegen die Teufel und ihre feindlichen Sendlinge zu streiten, und alles rechtgläubige Christenvolk zu schirmen gegen die schädlichen Geschosse der unsauberen Geister. Dem Erzengel Michael ist auch insbesondere von Gott Gewalt gegeben über die Seelen der Christenleute beim Abschiede von dieser Welt, sie in Empfang zu nehmen und sie in die herrliche

Wohnung des Paradieses zu führen; da ist unbeschreibliche Freude und Wonne, Pracht und Glückseligkeit, und genug an aller Herrlichkeit; da ist kein Tod, kein Schmerz noch Krankheit, kein Kummer noch Elend, sondern ewiges Leben und Wohlsein ohne Ende. Da sind die Leute, welche ihrem Schöpfer während ihres Lebens rein gedient haben mit Rechtschaffenheit, verbunden dem Dienste der Engel; ihre Schönheit und ihr Glanz besiegt das Sonnenlicht; ihr Wohlgeruch ist über alle Süssigkeit, ihre Schnelligkeit, Stärke und Macht ist mehr, als der Gedanke erreichen kann. Ihre unzählbare Menge ist von Gott in neun Heerscharen geteilt, zu vorgeschriebenem Dienste; einige von ihnen haben die Bestimmung und Gewalt, zu streiten und alle Macht der boshaften Geister zu lähmen, welche dem Menschengeschlechte immer nachstellen und Übles zuzufügen bestrebt sind; andere halten Krankheiten von den Menschen ab und Übel und Widerwärtigkeiten und schaffen statt dessen vollkommene Gesundheit und allen anderen Bedarf und alle glücklichen Dinge für die sterblichen Menschen; einige stehen beständig vor dem Schöpfer, und bei dem allem ist ihnen sämtlich die Eigenschaft und Gewohnheit gemeinsam, unablässig den allmächtigen Gott zu loben und ihn mit schön lautenden Singstimmen unbeschreiblich zu ergötzen; immer seine Schönheit bewundernd, sehnen sie sich ewig sein Antlitz zu sehen." Als aber Dankbrand dies oder ähnliches mit klugem Vortrage erzählt hatte, da sprach *Hallr*: „Es scheint mir für Menschen unmöglich einzusehen oder zu begreifen, wie erhaben derjenige sein muss, dem solche und so herrliche Engel dienen." Dankbrand antwortete: Sicherlich hat dir der heilige Geist dieses Verständnis in die Brust geblasen, einem Heidenmanne!" Als aber der Hausherr abends mit seinen Hausleuten zu Tisch gegangen war, da sprach *Hallr* zu seinen Leuten: „Dankbrand und seine Genossen halten den Tag, der morgen kommt, festlich zu Ehren eines ihrer Götter; nun sollt ihr auch frei haben und den Tag mit ihnen heilig halten; es ist uns auch gestattet hinzugehen und die Gebräuche dieser Religion anzusehen und anzuhören". Am Morgen, als *Hallr* angekleidet war, ging er zum Zelte und stand mit allen seinen Hausleuten davor; als sie aber den Glockenschlag und die schönen Stimmen der singenden Leute hörten, die sie vordem noch nie gehört hatten, da waren sie sehr erstaunt; noch weit mehr aber, als die Messe gelesen wurde und sie da die Kleriker mit prächtigen Gewändern bekleidet sahen und die Kerzen mit hellem Lichte scheinend und als sie den süssesten Duft des Weihrauches verspürten. Und als *Hallr* heimkam, fragte er seine Hausleute, wie ihnen die Gebräuche der Christenleute vorkämen? Sie antworteten, dass ihnen alles das äusserst sauber und schön vorkomme, was sie von ihrer Sitte und ihrem Dienste gesehen und gehört hätten. Der Priester Dankbrand sprach oft zu *Hallr* und drang in ihn, zu der Sittsamkeit des christlichen Glaubens sich zu bekehren. Und einstmals sprach *Hallr* zum Dankbrand: „So trifft es sich, dass hier bei mir zwei sehr bejahrte alte Weiber sind, sehr schwach und abgelebt, so dass sie auf dem Siechbette liegen und sich nicht mehr selbst tragen können; nun will ich dich die alten Weiber taufen lassen, und wenn sie sich nach der Taufe etwas mehr rühren können oder dann etwas minder krank sind als vorher, und es ihnen nicht schadet, wenn sie soviel bewegt und ins Wasser getaucht werden, dann sehe ich, dass grosse Kraft im christlichen Glauben ist; dann will ich mich taufen lassen und all mein Hausvolk." Dann drang *Hallr* in die alten Weiber, den Glauben anzunehmen, den Dankbrand verkünde, und da sie die dreifache Frage des Geistlichen nach dem dreifachen Glauben bejaht und ferner die Taufe, wie es Sitte ist, begehrt hatten, da taufte sie der Priester Dankbrand im Namen des Vaters und des Sohnes und des heiligen Geistes und bekleidete sie mit den weissen Gewändern. Und als der Hausherr *Hallr* des andern Tags zu ihnen kam und fragte, wie es ihnen gehe, da antworteten sie beide zugleich, so sprechend: „Sehr wohl geht es uns, denn von der Natur des Alters sind unsere Glieder zwar kraftlos, aber doch ist alle Krankheit weg und alles Unbehagen, das uns lange geplagt und beschwert hat, dafür aber ist eine vollkommene Ruhe und Gesundheit des Körpers gekommen; denn all unsere Glieder und Sehnen sind weich und beweglich, jedes in seinem Dienste, gleichsam als wären wir zum zweitenmal

jung geworden; so ist auch alle Furcht und Angst verschwunden und aller Lebens-
überdruss, und wir haben Freude und Trost empfangen und die grosse Hoffnung
ewiger Freude und zukünftiger Seligkeit." Der Hausherr wurde darüber froh und
versprach den Glauben zu nehmen. *Hallr* wurde getauft am Sonnabend vor Ostern
in seinem Brunnquell und sein gesamtes Hausvolk. Da gab der Priester Dankbrand
diesem Bach einen Namen und nannte ihn *Pvottá* (Waschache, Taufache), wovon
seitdem der Hof benannt ist (Jüngere Ol. S. Tryggv. K. 210 = FMS. II, S. 197 ff.).

Wir ritten das sich immer mehr verengende Tal hindurch,
das sich unmittelbar an einen rauschenden Flusslauf anschliesst

Fig. 84. Hof i Álptafirði.

und seltsame, romantische Felsen aufweist. Der Weg war nicht
viel besser als vorher, aber der Blick auf den mit Seen und Holmen
geschmückten *Álptafjördur* war wunderhübsch. Überall trafen wir,
trotz des Sonntags, die Leute beim Mähen und Umwenden des
Grases. Um acht Uhr kamen wir im Pfarrhof *Hof* an (Fig. 84).
Hinter der Kirche lagen kahle Felsen, zur Linken breiteten sich
verschiedene Flüsse aus; gegenüber ragten schneebedeckte Berge
empor, deren weisses Tuch tief hinabreichte, und leuchtete die Eis-
kuppe des *Hofsjökull*, des östlichen Vorpostens des *Vatnajökull*.
Dessen anderer östlicher Ausläufer ist der *Prándarjökull*; beide
sind durch tiefe Erosionstäler von der Hauptmasse getrennt. Der

*Hofsjökull*, etwa 1100—1250 m hoch, hat nach Norden eine mehr abgerundete Kuppelform; nach Süden erstrecken sich zwei Ausläufer, nach Nordwest bilden steinige Hochebenen, nach Südwest das Tal der *Viðirdalsá* die Grenze. Der *Prándarjökull* gleicht einer grossen Kuppel, aus ihrer Eisbedeckung erhebt sich eine Bergspitze. Drei Höhlen, die *Hof* gerade gegenüber liegen, und einige Strandlinien in einer Höhe von 20 m ü. M. zeigen, dass die Niederung bei *Álptafjörður* einst vom Meere bedeckt gewesen ist. Die Kirche war mit Blech gedeckt, das Kreuz darauf sogar aus Gusseisen, beide Längswände waren mit dicken Ketten am Boden befestigt, damit nicht die heulenden Stürme den leichten Holzbau umrissen.

18. Juli.

*Hof* ist der Schauplatz einer merkwürdigen Geschichte, die gewissermassen das Vorspiel zu der soeben erzählten Bekehrung des *Síðu-Hallr* ist. Vor allem ist sie ein wertvolles Zeichen für die tiefe Gärung im Volke: der alte Glaube ist in Zweifel und Schwanken geraten, man sehnt sich in ängstlicher Spannung nach etwas Höherem, und diese bange Ahnung äussert sich in mystischen Träumen, wunderlichen Gesichten und seltsamen Weissagungen. Solcher Sagen laufen verschiedene um, und mögen auch die geistlichen Verfasser oder Aufzeichner manche Linie nachgezogen haben, ihren Wert als Symptom einer aufdämmernden, neuen Zeit behalten sie doch.

*Bödvarr enn hvíti* hatte Land genommen vom *Leiruvágr* landeinwärts (wohl: *Starmýrarvogar* im südlichen Inneren des *Álptafjörður*): alle Täler, die daselbst liegen und seewärts auf der anderen Seite bis zum Bergrücken *Múli*, wonach die beiden *Múla sýslur* benannt sind. Er wohnte in *Hof* und errichtete dort einen grossen Tempel (Lnd. IV, 7). Der Sohn dieses *Bödvarr* war *Þorsteinn Síðu-Hallr*, und dieser wieder hatte neben anderen Kindern einen Sohn namens *Piðrandi*, einen tüchtigen und allseitig beliebten Jüngling[1]. *Þórhallr*, der Weissager, wohnte in *Hörgsland*. *Síðu-Hallr* und er waren die besten Freunde und besuchten einander häufig.

Eines Sommers war *Þórhallr* bei dem Freunde zu Gast; *Piðrandi* war soeben von einer Reise heimgekommen, und von allen Anwesenden wurde seine Tüchtigkeit vielfach gepriesen: nur *Þórhallr* schwieg. Vom Vater über den Grund seines Schweigens befragt, erklärt er, auch ihm gefalle der junge Mann, aber: „Es kann sein, dass man seiner nicht lange geniesst, und dann wirst du genug Sehnsucht nach diesem deinem so gut gearteten Sohne haben, wenn auch nicht jedermann seine Tüchtigkeit vor dir lobt." Im Sommer wird *Þórhallr* traurig; um den Grund befragt, äussert er, er erwarte Übles von dem grossen Gastmahle, das *Síðu-Hallr* nach alter Sitte im Herbste halten wollte: „denn mir ahnt, dass bei diesem Mahle ein Weissager (*Spámaðr*) erschlagen werde." Da beruhigt ihn *Síðu-Hallr*, indem er ihm sagt, er habe einen Ochsen, den er seiner besonderen Klugheit wegen *Spámaðr*

---

[1] *Piðranda þáttr ok Þórhalls. Fornmanna Sögur* II, 192 ff; *Flateyjarbók* I, 418 ff. Vergl. Kahle, Kristnisaga S. 20.

nenne, und diesen habe er vor im Herbste zu schlachten; *Þórhallr* aber entgegnet: „Ich sagte dies auch nicht darum, dass ich um mein Leben gefürchtet hätte, und grössere und wundersamere Vorgänge schwanen mir, von denen ich zurzeit noch nicht sprechen will." Als nun der Herbst und das Gastmahl heranrückt, bittet *Þórhallr* eines Abends alle Anwesenden, es möge doch die Nacht über ja niemand hinausgehen und was auch vorgehen möge, nicht darauf zu achten scheinen, indem grosser Schade entstehen werde, wenn man diesem Rate nicht folge. *Síðu-Hallr* gebietet, sich demgemäss zu verhalten. „Als aber die meisten Leute eingeschlafen waren, da klopfte es an die Tür, und niemand tat, als ob er es bemerkte: so ging es dreimal; da sprang *Pidrandi* auf und sprach: „Das ist eine grosse Schande, wenn alle Leute hier tun, als ob sie schliefen, und etwa Gäste gekommen sind." Er nahm ein Schwert in die Hand und ging hinaus; er sah niemanden: da fiel ihm ein, es möchten etwa einige Gäste vorher heim zum Hofe geritten, dann aber denen, die weiter zurückritten, wieder entgegengeritten sein. Da ging er an einen Holzhaufen und hörte, dass von Norden her auf den Plan geritten wurde; er sah, dass es neun Weiber waren, und alle in schwarzen Gewändern, und sie hatten gezogene Schwerter in den Händen; er hörte auch, dass von Süden her auf den Plan geritten wurde, das waren aber auch neun Weiber, alle in lichten Gewändern und auf weissen Pferden; da wollte *Pidrandi* wieder hineingehen und den Leuten sein Gesicht erzählen; da kamen ihm aber jene schwarzgekleideten Weiber zuvor und griffen ihn an, er aber wehrte sich tapfer; lange Zeit nachher erwachte *Þórhallr* und fragte, ob *Pidrandi* wache, und da wurde ihm nicht geantwortet. *Þórhallr* sprach, allzulange habe man geschlafen. Jetzt ging man hinaus; es war Mondschein und Frostwetter; da fanden sie den *Pidrandi* verwundet liegen, und er wurde hineingetragen, und als man Worte von ihm erhalten konnte, erzählte er alles das, was sich ihm zugetragen hatte; er starb desselben Morgens im Zwielicht und wurde nach heidnischer Sitte in einen Grabhügel gelegt. Dann erkundigte man sich um die Fahrten der Leute, und Niemand wusste eine Spur von Feinden des *Pidrandi*. *Hallr* fragte den *Þórhallr*, was an diesem wundersamen Ereignisse schuld sein möge? *Þórhallr* antwortete: „Das weiss ich nicht; aber vermuten kann ich, dass dies keine anderen Weiber waren, als die Schutzgeister eures Geschlechtes; ich vermute, dass ein Glaubenswechsel eintreten werde, und es wird demnächst ein besserer Glaube ins Land kommen; ich glaube, dass diese euere Göttinnen *(disir)*, die diesem (d. h. dem heidnischen) Glauben gefolgt sind, den Glaubenswechsel und dass euer Geschlecht ihnen verloren gehen werde, vorausgewusst haben werden; nun werden sie sich nicht haben gefallen lassen wollen, dass sie von euch nicht vorher noch eine Schatzung (= Opfer) haben sollten, und sie werden dies als ihren Anteil genommen haben; jene besseren Göttinnen aber werden ihm haben helfen wollen, und kamen damit unter den gegebenen Umständen nicht zurecht; nun wird euer Geschlecht ihrer geniessen, sobald ihr den noch unbekannten Glauben annehmen werdet, den sie verkünden und welchem sie folgen."

Die Fylgjen oder Dísen, d. h. die Geister der heidnischen Vorfahren, die bisher von den Lebenden Opfer empfangen haben, fürchten durch die bevorstehende Glaubensänderung um ihre Verehrung und Opferspenden zu kommen; sie nehmen daher ein junges Leben dieses Geschlechtes zu deren Ablösung hin. Aber die besseren Dísen, die christlichen Schutzengel, die Vertreter des neuen Glaubens, besitzen noch keine Macht im Lande und haben daher auch kein Recht, dem *Pidrandi* zu helfen. Noch ist ja das Christentum nicht eingeführt. Bald aber landet Dankbrand. *Síðu-Hallr* nimmt ihn gastlich auf und lässt sich taufen, und zwar gegen die Verbürgung des Priesters, dass der heilige Michael sein Schutzengel würde (*Njálssaga* 101). Das nunmehr christlich gewordene Geschlecht wird also in Zukunft der Schutzengel geniessen, die früher nicht hatten rettend eingreifen dürfen.

Als *Síðu-Hallr*, aus Kummer über den Verlust seines hoffnungsvollen Sohnes, nach *Þvottá* gezogen war, ereignete sich eine andere, ebenfalls höchst interessante Geschichte.

> Einmal geschah es zu *Þvottá* (wohin *Hallr* inzwischen gezogen war), dass *Þórhallr* dort bei *Hallr* zu Gast war. *Hallr* lag in einem Kastenbette (*hvílugolf*), *Þórhallr* aber in einem andern. Das Kastenbett aber hatte ein Fenster, und eines Morgens, als beide wachten, lachte *Þórhallr*. *Hallr* fragte: „Warum lachst du jetzt?" Der antwortete: „Ich lache darum, weil ich viele Hügel sich öffnen sehe, und jedes Getier rüstet sein Bündel, gross und klein, und sie haben jetzt ihre Fahrtage" (d. h. die gesetzlichen Ziele, an denen Pächter, Dienstleute u. dgl. mehr ihren Umzug bewerkstelligen müssen). Offenbar sind es die Landgeister oder die Geschlechtsgeister, die sich wegen des demnächst kommenden Glaubens zum Auszuge fertig machen (F.M.S. II, K. 215)[1]. —

Wir brachen zeitig von *Hof* auf. Wenn wir Zeit und Kräfte sparen wollten, mussten wir versuchen, bei Ebbe durch den *Hamarsfjörður* hindurchzureiten; bei Flut ist die in diesen Fjord einmündende *Hamarsá* unpassierbar. Die erste halbe Stunde führte uns der Weg über üppige, mit silberschimmerndem Wollgrase bedeckte Wiesen, dann über einen unbequemen Bergrücken und endlich immer den Rand des *Álptafjörður* entlang (Schwänebusen). Er ist die letzte in der langen Reihe der Lagunen, die sich an der Südküste hinzieht, und ist durch eine lange, schmale Nehrung von der See getrennt; bei Sturm wird diese von der Brandung überflutet, und oft wird dann Treibholz über sie hinweg in die Lagune geworfen. Die Berge in der Runde und die sechs kleinen Inseln mitten im Wasser erinnerten unsern Führer an das *Mývatn*, und in gewisser Hinsicht mussten wir ihm später Recht geben.

Die Sonne stand hell am Himmel, aber die frische Brise vom Meer liess keine Hitze aufkommen; ich steckte die Reisemütze in die Tasche und ritt barhäuptig. Mit Wohlbehagen sogen wir den kräftigen Geruch des Salzwassers, des Seetangs und der Muscheln ein und lauschten dem taktmässigen Donnern der Brandung. Als wir am nördlichen Ende des Fjord einen kleinen Berg hinaufritten, waren wir mit einem Male ausserhalb der malerischen norwegischen Landschaft und befanden uns mitten zwischen kahlen Felsen und Schneebergen. Aber bald senkte sich der Weg wieder, über Wiesen und Sumpf erreichten wir den von Bergen umsäumten *Hamarsfjörður* (Steilklippenbach) und konnten seit mehreren Tagen zum ersten Male wieder auf dem weiten Meeresboden einige Galoppsprünge machen. Ein mächtiger Adler, der in der Gegend seinen Horst hatte, liess sich durch uns nicht im geringsten beirren.

---

[1] Die Übersetzung im Anschluss an Maurer, Bekehrung I, S. 228 ff., 389 ff.

Es traf sich glücklich, dass wir auf einen Bauern stiessen, der ebenfalls den Umweg um den Westrand des Fjords sparen wollte und uns ohne weiteres mitnahm. Obwohl wir schon auf der ersten Reise durch den *Hvalfjördur* geritten waren, war es doch ein eigentümliches Gefühl, das Meer 20 Minuten lang um sich rauschen zu hören und mitten durch seine Wellen zu ziehen. Es reichte den Pferden meist nur bis zum Sattelrande; wo es flacher war, fingen sie von selbst an zu laufen und bespritzten uns über und über. Die zahllosen Wasservögel liessen sich durch uns gar nicht stören, und die Pferde umgingen sie von selbst in grossem Bogen. Der Himmel schimmerte in prächtigstem Blau, nicht eine Wolke trübte seine heitern Farben; dunkelblau war das Wasser des Fjordes, nur ein leiser Sonnenstrahl zitterte darüber und tanzte auf den sich kräuselnden Wellen. Besonders schön war anzuschauen, wie sich etwa in der Mitte alle Farbentöne des Regenbogens wiederspiegelten und von den Wellen gebrochen und gebogen wurden. Auf dem nördlichen Ufer des *Hamarsfjördur* hemmte hochinteressantes Geröll ein zu schnelles Vorwärtskommen. Ögmundur machte mich darauf aufmerksam, wie das Geröll sich gleichsam nach seinem Gewicht an der Küste geordnet habe: die rötlichen, hellen Liparitsteine lagen gesondert weiter oben am Strande, während das basaltische, blauschwarze Geröll wegen seiner Schwere tiefer unten für sich in Reihen lag. Wenn der Ausdruck geologisch möglich ist, möchte ich von oxydiertem Liparit sprechen; beim Ausbruche der *Askja* 1875 war die ganze Asche auf die Ostseite gefallen. In der Mündung des Fjords liegen zwei Inselgruppen, *Pvottáreyjar* und *Búlandseyjar*, die aus einer Menge kleiner Inseln bestehen. Die ersteren, die jetzt fast zu einer Insel vereinigt sind, sind mit Dünen bedeckt. Auf einer von ihnen, *Eskildsey*, war im 18. Jahrhundert ein Hafen, und vor 90 Jahren befand sich hier ein schiffbarer Kanal zwischen den Inseln, jetzt ist er schon ganz ausgefüllt. Die Meerestiefe zwischen den *Búlandseyjar* verringert sich gleichfalls von Jahr zu Jahr mehr, und vor 40 Jahren wurde bei einer Meerestiefe von vierzig Faden gefischt, wo jetzt nur eine Tiefe von zwei Faden ist (Thoroddsen). Früher gab es hier viele Eidervögel, aber die Sandflucht hat sie zum grössten Teile nach der zu *Stafafell* gehörenden Insel *Vigur* vertrieben.

Östlich von diesen Inseln, 2 Stunden Bootfahrt von *Djupivogur* liegt *Papey*. Auf der grasreichen und von vielen Eidervögeln bewohnten Insel, die zugleich eine gute Station für den Fisch- und Seehundsfang ist, liegt eines der reichsten Gehöfte Islands, das 15000 Kr. gekostet haben soll. Auf der Insel findet sich viel Eisen- oder Schwefelkies. Die Bewohner hielten das gelbe, glänzende Mineral für Gold und nannten daher den Felsen, wo der Schwefelkies besonders schön hervortritt *Ormabæli* oder *Drekabæli* (Schlangen- oder Drachenlager); denn nach allgemeinen Glauben liegen Schlangen auf Gold und bewachen es. Ein Holländer namens Kumper schoss mit einer Büchse nach dem Lager, um den Wurm vom Golde zu vertreiben und es sich

Fig. 85. Djúpivogur (im Hintergrunde: Búlandstindur).

selbst anzueignen. Wieviel Gold Kumper im Wurmbett fand, wird nicht berichtet, doch soll der Wurm zuerst nach der Schäre *Ormssker* und dann in den *Hamarsfjördur* geschwommen sein, und man glaubt, er habe in dieser Bucht seinen dauernden Aufenthalt genommen und sei vor grossen Ereignissen zum Vorschein gekommen; deshalb sollen die Leute an diesen Orten nicht auf den Fischfang zu rudern wagen[1].

*Papey* (Insel der *papar*) hat den Namen von den irischen Einsiedlern, deren Spur die Nordleute bei ihrem ersten Besuche fanden. Die *Landnámabók* sagt ausdrücklich: „Irische Bücher, Glocken und Krummstäbe fanden sich im Osten zu *Papey*", (Prolog). Ein kleiner Hügel auf der Südwestseite heisst noch heute *irski hóll* (Irischer Hügel), und in einer Bucht in der Nähe und in einer anderen auf der Ostseite finden sich Ruinen, die man mit den Iren in Zusammenhang bringt — leider ist noch keine genaue Untersuchung und Ausgrabung hier vorgenommen. Wunderlich ist die Bezeichnung: wer sich Geld in Hülle und Fülle verschaffen will, bereitet sich *Papeyjarbuxur* (Hosen von *Papey*); das kann nur so verstanden werden, dass die *Papar* bereits im Mittelalter als gespenstige Wesen galten[2].

Den blauschimmernden Fjord immer vor Augen behaltend ritten wir an grossartigen, seltsam geformten Bergen und Steinmassen vorüber, die eine Höhe von 800—1000 m haben, passierten dann ein ganz modernes, stattliches Haus, die Wohnung eines Arztes, und bald verkündeten uns beim Wegebau beschäftigte Arbeiter die Nähe unseres Zieles, *Djúpivogur* (Fig. 85).

Der Handelsplatz *Djúpivogur* (tiefe Bucht) liegt am Eingange des *Berufjördur*, in den die *Berufjardará* und die *Fossá* einmünden, und hat einen guten Hafen, der durch steile Felsen abgeschlossen und gegen alle Winde geschützt ist. Der Hafen ist so tief, dass die Schiffe unmittelbar an den Landungsbrücken anlegen können, während sich sonst auf Island keine grossen Schiffsbrücken oder Kai finden. Leider erschwert der häufige dicke Nebel oft die Einfahrt, und durch einige in der Mündung liegende Schären wird das Fahrwasser dann ganz unsicher gemacht. Der *Berufjördur* ist 19 km lang und 2—4 km breit, er ist im Innern tiefer als an der Mündung.

Ein Stück Norwegen tat sich vor uns auf: über dem Fjord lachte ein blauer Himmel, ringsum ragten hohe Schneeberge empor, und viele kleine Holme lagen zerstreut umher. *Djúpivogur* hat etwa 12 Häuser und 120 Einwohner. Man merkt, dass man wieder in einer Gegend ist, die nicht mehr von aller Verbindung abgeschlossen ist; es fiel mir auf, wie viel Leute dänisch, norwegisch oder englisch sprachen. Bei *Ludvig Jónsson*, wo wir abgestiegen waren, gab es nicht nur Flundern, Enteneier und den unvermeidlichen Hammel, sondern auch Sardinen, Edamerkäse, selbst englische Beefsteaks und sogar Bier, allerdings alkoholfrei. Ein grosser Salon wurde uns zur Verfügung gestellt, jeder bekam ein eigenes, hohes und geräumiges Schlafzimmer; durch einen eigenartigen Zufall lag

---

[1] Olaus Olavius, Ökonom. Reise, S. 317; Lehmann-Filhés, Isl. Volkssagen II, S. 27.
[2] Maurer, Isl. Volkssagen, S. 91.

auf dem Nachttisch die dänische Übersetzung des Saxo Grammaticus von Grundtvig. Die Preise waren unglaublich niedrig: das Logis kostete 80 Öre, das fürstliche Mittagessen ebensoviel, das nicht minder reichlich zusammengesetzte Abendessen noch 5 Öre weniger. *Ludvig* ist einer der gewecktesten und behendesten Isländer, die ich kennen gelernt habe; flink wie ein Wiesel sprang er überall umher und sah nach dem Rechten. Er machte mich mit seinen Freunden bekannt und stellte mich förmlich als ein Wundertier vor, das nicht nur isländisch lesen, sondern auch sprechen könnte; und dabei befolgte ich im wesentlichen die alte Reiseregel: wer mit seinem Wortschatze haushalten muss, tut am besten, zunächst in der fremden Sprache zu lächeln, dann wird man gut aufgenommen und verstanden. Er führte mich auf eine „Warte", von wo ein herrlicher Überblick über die ganze Gegend war: über *Papey* hinweg bis zu den weit im offenen Meere liegenden Inseln *Selsker*, *Kjöggur* und *Geirfuglasker*; rechts dehnte sich der *Hamars-* und *Alptafjördur* aus, die wir heute passiert hatten, dahinter lag die *Lónsheiði*, wo wir vorgestern gewesen waren. In unserem Rücken stieg der *Búlandstindur* auf, eine terrassenförmig aufgebaute, charakteristische 1063 m hohe Pyramide. Während auf den übrigen Bergen Schneemassen liegen, ist der *Búlandstindur* ganz kahl; er ist wohl zu steil, als dass sich im Winter Schnee in grösseren Mengen auf ihm festsetzen könnte, und er schmilzt darum im Frühjahr bald fort. Die ganze Umgegend ist sehr kupiert, die zahllosen Trappgänge, die schon Sartorius von Waltershausen aufgefallen sind, und die sich wie Schlangen über das Flachland und die Hügel erheben, sind äusserst charakteristisch (Phys. geogr. Skizze von Island S. 57/8).

Während wir noch oben plauderten, kam langsam vom Meere her der Nebel herangekrochen und legte sich wie ein dunkler Mahr über die Landschaft. Der Fjord ist durch seinen Nebel berüchtigt; als Ögmundur 1882 hier war, herrschte jeden Tag Nebel. Die jährliche Regenmenge beträgt hier 1093 mm, in *Stykkishólmur* 658 mm, auf *Grímsey* 414 mm. 1884 betrugen die Niederschläge in *Grímsey* 11 mm, in *Berufjördur* 142 mm, im August in *Grímsey* 48 mm, in *Berufjördur* 226 mm. Überhaupt ist die Regenmenge im ganzen Südostlande viel grösser als an andern Stellen, wegen des Zusammentreffens der kalten und warmen Strömung am Ostlande und wegen des Schmelzens des Polareises[1]).

Am Abend wurden alle 9 Pferde frisch beschlagen, *Ludvig* zeigte sich auch dabei ausserordentlich geschickt. Die zierlichen, aus Schweden bezogenen Eisen waren im Augenblick angepasst und festgenagelt; da sich der nervöse Schimmel meines Begleiters sehr störrisch und ungeduldig dabei benahm, wurde ihm ein Stein in das

---

[1]) Thoroddsen, Petermanns Mitteilungen 1885, S. 329, 330.

Ohr gelegt und dieses zugehalten; er wurde wirklich sofort ruhig — das soll allgemeiner Volksglaube auf Island sein.

Während der Arbeit erzählte mir *Ludvig*, dass vor acht Tagen zwei Tage lang der „Zieten" hier gewesen war, dann aber nach dem *Fáskrúdsfjördur* weiter gefahren sei. Es war das letzte Lebenszeichen, das ich auf Island vom „Zieten" bekam. Die Matrosen, die an Land gegangen waren, um Steine und Eier zu sammeln, hatten sich durch ihr bescheidenes Auftreten die Herzen aller Bewohner gewonnen, und gern tauschten wir unserem Wirt die 9 Mk. ein, wofür sie bei ihm gegessen und getrunken hatten.

Auf den Klippen bei *Djúpivogur* wohnen zahllose Eissturmvögel (vergl. I, S. 33) und Schmarotzerraubmöven; Papageitaucher treten in solchen Unmengen auf, dass sie die Brut der Eiderenten gefährden, indem sie ihre Nesthöhlen unterhalb der dünnen Erdschicht, die den Fels bedeckt, bis unter die Nester der Eiderente führen, wodurch diese nicht selten einstürzen[1]. Auf einem Felsvorsprung in der Nähe sollte ein Adlerhorst sein, doch konnten wir ihn wegen des immer dichter werdenden Nebels nicht aufsuchen.

19. Juli.

*Pjódrekr* hatte zuerst den *Breiddalr* genommen, war aber dann über das Gebirge in den *Berufjördr* gezogen. Er nahm den ganzen nördlichen Strand und den südlichen über das *Bulandsnes* hinweg und auf der anderen Seite landeinwärts bis zu den *Raudaskridur* (Lnd. IV, 7). Maurer erwähnt kurz eine Volkssage, nach der eine *Bera* dem *Berufjördr* den Namen gegeben habe, aber sie und ihr Mann *Soti* sollen ein unglückliches Ende gefunden haben, und die Überreste ihrer Wohnstätte sollen noch gezeigt werden[2].

Von *Berufjördr* nahm die Missionsreise Dankbrands ihren Anfang. Im Herbst 997 kam ein Schiff hierher nach dem östlichen Meerbusen, in den *Berufjördr* nach *Gautavík*. Der Schiffsherr hiess *Pangbrandr*, er war ein Sohn des Grafen *Vilbaldr* aus Sachsen. Dankbrand war hierher ausgesandt von König *Ólafr Tryggvason*, um den Glauben zu verkünden. Zwei Brüder aber, die zu *Berunes* wohnten [auf dem nördlichen Ufer [des Fjordes] und Inhaber eines Godordes waren, verboten den Leuten, Kaufschaft mit den Fremden zu treiben, weil diese Ruhestörungen im Lande zu erregen drohten (*Njálssaga* 101).

Obwohl die Süd- und Ostküste am wenigsten von Fremden besucht zu werden scheint, blieb sie den Deutschen doch nicht unbekannt. *Papey* wurde in den 80er Jahren des 16. Jahrhunderts von den Bremern erbittert gegen die Hamburger verteidigt, und dicht bei *Papey* wird 1592 eine „Ladelstede" erwähnt, *Fulwick* oder *Fuglvík*; in derselben Gegend wird *Wattlose* (unerklärlich; *Vadlar*?) von Bremen aus befahren[3].

Vom *Berufjördur* nahm 1869 die Fox-Expedition ihren Ausgang.

Beim Erwachen spürte ich heftige Schluckbeschwerden, eine tüchtige Mandelentzündung machte sich bemerkbar; wahrscheinlich hatte ich mich beim kalten Baden in *Stafafell* oder beim Reiten

---

[1] Riemschneider, Anzeigeblatt der Ornithologischen Monatsschrift des deutschen Vereins zum Schutze der Vogelwelt 1896, S. 269.

[2] Germania IV, S. 238.

[3] Baasch, Die Islandfahrt der Deutschen S. 107, Anm. 6, 7.

ohne Kopfbedeckung erkältet. Wohl hatte ich für solche Fälle Sublimat bei mir, aber das lag unten im Koffer, und ich hatte keine Lust, ihn deswegen ganz auszupacken; auch vertraute ich darauf, dass die köstliche Luft die Entzündung schon heben würde, wenn ich mich des Rauchens enthielte. Bei dem Arzte, dessen elegant eingerichtete Räume deutlich verrieten, dass wir nicht mehr in der *Skaptafells sýsla* waren — selbst eine Photographie von Karl Heinz und Käthe aus „Alt-Heidelberg" fehlte nicht! — kauften wir Borvaseline für unsere Pferde ein. Sie waren fast alle gedrückt, zum Teil recht bedenklich; unter die Packsättel legten wir Rasenstreifen und Felle. Während Ögmundur die Karawane auf einem kürzeren Wege fortführte, geleitete mich *Ludvig* nach dem Gehöfte *Teigarhorn*, wo zwei Damen die Kunst des Photographierens ausüben und das Recht haben, die umliegenden Berge nach seltenen Mineralien zu durchsuchen und diese zu verkaufen[1]). Ich erstand mir einige hübsche Steine zum Andenken. Der Doppelspat *(Silfurberg)*, der mit Hammer und Meissel aus dem umgebenden Gesteine vorsichtig gelöst wird, ist etwas trübe und gefärbt und soll dem von *Eskifjördur* (Schachtelbucht) nachstehen. Vor allem aber ist *Djúpivogur* die Hauptfundstelle für Zeolithe oder Mandelsteine (*geislasteinn*, Strahlenstein); sie sind hier so häufig, dass man fast mit jedem Schlage eine Mandel ausbrechen kann. Die vorzüglichsten isländischen Zeolithe sind: Apophyllit, Thomsonit, Chabasit, Heulandit, Mesotyp, Analcim, Stilbit, Levyn und Epistilbit. Dieses letztere, seltene Mineral findet sich nirgends in so schönen Kristallen wie hier; auf Island kommt es nur noch am *Pyrill* und gegenüber von *Akureyri* vor. Die schönen Kristalle, die als isländische Produkte unsere Mineraliensammlungen zieren, stammen fast alle aus *Eski-* und *Berufjördur*, und die beiden Damen verschicken ganze Kisten voll nach Deutschland und Österreich.

Zwei Stunden weit gab uns der treffliche *Ludvig* das Geleit. Als wir rasteten, fragte er mich listig lächelnd, ob ich nicht meinte, dass eine Flasche echten dänischen Bieres für meinen kranken Hals gut wäre, und dabei holte er schmunzelnd aus seiner Manteltasche vier in Stroh eingewickelte Flaschen hervor, die wirkliches Bier enthielten, das nicht „skattefri" war. Wie er in deren Besitz gelangt war, darf ich nicht verraten; in seinem Hause selbst hatte er uns keinen Tropfen davon vorgesetzt, jede Bezahlung dafür wies er entrüstet zurück; auch hier merkte ich wieder, dass man auf Island Gefälligkeiten nicht mit Münze vergüten kann.

Wir wählten nicht den alten beschwerlichen Weg über die *Öxarheidr* nach dem *Skridudalur*, weil ich ihn unsern Pferden

---

[1]) Ich verdanke den Damen, deren Namen ich leider vergessen habe, das Bild auf S. 165.

nicht zumuten durfte, obwohl ich den mir aus der *Hrafnkels Saga* bekannten Weg gern kennen gelernt hätte, sondern wir zogen den Übergang über die *Breiddalsheidi* vor. Wir ritten fast um den ganzen südlichen Rand des Fjordes herum, da der Führer durchaus nicht zu bewegen war, den Weg durch Überschreiten der Bucht abzukürzen. Der Ritt war recht eintönig, die Sonne stach, und der ungewohnte Biergenuss wirkte einschläfernd. Unlustig und missmutig lagerten wir am Abschlusse des Tales auf einer mit Wollgras geschmückten Wiese und sahen mit grossem Unbehagen zu dem *Berufjardarskard* hinauf (669 m), dessen Höhe wir mit unseren trägen Füssen ersteigen sollten, denn die Pferde mussten nach den letzten anstrengenden Tagen geschont werden. Aber es ging besser, als wir gefürchtet hatten; der Reitweg ist nicht nur für isländische Verhältnisse gut, und grüne Matten gestatten unterwegs zu rasten und die schöne Aussicht über den Fjord in seiner ganzen Ausdehnung zu geniessen. Der Rand des Hochgebirges ist bis zum Meere hinab zerklüftet, die schwarzen Wände steigen senkrecht empor, in der Ferne schimmert die Kuppel des *Prándarjökull*, und hinter jener schneebedeckten Kette liegt der *Fáskrúdsfjördur*. Oben schlängelt sich der Pass wie über einen Sattel zwischen steilen Zinnen und zackigen Wänden dahin, unmittelbar an breiten, unberührten Schneefeldern vorüber; dann geht es hart einen tiefen Kessel entlang, in dem sich kein Leben regt, der Boden ist mit schwarzem, schmutzigem Schnee angefüllt, und schroff fallen die nackten Seitenwände hinab: der richtige Hexenkessel! Die seltsamsten und kostbarsten Steine lagen überall umher oder schimmerten aus den dunkeln Wänden heraus, und noch heute kann ich mich ärgern, dass ich meine Trägheit nicht öfter überwand und mir nicht mehr Schätze aus den Felsen loslöste. Zum ersten Male wieder seit der Besteigung der *Hekla* brach der Schweiss in Strömen aus, aber der herrliche Blick und der funkelnde Sonnenschein belebten uns wieder; auch Ögmundur, der zum ersten und einzigen Male während der ganzen Reise schlapp zu werden drohte, wurde wieder frisch, unsere frohe Stimmung kehrte wieder, leider nicht auch die Stimme. Beim Abstiege mussten die Pferde zunächst noch geführt werden. Im ganzen waren wir auf fürchterlichen Pfaden drei Stunden lang geklettert und über fünf Stunden geritten, bis wir am Fusse des Passes den *Breiddalur* erreichten, eine schöne, mit saftigen Blumen gezierte Ebene, die rings von Bergen eingeschlossen ist, deren weisse oder grünliche Liparitfelsen mit schwarzen Basaltgängen durchsetzt sind. Ergreifend wirkte die feierliche Stille, die uns umgab. Kein Vogel liess sich hören, leise murmelten die plätschernden Wellen der *Breiddalsá*, der hübsche Wasserfall rauschte gleichmässig, und nur der Wind fuhr mit volleren Tönen über die weiten Wiesen.

*Höskuldstadir* liegt gerade dem Abstiege gegenüber. Der Bauer kam uns entgegen und half uns beim Absatteln. Ich fühlte mich aber zu elend, um ein längeres Gespräch mit ihm anzuknüpfen, liess mir sogleich das Bett anrichten und mir eine Kanne siedend heisse Milch mit recht viel Zucker bringen, schlief sofort ein, schwitzte gehörig, wiederholte denselben Trunk am nächsten Morgen und stand gesund auf.

20. Juli.

Die Bäuerin war die Nacht aufgeblieben und hatte für ihren Besuch kleine Kuchen gebacken *(kleinur)*, zum Kaffee gab es ausserdem noch für jeden ein Hühnerei. Obwohl die Bauersleute ersichtlich arm waren, taten sie doch alles, was sie uns an den Augen ablesen konnten.

Wir ritten durch die wiesenreiche Felssohle des *Breiddalur* in seiner nordwestlichen Ausdehnung hindurch, im drückenden, sengenden Sonnenscheine, kein Lüftchen regte sich in dem von äusserst grotesken Felsen gestalteten Tale. Die Bergkuppen erschienen, so oft man seine Stellung veränderte, auch in verschiedener Gestalt; zuweilen glichen sie Giebeln von Häusern, Schlössern usw., aber der vorherrschende Anblick, den sie boten, war der von hohen Türmen und Zinnen. Es war der heisseste Tag der ganzen Reise, und gegen Mittag hatten wir 44° C. In dem tiefen Sumpfe versanken die Pferde fortwährend und mussten zuweilen mit den Peitschen angetrieben werden, von einer Erhöhung zur andern zu springen. Das Ende des Tales bildete eine kleine weisse, steinbesäte Wüste, wir schmorten in der Sonnenglut und bedauerten den blauen Klemmer so gut versteckt zu haben, dass wir ihn erst in *Akureyri* wieder fanden. Dann krochen wir langsam einen mässig steilen Berg hinan, durchzogen die *Breiddalsheidi*, auf deren Höhe noch viele Schneefelder lagen, und bogen in den langen *Skriddalur* ein (Bergschlipftal). Ein schmaler Bergrücken, *Múli*, trennt den *Skriddalur* vom *Geitdalur* (Ziegental), oben in dem ersten Tale liegt ein kleiner See, *Skriduvatn*, durch ihn fliesst die *Múlaá*, die wir entlang ritten; im *Geitdalur* fliesst die aus dem *Likárvatn* entspringende *Geitdalsá*: beide Flüsse vereinigen sich hinter dem Gehöfte *Pingmúli*, wo die Ostländer ihre regelmässigen Thinge abhielten, und das wir links liegen lassen müssen, und heissen von nun an zusammen *Grímsá*, diese ergiesst sich in das *Lagarfljót*. Bei *Pingmúli* finden sich einige Ruinen, ein Hügel im *Tún* heisst *Pinghóll*, ein Teil des *Túns Godatún*, zwei Ruinen dabei *Godatóptir*, ein grosser Fels in der Nähe *Godasteinn*. Durch das Gebirge westlich geht ein mächtiger Basaltgang, *Trollkonustigur*, der von einer Riesin so zu sagen als Treppe benutzt wurde. Nördlich von *Skriduvatn* sieht man einen mächtigen Bergsturz, der den ganzen östlichen Talboden mit Steinhaufen und Hügeln angefüllt hat, die aber mit Gras bewachsen sind. Man kann deutlich eine grosse Kluft warnehmen, aus der der Bergsturz erfolgt ist. Dieser hat dem See und Tal den Namen gegeben. Von ihm erzählt bereits das Buch von der Besiedelung Islands.

*Hrafnkell* hiess ein Sohn des *Hrafn*. Er kam gegen Ende der Besiedlungszeit nach Island und war den ersten Winter im *Breiddalr*. Im Frühling aber zog er über das Gebirge und ruhte im *Skriddalr* aus und schlief ein. Da träumte ihn, ein Mann käme zu ihm und bäte ihn aufzustehen und so schnell wie möglich fortzuziehen. Er erwachte und ging fort. Hierauf nahm *Hrafnkell* den *Hrafnkelsdalr* (Lnd. IV, 3). Die Volkssage weiss heute nichts mehr davon, sondern knüpft den Bergsturz an einen Bischof, der einmal hier betete, aber, durch die Stimme eines Raben gewarnt, die er verstand, zur rechten Zeit sein Zelt jenseits des Flusses aufschlug. Merkwürdig ist, dass dasselbe Ereignis, das von *Hrafnkell*, dem Helden der nach ihm benannten Saga erzählt wird, auch von seinem Vater *Hallfredr* berichtet wird, aber der Schauplatz ist der *Geitdalr*. *Hallfredr* war mit seiner Frau und dem fünfzehnjährigen *Hrafnkell* nach dem *Breiddalr* gekommen, verlegte aber im Frühjahr seine Wohnung nordwärts über die *Fljótdalsheidi* und liess sich im *Geitdalr* nieder. Eines Nachts träumte ihn, dass ein Mann zu ihm kam und sagte: „Da liegst du, *Hallfredr*, und ziemlich unvorsichtig! Zieh fort von hier westlich über das *Lagarfljót*, dort liegt all dein Glück." Darauf erwachte er und schlug seine Wohnung auf jenseits der *Rángá* zwischen den Mündungen des *Lagarfljót* und der *Jökulsá á Brú*, an der Stelle, die seitdem *Hallfredarstadir* heisst. Dort wohnte er bis zu seinem Alter. In seiner alten Wohnung aber war eine Ziege und ein Bock zurückgeblieben; und an demselben Tage, an dem *Hallfredr* weggezogen war, fuhr ein Steinschlipf auf das verlassene Haus, und beide Tiere gingen dabei zugrunde; deshalb heisst diese Stelle *Geitdalr*[1]). —

Die Landschaft bekam allmählich einen ganz andern Charakter, die Wildheit hörte auf. Als wir den *Hallormstadaháls* erstiegen, bot sich uns wieder eine jener köstlichen Aussichten, wie sie nur die reine Luft Islands gewährt. Unser erster Blick fiel auf das breite, lange, silberne Band des *Lagarfljót* und glitt darüber hinweg auf einen matten Goldbronze-Schimmer, den Ozean. Nach Westen über den *Fljótsdalr* hin stieg die eisbedeckte, isolierte Glocke des *Snæfell* empor, nur zwei Meter vom Nordrande des *Vatnajökull* entfernt (1822 m). *Snæfell* ist ein sehr alter Vulkan und muss in vorgeschichtlicher Zeit sehr tätig gewesen sein; er besteht aus Palagonitbreccie und Tuff, scheint aber von Süden nach Norden von einem dicken Liparitgange durchsetzt zu sein. An seinen südlichsten Gipfel schliesst sich eine wellige, vegetationslose Hochebene an, die sich zwischen zwei Gletschern in den *Vatnajökull* hineinschiebt. Auf ihr erhebt sich eine doppelte Reihe von Bergspitzen, die *Pjófahnúkar* (Diebesspitzen), deren südlichste Erhebung ein isolierter, regelmässiger, schneefreier Brecciekegel ist, der *Litla Snæfell* (1133 m).

---

[1] Heinrich Lenk, Die Saga von Hrafnkell Freysgodi, übersetzt und erläutert. Wien 1883, K. 1.

Fig. 86. Brúarjökull am Nordrande des Vatnajökull (Blick vom Südrande des Hrafnkelsdalur).

Fig. 87. Nordostrand des Vatnajökull (Blick von der Fljótsdalsheiði, in einer Entfernung von 40–50 Kilometern).

Der östliche dieser Gletscher, die vom Nordrande des *Vatnajökull* zu beiden Seiten des *Snæfell* niedergehen, ist der *Eyjabakkajökull*; er hat ein Areal von 25 qkm; auf ihm entspringen die *Jökulsá í Fljótsdal*, die in das *Lagarfljót* mündet, die *Jökulsá á Brú*, die in weitem Bogen nach Westen geht, und die *Eyjabakkaá*, die sich mit der zuerst genannten *Jökulsá* vereinigt. Westlich vom *Snæfell* geht vom *Vatnajökull* der *Brúarjökull* herab, der ein Areal von ca. 500 km umfasst (Fig. 87 und Fig. 88). Der kolossale *Brúarjökull* ist sehr unruhig. So stieg z. B. 1625 die *Jökulsá á Brú* um 20 Ellen, und 1890 barst der Gletscher, so dass man zwischen den ungeheuern Eismassen den blossen Felsen sehen konnte. Ögmundur behauptete sogar die langgestreckte, schwarze Mauer der *Kverkfjöll* in der Mitte des Nordrandes des *Vatnajökull* erkennen zu können (vgl. Fig. 86). Wie ein mächtiges Vorgebirge türmt sich dieser Vulkan am Rande des *Vatnajökull* auf, die mächtige Bergmasse ist von oben bis unten durch eine kolossale Spalte zerrissen, durch die ein Gletscher bis auf die Lavaebene herunterreicht. Über dem Gletscherende befindet sich oben im Gebirgsabhang eine Kratergruppe mit Solfataren. 1717 fanden hier Eisbrüche statt, wobei der Gletscher zum Teil schmolz. Um die Erforschung dieses Teiles haben sich Thoroddsen und Bruun verdient gemacht, doch harrt hier noch manche Aufgabe ihrer Lösung; freilich sind gut Wetter, Zeit und Geld dabei nötig.

Fig. 88. Am Nordrande des Vatnajökull. (Die Jökulskvísl vereinigt sich mit der Jökulsá, die aus dem Eyjabakkajökull entspringt.)

Das *Lagarfljót* (Seefluss), die natürliche Grenze zwischen der *Suður* und *Norður Múla sýsla*, ist die Erweiterung der *Jökulsá í Fljótsdal* und fliesst durch ein langgestrecktes Felsenbassin. Es ist in seinem obern Laufe so tief, dass es von grösseren Schiffen befahren werden könnte, aber zunächst dem Meere ist eine längere Reihe von Kaskaden und Fällen, die Mündung ist versandet und ohne Hafen, durch die Ablagerung des Flusses ist eine graswachsene Ebene entstanden. Das *Fljót* hat eine Länge von 45 km und eine Breite von 1—2 km, bei einer Tiefe von 110 m, und reicht 84 m unter den Meeresspiegel; die Ufer und Umgebungen sind stark vom Eise gescheuert, eine Rundhöckerlandschaft von ausgeprägter Form[1].

Nach dem Volksglauben ist der Seefluss von allerhand Wasserungeheuern bevölkert[2]. Gespenstische Seehunde hausen darin, die eigentlich Menschen sind, in der Johannisnacht ihr Seehundsfell ablegen und am Strande spielen und tanzen. Ein besonders grosser, gewaltiger Seehund, der unter einem Wasserfalle lag, wurde durch Sprüche an den Felsen festgebannt; dort liegt er und kann sich nicht mehr rühren, um jemandem ein Leid zu tun. Ein Roche, der im Seefluss sein Unwesen trieb, hatte neun Schwänze und fügte den Menschen, da er an der Überfahrtsstelle lag, viel Schaden zu. Endlich kam ein Kraftskalde dorthin und bannte durch seine Verse den Rochen fest auf den Grund des Stromes. Einst, als er schon festgebannt war, schwamm ein Verbrecher den Strom hinauf. Da berührte er den Rochen mit der grossen Zehe, und dabei wurde ihm ganz seltsam. Er ging sogleich ans Land und sah, dass die Zehe schwarz und geschwollen war. Da hieb er sich die Zehe ab. — Am bekanntesten unter den Wasserungeheuern im *Lagarfljót* ist der sogenannte „Wurm im *Lagarfljót*". Schon auf der Weltkarte des Abraham Ortelius 1570 steht bei diesem Seeflusse: „In diesem See befindet sich eine ungeheure Schlange, die den Bewohnern schadet. Sie zeigt sich, wenn umwälzende Ereignisse bevorstehen." Auf der Islandkarte Gerhard Mercators 1595 steht nur: In diesem See ist einmal eine ungewöhnlich grosse Schlange gesehen worden." „Im Jahre 1607, sagt der Annalist, sah man die Schlange im *Lagarfljót* in 3 Krümmungen, deren jede so hoch über dem Wasser hervorragte, dass ein Mann mit aufgerichteter Lanze darunter durchgehen konnte. 1612, 1618, 1641 und 1672 wird der Erscheinung der Schlange oder des Wurms nur schlechtweg gedacht mit dem Beifügen, dass sie sich in dem Herbste des vorletzten Jahres zu wiederholten Malen habe sehen lassen". (Olafsen-Povelsen II, S. 95, § 788). In den Annalen des Bischofs *Gisli Oddsson* in *Skálholt* von 1657 wird ausführlicher von der Schlange erzählt. „Sie ist aller Schlangen fürchterlichste. Einige sagen, dass sie eine Meile lang sei, doch stimmen die Angaben darüber nicht, wieviel Krümmungen sie hat: ein, zwei, drei werden angegeben. Sie ist entsetzlich und regt den Fluss so auf, dass er auf das Land überströmt. Sie gebärdet sich so schlimm, dass die Erde erbebt und die Häuser in der Nähe wanken. Sie ist sehr hässlich. Einmal wollte ein Bischof sie aus dem Flusse hinwegbannen, und solange er da war, war sie verschwunden. Als er aber fortgegangen, kam sie wieder zum Vorschein, und sie war durchaus nicht angenehmer als zuvor[3]. *Stephan Ólafson* († 1688) sagt, dass die Schlange auf Gold liege und mit Kopf und Schwanz am Grunde festgewachsen sei, sie sei eine halbe *Þingmannaleið* lang, d. h. 5 Stunden Weges = drittehalb Meilen.

*Eggert Ólafsson*, dessen Bericht ich oben gegeben habe, hat auch die Erklärung: „Heftige Ausdünstungen aus dem Wasser oder dem Grunde des Sees, die nach Beschaffenheit des Windes und Wetters auf diese oder jene Art gebildet seien, hätten den Zuschauern solche Gestalten gewiesen, woraus sie durch Hilfe der Einbildungskraft die obigen Erscheinungen hervorgebracht haben." Selbst noch im Frühjahr 1819 sah man im Eise des *Lagarfljót* ein Ungeheuer, grau und von Gestalt so, als stünde ein Pferd auf dem Kopfe mit den Lenden nach oben; es zog in langsamer Fahrt, dem Strom und leichten Winden entgegen, nach *Hallormstadir*, wo es endlich verschwand.

Nach alten Beschreibungen muss die Gegend um die *Jökulsá i Fljótsdal* und das *Lagarfljót* bis zur Küste hin eine der schönsten

---

[1] Nach Thoroddsen, Island, S. 41, 43, 44.
[2] *Isl. Þjóðsögur* I, S. 638—641; Herrmann, Nordische Mythologie, S. 70, 103, 104; Lehmann-Filhés, Isl. Volkssagen II, S. 24—26.
[3] Zeitschrift des Vereins für Volkskunde I, S. 168.

Islands und ganz waldbewachsen gewesen sein, aber jahrhundertelang hat die Begehrlichkeit und Unvernunft der Einwohner die reichen Waldungen unbarmherzig ausgerissen und abgeweidet. Darum ist das Erdreich an den meisten Orten bis auf die eisgescheuerten Basaltfelsen hinunter fortgeweht. Wo früher ein schöner hoher Wald mit hohen Birken und schönen Ebereschen war, sind jetzt nur wenige Stämmchen übrig, doch bewiesen grosse Haufen von Sparren, dass man erst kürzlich viele stattliche Bäume gefällt hatte. Leider herrscht noch hier und da die alte bettelhafte Unsitte, nur an den augenblicklichen Nutzen zu denken, gleichgültig, ob späteren Geschlechtern grosser Schade zugefügt wird. Als noch im ganzen Bezirk bis zum Meere, bis zur halben Höhe der Berge Wälder waren, ist es kaum irgendwo auf Island ebenso schön gewesen; jetzt aber sind andere Zeiten, die Bewohner sind durch viele Jahrhunderte vereint tätig gewesen, diese Schönheit zu verderben, alle Reisebeschreibungen seit der Mitte des 18. Jahrhunderts erwähnen die Waldverwüstungen in dieser Gegend; ... es ist grausig, die Beschreibung zu lesen, die *Sveinn Pálsson* von der Behandlung der Wälder hier am Ende des 18. Jahrhunderts gibt [1]).

Fig. 89. Birkenwald bei Hallormstadir (in der Mitte Lagarfljót).

Wohl wusste ich, dass in dieser Gegend einer der schönsten Birkenwälder Islands liegt, der *Hallormstadarskógur*, wohl waren mir beim Abstiege vom *Hallormstadaháls* vereinzelte Bäume aufgefallen, die sich im Wasser des Seeflusses wiederspiegelten und an Höhe alle Stämme übertrafen, die ich bisher gesehen hatte, aber wir waren gerade durch unsere Packpferde in Anspruch genommen, von deren Rücken sich die Koffer losgelöst hatten und waren auch wohl durch die Hitze etwas abgestumpft. Welche Überraschung aber, als wir zum Ufer hinabritten und unser Blick unvorbereitet auf grosse, richtige Birkenbäume fiel, meist Stämme von 5—6 m, viele von ca. 7 m Höhe, einer war sogar $8^3/_4$ m hoch (Fig. 89). Unser Auge, das so lange Zeit, abgesehen von den wenigen Oasen, nur auf starren Gletschern und toten Wüsten geruht hatte, konnte sich nicht satt sehen an dem frischen Grün. Das war ja ein ordent-

---

[1]) *Skógmál Islands*, eftir próf. *C. V. Prytz. Þýtt hefir Stgr. Thorsteinsson*, in: *Tímarit* Bd. 24, 1903; — Lehmann-Filhés, Die Waldfrage in Island. Globus, Bd. 85, 1904, Nr. 16.

licher Wald, nicht bloss ein am Boden kriechendes, dürftiges Gestrüpp! ein Wald, der auch bei uns in Deutschland diesen Namen verdient hätte! Unter den dicht aneinander gereihten Bäumen rieseln muntere Bäche dahin, zwischen den leuchtenden Stämmen schimmert der silberne Fluss, und am anderen Ufer steigen schwarze, geklüftete Berge empor, von denen Wasserfälle herniederstürzen. Wohl eine halbe Stunde lang ritten wir durch den grünen Wald dahin. Neben *Hlídarendi* hat es mir hier am besten gefallen, und ich verstehe, dass die Bewohner von *Seydisfjördur* mit Vorliebe „Waldtouren" hierher unternehmen, und dass die romantische Lage, wie Ögmundur erzählte, schon manche Verlobung zustande gebracht hat. Besonders erfreulich ist, dass dieser Wald auch wirklich erhalten bleiben und weiter gedeihen wird. Denn während man früher hier jährlich 400 Pferdelasten Reisig zur Feuerung brauchte, hat man jetzt einen ausgezeichneten Torfstich entdeckt, so dass der Wald geschont werden kann. Damit die Schafe nicht die zarten Sprösslinge, und wenn tiefer Schnee liegt, auch die Spitzen höherer Bäume abnagen, hat man fast den ganzen Wald mit einem rotangestrichen Staket aus Eisen und Stacheldraht umzäunt; ja der bisherige Administrator, jetzt *Sýslumadur* in *Kirkjubær*, also *Gudlaugs* Nachfolger, der seit Oktober 1904 Bürgermeister in *Akureyri* ist, hat 1901 eine neue Anpflanzung von Tannen und Fichten versucht, die er aus Dänemark bezogen hat, und die vielversprechend angesetzt haben.

Während wir am Ausgange des Waldes rasteten, sahen wir ein Boot über den Fluss kommen. Kaum war es knirschend auf den Strand gelaufen, da stürzte Ögmundur auf einen der Insassen zu und umarmte und küsste ihn unaufhörlich. Ich dachte zunächst, es wäre einer der zahllosen Bekannten von ihm, aber freudestrahlend rief er mir zu: es sei sein Schwager, der Arzt von *Brekka*, Dr. *Jónas Kristiansson*, bei dem wir über Nacht bleiben wollten. Dieser hatte vom anderen Ufer aus mit seinem Fernglase Ögmundur erkannt, trotz des wilden Bartes, der ihm seit *Reykjavík* gewachsen war. Um uns den Umweg von 2—3 Stunden bis zur nächsten Fähre zu ersparen, wollte er uns abholen, und sein Bruder übernahm es, die abgesattelten Pferde nachzubringen. Das kühle Bad tat ihnen wohl, und da wir vom Arzte freundlich eingeladen wurden, bei ihm zwei Nächte zu bleiben, wurden sie wieder völlig frisch, und unbedenklich konnte ihnen der Rest der Reise zugemutet werden. Obwohl Dr. *Jónas* und Ögmundur kräftig in die Ruder griffen, dauerte die Überfahrt doch länger als 20 Minuten; die Gepäckkoffer wurden von einigen Knechten den steilen Abhang hinaufgetragen, und bald löschten wir unseren Durst an einer Kanne köstlichen Kaffees und drei grossen Schalen Milch; von dem kalten Gletscherwasser unterwegs zu trinken, habe ich stets vermieden, auch wenn die Gier noch so gross war, und ich bin dadurch auch von mancherlei Beschwerden, wie Magenerkältung und Durchfall, verschont geblieben.

Das Wohnhaus war ganz altertümlich; nicht nur der dunkle Eingang war vorhanden, von dem aus zur Linken die Gaststube lag, sondern man musste sich auch durch einen langen, finsteren Gang tappen, darauf ein paar Stufen hinaufsteigen und war dann in dem Esszimmer, durch dessen Fenster man über das Grasdach der unteren Räume hinwegblickte.

21. Juli.

Gross war meine Überraschung, als mir Dr. *Jónas* am nächsten Morgen ein Bild brachte, das Prof. Kahle aus Heidelberg vor dem Antritt seiner Reise von *Reykjavik* nach *Akureyri* darstellte. *Jónas* war 1894 Kahles Führer gewesen und zeigte mir voll Stolz die Stelle in Kahles Buch (S. 133), wo dieser sagt, einen besseren Führer hätte er kaum finden können. Aber auch er bewahrte Kahle ein dankbares Andenken und rühmte namentlich die Unverdrossenheit, mit der er unterwegs isländisch zu sprechen sich bemüht hätte.

Dem Wohnhause gegenüber wurde der Grund zu einem neuen Krankenhause gelegt, es ist das siebente auf der ganzen Insel. Der Boden war etwa 1½ m tief ausgeschachtet, und das Fundament war aus Feldsteinen hergerichtet, die mit Zement verbunden waren. Es ist für 6 Betten berechnet und die Stiftung einiger wohlhabender Bauern aus der Umgegend. Für den Reichtum dieser Gegend mögen folgende Angaben sprechen: *Aðalból* hat 12 Menschen, 6 Pferde, 2 Kühe, 300 Schafe; *Skriða* hat 20 Menschen, 22 Pferde, 10 Kühe, 800 Schafe, *Þorgerðarstaðir* (im südlichen *Fljótsdalur*): 11 Menschen, 6 Pferde, 4 Kühe, 300 Schafe. Der Bauer des zuletzt genannten Hofes hält keine Melkschafe, obwohl ein Schaf täglich 1 Liter Milch liefert, sondern deckt seinen Bedarf an Milch durch die 4 Kühe; die Schafe, denen die Milch entzogen wird, sollen an Wert verlieren, und deshalb soll sich ihre Auffütterung nicht recht verlohnen. Er holt auch das Heu von den Bergwiesen nicht auf dem Rücken der Pferde, wie sonst allgemein üblich, sondern hat sich aus Norwegen nach *Seyðisfjörður* einen ca. 1000 m langen Eisendraht kommen lassen, und an diesem gleitet das Heu nun zu Tale[1]).

Dr. *Jónas* hat ein gastfreies Haus, nicht weniger als neun Personen kamen im Laufe des Tages zu Besuch, darunter drei junge Damen aus *Reykjavik*, die ein paar Tage bleiben wollten, und ein Isländer aus Amerika. Da Ögmundur seine Pferde für

---

[1]) Bruun, Ved Vatna Jökulls Nordrand, S. 18.

die Kletterei nicht hergeben wollte, liess der Doktor seine eigenen schönen Tiere vorführen und brachte uns mit seinem Bruder spät am Nachmittag selbst nach dem *Hengifoss* (steiler, hoher Wasserfall), dem höchsten Wasserfall auf Island (Fig. 90). Die Wiesen in der Nähe des Hauses waren überaus üppig: von dem weissen

Fig. 90. Hengifoss.

Klee, den bunten Wicken und zierlichen Stiefmütterchen stieg ein lieblicher Duft empor. Bei einem Vorwerke war ein Blaufuchs, ein junges, zierliches Tierchen, an einer langen Kette festgemacht, er lief unermüdlich im Kreise umher und war so zahm, dass er auf einen Pfiff herankam. Dann aber ging es tüchtig bergan, und wir hatten wieder eine herrliche Aussicht. Es ist eitle Mühe, all die prächtigen Bilder zu beschreiben, die der Reisende auf Island zu sehen bekommt, vorausgesetzt, dass das Wetter gut ist. Über das breite, tiefe Tal lag eine bläulich weisse, in lichten Hauch gehüllte, aber vollkommen durchsichtige Luftschicht ausgebreitet, die den Tälern weit und Höhen eine magische Beleuchtung gab. Unten spiegelte sich das *Lagarfljöt* in weissen, langen Streifen, der *Snæfell* stieg im Hintergrunde empor, und darüber hinaus die riesigen Schnee- und Eisfelder des *Vatnajökull;* auf der entgegengesetzten Seite ragte einsam der *Höttur* (Hut) und nach Nordosten der gewaltige Bergrücken zwischen dem *Vopnafjördur* und dem *Jökulsdalur,* der im *Smörfjall* seinen höchsten Punkt erreicht (Butterberg, 1211 m).

Der Wasserfall wird von der *Hengifossá* gebildet, einem kleinen, aber reissenden Bergbach, der am *Stapahlíd* plötzlich senkrecht in eine Tiefe von 110 m hinabtost und nach verschiedenen kleinen Fällen durch tiefe Klüfte in das *Lagarfljöt* stürzt; der schönste unter diesen ist der *Litlanesfoss,* der von einer lotrechten Wand mit prachtvollen Basaltwänden herunterfällt. Der Abstieg nach dem *Foss* war nicht leicht. Über Tuffklötze, die unter der Hand zerbröckelten, und Basaltblöcke kletterten wir in das Flussbett hinab, um den *Foss* in seinem ganzen Fall überblicken zu können. Er kommt aus einem Rundbau in zwei mächtigen Strahlen geschossen, die sich unten in viele schmale Streifen zerstäuben. Nicht die Menge des Wassers, sondern die Höhe, von der es herabbraust, wirkt so imponierend, und die wildromantische Umgebung, von der aus man das grossartige Schauspiel geniesst. Das Flussbett ist mit riesigen Steinen ausgefüllt, die in phantastischen Stellungen aufgestapelt sind; da sie vom Wasser glatt gescheuert sind, ist es nicht leicht, beim Springen von einem Stein auf den andern auf ihnen festen Fuss zu fassen. Auf dem jenseitigen Ufer fand ich die grössten Mengen von *Surturbrandur,* die ich bisher gesehen hatte, Reste einer früheren, üppigeren Pflanzenwelt, und ich hatte das grosse Glück, darunter einen deutlichen Blattabdruck zu entdecken, der jetzt auf meinem Schreibtische liegt. Von praktischer Bedeutung ist der *Surturbrandur* für den Isländer nicht; er genügt wohl, um das Feuer in der Schmiede und der *Badstofa* zu unterhalten, aber er kommt entweder in mehr oder weniger unzugänglichen Gegenden hoch oben in den Bergen vor, oder seine Ausbeutung ist bald erschöpft, wenn man ihn zu eifrig sucht.

Beim Heimwege hatten wir den seltenen Anblick eines *rosabaugur* (Sturmring): um die Sonne lag ein grosser, weiter, breiter Kreis mit einigen Regenbogenfarben. Der Führer meinte, es sei Staub, der in weiter Ferne zum Himmel emporwirbelte, aber er gelte als ein Vorbote von starkem, mit Regen oder Schnee begleitetem Winde. Eine alte Bezeichnung, die er daneben gebrauchte, *hafgill*, vermag ich leider, trotz vielfacher Anfragen, nicht zu belegen noch zu deuten[1]).

22. Juli.

Am nächsten Morgen gaben uns der Doktor und seine liebenswürdige Gattin eine Stunde weit das Geleite, bis gegenüber *Hrafnkelsstadir*, der Stätte, wo der vertriebene *Hrafnkell* sich ein neues Haus und neue Macht gegründet hatte; sein Bruder hatte es übernommen, uns über die unwirtliche *Fljótsdalsheidi* zu führen. Es war eigentlich mein Plan gewesen, diese Gegend genauer kennen zu lernen und zwei bis drei Tage darauf zu verwenden. Denn hier ist der Schauplatz der *Hrafnkelssaga Freysgoda*, einer Geschlechtssage, die durch die mit höchster Kunst ausgeführte Zeichnung des Charakters des Helden auch den modernen Leser unwiderstehlich fesselt. Der Dialog ist ungemein charakteristisch und von dramatischer Lebhaftigkeit, und das Bild, das vom isländischen Leben in der Mitte des 10. Jahrhunderts entrollt wird, enthält viele wertvolle Züge, besonders über den Vorgang bei den Thingversammlungen — *Sáms* Rechtsgang gegen *Hrafnkell* und die sich anschliessende Exekution —, über Götterverehrung, Wesen und Bereich der Godengewalt. Aber *Sira Jón* in *Stafafell* hatte mir Daniel Bruuns Aufsatz „Am Nordrande des Vatna Jökull" gezeigt, und ich hatte daraus zu meinem Schmerz ersehen, dass der unermüdliche Hauptmann auch hier gewesen war und die Gegend sehr genau durchforscht hatte. Dadurch war mein Vorhaben in der Hauptsache unnötig geworden, immerhin lernte ich noch wichtige Teile der Landschaft kennen, wo die Sage spielt. Sie schildert einen Atheisten, oder besser einen Skeptiker, der von Göttern keine Hilfe mehr erwartet und statt der Götter nur ein Schicksalswalten annimmt. Felix Dahn hat nach dem Vorbilde dieser „Biographie" seinen nordischen Roman „Sind Götter?" geschrieben.

Als *Hallfredr*, *Hrafnkels* Vater, aus dem *Geitdalr* fortgezogen war (vergl. S. 172), ritt sein Sohn jeden Sommer über die *Fljótsdalsheidi*: damals war der *Jökulsdalur* bis zur Brücke über die *Jökulsá á Brú* noch ganz bewohnt. *Hrafnkell* sah, dass sich vom *Jökulsdalur* hinauf ein unbewohntes Tal hinzog, das ihm mehr als alle andern Täler, die er bisher gesehen hatte, zur Besiedlung geeignet erschien. Er baute sich in diesem Tale seinen Hof und nannte ihn *Adalból* (Hauptwohnung), er veranstaltete ein grosses Opfer und liess einen grossen Tempel aufführen. Er war ein überaus rücksichtsloser, aber sehr tüchtiger Mann. Er unterwarf

---

[1]) In *Björn Halldórssons* Lexicon islandico-latina-danicum (Kph. 1814) findet sich das Wort *hafgall* n. irina, meteoron aeris pelagici, eine regenbogenfarbige Lufterscheinung auf dem Meere. — Die Nebensonne, die vor der Sonne hergeht, nennt man *Gill*. Dies soll schlechtes Wetter bedeuten, wenn nicht zugleich eine Nebensonne der Sonne folgt; letztere Nebensonne wird dann „Wolf" genannt, daher stammt das Sprichwort „Selten ist *Gill* zu etwas gut, wenn nicht der Wolf hinterher fährt". *Gill* = *Gildir* = Wolf? Vergl. Herrmann, Nordische Mythologie, S. 179.

sich auch die Männer des *Jökulsdalr* zu Thingmännern. Mit seinen Leuten war er nachgiebig und sanft, aber rauh und hart gegen die Männer des *Jökulsdalr*, und diese erlangten von ihm keine Billigkeit. Er stand oftmals in Zweikämpfen, büsste aber keinen Mann mit Geld; denn keiner bekam von ihm irgendwelche Bussgelder, was immer *Hrafnkell* ihm angetan haben mochte.

*Hrafnkell* liebte keinen Gott mehr als *Freyr*, und ihm gab er von allen seinen besten Schätzen die Hälfte. Darum wurde er *Freysgodi*, „Priester des *Freyr*" genannt. Er hatte in seinem Eigentum ein Kleinod, das ihm besser als jedes andere schien Es war ein Hengst von dunkelbrauner Farbe, mit einem schwarzen Streifen über dem Rücken; er nannte ihn *Freyfaxi*. Diesen gab er seinem Freunde *Freyr* zur Hälfte. Zu dem Hengste hatte er so grosse Zuneigung, dass er das Gelübde tat, er wolle den Mann töten, der ohne seinen Willen auf ihm reiten würde.

Im *Hrafnkelsdalr* wohnte ein anderer Bauer, mit zwei Söhnen *Sámr* und *Eyvindr* auf dem Hofe *Höll* östlich von *Adalból*. In demselben Tale war dessen Bruder ansässig, der einen Sohn *Einarr* hatte. Als dieser sich bei *Hrafnkell* als Hirt verdingte, schärfte er ihm ausdrücklich das Verbot ein: er soll niemals dem Hengste auf den Rücken kommen, wie gross ihm auch die Notwendigkeit dazu erscheine, denn er habe hoch und teuer gelobt, den totzuschlagen, der auf ihm ritte; die zwölf Stuten aber, die dem Hengste folgten, stünden ihm jederzeit zu Gebote. Trotzdem besteigt der Knecht *Freyfaxi*, als ihm seine Schafherde versprengt ist, und das feurige Ross trägt ihn von Tagesanbruch bis zum Abend schnell vorwärts und weit umher. Als die verirrte Heerde wieder heimgetrieben ist, trieft *Freyfaxi* ganz von Schweiss, so dass er von jedem Haare tropft, und ist über und über mit Schlamm bespritzt und sehr erschöpft. Das Pferd reisst sich los und stürmt den weiten Weg von der Weide bis zu *Hrafnkels* Hause; es macht nicht eher Halt, als bis es vor der Türe steht, dann wiehert es laut. *Hrafnkel* erkennt *Freyfaxi* am Gewieher, ihm ahnt nichts Gutes; er geht hinaus und sagt zu ihm: „Schimpflich erscheint es mir, dass du so arg mitgenommen bist, mein Pflegekind! aber du hast verständig gehandelt, dass du mich davon unterrichtet hast: es soll gerächt werden! gehe du nun zu deiner Schar". Der Hengst tat es sogleich, *Hrafnkel* aber erschlug den Knecht, liess den Leichnam auf eine Bergterrasse bringen und errichtete eine Warte bei dem Grabhügel. Da aber der stolze und mächtige Gode *Hrafnkell* sich weigerte, den Vater des Erschlagenen, einen armen, einfachen Bauern, als seinesgleichen anzuerkennen und den Getöteten mit Geld zu büssen, nahm *Einars* Vetter *Sámr* die Sache in die Hand, um sie vor das Althing zu bringen. Er ritt über die Brücke der *Jökulsá á Brú*, durch die *Mödrudalsheidi* bis *Mödrudalr*, wo er übernachtete, dann bis zur *Herdubreidstunga*[1]), einer grasreichen Strecke an der *Herdubreid*, weiter nordwestlich nach den *Bláfjöll* (südöstlich vom *Mývatn*), und von da in den *Króksdalr* (südwestlich vom *Mývatn*), wo das *Skjálfandafljót* in das Tal eintritt, und weiter südwärts bis zur Wüste *Sprengisandr*, vorüber an den *Saudafell* (westlich von der *Blanda*) und so bis zur Althingsstätte.

Diese Stelle ist schon früher als ein Beweis dafür angeführt, dass man im Altertum den Weg auch über die Ödungen wagte, um die Reise zu kürzen. *Sámr* überschreitet den nördlichen Teil des *Ódádahraun*. Heutzutage ist diese Strasse längst aufgegeben, während sie im 17. Jahrhundert noch bisweilen in der Richtung nach Osten zu benutzt worden sein soll. Es heisst, die Bischöfe seien auf ihren Visitationsreisen nach dem Ostlande über *Ódádahraun* gegangen, und da dieser Weg über die höchsten Gebirge und Ödungen führte, haben sich an diese Fahrten der Bischöfe verschiedene Ächtersagen geknüpft. Thoroddsen fand 1884 auf dem klippenreichen Terrain vom *Ferjufjall* an der *Jökulsá*, wo im 16. Jahrhundert eine Fähre nach *Mödrudalr* gewesen sein soll, bis zu den *Herdubreidarfjöll* zu seiner

---

[1]) *Tunga* ist eine Landzunge, die sich ins Meer erstreckt, oder ein Stück Land, das zwei zusammenfliessende Wasseradern scheidet.

grossen Verwunderung alte bemooste Steinwarten, die dann weiter in gerader Richtung vom Nordende der *Herdubreidarfjöll* zum *Ketill* in den *Fremrinámur* führten. Er vermutet, dass dies der Reitweg ist, den *Sámr* benutzt hat. Der Weg ist heute fast ungangbar, da sich bei der Eruption auf den *Myvatnsöræfi* 1875 unzählige sehr tiefe Risse in der Lava gebildet haben[1]).

*Hrafnkell* begab sich ebenfalls nach der Althingsstätte, schlug aber folgenden Weg ein: Er ritt am Ende des *Lagarfljót* vorüber und quer über den Bergrücken bis zum *Skridudalr*, dann aufwärts durch denselben (also denselben Weg, der oben beschrieben ist) und südwärts auf der *Öxarheidr* (heute: *Öxi* oder *Axarheidi*) zum *Berufjördur* und dann den geraden Thingmännerweg bis *Sída*. Er gebrauchte 70 Tage bis zur Thingstätte. *Sámr* verfocht auf dem *Lögberg* seinen Prozess nach den richtigen Landesgesetzen ohne Formfehler und mit tüchtiger Sachwaltung, so dass *Hrafnkell* geächtet wurde. *Hrafnkell* aber kehrte nach *Adalból* zurück und tat, wie wenn nichts geschehen wäre. Hier überfielen ihn die Verwandten des ermordeten *Einarr*, sie schenkten ihm zwar das Leben, aber zwangen ihn, *Sámr* seine Godenwürde zu übergeben und *Adalból* zu verlassen. Mit geringer Habe und einem Spiesse zog *Hrafnkell* fort quer über den *Fljótsdalr*, östlich von *Lagarfljót*, lichtete den Wald und baute sich einen stattlichen Hof auf, der seitdem *Hrafnkelsstadir* heisst.

Weil durch *Freyfaxi* soviel Unheil entstanden war, bestimmten die Verwandten des Erschlagenen: es solle ihn der in Empfang nehmen, dem er gehöre, d. h. er soll in Anerkennung des ihm zustehenden Miteigentums dem Gotte *Freyr* geopfert werden. Man führte den Hengst auf eine schroffe Felswand, zog ihm einen Sack über den Kopf, band Steine an seinen Hals und stiess ihn in den Abgrund. Der Ort heisst seitdem „*Freyfaxis*-Klippe". Oberhalb stand der Tempel, den *Hrafnkell* dem *Freyr* errichtet hatte. Die Götterbilder wurden ihres Schmuckes beraubt, und der Tempel ward ein Raub der Flammen.

Als *Hrafnkell* erfuhr, dass *Freyfaxi* getötet und *Freyrs* Tempel verbrannt war, sprach er: „Ich halte es für eine Abgeschmacktheit, an Götter zu glauben;" er erklärte, dass er von jetzt an nimmer an Götter glauben werde, und das hielt er seitdem, indem er nie wieder opferte. Trotzdem wurde der völlig ungläubige Mann, der nie mehr opferte, nachdem er wieder mächtig geworden war, später Gode und er warb Godenherrschaft über alles Land östlich vom *Lagarfljót*. Dieser Godenbezirk wurde bald viel grösser und volkreicher als der, den er früher innegehabt hatte; er erstreckte sich aufwärts über den *Skridudalr* und ganz hinauf das *Lagarfljót* entlang.

Das Glück begünstigte den willensstarken Mann, so dass er bald ebenso mächtig ward wie früher; aber er war jetzt beliebter als zuvor, er war bereitwillig und gastfrei, gefügig und zugänglich.

Seine Aussöhnung mit *Sámr* war nur scheinbar. Auf den Spott einer seiner Mägde überfiel er *Sáms* unschuldigen Bruder in der *Fljótsdalsheidi* auf einem Moore, das ohne Rasendecke und so beschaffen war, wie wenn man im blossen Schlamme ritte; man sank stets bis zum Knie oder zur Mitte des Schenkels, zeitweilig bis zum Bauche. Trotz mannhafter Verteidigung erlagen *Sáms* Bruder und vier andere Männer bald. Dann überfiel *Hrafnkell* den *Sámr* und zwang ihn, unter denselben Bedingungen von *Adalból* fortzuziehen, unter denen er es einst hatte verlassen müssen. Hier verbrachte er den Rest seiner Tage, angesehener noch als früher, aber auch beliebter als zuvor. Sein Grabhügel liegt im *Hrafnkelsdalr*, ausserhalb von *Adalból*, grosse Schätze wurden ihm ins Grab gelegt, seine ganze Waffenrüstung und sein guter Spiess. Seine Söhne übernahmen die Godengewalt; der eine wohnte zu *Adalból*, der andere zu *Hrafnkelsstadir*.

---

[1]) Thoroddsen, Petermanns Mitteilungen 1885, S. 285/6; Thoroddsen Gebhardt II, S. 113/4; Thoroddsen, Geogr. Tidsk. XVIII, 1905, S. 26 ff.

Ich habe diese Saga so ausführlich wieder erzählt, nicht nur weil sie eine Perle unter den Geschlechtssagen ist, sondern weil ich ihren Schauplatz zum Teil bereist habe, und, gestützt auf Kaalunds (II, S. 218 ff.) und Bruuns Untersuchungen, beurteilen kann, wie zuverlässig und mit der Wirklichkeit übereinstimmend ihre lokalen Angaben sind. Mit einer treuen Anschaulichkeit und realistischen Ausführlichkeit wie kaum in einer andern Saga sind die Örtlichkeiten und Reisewege beschrieben, der Verfasser muss sie aus eigener Anschauung kennen, also im *Jökulsdalr* oder *Fljötsdalr* zu Hause gewesen sein. Dass er ein Geistlicher gewesen ist, glaube ich nicht; von einem geistlichen Interesse ist schwerlich etwas zu spüren, auch nicht in der Art, wie die Zerstörung des Tempels und die Sinnesänderung des *Hrafnkell* geschildert wird. Die Gewissenhaftigkeit des Erzählers geht so weit, dass er bei Einars Grabhügel *(Einarsvarda)* nicht zu erwähnen vergisst: „man hat auf der Sennhütte Vesperzeit *(midaptan,* 6 Uhr abends), wenn die Sonne gerade über Einars Warte steht". *Sigurdur Vigfusson* hat die Ruinen eines *útibúr* (Aussenhaus, Gebäude zur Aufbewahrung von Vorräten) und eines *skáli* (vergl. I, S. 312) in *Adalból* entdeckt. Eine halbe Meile südlich davon wird die Stelle gezeigt, wo *Freyfaxi* getötet wurde *(Freyfaxahamarr)* und eine tiefe Kluft *(Faxagil)*, in die das Pferd hinabgestürzt wurde. Ungefähr an derselben Stelle, wo einst *Hrafnkell* wohnte, haust heute Elias, ein berühmter Rentierjäger, der in wenigen Jahren 200 Rentiere erlegt hat.

*Hrafnkelsstadir* und den 4 Meilen langen *Hrafnkelsdalur*, ein Seitental, das sich östlich von dem *Jökulsdalur* abzweigt, sahen wir nur von weitem; aber *Bessastadir* passierten wir und waren somit auf demselben Wege, den Sáms unglücklicher Bruder vor seiner Ermordung geritten war. Die allerdings wenig glaubwürdige Saga von den Droplaugssöhnen erwähnt in *Bessastadir* eines von einem Gehege aus Pfählen umschlossenen Tempels, der von edlen Metallen, Gold und Silber erglänzte: darin waren Thors und Freys, Friggs und Freyjas Bilder in kostbaren Gewändern[1].

Nicht weit davon entfernt liegt das Gehöft *Skriduklaustur* (20 Menschen, 22 Pferde, 10 Kühe, 600—800 Schafe). Hier war das letzte Kloster auf Island errichtet, 1494, aber in der Reformation wurde es aufgehoben, und seine Besitzungen wurden von der Krone eingezogen. Etwas südlich von dem ehemaligen Kloster liegt der Pfarrhof *Valpjófstadur:* eine wundervoll geschnitzte Kirchentür von hier, die aus der Zeit von 1200—1225 stammen soll, besitzt das Nationalmuseum in Kopenhagen[2]. In *Hallfredarstadir* (1856) und

---

[1] Eine Münchhausiade, die hier spielt, teilt Gebhard mit, vergl. die Anm. S. 153.
[2] Weinhold, Altnordisches Leben, S. 324. Kaalund II, S. 226 ff; Kaalund, Fortidslævninger S. 71, 93; Baumgartner, S. 306 ff.

später im *Skriduklaustur* (1866) lebte der kürzlich verstorbene *Páll Ólafsson*, einer der beliebtesten Dichter Islands, der isländische **Bellmann**. Er ist ein Meister der Form und beherrscht auch den Stoff, ein Sänger der Gatten- und Elternliebe, weiss aber auch einen guten Trunk zu würdigen. Als am 29. März 1875 die vulkanischen Ausbrüche in den *Dyngjufjöll* und in der *Sveinagjá* stattfanden, wobei ein schrecklicher Aschenregen über den *Jökulsdalur* und *Fljótsdalur* bis hinab zur Küste herniederfiel, dichtete er das launige Lied[1]):

**Am Tage, da die Asche fiel.**

Es dröhnt die See — sie peitscht den Sand
Und bricht sich an dem Strande.
Im Westen speit ein Feuerberg
Nun Bimsstein auf die Lande.

Der Wind verhext die salz'ge See,
Bläst immerzu ins Feuer
Und hüllt in Asche Hof und Gau,
Es ist nicht mehr geheuer.

Doch sagt, wie kann ich um Pardon
Anflehn die graue Asche?
Drum kämpf' ich wider Brandung, Wind
Und Feuer — mit der Flasche.

Den ganzen Sommer trink' ich nun
Tagaus, tagein, — nicht bange,
Was wohl die Welt darüber spricht,
Und stütze meine Wange.

Der Weg durch die *Fljótsdalsheiði* war überaus öde und eintönig, nur isländisch Moos und dürre Rentierflechten kommen hier fort. **Rentiere** sind hier keine Seltenheit *(hreinn, hreindýr)*, besonders im Winter finden sie sich hier ein, da auf der Höhe oftmals weniger Schnee liegt als in den Tälern; im Sommer halten sie sich mehr in den Schluchten zwischen den einzelnen Gletscherfeldern des *Vatnajökull* auf. Im Frühjahr 1904 traf ein Bauer, der zum Arzte nach *Brekka* ritt, hier eine Stute mit zwei Jungen; das eine lief neugierig auf ihn zu und war nicht fortzubringen; er warf schnell einen Steinzaun um es herum, nahm es auf dem Heimwege mit und zog es mit Milch auf. Ögmundur erzählte mir, dass er auf der Halbinsel *Reykjanes* im Herbst 1899 ein Rudel von 15—20 Stück gesehen habe. Das Ren ist keineswegs auf Island heimisch, sondern erst in der zweiten Hälfte des 18. Jahrhunderts eingeführt[2]).

---

[1]) Pöstion, Eislandblüten, S. 139.
[2]) Islandske Maaneds-Tidender for Aar 1775, S. 55—60; Olaus Olavius, Öconomisk Reise, Vorwort S. 94; Lovsamling for Island V, S. 393, 683; *Ólafur*

1771 wurden 13 Tiere aus Finnmarken übergeführt, 10 starben während der Seereise, die übrigen drei wurden in der *Rángárvalla sýsla* ausgesetzt, 1777 wurden 25 nach der *Gullbringu sýsla* gebracht, deren Reste Ögmundur getroffen hat, 1783 weitere nach der *Vadlaheidi* am *Eyjafjördur*, ihre Zahl hat sich in 7 Jahren auf 300—400 vermehrt. Namentlich auf dem Gebirge zwischen der nördlichen *Múla sýsla* und der *Þingeyjar sýsla*, also in der Gegend, wo wir uns befanden, nahm ihre Zahl so sehr zu, dass die Bauern sich darüber beklagten, die Herden frässen das isländische Moos auf und zerträten sogar im Winter die Graswiesen und zerstörten sie. Da sie sehr scheu sind und nur selten gesehen werden, hatte man auch keinen Nutzen von ihrem Wildbret. Vor allem aber passen die Rentiere wohl für Nomaden, wie die Lappen, aber nicht für die sesshaften Isländer, und es ist bezeichnend für die Anschauung, die man von Island hatte, dass 1787 allen Ernstes vorgeschlagen wurde, eine Lappenfamilie auf der Insel anzusiedeln. Der Schaden, den die Tiere anrichten, überwiegt weit ihren Nutzen. Durch das Jagdgesetz vom 20. Juni 1849 wurde die Jagd auf Rentiere vollständig freigegeben, und heute ist ihre Zahl so zusammengeschmolzen, dass sie fast zu zählen sind. Ausser auf *Reykjanes* und am Nordrande des *Vatnajökull* kommen sie heute eigentlich nur noch südöstlich vom *Mývatn* und beim *Snæfell* vor. Thoroddsen erzählt, dass 1900 ein verendetes Ren auf dem *Breidamerkursandur* gefunden wurde und zwei lebende im Bezirke *Öræfi* gesehen wurden: sie müssen sich quer über die Schneeflächen des *Vatnajökull* soweit nach Süden verlaufen haben[1]). Von der Herde am *Snæfell*, die 1888 noch 700—800 Stück stark war, sollen noch ca. 150 Tiere übrig sein; ich habe früher erzählt, dass Elias in *Adalból* allein 200 davon auf dem Gewissen hat. Die Bauern im *Jökulsdalur* und *Hrafnkelsdalur* hatten eine ganz bedeutende Einnahme durch die Rentierjagd; da diese sich oft in starken Rudeln in der Nähe des *Jökulsdalur* aufhielten, und da sie ihre kranken oder toten Gefährten nur ungern verlassen, können mehrere oft mit einem Male geschossen werden. Das Fleisch, das im Herbst am besten ist, wird verkauft oder für den Winter aufbewahrt, der Preis eines Tieres beträgt 10 Kr. Seit dem 17. Mai 1882 ist vom 1. Januar bis zum 1. August Schonzeit für Rentiere, um dem unsinnigen, rücksichtslosen Morden durch englische Touristen ein Ende zu machen.

Wir selbst trafen keine Rentiere auf der *Fljótsdalsheidi*,

---

*Jósepsson Hjörtr, Um Hreinadýr*, in: *Rit þess kgl. ísl. Lærdómslistafjelags* VII, S. 77—104. — Sehr sorgfältig hat Gebhardt das Material zusammengestellt in seinem Aufsatze „Die Rentiere auf Island". Globus, Bd. 86, 1904, Nr. 16.

[1]) Geogr. Tidskr. XIII, 1895, S. 27; XVII, 1903, S. 236, 237.

während ich in Jotunheim in Norwegen unzählige gesehen und über ein Dutzend Geweihe gefunden hatte. Ohne Lokalführer wäre es unmöglich gewesen, den Weg zu finden: kleine Sandstrecken wechselten mit nackten Steinen ab, zwischen denen auch nicht ein Hälmchen wuchs. Es ging endlos bergauf, bergab, bergauf, bergab; alle Stunden sahen wir vielleicht ein verirrtes Schaf, und ordentlich eine Freude war es, wenn wir ein dünnes, ängstliches Vogelpiepen hörten. Träge schlichen die Pferde dahin, und besonders mein wackerer Passgänger, der heute zum Packpferde degradiert war, liess traurig den Kopf sinken. Hoffentlich macht er es nicht so, wie das alte Reitpferd des *Oddr Einarsson* von *Skálholt* († 1630), das sich aus Kummer und gekränktem Ehrgeiz ertränkte, weil es nicht mehr zum Reiten taugte! Der Abstieg zur *Jökulsá á Brú* war geradezu entsetzlich. Wir waren etwas zu weit östlich abgekommen, fast bis zur Mündung der *Hólkná*, und mussten nach *Eyríksstaðir* abbiegen, wo wir über Nacht bleiben wollten. Es ging fortwährend herauf und herunter, über Klüfte, Spalten und Erdrutsche, die dem vulkanischen Ausbruche der *Askja* von 1875 ihr Dasein verdankten.

Die *Jökulsá á Brú* (umgebildet aus *at brú = hjá brú,* = Gletscherfluss mit der Brücke, Kaalund II, S. 203) entspringt in mehreren Armen, *Kringilsá, Jökulsá á Brú* und *Jökulskvísl* auf dem *Eyjabakkajökull,* dem Nordrande des *Vatnajökull,* und nimmt westlich noch die *Sauðá* auf (Fig. 91), tritt bei dem Hofe *Brú* in bewohnte Gegenden ein und strömt in einem engen Kluftbette mit überaus steilen Felsen in reissendem Gefäll einher. Die milchweissen Wogen

Fig. 91. Jökulsá á Brú, entspringt auf dem Eyjabakkajökull.

gehen so hoch, dass auch der sicherste Reiter sich nicht auf dem Pferde zu halten vermag; dazu ist das mit Flugsand gefüllte Bett mit riesigen, glatten, vom Strudel abgeschliffenen Steinen besetzt. Wenn die Sonne, wie in diesem Sommer, lange auf die Gletscher geschienen hat, wird die Abschmelzung so gross, und der Fluss so reissend, dass nicht einmal die mutigen Pferde hinüber schwimmen können.

Der Strom hat seinen Namen „Gletscherfluss mit der Brücke" daher, dass über ihn seit alter Zeit eine Brücke führt, und noch 1881, als Thoroddsen seine Forschungsreisen auf Island begann, war dies auf der ganzen, grossen Insel die einzige Brücke.

Schon im *Þáttr af Þorsteini hvíta* (Kph. 1848, S. 40) wird eine Brücke erwähnt, die über den nördlichen Lauf, etwa bei dem Gehöfte *Fossvöllur* geführt haben muss; nach Kaalund (II, S. 204) hat der Fluss hier eine Breite von 54 Ellen, und die Kluft, in der er dahinströmt, hat Wände, die so steil sind wie die der *Almannagjá*. Obwohl der gewöhnliche Wasserstand 15 Ellen unter den Kluftufern beträgt, schwillt der Fluss im Frühjahr oder bei Gletscherschmelzen so an, dass er die 60 (dän.) Fuss lange Brücke immer gefährdet. Die Brücke bei *Fossvöllur* ist von deutschen Kaufleuten zuerst gebaut und nachher von den Umwohnern unterhalten worden, bis sie 1698 erneuert wurde; 1819 ist die Holzbrücke abermals erneuert. Daneben scheint eine natürliche Steinbrücke über die *Jökulsá* geführt zu haben (*steinbogi*), d. h. eine Brücke, die durch Felsen gebildet ist, die den Fluss überwölben; der Name des Gehöftes *Brú* erinnert noch an die alte Steinbrücke, die um 1700 eingestürzt ist. Diese Brücke scheint schon *Sámr* benutzt zu haben: die *Hrafnkelssaga* hebt hervor, dass zu *Hrafnkels* Zeiten der *Jökulsdalr* bis zur Brücke hinauf ganz bewohnt war (K. 2). Beide Brücken aber, die hölzerne bei *Fossvöllur*, und die natürliche bei *Brú* scheint die *Droplaugarsonar Saga* zu meinen (K. 13): anlässlich eines Mordes im Bezirke *Fljótsdalr* beschloss man, an den Furten wie an den Brücken über die *Jökulsá* Wache zu halten[1]).

Da der Fluss also weder durchritten, noch mit dem Boote passiert werden kann, haben die Isländer hier eine ganz eigentümliche, ebenso einfache wie praktische Einrichtung getroffen, um nicht von den Bewohnern des andern Ufers abgeschnitten zu werden: eine Luftfähre, in der immer nur ein Mann befördert werden kann (*dráttur* oder *kláfur*). Der Bauer von *Eyriksstaðir*, *Einar Eiriksson*, ein ungewöhnlich stattlicher und schöner Mann, kam zufällig ans andere Ufer und sah uns warten. Er rief mehrere Knechte herbei, darunter einen Stelzfuss, dem der Doktor in *Brekka* einen Fuss hatte abnehmen müssen, und die Vorbereitungen zum Übergang wurden getroffen.

Zwischen den Felsen sind zwei Drahtseile über den Fluss gespannt, an denen eine Holzkiste auf Rädern schwebt, gross genug, um einen Menschen und die gewöhnliche Ladung eines Pferdes aufzunehmen. In diesen Korb muss der Reisende steigen und sich vermittelst eines dritten Seiles entweder selbst über den gähnenden Abgrund auf das andere Ufer ziehen oder sich von einem andern Manne, der sich daselbst befindet, hinüberziehen lassen. Sobald das Seil losgebunden wird, schiesst der Kasten mit wachsender Schnelligkeit bis zur Mitte, wo das Seil am tiefsten hängt, gerade über dem donnernden Flusse, steht dann plötzlich eine Weile still, und man hat unwillkürlich den nicht sonderlich beruhigenden Ge-

---

[1]) *Thorsteinn V. Gíslason* hat die „Jökulsá mit der Brücke" in einem schönen Gedichte besungen, das Pöstion gut verdolmetscht hat (Eislandblüten S. 205—207).

danken, im nächsten Augenblick wird der ganze kostbare Inhalt mit einem Ruck in die Fluten geschleudert (Fig. 92). Es ist wahrhaftig ein eigentümliches Gefühl, so zusammengekauert in dem Kasten zu hocken, mitten über dem schäumenden Strom, wo das Wasser brüllt, so dass man nicht einen Laut hören kann, auf Gnade und Ungnade der Haltbarkeit der Taue überlassen; zerreissen diese, oder bricht der Boden der Kiste durch, so fliegt man auf Nimmer-Wiedersehen in den wirbelnden Fluss. Nervösen oder an

Fig. 92. Luftfähre *(dráttur)* bei Eyriksstadir.

Schwindel leidenden Menschen ist schon der Anblick des hoch über dem Abgrunde schwebenden Kastens unerträglich; ein englischer Reisender, der verschiedene gefährliche Gletschertouren in Island gemacht hatte, machte kurzer Hand wieder Kehrt und ritt einen vollen Tag weiter bis zur nächsten Brücke. Kaum hatte ich in dem *Dráttur* Platz genommen, da hakte, wohl infolge meiner Schwere, das eine Rad aus, und mit Mühe konnte es noch in seine Schiene gebracht werden, als ich auch schon der Mitte zusauste. Ich hatte aber mit der Zeit solches Vertrauen zu den isländischen Einrichtungen gewonnen, dass mir auch nicht eine Minute das Gefühl der Angst kam; ja ich bemühte mich noch, da der Student am andern Ufer seinen photographischen Apparat anlegte, ein möglichst freundliches Gesicht zu machen. Von der Mitte aus zieht man sich auf der anderen Seite wieder empor, oder lässt sich heraufwinden; vertaut sich selbst und die Kiste und steigt wohlgemut aus [1]). —

Die Pferde noch an demselben Abend hinüberzubringen, erwies sich als unmöglich. Der Bauer fürchtete, dass sie durch die rasende Strömung — der Fluss schiesst mit einer Geschwindigkeit von 7 Meilen dahin — von dem Vorsprung am andern Ufer abgetrieben oder über einen furchtbaren Wasserfall gegen die vom Wasser bedeckten Steine geschleudert und zerschmettert würden. Er hoffte aber, dass die Nacht kalt werden würde: die letzten Abschmelzungen des Gletschers seien zwischen 3—4 Uhr früh zu erwarten, dann trete noch einmal eine Anschwellung ein, und um 9 Uhr etwa sei der Fluss flach genug, dass man es wagen könnte, die Pferde hinüber zu treiben. Sie mussten also während der Nacht auf dem südlichen Ufer bleiben, ihre Füsse wurden aber nicht gefesselt, weil das dürre Gelände auf der *Heidi* sie nicht zum Ausreissen verlocken würde.

Der Bauernhof *Eyriksstadir* liegt auf einer Anhöhe, etwa acht Minuten vom Fluss entfernt. Waren wir schon von dem stattlichen Aussehen des Hofes, dem wohlgepflegten *Tún* und den vielen guterhaltenen kleineren Gebäuden überrascht, so wurden wir es noch mehr von der Einrichtung des Innern. An den Fenstern schimmerten saubere, weisse Tüllgardinen, die Wohnräume waren behaglich ausgestattet, in unserem Schlafgemach standen zwei Riesenbetten und ein eigener Waschtisch mit einem hübsch gemusterten schweren Porzellanservice. Zum erstenmal im Leben bekam ich auch den berühmten dänischen Kaffeepunsch vorgesetzt: eine halbe Tasse guten, starken Kaffees wird nach Belieben mit *Brennivín* „verdünnt"; dazu gab es frischgebackenen duftigen Kuchen, und aus einer unerschöpflichen Kiste wurden treffliche Zigarren angeboten. Mit listigem Schmunzeln wies mir *Einar* die Inschrift der Kiste: „Probieren geht über Studieren", auf dem Deckel war ein Bruder Studio abgebildet mit Schläger und Bierglas, und als Gegenstück dazu ein anderer, der bei den Büchern büffelte; an den Seitenwänden stand „Gaudeamus igitur". Es war deutsches Erzeugnis, und die Zigarre war wirklich gut. Dass die Schmisse des Studenten

---

[1]) Der *Dráttur* ist hübsch verwertet bei Poeck, Islandzauber S. 62, 63, 99. — Eine eigenartige Überbrückung lernte Genschow am *Ta tien lu* kennen. „Ein Bambusseil war über das Flussbett gezogen und an den Ufern am Felsblock befestigt. An dem Seil hing ein Haken, an dem Menschen oder Tiere, die hinüberwollten, befestigt und mittelst einer Leine dann am Seil entlang sich zogen, bezügl. gezogen wurden. Es sah dies höchst possierlich aus. Wir brauchten diese Rutschbahn nicht zu benutzen." Genschow, Unter Chinesen und Tibetanern, Rostock 1905, S. 247.

Aufsehen erregten, lässt sich denken. Kopfschüttelnd betrachtete der Bauer sie immer wieder und konnte sich nicht vorstellen, dass viele Studenten bei uns so umherliefen. Er muss auch seinem Gesinde davon erzählt haben, denn als wir uns das Gehöft besahen, stiessen sich die Mägde kichernd an und blickten gebannt nach der linken Wange meines Gefährten. Aber vollends glaubte ich nach Deutschland entrückt zu sein, als der bildhübsche Bube eintrat und uns sein Spielzeug zeigte: „Lehmanns Automobil!" Es war ein Berliner Dienstmann mit blauer Bluse und roter Mütze, der einen zweirädrigen Karren schob. Deutsche Zigarren und deutsches Spielzeug im einsamen Osten der weltentlegenen Insel — war das nicht zum Lachen? Und doch scheinen schon in der ältesten Zeit fremde Händler mit Spielwaren nach Island gekommen zu sein. *Eggert Ólafsson* und *Bjarni Pálsson* erzählen, dass im Anfange des 17. Jahrhunderts auf der Insel *Flatey* im Westen kleine gegossene Kupferbilder von allerlei Tieren aufgefunden seien (I, S. 327): es war wohl der Vorrat eines fremden Händlers, der damit strandete. Eine Saga erzählt, wie ein sechsjähriger Junge einem zwei Jahre jüngeren ein Messingpferdchen schenkte: er sei zu gross, um noch damit zu spielen (*Viga Gl. S.* 12).

Voll berechtigten Stolzes führte mich *Einar* auf seinem Gehöft umher. Die Schmiede war mit allem erforderlichen Handwerkszeuge versehen, Hammer, Amboss und Blasebalg fehlten nicht, vor ihr lag ein *Hestasteinn*, der die Jahreszahl 1675 trug; ein eiserner Ring war in ihn eingelassen, und an diesem wird das Pferd festgemacht, wenn es beschlagen wird. Die Schafe, die zum Melken in die Hürde getrieben wurden *(kvíar)*, waren entschieden fetter als sonst. Ich habe früher erwähnt, dass die Schafe im Osten besonders gut gedeihen, sie stehen auch höher im Preise als z. B. im Südwesten: ein dreijähriger Widder z. B. kostet hier 25 Kr., anderswo 16 Kr. Sie gehen im Winter fast immer auf die Weide, da sie genügend Futter finden und der Schnee keine dichte Decke bildet. Die Gehöfte in dieser Öde sind zwar spärlich und weit verstreut, aber die Bauern sind recht wohlhabend. Dazu kommt, dass sie bei der weiten Entfernung von der Küste nur selten nach den Handelsplätzen kommen und das verderbliche Kreditsystem nicht zu kennen scheinen. Der Bauer in *Mödrudalur*, wohin wir am nächsten Tage kamen, hat 40 Pferde, 1000 Schafe, aber nur 6—8 Kühe; denn bei dem Laub der kleinen Weiden und dem Strandhafer können wohl Schafe bestehen, aber für Kühe findet sich nicht genug Futter. Dieser Bauer ist sogar ein „Fortschrittsmann": er fährt alle Jahre, wie übrigens auch manche andere isländische Bauern, nach Kopenhagen oder Norwegen, „um sich auszulüften", und als wir bei ihm einkehrten, war er auf ³/₄ Jahre nach Amerika gereist.

Unter der Grasdecke des *Tún* lag eine etwa drei Zoll dicke Aschenschicht, sie stammt von dem vulkanischen Ausbruche aus den *Dyngjufjöll*, 1875. Daher rühren auch die vielen grauen Streifen, die die Wiesen bedecken und von weitem wie schmutzige Schneefelder aussehen. Der Auswurf der kolossalen Masse von Bimsteinasche hat das Gras überall verwittert, im Westen von der *Lindaá* an, die etwas nördlich von *Mödrudalur* in die *Jökulsá á Fjöllum* mündet, bis zur *Jökulsá á Brú*. Auf ebenem Boden liegt die Asche 15—30 cm hoch, in der Nähe der Gebirgsabhänge ist sie nach Thoroddsen bis zu 3—4 m Dicke herabgeschwemmt. Noch jetzt sind fünf Gehöfte in *Jökulsdalur* vollständig verödet. Die *Askja* (Schachtel), genannt nach einem kesselförmigen Tale, das von steilen, hohen Felsen umgeben ist, 1148 m, Islands grösster Vulkan, ist eigentlich von mindestens 20 Vulkanen gebildet (mit einem Areal von 55 qkm) und liegt südöstlich im *Ódádahraun*, mitten in einer Berggruppe, den *Dyngjufjöll*. Der Ausbruch am 29. März 1875 förderte eine ungeheure Menge liparitischer Bimsteinasche zutage, die ein Areal von 5—600 qkm im östlichen Island bedeckte, aber merkwürdigerweise keine Lava: die Dampfentwickelung war so ungeheuer stark, dass der Dampf die geschmolzenen Steinmassen nicht als Ströme ausfliessen liess, sondern als Bimsteinasche ausgeblasen hat.

23. Juli.

In der Frühe kam der Knecht, dem Dr. *Jónas* das Bein abgenommen hatte, mit der tröstlichen Meldung, dass die Pferde wohl über die *Jökulsá* gebracht werden könnten. Wir hatten wieder, wie während der ganzen Reise, Glück; das Wasser war ersichtlich gefallen, überall traten glatte, scharfe, hohe Steine zutage, die gestern nicht zu sehen waren; wir konnten also den Umweg von zwei Tagen bis hinauf zur Brücke und am nördlichen Ufer wieder zurück, ersparen. Trotzdem war der Übergang der Pferde am nächsten Morgen das Gefährlichste und Aufregendste, was ich auf Island erlebt habe. Sechs Mann traten in Tätigkeit: vier fuhren mit dem *Dráttur* hinüber, um die Pferde in den Fluss zu treiben, zwei blieben zurück, darunter der Bauer selbst. Einer hielt ein Pferd an der Hand, um die andern anzulocken und ihnen Mut zu machen; es sollte ihnen durch sein Wiehern sagen: ich bin glücklich hinübergekommen, also werdet ihr doch auch so viel Mut haben. Sieben von unsern neun Pferden gingen auch ohne weiteres in das Wasser hinein, und obwohl die wackern Tiere sofort den Grund verloren, obwohl das Wasser minutenlang über ihren Köpfen zusammenschlug, sie verwirrte und sie weit wegtrieb, erreichten sie doch glücklich, mit frohem Aufatmen begrüsst, das andere Ufer.

Die beiden letzten aber wurden vor den schäumenden Wellen scheu und ängstlich, kehrten wieder um und suchten sich davon zu machen. Zweimal, dreimal wurden sie mit Steinwürfen wieder hineingetrieben (Fig. 93), aber sobald der Boden unter ihnen nachgab, schwammen sie wieder zurück. Ich war verzweifelt und gab schon alle Hoffnung

Fig. 93. Die Pferde werden durch Steinwürfe in die Jökulsá getrieben.

auf. Aber der Bauer tröstete mich. Er nahm ein Seil, das noch einmal so lang war, wie der Fluss breit, fuhr schnell auf dem Kasten hinüber, befestigte das Tauende an dem Unterkiefer des einen Pferdes, kehrte durch die Luft zurück, und von neuem begann das aufregende Schauspiel des Hinübertreibens[1]). Die schwarzblaue

---

[1]) Auf dieselbe Weise bringt *Sven Hedin* seine Kamele über einen reissenden Fluss (Abenteuer in Tibet, Leipzig 1904, S. 182/83).

194   Eyriksstaðir. Die Pferde werden über die Jökulsá gebracht.

Schecke drückte sich auch wirklich abermals; das andere Pferd
aber wurde vorn von der Leine gezogen, hinten schrien, prügelten,
warfen die vier Mann; jetzt war es an der schlimmen Stelle, wo es
schwimmen musste; zurück konnte es nicht mehr, da der Schmerz
am Unterkiefer zu heftig wurde; wie ein Pfeil schoss der Bauer,
der mit eiserner Faust das Tau festhielt, auf dem schmalen, glatten
Wege dahin, um mit dem von der Strömung abwärts getriebenen
Pferde Schritt zu halten, und zog gleichzeitig mit Leibeskräften an

Fig. 94. Satteln der Pferde nach dem Übergang über die Jökulsá bei Eyriksstaðir.

dem Strick, bis der Ausreisser glücklich gelandet war. Wie ein
Pudel schüttelte er sich; als er aber seine Kameraden bemerkte,
legte er alle Angst ab und fing fröhlich zu grasen an. Dasselbe
Manöver wiederholte sich auch bei dem neunten, letzten Pferde:
es hatte sich mit dem linken Hinterfusse an einer scharfen Klippe
gestossen und blutete heftig. Es war augenscheinlich das schwächste
und furchtsamste von allen unseren Pferden; eine lange, lange Zeit,
so dass ich es schon verloren gab, verschwand es unter den Wellen;
aber der Bauer liess mit übermenschlicher Kraft die Leine nicht
los; endlich tauchten die Ohren auf, der ganze Kopf, und dann

stampfte es gemächlich die steile Seitenwand empor. Damit war auch das letzte Hindernis siegreich überwunden; die Pferde wurden gesattelt (Fig. 94) und frohgemut konnte die Weiterreise angetreten werden.

Der Bauer gab uns selbst das Geleit, und ich freute mich aufrichtig, mit dem verständigen Manne noch plaudern zu können. Die *Jökuldalsheidi*, etwa 500 m ü. M., liegt zwischen der in den *Vopnafjördur* mündenden *Hofsá* und der *Jökulsá á Brú*, eine steinige öde, wellenförmige Hochebene, aus der sich jedoch mehrere parallele Gebirgsketten und einzelne kleine Gebirgsknoten erheben. Die Karte von *Björn Gunnlaugsson* lässt hier vollständig im Stiche, die Lage der Gebirgszüge entspricht nicht der Wirklichkeit, viele Täler und Flüsse fehlen, und selbst die Gehöfte liegen nicht an der richtigen Stelle. Noch viel unbrauchbarer natürlich ist *Björns* Karte am Nordrande des *Vatnajökull*, aber selbst das Gebiet zwischen beiden Gletscherflüssen ist völlig verkehrt eingezeichnet. Selbst Thoroddsen, der die Notwendigkeit einer genaueren Karte erkannte, ist durch besondere Zeitverhältnisse und schlechte Witterung verhindert gewesen, alle Fehler zu verbessern.

Gegenüber der Stelle, wo wir gestern abwärts nach der *Jökulsá* gerutscht waren, stiegen wir heute empor. Eine Menge glazialer Seen breitete sich vor uns aus, viel mehr, als auf den Karten eingetragen sind: das *Ánavatn*, das durch die *Pverá* mit dem *Pverárvatn* verbunden ist, die in die *Jökulsá á Brú* fliesst, *Mathrunnavatn*, *Sænautavatn*, *Hafsvötn*, *Príhyrningsvatn*, *Grunnavatn*. Letzterer See ist durch die Masse von Bimssteinasche fast ausgetrocknet. Auf dem von *Einar* als grösstem See bezeichneten *Grípdeild* (Diebes-, Räubersee) wiegten sich etwa zwölf stolze, silberweisse Schwäne, die sich durch unsere Nähe nicht im geringsten stören liessen, obwohl sie von Mitte Juli bis Anfang September nicht fliegen können. Die Seen sind überreich an Forellen, und die paar Bauern, die hier wohnen, können sie beim besten Willen nicht verspeisen. Aber das sind auch ihre einzigen Schätze, und an den Häusern sieht man, wie arm ihre Bewohner sind; es sind die dürftigsten Behausungen, die ich auf Island angetroffen habe, windschief und fast nur aus Grassoden bestehend.

Diese *Heidi* bildet die Grenze zwischen den Palagonit-Formationen und den Basaltbildungen des Ostlandes, in die sich die *Jökulsá á Brú* eine tiefe Rinne gegraben hat. Bald umfing uns die öde, nackte Steppe mit ihren Todesschauern. Vergebens sucht das Auge nach einem freundlichen grünen Fleckchen; es sieht nichts wie Sand und Steine und Staub; kein Vogel, kein Tier, keine Pflanze, kein Leben regt sich, alles ist ausgestorben. Hätte uns *Einar* nicht mit seinem herzlichen Lachen aufgeheitert, ich glaube, wir wären melancholisch geworden und hätten kein Wort unter uns gewechselt;

selbst unsere munteren Pferdchen schlichen gesenkten Hauptes träge dahin. Der Boden war 1—2 Zoll dick mit Bimsstein bedeckt; an anderen Stellen lag der Grus in kleinen Haufen umher, tiefe Risse und Spalten zogen bald hier, bald dort durch die Oberfläche: diese Bimssteinschichten sind furchtbare Zeugen von der Grossartigkeit des Ausbruches in der *Askja* vom Jahre 1875.

Je mehr wir nach Westen hinüberbogen, desto eintöniger wurde die Gegend, wenn überhaupt noch eine Steigerung der Öde möglich war. Wolken von feinem Flugsande flogen über uns hin, und wir sahen, wie in der Ferne eine mächtige Staubsäule plötzlich hoch in die Luft empor wirbelte, sich mit rasender Geschwindigkeit im Kreise drehte und mit einem Male verschwand; bald darauf wiederholte sich dasselbe Schauspiel an einigen andern Stellen. Auch die Einsenkungen des Bodens waren von dem Flugsand ausgefüllt, zuweilen hatte der Wind diese Mischungen von verwittertem Palagonittuff, vulkanischer Asche und liparitischem Bimssteinstaub aus der *Askja (möhella)* zu Dünen zusammengefegt, die wie kleine Wellen über die Ebene liefen, nur hier und da mit Flechten, Moosen, Sandhafer und Weiden bewachsen. Zwei Bergketten, *Mödrudalsgardar*, die durch eine Ebene, *Geitasandur*, 500 m ü. M., von einander geschieden sind, trennten uns noch von unserem Ziele. Obwohl sie auf Björns Karte nicht verzeichnet sind, war der Weg doch nicht mehr zu verfehlen, *Einar* nahm daher Abschied von uns.

Als wir von den Bergen niederstiegen, zeigte sich plötzlich, wie eine Oase in der Wüste, *Mödrudalur* vor unseren Augen (Fig. 95); der Name ist, wie *Mödruvellir* bei *Akureyri* von *madra* gebildet, „Galium boreale". *Mödrudalur* mit seinen Wiesen ringsum ist gleichsam eine Welt für sich, abgesondert von der übrigen Welt durch die *Jökulsá á Fjöllum* nach Westen, und die *Jökuldalsheidi* und *Jökulsá á Brú* nach Osten. Das Gehöft machte einen stattlichen, wohlhabenden Eindruck und wird als die Hauptstation für die Reisenden zwischen dem Ost- und Nordlande viel von Fremden besucht; doch schien es mir so, als ob durch die vielen Reisen des Bauern nach dem Auslande nicht alles so in Ordnung war, wie ich es sonst in Island gefunden habe. *Mödrudalur*, eins der höchst gelegenen Gehöfte, 469 m ü. M., ist meteorologische Station, die Witterung ist hier bedeutend strenger als an der Küste, die jährliche Mitteltemperatur ist ÷ 0,8°C. Salix glauca und Elymus arenarius werden im Herbst als Winterfutter verwendet, Kartoffeln und Rüben gedeihen nicht. Wir unterzogen uns zunächst einer gründlichen Reinigung, unsere Kleider, Ohren und Augen waren voll Sand; denn obwohl wir nur 7 Stunden unterwegs waren, hatte sich doch bei der Hitze und dem Staub aus unserem Schweiss und dem Flugsand eine förmliche Kruste auf den Gesichtern gebildet, so dass wir wie Räuber aussahen, die aus dem „Räubersee" kamen; dann betraten wir die Gaststube, wo Kaffee und Milch unser warteten. Das Zimmer war mit verschiedenen deutschen Öldrucken geschmückt, darunter war eine Abbildung des Königssees, Bayerische Jäger und Schloss Chillon. Ögmundur meinte, sie stammten von Konrad Maurer her, der hier 1858 längere Zeit verweilte. Damals war *Mödrudalur* das „eleganteste" Gehöft in ganz Island, heute ist es nur eins der reichsten[1]).

Fig. 95. Mödrudalur.

Der Abend war zu schön, als dass wir in der Stube hätten bleiben können. Vor dem Hause, zu dem eine Freitreppe emporführte, lag eine frisch abgezogene, mit Salz eingeriebene Pferdehaut; die Haare des Schweifes und der Mähne hingen am Zaun, zu glatten Strähnen geordnet, und sollten später zu Angelschnüren verarbeitet werden.

Feierliches Schweigen lag über der traumversunkenen Landschaft, und die Beleuchtung war so eigenartig und wunderbar, wie sie nur das grausilberne Licht und die helle Luft Islands hervorzu-

---

[1]) Zwei interessante Volkssagen, die hier spielen, bei Maurer, Isl. Volkssagen, S. 154—157 und Lehmann-Filhés II, S. 214—223.

bringen vermögen. Geradeaus vom Hause, so dass man meint, sie mit den Händen greifen zu können, erheben sich die steilen, dunkeln Wände der *Herdubreid* (die Breitschulterige, 1660 m.), auf die oben eine flache Schneedecke aufgestülpt ist (Fig. 96). Wir hatten den schönen, isolierten Berg schon während des ganzen Tages vor Augen gehabt, und Ögmundur verglich ihn wegen seiner Lage mitten in der Ebene mit einem riesigen englischen Pudding auf einer flachen Schüssel. Der Berg besteht aus sehr grobkörniger Breccie mit eingelagerten, olivinreichen Basaltblöcken, und ist nicht, wie Keilhack angibt (Z. d. Deutschen geol. Ges. Bd. 38. S. 400) ein Vulkan, sondern ein Brecciefelsen, und zwar so steil, dass weder Thoroddsen

Fig. 96. Herdubreid.

hat hinaufreiten (!) können, noch sehr geübte Mitglieder des englischen Alpenklubs ihn haben ersteigen können; aber er ist auf allen Seiten von Lavaströmen umgeben, und die Ausbrüche, die man der *Herdubreid* zugeschrieben hat, haben vermutlich in der *Dyngiufjöll* stattgefunden. Seinen Gipfel bedeckt eine Firnkappe, aber die Wände fallen allzu lotrecht herab, als dass eine eigentliche Gletscherbildung stattfinden könnte; in heissen Sommern, wie 1904, verschwindet die Schneepyramide des Gipfels zum grossen Teile. Nördlich von der *Herdubreid* ziehen sich die schroffen Tuffspitzen der *Herdubreidarfjöll* hin, 858 m. südlich die völlig mit Bimssteingrus bedeckten *Herdubreidartögl* (1077 m); dahinter schimmert der gewaltige Schild des *Kollótta Dyngja*-Vulkans empor (1209 m), und südlich von ihm steckt der Kamm des *Brædrafell*, „wie ein ungeheueres Stachelschwein" seine mächtigen Tuffsäulen empor.

Bis zu den *Dyngjufjöll* und selbst bis zu den *Kverkfjöll* und dem *Dyngjujökull*, den nördlichsten Ausläufern des *Vatnajökull* schweifte das Auge nach Westen und Süden; der *Dyngjujökull* (400 qkm.) ist so mit Schlamm, Kies und grossen Doleritblöcken bedeckt, dass er den Eindruck eines Lavastromes macht, obwohl von seiner Firnfläche keine einzige Bergspitze aufragt; die Oberfläche des Gletschers ist mit Eiszacken und Eispyramiden besetzt. Dahinter lag die ausgedehnteste und ödeste aller zusammenhängenden Lavaflächen Islands, das *Ódádahraun*, das ein Areal von 3400 qkm umfasst. Nach Norden zu erhoben sich die Berge des *Mývatn*, von goldenem Schimmer übergossen; kein Berg glich dem andern, bald war es eine Spitze, bald eine Pyramide, bald ein breiter Rücken, bald ein tiefer Sattel, bald ein spitzer Kegel, bald eine gewölbte Kuppel. Die gelbe Färbung am Himmel ging langsam in ein eigentümliches Rotbraun über, und in der Ferne stiegen schwarze, dunkelblaue Wolken auf, die in ihrem Schoss ein Gewitter zu tragen schienen. Als aber gegen 11 Uhr der Vollmond durchbrach, wechselte die Beleuchtung abermals, ein kaltes Blau legte sich über die fernen Firnflächen, und fröstelnd begab ich mich zur Ruhe.

24. Juli.

Wir ritten immer der *Jökulsá á Fjöllum* (= auf den Bergen, oder *Jökulsá í Axarfirdi* genannt, nach dem Meerbusen *Axarfjördur*, in dem sie in das Meer mündet) parallel, die zu unserer Linken blieb, nach Norden zu. Sie galt früher als der längste Fluss Islands, was aber die *Þjórsá* ist, hat ein Gebiet von 94 ☐-Meilen und führt 450 km Wasser in der Sekunde; sie entspringt in einer Einsenkung zwischen dem Ostrande des *Dyngjujökull* und den *Kverkfjöll* und fliesst bis zum Meere durch Tuff- und Breccieterrain ohne nennenswerte Talbildung, die tiefe Kluft unterhalb des *Dettifoss* ist nach Thoroddsen (Island, S. 36) mehr einer vulkanischen Spaltenbildung als der Erosion des Wassers zuzuschreiben, sie ergiesst sich in die „Axtbucht". Selbst die *Jökulsá á Brú* und das *Lagarfljót* sind nur 5 Meilen kürzer (je 20 Meilen lang), und das *Skjálfandafljót* ist fast eben so lang (24 Meilen), hat ein Gebiet von 2800 qkm und führt eine Wassermasse von 105 cbm in der Sekunde.

Der Boden war weich und bestand ausschliesslich aus Sand. Ohne Beschwerde passierten wir die *Skardsá*. Im Gänsemarsch trotteten wir bei Prallhitze durch das spärliche, dürre, raschelnde Gras, spitzgeformte, braune und schwarze Berge entlang, die ohne jeden Pflanzenwuchs waren, selbst ohne dürftiges Moos. Kein Wölkchen bedeckte den blauen Himmel. Fast unerträglich wurde die Glut, als wir in den engen, schmalen, von Bergen rings eingeschlossenen *Vididalur* einbogen, kein Lüftchen regte sich, und träumend ritt ich, um dem Staub zu entgehen, am Ende des Zuges. Plötzlich blieb mein Pferd in dem weichen Sande stecken, in schönem Bogen glitt ich vornüber und lag mit meiner Brille mitten im Sande. Regungslos stand der Gaul still, erst als ich mich erhob, nahm er Reissaus und galoppierte seinen Genossen nach, bis er von Ögmundur aufgefangen wurde. Ich hatte mir nur die linke Hand etwas aufgeschlagen und war ordentlich froh, den grossen Apothekerkasten in Anspruch nehmen zu können, wenn es auch nur ein Heftpflaster war, das ich ihm entnahm; so war das grosse, schwere Ding, das so viel Platz im Koffer einnahm und mich jeden Abend und Morgen beim Aus- und Einpacken geärgert hatte, wenigstens einmal nützlich gewesen. Ögmundur aber gab mir die weise Warnung: „Auf gefährlichen Strecken ist man achtsam und behutsam, da kommt nichts vor; wo es aber harmlos ist, passiert am meisten; mancher hat schon seinen Finger beim Bohren in die Nasenlöcher gebrochen". Der Bauer des Gehöftes *Vididalur* lud uns freundlich zu einer Tasse Kaffee ein, und da wir ganz verschmachtet waren, folgten wir ihm gern in das altertümliche Haus und tappten durch einen langen dunklen Seitengang eine halbe Treppe hoch in die Stube. Auffallend war mir, dass das mit Gras gedeckte Dach, das sonst grünt und womöglich blüht, hier vollständig ausgetrocknet, dürr und kahl war. So einfach und dürftig der Raum auch ausgestattet war, — das eine ausziehbare Bett diente zugleich als Tisch — eine Wanduhr, Nähmaschine und Barometer fehlten nicht, und der recht gute Kaffee wurde sogar in einer silbernen Kanne dargeboten, auf deren Deckel sich ein isländischer Falk erhob, der einen getöteten Drachen zwischen den Fängen hielt: wie ich von der Bäuerin erfuhr, eine Versinnbildlichung des Gedankens, dass Islands fürchterlichste Krankheit, der Aussatz, im Aussterben begriffen ist. Übrigens fand ich derartige Kannen von nun an auf jedem Gehöfte bis *Akureyri* vor. Die geblümten Porzellantassen hatten einen Goldrand, und die schwer beladenen Kuchenteller standen auf einem richtigen Präsentierbrette, das mit einer weissen Serviette bedeckt war. Es war alles ungemein sauber, und als sich gar herausstellte, dass die Hausfrau die Schwester der Bäuerin von *Eyriksstadir* war, wir also direkt Nachrichten von dem wackeren *Einar* und seiner freundlichen Gattin bringen konnten, widerstanden wir nur schwer der Einladung, die Nacht über hier zu bleiben.

Wieder begann der Ritt durch die gelbgraue Wüste, in der sich lauter Haufen und kleine Hügel von Flugsand wellenförmig erhoben. Von Reitweg ist hier keine Rede mehr, nur ganz vereinzelt zeigen kleine Steinpyramiden die Richtung an, meist ist man auf gut Glück angewiesen. In den Tälern hat der Flugsand lössartige

Schichten gebildet, die die Isländer *móhella* nennen, der Wind hat ordentlich Furchen in sie eingegraben, und an den kleinen Plateauflächen sind die einzelnen Lagen von Pflanzenstengeln durchwebt. Ich hielt es vor Staub nicht aus, sprengte voran und war so glücklich, den Weg zu finden, wenn man von „Weg" reden kann. Durch Sandhafer, der vertrockneten Kakteen glich, und zerstreute Exemplare von Silene maritima *(Holurt,* oder *Fálkapungur),* Cerastium alpinum *(Músareyra)* und Armeria sibirica *(Gullintoppa)* und dicke Bildungen von altem Flugsande kamen wir endlich zu den Ruinen des ehemaligen Gehöftes *Grímstadir.* Als man vor mehr als 25 Jahren hier einen Brunnen grub, stiess man unter der 6 m tiefen Flugsandbildung auf eine 2½ m dicke Schicht Kiessand, die wieder auf einer festen Masse von Palagonitbreccie ruhte. Beim Ausbruch der *Askja* 1875 fiel am 28. März zweimal Asche, darunter eine Menge verfilzter, fast 1 m langer, dunkelbrauner Glasfäden, die wie grobe Glasfäden aussahen und auf der *Jökulsá* schwammen. Diese führt nach Helland hier eine Wassermenge von 450 cbm in der Sekunde, und die Masse Gletscherschlamm, die sie mit sich führt, beträgt nach demselben Gelehrten nicht weniger als 23 328 Tons täglich. Von dem alten Gehöfte ragten nur noch ein paar zerfallene Wände traurig empor, aber etwas Gras war wenigstens da, dass die Pferde sich erholen konnten. Vor vier Jahren war der Bauer von hier fortgezogen, näher an die *Jökulsá á Fjöllum* heran, weil alles versandet war (die Lage von *Grímstadir* ist demnach auf allen Karten zu berichtigen). Eine halbe Stunde später waren wir in dem neuen Gehöft *Grímstadir,* dem südlichsten Bauernhofe der *Nordur Þingeyjar sýsla.* Wieder leuchtete von weitem die Kuppe der *Herdubreid* herüber, und der Bauer sagte mir, dass der Berg den Knechten als Tagmesser dient.

Unsere erste Bitte galt frischem Wasser, aber zweimal musste das grosse Becken geleert werden, und erst beim dritten Male kam wieder Grund in die Haut und in die Haare. *Grímstadir* liegt ganz ähnlich wie *Mödrudalur.* Der umsichtige Bauer brachte sogleich starken Kaffee und vier verschiedene Sorten Kuchen, darunter englische, mit Himbeer-Marmelade gefüllte Kakes. Das Abendessen bestand aus lauter isländischen Nationalgerichten, die uns bis auf das Walfleisch gut mundeten. Er hatte es kürzlich von der Küste mitgebracht, als er 200 Pf. Roggen für 17 Kr. eingekauft hatte, die Transportkosten für diese berechnete er sich mit 6 Kr. An den Wänden der Gaststube hingen das Tausendjahrbild, Thoroddsens geologische Karte, Christus mit der Dornenkrone und die Mater dolorosa. Aber von katholischen Gefühlen war bei dem Bauern nicht das Geringste zu merken; seine sehr vernünftige Antwort lief etwa auf dasselbe hinaus, was Schiller mit den Versen ausdrückt:

Mit der Mutter und ihren Söhnen
Krönt sich die herrlich vollendete Welt.
Selber die Kirche, die göttliche, stellt nicht
Schöneres dar auf dem himmlischen Thron.
Höheres bildet
Selber die Kunst nicht, die göttlich geborne,
Als die Mutter mit ihrem Sohn.

Vierzehntes Kapitel.

## Reise durch die Norður und Suður þingeyjar sýsla.

25. Juli.

In *Grimstadir* spielt eine der beliebten Ächtersagen[1]). *Ódáðahraun* ist, wie früher gezeigt, eine der wenigen Stellen, wo man wirklich Beweise für den Aufenthalt findet. *Jón Eggertsson* (1643—89), derselbe, der erwähnt, dass sich die Schlange im *Lagarfljót* im Todesjahre Friedrich III. habe sehen lassen, sagt, bei dem Berge *Herdubreid* sei ein mächtiges Tal und in diesem viele wilde Schafe; wenn im Sommer starker Südwind wehe, so kämen sie gegen Norden zu aus dem Tale herab. Ein Geistlicher im *Mödrudalur* fing einst 80 Stück davon ein, die sämtlich sehr schön waren und keine Zeichen trugen. Thoroddsen fand hier Ruinen von Hütten, die aus Lavaplatten zusammengesetzt waren, die Wände waren mit Moos verstopft. Aber auch die Gebirgs-, Eis- und Lavawüsten der Umgegend sollen Friedlose beherbergt haben. Im Laufe der Zeit wuchsen sie zu Übermenschen heran, wurden gewaltige Zauberer und nahmen mancherlei Züge der Elfen und Unholde an.

Eine halbe Stunde westlich von *Grimstadir* passierten wir die *Jökulsá* in derselben Weise, wie im Anfange der Reise die *Hvitá* und *Þjórsá*; zuerst wurden die Koffer und Sättel in einem Boote hinübergebracht, dann wir selbst, die Pferde mussten schwimmen. Der Fluss führte eine Menge faustgrosser Bimssteine, und am flachen Ufer war alles davon bedeckt. Wir ritten heute das westliche Ufer der *Jökulsá* entlang, am äussersten Rande der berüchtigten *Mývatnöræfi*: diese Wüste liegt östlich von den früher genannten Bergen und erstreckt sich die *Jökulsá* entlang bis zum Meere, ohne

---

[1]) Maurer, Isl. Volkssagen, S. 156; Lehmann-Filhés II, S. 228—230, vergl. S. 95, Anm.

von Bergen unterbrochen zu werden; nur in ihrem südlichen Teile kommen einige Kraterreihen vor, vulkanische Klüfte und eingesunkene Landstreifen; die hier befindlichen Lavaströme stehen mit dem *Ódáðahraun* in Verbindung.

Wären wir direkt von *Grimstaðir* nach *Reykjahlíð* am *Mývatn* geritten, so hätten wir die 22 km lange Kraterreihe der *Sveinagjá* mit 50–60 Kratern passiert; von diesen Kratern wurde vom 18. Februar bis August 1875 ein Lavastrom mit einem Volumen von ca. 300 Millionen cbm ausgegossen; die nördlichste Kraterreihe in den *Mývatnsöræfi* befindet sich in der Nähe des *Dettifoss*. Vor dem Ausbruche befand sich hier eine 400—500 m breite und 10—16 km lange Senkung zwischen senkrechten, 10–20 m hohen Lavawänden; nach heftigen Erdbeben brach die Lava an der westlichen Spaltenwand hervor, füllte die Senkung aus und floss weit über beide Spalten hinaus[1]. Knebel, der 1905 mit meinem Führer Ögmundur hier war, nennt diese Lava das Trostloseste an Laven, was er gesehen habe; das Lavafeld sei fast unpassierbar, und der Übergang über ein etwa 2 km breites Tal davon habe vier volle Stunden beansprucht; die Oberfläche sei völlig rauh und bestehe aus lauter geborstenen und übereinander geschobenen Lavaplatten, so dass man jeden Augenblick einbräche.

Obwohl wir nur die letzten Ausläufer der Lavaergüsse der „Jünglingsspalte" passierten, war der Weg unangenehm genug. Die Unterlage der etwa 5—300 m ü. M. liegenden Ödung besteht aus Lava. Die breiten schwarzen und bläulichen Platten, deren Oberfläche von verfilzten Lavaseilen bedeckt ist, stehen überall aus dem Flugsande heraus, der auf grosse Strecken einen beweglichen Teppich über dem Ganzen bildet; nur hier und da hat Sandhafer Wurzel schlagen können. Viele Unebenheiten in den Lavafeldern waren von Flugsand ausgefüllt, der aus verwittertem Palagonittuff bestand; in anderen Vertiefungen hatte sich schwarze oder graue vulkanische Asche abgelagert, die mit Sandhafer bewachsene Dünenpartien bildete. Das Passieren der Tausende von kleinen Hügeln, die wie hohe Maulwurfshügel aussahen, machte den Pferden unsägliche Beschwerde, sie stolperten unausgesetzt und bedurften unablässig der Peitsche. Zum Glück hatte es in der Nacht etwas geregnet, die Sonne brannte nicht zu heiss, und ein kühler Wind fächelte uns Linderung zu. Trotzdem lag der Staub bald fingerdick auf den Kleidern, die Ögmundur in der Nacht mit vieler Mühe ausgeklopft hatte. Gegen Mittag sahen wir in der Ferne feine Rauchwolken aufsteigen, ich dachte zuerst an den Dampf heisser Quellen; aber der Rauch wuchs zusehends, bald merkten wir, dass es ein Sandsturm war, der auf dem östlichen Ufer der *Jökulsá* dahin wirbelte; eine lange, schmale Säule fegte bis zu den Wolken empor, drehte sich ein paarmal im Kreise und war plötzlich wieder verschwunden. An Lavagebilden vorüber, die verstreut, wie Burgen und Mauern, auf uns niederblickten, kamen

---

[1] Thoroddsen, Island I, S. 116.
[2] Globus 1905, Nr. 24, S. 377; hier auch zwei gute Abbildungen.

wir endlich zu einem kleinen Grasfleck, die Pferde fielen gierig über das Gras her. Nicht einmal *vördur* gaben den weiteren Weg an; es galt nur, den Fluss nicht aus den Augen zu verlieren. Getrockneter Pferdedünger aber zeigte, dass doch zuweilen Menschen sich hierher verirren; freilich kann es nicht oft der Fall sein, denn massenweise lag Wolle von den Schafen umher oder hing an

Fig. 97. Dettifoss.

Büschen von Salix glauca; also nicht einmal diese hatte die Bauern verlocken können, in die Öde vorzudringen.

Nach zwei Stunden sahen wir abermals weissen Dampf aufsteigen, aber diesmal war es wirklich Wasserdampf, kein Staub. Über mächtiges Basaltgeröll, das von Riesenfäusten durcheinander geworfen zu sein schien, stiegen wir in die Höhe, liessen die zusammen gebundenen Pferde in der Nähe eines kleinen, klaren Sees zurück und suchten den Weg nach dem *Dettifoss* (304 m ü. M.). Rechts liessen wir in einiger Entfernung einen kleinen Fall liegen, der nicht so hoch ist wie der eigentliche *Foss*, aber wegen seiner vielen Arme wunderhübsch aussieht. Der *Dettifoss* entspricht seinem Namen (aisl. *detta* = schwer und hart niederfallen). Seine Wassermenge ist vielleicht nicht so gewaltig wie die des *Gullfoss*, aber sie ist lehmig weiss und stürzt von einer senkrechten Felswand ungeteilt mit ihrer ganzen Wucht und unter wildem und furchtbarem Toben in einer Höhe von 107 m in die Tiefe (Fig. 97). Unterhalb des *Foss* fliesst die *Jökulsá* durch eine 20 km lange und 100—150 m tiefe Spalte durch Dolerit und Tuff; an den Seitenwänden sieht man die basaltischen Lavaströme im Querschnitt auf Dolerit ruhen. Thoroddsen vermutet, dass die Spalte vulkanischen Ursprungs ist[1]; am Boden der Kluft setzt der Strom mit Wasserwirbeln und Kaskaden seinen Lauf zum Meere brausend und schäumend fort. Man bemerkt deutlich die verschiedenen dicken Doleritbänke, oft mit schönen Säulen, von denen die meisten lotrecht nach oben und nach unten stehen, während andere schief und einzelne gekrümmt sind. Nordwestlich vom *Dettifoss* befindet sich eine bedeutende, von Lava ausgefüllte Einsenkung, die von der Spalte durchklüftet worden ist, die sich die *Jökulsá* zum Meere bahnt. Westlich vom *Foss* ist ein Lavatal mit Schlackenkratern und neuerer Lava, schwarze Basaltblöcke heben sich von dem graulichen Dolerit ab; diese Kraterreihe setzt sich am rechten, ganz zerrissenen und wildsteinigen Ufer fort, einer der grössten Krater heisst *Kvennsödull* (Frauensattel).

Der Engländer Watts hat den *Dettifoss* (Across the Vatna Jökull, S. 120) mit dem Niagarafall verglichen. Nach Bildern zu urteilen, ist in der Tat eine gewisse Ähnlichkeit zwischen dem sogenannten „amerikanischen Fall" und dem *Dettifoss* vorhanden. Er ist mehrfach von isländischen Dichtern besungen, zuletzt von *Einar Benediktsson* (*Skirnir*, 1905. S. 97—100); von keinem aber schöner als von *Kristján Jónsson*, einem armen, zwanzigjährigen Bauernknechte (geb. 21. Juli 1842). Als das Gedicht 1861 in einer *Reykjaviker* Zeitung erschien, erregte es das grösste Aufsehen und machte den Sänger mit einem Schlage zum Volksdichter *(þjóðskáld)*; Pöstion hat es übersetzt (Eislandblüten, S. 86,7).

Der Wasserstaub hat unterhalb des Falles auf einem Seitenrand eine üppige Vegetation hervorgerufen. Bis hierher kann man klettern und hat dann den imposanten *Foss* in seiner ganzen Mächtigkeit vor sich; beugt man sich vorsichtig über den Felsen, so kann man ihn bis zum Boden der *Jökulsá* verfolgen, während der obere Teil vor Gischt und Regen nicht lange zu betrachten ist.

---

[1] Thoroddsen, Vulkane im nordöstlichen Island. Mitt. d. k. k. Geogr. Ges. 1891. S. 126; Island S. 35, 41.

Der feine dunkle Sprühregen des Falles zwang uns schon nach einer Stunde, wieder fortzugehen; denn da wir, obwohl wir durch den Besuch des *Gullfoss* hätten gewitzigt sein können, kein Ölzeug anhatten, war der Staub auf unsern Röcken in eine dunkle, braune Brühe verwandelt, und beschmutzt und beschmiert von oben bis unten, kletterten wir zurück.

Der Führer hatte gedacht, in einer halben Stunde würden wir ins Quartier kommen, aber es waren fast noch drei Stunden Weges.

Fig. 98. Wäsche und Abkochen vor Svinadalur.

Der mahlende Sand hörte zunächst nicht auf, dann aber löste ihn ein fürchterliches Steingeröll ab. Grossartig war der Blick nach rechts auf das Ufer der *Jökulsá*; seltsam geformte Berge bauten sich terrassenförmig auf, breite Bergkuppen mit steil abfallenden Wänden sahen wie zackige Hahnenkämme aus; Lavaklippen und -Mauern standen wie in Reih und Glied aufmarschiert da, und hinter ihnen schimmerten von den Bergen breite Schneefelder durch. Die steilen Felswände der *Jökulsá* erinnerten in ihrer wuchtigen senkrechten Schroffheit an die *Almannagjá*. Ögmundur kletterte auf einen Felskegel und spähte nach dem Wege: ein schmaler Reitstieg schlängelte sich durch das Stein-Labyrinth; wir folgten ihm und befanden uns plötzlich in einer lachenden Au an einem munter rieselnden Bache. Der schroffe, unvermittelte Gegensatz zwischen der gelbbraunen Sandwüste, dem öden Felsgewirr und der von blauen Blumen geschmückten Wiese war für uns geradezu überwältigend. Im Nu waren die Rosse abgepackt, und während der Führer, da der kalte Wind ziemlich heftig blies, in einem Koffer die Spiritusmaschine anzündete und eine Konservenbüchse wärmte, wusch ich mir gründlich Kopf und Hals. Mein Begleiter war heimtückisch genug, uns unvermutet in diesem Augenblicke zu photographieren (Fig. 98).

Ögmundur forderte uns auf, tüchtig von den Frankfurter Würstchen, dem Speck und Käse zuzulangen, denn im Quartier gäbe es nichts zu essen. Über zwei Stunden lagen wir in behaglicher Ruh im frischen Grase, und hätten wir gewusst, dass wir nur noch dreiviertel Stunde Weges bis *Svínadalur* gehabt hätten, wären wir noch länger geblieben. An einem jungen Birkenwalde vorüber, in dem manche Stämme wohl Manneshöhe hatten, trabten wir auf unser Ziel zu, durchquerten das hübsche Tal, das den prosaischen Namen „Schweinetal" führt, und bogen durch ein grosses *Tún* in das Gehöft ein. Vor dem Hause war, wie in *Grímstadir*, ein ganz vertrockneter Baum eingegraben, und die dürren Äste dienten zum Aufhängen der Kinderwäsche, Strümpfe und anderer Sachen. In der sauberen Stube wurden zwei Betten zurecht gemacht, ein angenehmer Duft nach frisch getrockneten Kräutern füllte den Raum, Grasbüschel hingen über dem Spiegel, und an den Wänden eine grosse Photographie von Jesus und Maria. Bald stellte ein Kind noch ein Glas soeben gepflückter Blumen auf die Kommode; Milch, Brot und Butter wurden aufgetragen; Ögmundurs Befürchtung, wir würden Hunger leiden, war also unbegründet.

26. Juli.

Die Landschaft bei *Svínadalur* macht einen ganz eigenartigen Eindruck. Die grossen vulkanischen Riesen, die wunderlichen Felsformen und die hübschen, mit lebhaftem Grün geschmückten Felsabhänge geben der Gegend eine wildromantische Schönheit, wie man sie auf Island nur selten trifft. Die Mächtigkeit der präglazialen Lavaströme etwas südlich beträgt nach Thoroddsen über 100 m. Im Flussbett der *Jökulsá* tritt Palagonitbreccie zutage, und eine Menge der eigentümlichen Basaltablagerungen und der unregelmässigen Gänge in der Brecciemasse finden sich, überall ruht der Dolerit auf der Breccie.

Manches Altertümliche hat sich hier noch erhalten, obwohl wir uns schon auf der grossen Touristenstrecke befinden, die von *Akureyri* aus alljährlich abgeklappert wird. Neu war mir der Anblick einiger Knechte, die Ohrringe trugen. Die alten Isländer haben wohl Ringe um den Hals, Ober- und Unterarm, Hand, Finger und Fuss getragen; aber dass die Männer wie Frauen mit Ohrringen geschmückt gewesen wären, ist mir nicht erinnerlich. Wirklich sehenswert war der Herd. Da ich die Einrichtung eines solchen

Fig. 99. Alter Herd in Svinadalur.

früher beschrieben habe, mag die beigegebene Photographie das Gesagte erläutern (Fig. 99). Die Aufnahme ist mit Magnesiumlicht erfolgt, und als es unvermutet aufflammte, stiessen die Knechte und Mägde, die vom Flur aus zusahen, einen lauten Schrei aus.

Die Nähe des Mückensees machte sich bereits unangenehm bemerkbar. Die Mücken belästigten nicht nur uns, wenn wir draussen standen oder gingen, sondern sie hatten auch die Pferde über eine Stunde weit versprengt, und ein Knecht musste ausgeschickt werden, sie wieder einzufangen.

Zwanzig Minuten hinter dem Gehöfte, zum Teil mitten im schäumenden Wasser der *Jökulsá*, liegt eine Reihe wunderbarer, barokker, brandbraunroter und braunschwarzer Basaltfelsen, die *Hljódaklettar* (150—200 Fuss hoch, Echoklippen? weil sie das Echo verschiedene Male zurückwerfen und verstärken; oder Klippen des Schweigens?). Die Anordnung der Basaltsäulen, die oft im Halbkreise fächerförmig vor kleinen Öffnungen und Höhlungen stehen, ist selten so schön zu sehen, wie an dem einen Felsen, von einem Krater daneben sind etwa noch drei Fünftel erhalten, während zwei Fünftel verschwunden sind; zuweilen ist etwas Breccie in Höhlungen im Felsen eingeschlossen. Die Erosion hat die Palagonitbreccie ausgewaschen, aber die harten Basaltgänge sind stehen geblieben, daher stammen die unregelmässigen, bizarren Formen dieser Klippen[1]).

Allmählich näherten wir uns der Küstenebene des *Axarfjördur* und dem Meere, das wir von weitem auftauchen sahen. Noch einmal durchritten wir eine kleine öde Sandstrecke, die von einem vulkanischen Ausbruche der *Kverkfjöll* stammen soll, dann aber wurde die Gegend wieder üppig. Grüne Halden wechselten mit stattlichem Birkengebüsch ab, und selbst unser schönes deutsches Heidekraut war nicht selten, Empetrum nigrum stand massenhaft umher. Gegenüber einer neuen Brücke über die *Jökulsá*, an die die letzte Hand angelegt wurde, und die noch Sommer 1904 dem Verkehr übergeben werden sollte, bogen wir an dem Gehöft *Ás* vorbei, wo Ögmundur einen Brief abgab, — die Post benutzt gelegentlich zuverlässige Männer für ihre Dienste —, und ritten von Osten in das wegen seiner Schönheit in ganz Island berühmte, dreieckige Tal *Ásbyrgi* hinein. Ein hufeisenförmiger Streifen Landes ist bei einem Erdbeben heruntergerutscht, eine Felseninsel aber, wie ein dreieckiger Keil gestaltet, ist dabei stehen geblieben, wie von einer Riesenfaust aus dem Zusammenhange mit dem ursprünglichen Gebirgsstocke herausgerissen; eine Kluft, wie eine mächtige römische V, jede Seite ca. 2500 m lang, mit ein paar hundert m breiten Wiesen und mit gutem Wald bewachsen, trennt den Keil von der Umgebung. Die Felsmauern erheben sich unmittelbar aus dem Tale senkrecht, wie in der *Almannagjá*, in einer Höhe von 60—100 m und bauen sich aus vielen Schichten einer doleritischen Lava auf; Schlackenkrusten trennen die mächtigen Doleritbänke, und zwischen ihnen liegen Höhlen, die „wie niedrige Fenster im Rundbogenstile" geformt sind. Nach der Volksüberlieferung hat

---

[1]) Zwei gute Abbildungen von den *Hljódaklettar* und eine von *Ásbyrgi* finden sich in: Verhandlungen der Ges. f. Erdk. zu Berlin 1894; es sind die einzigen, die ich von dieser Gegend kenne; leider hat mir Dr. Grossmann eine Wiedergabe seiner Bilder nicht gestattet.

das Meer einmal ganz in die Felsspalte *Ásbyrgi* hineingereicht, das muss aber in postglazialer Zeit gewesen sein (*Safn til sögu Íslands* II, S. 431), und man kann in der Tat noch an den angegriffenen und zerfressenen Felswänden die Spuren der Meerestätigkeit hoch über dem jetzigen Wasserspiegel erkennen, das Land muss sich in jüngerer Zeit um ca. 40 m gehoben haben. Da die Spalte gegen Stürme geschützt ist, so ist der Pflanzenwuchs prächtig entwickelt, und das Birkenwäldchen, in dem wir Rast machten, wies Stämme von Armesdicke und fast 6 m Höhe auf. „Das wunderbare Tal", sagt Kahle treffend, „erinnert an Böcklinsche Landschaften, wenn man sich den Wald höher und dichter denkt. Prächtig würde hierher die Jungfrau auf dem Einhorn passen, wie sie herausreitet aus dem schweigenden Märchental" (S. 243). Nach demselben Gewährsmanne gibt es ein stimmungsvolles Gedicht von *Einar Benediktsson*: Odins Ross habe einst auf seinem Ritte jene dreieckige Klippe mit seinem Hufe herausgeschlagen. Weder Ögmundur noch mir war das Gedicht bekannt, aber der Führer behauptete, *Einar* müsse seinen Stoff aus einer Volkssage entlehnt haben, die er sehr wohl kenne; freie Erfindung von ihm sei es jedenfalls nicht. Wir gebrauchten etwa 20 Minuten, um wieder aus dem Tal herauszukommen, und konnten dabei deutlich bemerken, wie das Hufeisen allmählich von unten aufsteigt. Wir erprobten dabei unzählige, dreifach wiederschallende Echos und sahen an einer Wand in halber Höhe einen aus Reisern hergestellten Adlerhorst. Über grüne Maulwurfshügel sprengten wir die sich fjordartig erweiternde *Jökulsá* entlang, freuten uns über die stattlichen Gehöfte und die zahlreichen weidenden Pferde und Rinder, rasteten dann am Flusse und verspeisten die letzten warmen Würstchen. Während wir damit beschäftigt waren, Messer und Gabel mit dem Bimsstein zu putzen, der überall am Ufer umherlag, — bisher hatten wir uns damit begnügt, die Esswerkzeuge in die Erde zu stossen und dann am Handtuch zu trocknen —, tauchten mit einem Male zwölf schwarze und zwei weisse Ziegen vor uns auf, die ersten, die wir auf Island zu sehen bekamen.

Ziegen *(geit)* kommen heute nur noch in den beiden *Þingeyjar sýslur*, in der *Eyjafjardar-* und *Dala sýsla* im N.W. vor. Wie die zahlreichen mit *geit* und *hafr* (Ziegenbock) zusammengesetzten Namen zeigen, gab es früher auf Island weit mehr dieser neugierigen, behenden Klippenkletterer als heute, und um 1100 soll die Insel ebensoviel Ziegen wie Schafe gehabt haben. Von *Hallfredr*, dem Vater des *Hrafnkell Freysgodi*, haben wir früher gehört, dass ihm ein Bergrutsch eine Ziege und einen Ziegenbock erschlug. Ein Bauer in *Hörgárdalr* hatte 30 Ziegenböcke (*Ljósv.* S. 14). Wie die übrigen Haustiere trugen sie eine Gutsmarke, und nach der *Grágás* hatten 8 junge Ziegen, die ihre Lämmer tränken können,

14*

den Wert einer Normalkuh, und ein zweijähriger Bock den einer Ziege. Aber ihre Naschhaftigkeit machte sie zu gefährlichen Feinden der zarten Baumschösslinge und der Rinde, und darum starben sie allmählich aus, obwohl sie durch grössere Genügsamkeit im Futter, einen höheren Ertrag an Milch und stärkere Fruchtbarkeit die Schafe übertreffen.

Gehöft und See *Vikingavatn* sind nur durch einen schmalen Landstreifen vom Meere getrennt. Der sehr wohlhabende Bauer *Björn Þórarinsson*, dessen Geschlecht hier seit dem 14. Jahrh. wohnt, erinnert sich, dass Prof. Kahle vor 10 Jahren hier war; er zeigt mir auch einige Photographien seiner Farm, die Dr. Zugmayer aufgenommen und ihm zugeschickt hat, und trägt mir Grüsse an beide Herren auf. Auch an den Preisen für Logis und Kost und der Güte der Verpflegung merkt man, dass man sich auf der Heerstrasse der Touristen und in der Nähe grösserer Handelsplätze befindet: der Preis beträgt von jetzt an bis *Akureyri* 2 Kr. für die Person, nur in *Grenjadarstadur* genoss ich noch einmal unverfälschte isländische Gastfreundschaft.

*Björn* erzählte mir folgende Sage, für deren Echtheit und Reinheit er mir bürgen wollte; ich übersetze sie wörtlich: „Ein Mann namens *Vikingr* flüchtete aus Norwegen vor Harald Schönhaar, weil er sich dessen Feindschaft zugezogen hatte, und siedelte sich hier an. Da sandte König Harald viele Leute aus, um ihn zu töten. Aber zweimal konnte *Vikingr* die Häscher selbst töten; erst beim drittenmal töteten sie ihn, während er Forellen auf dem See fing. Sein Grab liegt dicht beim Kartoffelfelde, aber der Leiche fehlt der Kopf; denn Harald hatte verlangt, dass seine Boten ihm das Haupt seines Feindes überreichen sollten. Aber als sie mit dem abgeschlagenen Kopfe fortritten, hing die Zunge heraus, und das sah so grässlich aus, dass sie schnell den Kopf begruben; der Ort, wo dies geschah, heisst *Höfudreidar* und liegt zwischen *Husavik* und *Grenjadarstadur*, etwas südlich vom Wege"[1].

Der See ist von unzähligen schnatternden Wasservögeln belebt, viele grüne Holme liegen in ihm verstreut, seine zahlreichen Buchten sind vermutlich durch Senkungen in der darunter liegenden Lava hervorgebracht. Zur Linken erstreckt sich die hohe *Tunguheidi*, und weit im offenen Meere verschwinden die Inseln *Mánáreyjar* und *Grimsey* unter dem Polarkreis in leisem Dunste. Im Juni kann man hier die Mitternachtssonne sehen. Eine Menge Treibholz war neben dem Hofe aufgehäuft, stattliche, unbehauene Stämme, die ich zuerst für Mastbäume hielt. Noch vor einem Jahre kamen Rentiere dicht am Gehöft vor, aber jetzt sind sie ganz aus dieser Gegend verschwunden, ein Geweih lag vor dem Hause. Zum Abendessen gab es sowohl selbstgeräucherte, wie frisch gefangene und schmackhaft zubereitete Forellen, sowie ein Gemüse von jungen, selbst geernteten Erbsen. Der Sonnenuntergang war über alle Be-

---

[1] Zur Beurteilung derartiger Volksüberlieferungen ist Maurer, Germania 24, S. 88 ff. zu vergleichen.

schreibung schön: das war wirklich die Waberlohe, ein Feuerzauber, der auf dem purpurroten Himmel aufflammte.

27. Juli.

*Einarr*, *Vestmadr* und *Vemundr* fuhren die Nordküste Islands entlang und segelten westlich von *Slétta* in einen Busen hinein. Sie stellten zu *Reistargnupr* eine Axt auf und benannten danach den *Axarfjördur* (Lnd. III, 20). — *Máni* fuhr nach Island und litt am *Tjörnes* Schiffbruch. Einige Monate wohnte er zu *Máná*, bis er vertrieben wurde (a. a. O.).

Die *Mánáreyjár* im *Axarfjördur* sind eine Fortsetzung der Halbinsel *Tjörnes*, die sich in einem unterseeischen Höhenrücken soweit ins Meer hinauserstreckt. Neujahr 1868 sollen nördlich von ihnen vulkanische Eruptionen stattgefunden haben. Nach den isl. Annalen ist bei ähnlicher Gelegenheit im Jahre 1372 im Ozean nordöstlich von *Grímsey* eine neue Insel aufgetaucht. Eine nähere Untersuchung ist wohl von Thoroddsen zu erwarten. Bei dem heftigen Erdbeben am 25. Januar 1885 gingen grosse Bergstürze von den Höhen auf der östlichen Seite der Halbinsel *Tjörnes* nieder, und die Flüsse führten eine ungewöhnlich grosse, lehmige Wassermasse. Das Eis auf dem See *Víkingavatn*, das eine Stärke von $1/2 - 3/4$ Elle hatte, wurde in unzählige Stücke zerrissen und zu hohen Wällen am westlichen Ufer des Sees aufgetürmt. Die Leute im Gehöfte konnten sich weder draussen noch drinnen auf den Füssen halten. Auf den flachen Sandstrecken nordwestlich vom *Víkingavatn* wurde der Sand in 100—200 m hohen Säulen in die Luft geworfen, wie bei einem Ausbruche; diese Sanderuptionen, die im Osten begannen und sich nach Westen fortpflanzten, dauerten 15 Minuten und hinterliessen mehrere Erdsturzlöcher, deren grösstes einen Umfang von ca. 140 m hatte. In *Húsavík* war das Erdbeben viel schwächer; doch nahm man leise Erschütterungen bis zum *Eyjafjördur* wahr[1]).

Der Weg führte uns durch das Birkengestrüpp am Fusse der mit Moos bewachsenen *Tunguheidi* entlang. Unsere Pferde scheuchten zahllose Schneehühner auf, die ängstlich schreiend, die Flügel tief herabhängen lassend, vor uns herliefen, um uns irre zu führen und den Jungen Gelegenheit zu geben, sich in Sicherheit zu bringen. Essbare Pilze standen in ungeheuren Mengen umher. Bei der grossen Hitze, die seit Wochen herrschte, und dem üppigen Graswuchse fielen die ausgedehnten Schneeflächen um so mehr auf; aber sie rührten nicht etwa daher, dass wir uns auf einer bedeutenden Höhe befanden, sondern der Mai war, wie ich noch in Kopenhagen in isländischen Zeitungen gelesen hatte, hier grimmig kalt gewesen, nur 5 Nächte waren ohne Frost geblieben, täglich hatte Schnee-

---

[1]) Thoroddsen, Mitt. d. k. k Geogr. Ges. Wien 1891, S. 272/3.

treiben geherrscht, und der Schnee hatte so tief gelegen, dass man sich ohne Ski nicht fortbewegen konnte. Man hatte Futtermangel und auch das Ausbleiben der Fische im *Eyjafjördur* befürchtet, der ungewöhnlich warme Sommer jedoch hatte alles wieder gut gemacht. Aber der schöne, blaue Blumenschmuck nahm gar zu bald wieder ein Ende, und die öde Hochfläche *Reykjaheidi* nahm uns auf. In der Ferne konnten wir deutlich die Wassersäule des *Uxahver* sehen, den wir morgen besuchen wollten. Nach sechsstündigem Ritte erblickten wir mit frohem Gefühle das unendliche Meer. Ögmundur, der seine klassische Bildung zeigen wollte, rief: „Thalatta! Thalatta!", und kurz darauf tauchte vor unseren Augen die in der *Súdur Pingeyjar sýsla* gelegene Hafenstadt *Húsavík* (Hausbucht) auf, die wie ein reizendes Spielzeug am Fusse des *Húsavíkurfjall* liegt.

Leider machte sich der im Nordlande so berüchtigte Nebel auf und verschleierte das Meer und die lange schwarzweisse Kette der *Kinnarfjöll* (*Kinn* = Wange, Abhang) westlich von *Skjálfandafljót*. Früher muss sich der Meerbusen *Skjálfandi* als vielarmiger Fjord bedeutend weiter in das Land hinauf erstreckt haben; Thoroddsen hält die Dünen im *Laxárdalur* für alte Strandbildungen. Wir ritten, zum Teil über Moräne, nach dem Strand hinunter, an einem See vorüber, und dann auf guter, fester Strasse in den saubern, freundlichen Handelsplatz hinein, durch dessen Mitte sich ein kleiner Bach hinzieht. Überall standen grosse Pyramiden von Torf am Wege. Neben kleinen Erdhäusern gibt es auch recht stattliche moderne Wohnhäuser, aus Holz gebaut und mit Wellblech bedeckt, die sogar mit Gärten versehen sind, deren Wege mit Kies bestreut sind. *Húsavík* hat im ganzen 50—60 Häuser und 445 Einwohner. Im N.-O. springt das Land am Fusse des *Húsavíkurfjall* etwas hervor, so dass die einlaufenden Schiffe einigermassen Schutz haben. Ein paar Schiffe schaukelten im Hafen, doch war von dem Dampfer, mit dem wir die Heimreise von *Akureyri* aus antreten wollten, nichts zu sehen und nichts zu hören. Überhaupt werden wir seit acht Tagen damit bange gemacht, dass auf die Dampfer, die vom Nordland abfahren, gar kein Verlass sei, abgesehen von denen der Vereinigten Dampfschiff-Gesellschaft, und davon ist der nächste erst in 14 Tagen fällig.

Das alte Gasthaus ist geschlossen, da die Wirtin gestorben ist, ein neues Hotel soll erst eröffnet werden, doch finden wir recht gute Aufnahme in einer Bäckerei bei *Sigurjón Porgrímsson*. Sobald unsere Ankunft bekannt geworden ist, erhält Ögmundur wohl von einem Dutzend Leute Besuch, darunter von *Bjarni Benediktsson*, einem Kaufmann hier, Bruder der Frau des Arztes in *Brekka*. Es gibt endlich einmal wieder Bier, wenn auch alkoholfreies, und Zigarren, aber weder Wein noch Kognak.

28. Juli.

Islands zweiter Entdecker, der Schwede *Gardarr*, blieb den Winter über in *Húsavík* und baute da ein Haus (Lnd. I. 1). An diesen *Gardarr* knüpft eine alte Sage an über den Ursprung der Lavaströme im *Laxárdalur* und am *Mývatn*. Thoroddsen ist sie folgendermassen erzählt worden: *Gardarr* sandte einst einen Knecht aus, damit er ausfindig machte, wo die *Laxá* entspränge. Der Sklave kam sehr schnell zurück und erzählte, was er gesehen hatte, nämlich, dass der Fluss aus einem Landsee komme. *Gardarr* aber glaubte nicht, dass der Sklave die Wahrheit redete, schalt ihn wegen Trägheit aus und sagte, er habe gewiss versäumt, nach den Quellen des Flusses zu suchen. Hierdurch war der Knecht so beleidigt, dass er wünschte, es möchte aus jeder Fussstapfe, die er auf der Reise gemacht, Feuer ausbrechen. Die Verwünschung des Sklaven hatte die Wirkung, dass das Feuer überall aus der Erde hervorbrach, wodurch die Krater und Lavaströme am *Mývatn* und im *Laxárdalur* entstanden.

*Eyvindr* aus *Hördaland* in Norwegen kam in die *Húsavík* und nahm den *Reykjadalr* vom *Vestmannsvatn* landeinwärts, er wohnte zu *Helgastadir*. *Náttfari*, der mit *Gardarr* ausgefahren war, hatte sich früher den *Reykjadalr* angeeignet und Merkzeichen an den Bäumen angebracht; aber *Eyvindr* vertrieb ihn. Später kam auch sein Bruder *Ketill* aus *Hördaland* nach Island und wohnte zu *Einarsstadir* (Lnd. III, 19). *Grenjadr*, nach dem unser heutiges Quartier *Grenjadarstadur* benannt ist, nahm den *Peigjandadal* und die *Hraunaheidi*, das *Porgerdarfell* und den unteren *Laxárdalr*[1]).

Als Ausfuhrstation des Schwefels aus den in der Nähe gelegenen Schwefelminen hat *Húsavík* schon früh eine bedeutende Rolle gespielt, und diese wird noch beträchtlich gesteigert werden, wenn erst die schon lange geplante Eisenbahn von *Reykjahlíd* hierher führen wird.

Der Schwefel von *Reykjahlíd* hat lange Zeit den Bedarf für Nordeuropa gedeckt und bildete im 16. Jahrhundert neben dem Stockfisch den Hauptausfuhrartikel für die deutschen Islandfahrer, *Húsavík* war der Ausfuhrhafen für Schwefel[2]). Der Bruttogewinn beim Verkauf betrug für die Hamburger 1600 Prozent! 1561 nahm die freie Ausfuhr des isländischen Schwefels durch die Deutschen ein Ende.

Solange dem Betrieb durch die Schwefelminen auf Sicilien noch keine Konkurrenz erwuchs, lohnte er sich recht gut. 1284 hatte der Erzbischof von *Trondhjem* das Privilegium, Schwefel und Falken auszuführen; später wurde er auch von anderen ausgeführt, wenn sie dem Erzbischofe nur einen Zoll dafür bezahlten, wie man aus einem Urteile ersehen kann, das im Jahre 1340 von den Chorbrüdern in *Trondhjem* gefällt wurde. Vom Ende des vierzehnten bis zur Mitte des sechzehnten Jahrhunderts gehörten alle Schwefelminen im Nordlande einem alten isländischen Häuptlingsgeschlecht. Der Schwefel wurde damals, wie auch später, auf Pferden von den *Fremrinámur* und dem See *Mývatn* nach *Húsavík* transportiert und die Minen zuweilen an andere verpachtet. Im Jahre 1563 kaufte die dänische Regierung die Minen für ein Geringes an und liess eine Reihe von Jahren hindurch eine ganze Masse Schwefel von *Húsavík* ausführen. Derselbe wurde von den umwohnenden Bauern auf Pferden nach *Húsavík* gebracht, wo sie für jedes Liespfund eine gewisse Entschädigung erhielten. Diese Ausfuhr war damals, wo der Schwefel noch hoch im Preise stand,

---

[1]) Zwei Volkssagen bei Lehmann-Filhés I, S. 108: Pfarrer *Ketill* zu *Húsavík* und I, S. 174: Der *Húsavíkur-Lalli*.

[2]) Baasch, Islandfahrt der Deutschen S. 78—80; Thoroddsen-Gebhardt I, S. 151, 222, II, S. 376; Thoroddsen, Das Ausland 1889, S. 161.

sehr einträglich für die Regierung; sie bezog z. B. im ersten Jahre von einem einzigen Schwefelschiffe einen Reingewinn von 10000 Talern, was in jenen Zeiten eine sehr grosse Summe war. Als der Schwefel später im Preise fiel, wurden die Minen von der Regierung an verschiedene dänische und fremde Spekulanten verpachtet.

Die Gegend um *Húsavík* scheint mit der Landschaft *Ölfus* und der Umgebung der *Hekla* am meisten heftigen Erdbeben ausgesetzt zu sein.

Das erste wird 1260 erwähnt, das zweite 1618. Dem Ausbruche der *Katla* gingen 1755 starke Erdbeben bei *Húsavík* voraus, die 3 Tage anhielten. 13 Gehöfte fielen ein, 21 wurden schwer beschädigt. Auch 1868 fanden hier Erderschütterungen statt, die mit einem Ausbruche im *Vatnajökull* in Verbindung gestanden haben müssen; mehrere Spalten bildeten sich, ein Gehöft stürzte ein, und mehrere wurden beschädigt. 1872 erfolgte ein neues Erdbeben, die Leute mussten aus den Häusern flüchten, und alles, was lose war, fiel um. Am schlimmsten waren die Äusserungen des Erdbebens auf beiden Seiten des *Skjálfandi*: die Erde bekam tiefe Sprünge, und die Lawinen stürzten massenhaft von den Bergen herab, auf einer Farm wurde der ganze Schafbestand unter einer Lawine begraben. Auf der Insel *Flatey* zog sich das Meer plötzlich zurück und überschwemmte dann die Strandflächen weit und breit; die Spalten, die während des Erdbebens gebildet wurden, ergossen Seewasser und Sand, zwei Gehöfte wurden völlig zerstört und alle Häuser auf der Insel mehr oder weniger beschädigt[1]. Das letzte Erdbeben hier war auch das stärkste. Schon am 2. November 1884 fühlte man auf Island eine ziemlich starke Erderschütterung, worauf 16 kleinere folgten. Vom 2.—6. November zählte man 50 grössere und schwächere Stösse. Am furchtbarsten aber war der Hauptstoss am 25. Januar 1885 in der Gegend des *Axarfjördur*. Die Erde klaffte auseinander, und das lehmige Wasser wurde mehrere Meter in die Höhe geschleudert; alle Spalten füllten sich mit Wasser an, mehrere alte Lavarisse wurden durch das Erdbeben abwechselnd erweitert und zusammengedrückt, und eine alte Spalte war hinterher eine Elle schmaler als zuvor.

Auf dem Wege nach dem Gehöfte *Laxamýri*, das ich, wie Ögmundur erklärte, auf jeden Fall kennen lernen musste, kamen wir an dem *Gvendarstein* vorüber und warfen, wie jeder, der zum ersten Male hier vorüberreitet, dies tun muss, vom Pferde herab einen Stein zu den übrigen auf den grossen Haufen (vergl. I, S. 288 Anm.; II 89.)

Bischof *Gvendur* soll hier einen Wiedergänger (*Draug*) hineingebannt haben, und es ist fromme Pflicht, die Last, die über dem Unholde ruht, zu vermehren, damit er nicht wieder umgehen und schaden kann. Versäumt der Reisende diese Pflicht, so fügt der Unhold ihm irgend einen Schaden zu. In Deutschland breitet man, um die Wiederkehr der im Kindbett verstorbenen Mutter zu ihrem hinterbliebenen Kinde zu verhindern, die Windeln des Kindes, mit Steinen beschwert, über das Grab der toten Wöchnerin: dann bleibt sie dort[2]. *Gvendur* ist Koseform für *Gudmundur*; gemeint ist Bischof *Gudmundur Arason* von *Hólar* (1203—37). In allen Teilen der Insel findet sich der eine oder andere *Gvendarbrunnr*, der vom Bischof geweiht sein soll; solche Brunnen gefrieren nicht, und ihr Wasser gilt als besonders gesund und heilkräftig; auch ein Wasserfall und ein Bad ist nach ihm benannt[3].

---

[1] Thoroddsen, Mitt. d. k. k. geogr. Ges. 1891. Wien S. 271.
[2] E. H. Meyer, Germanische Mythologie 101; Tägliche Rundschau, Unterhaltungs-Beilage Nr. 82, 1905.
[3] Maurer, Isl. Volkssagen S. 197; Weinhold, Die Verehrung der Quellen in Deutschland. Berlin, 1898.

*Laxamýri*, etwa eine Stunde von *Húsavík* entfernt, liegt unweit der *Laxá*. Diese fliesst in mehreren Armen aus dem *Mývatn* heraus, da sie sich durch alte Lavaströme hindurchwinden muss, die sie zu vielen Krümmungen und Einengungen nötigen. Sie fliesst den ganzen Weg bis zum *Skjálfandi* auf Lavagrund; die Lava stammt jedenfalls aus prähistorischen Kratern längs des Flusses; nach der oben mitgeteilten Sage sollen diese allerdings erst entstanden sein, nachdem die Besiedelung hier bereits vor sich gegangen war. Es finden sich in ihr viele kleine eigentümliche Inseln und Wasserfälle. Nach Thoroddsen bildet das Tal der *Laxá* die Grenze zwischen der Basaltformation des Nordlandes und dem Palagonittuff der vulkanischen Gebiete, die die Mitte der Insel einnehmen.

Die *Laxá* ist neben der *Hvítá* wegen der Menge und Güte ihrer Lachse berühmt; die schwarzen Lavablöcke unter dem Wasser mit ihren dunkeln Höhlen und Grotten sind ihnen der liebste Aufenthalt. Man hat die Beobachtung gemacht, dass, wenn der Wind um Johanni bei Vollmond südlich weht, der Lachs mit besonderer Vorliebe den Fluss hinauf steigt. (Olaus Olavius, S. 278.)

*Laxamýri* ist eines der teuersten Gehöfte auf Island und soll einen Wert von 100000 Kr. haben. Die beiden grossen Wohnhäuser, die Wirtschaftsgebäude und die Windmühle sind durch ein hölzernes Staket vom *Tún* geschieden; über der Tür sind die aus Holz geschnitzten und mit Farbe lebenswahr angestrichenen Tiere angebracht, denen der Bauer seinen Wohlstand verdankt: ein Lachs im silbernen Schuppenkleide und ein Eiderentenpaar, das Männchen mit dunkeln Schulterfedern und hellen Brustfedern und das einfarbige Weibchen. Der Künstler ist ein einfacher Laie und hat doch seine Sache so gut gemacht, dass Kahle getäuscht schreibt, die Tiere wären aus Eisen geschmiedet. Der Bauer *Egill Sigurjónsson* fand sich mit gutem Humor in unseren Überfall, lud uns, wie üblich, zu Kaffee, Kuchen und Zigarren ein und erteilte bereitwillig Auskunft.

Er nimmt jährlich 3000 Kr. für Eiderdunen ein, durchschnittlich 7—10000 Kr. für Lachse, in einem Sommer sogar 12000 Kr., ein Handelshaus in *Reykjavík* kauft sie und schickt sie nach Kopenhagen. *Egill* erhält 40 Öre für das Pfund, bei kleinen Tieren 30—35 Öre, 1 Pfd. geräucherter Lachs kostet 80 Öre. An Eiderenten gibt es ca. 20000 hier. Die Daunen gehen nach Kopenhagen oder Russland, wo die Reichen ihre Pelze mit den zarten Flaumen füttern, die so gut wie kein Gewicht haben. Dieses Jahr (1904) kostet das Pfund Daunen 11 Kr. 50 Öre, er hat 300 Pfd. gesammelt, darunter 150 Pfd. allerfeinster Ware. Die Vögel legen ihre Eier sehr unregelmässig, der eine 8, ein anderer nur 2, dann tauscht man, so dass auf jedes Nest etwa 4 Eier kommen. Nur die Eier und Daunen der ersten Brut werden genommen. Der Bauer holte ein Nest und zeigte mir, wie es gereinigt wird. Das in der Sonne getrocknete, schmutzige Nest wird über ein in einen hölzernen Rahmen eingespanntes Netz gestrichen, so dass der Dreck herausfällt (vergl. I, S. 327). Nimmt man noch hinzu, dass der Bauer ca. 500 Schafe hat, so versteht man, dass er auch für unsere Verhältnisse ein wirklich reicher Mann ist und auch genug Arbeit hat. Bitter aber klagte er darüber, dass er nicht hinreichend Arbeitsleute bekommen könnte; das sei eine Folge der törichten Auswanderung nach Amerika; er habe sich daher Arbeiter aus Norwegen geholt, die sich schnell eingelebt hätten und billiger seien, als die isländischen Knechte. — Zuweilen verirren sich Rentiere hierher.

Wir ritten zunächst die *Laxá* entlang und kamen auf schmalem, aber erkennbarem Wege zu einigen heissen Springquellen, wenn ich nicht irre, sechs. Die kochenden Quellen liegen in einer Reihe von

Fig. 100. Uxahver.

Süden nach Norden in drei Gruppen und kochen und brodeln unaufhörlich; die erste Gruppe hat nur eine Quelle *(Uxahver)*, die andern haben zwei bis drei Quellen. Die grösste von ihnen ist der *Uxahver* (Ochsenquelle), sie ist ganz wie der *Geysir* gestaltet, mit Springröhre, Becken und flachem Sinterkegel (Fig. 100). Nach der Sage ist einmal ein Ochse hineingefallen; bei dem nächsten Ausbruche wurde aber nur noch das Knochengerüst herausgeschleudert, Haut und Fleisch waren von dem heissen Wasser verzehrt. *Jón Benediktsson* (1747) sagt: Der *Uxahver* springe 40—50 Klafter hoch; er habe einmal ein Viertel Schaf in die Quelle hineingetan, und binnen einer halben Viertelstunde war es gar gekocht¹). Nach dem Erdbeben von 1872 sprang der *Hver* lange Jahre nicht. Wir sahen ihn wieder in Tätigkeit, alle 5—10 Minuten wurde aus dem Becken eine etwa 10 m hohe Wassergarbe in die Höhe geworfen. Das Wasser im Bassin liegt zunächst still und ruhig da, allmählich

Fig. 101. Brúarfoss der Laxá bei Grenjadarstadur.

beginnt es zu sprudeln und zu bubbeln, in der Mitte quillt und siedelt es immer heftiger, sobald das Becken vollgelaufen ist, erfolgt dann der mehr breite als hohe Ausbruch, der durchschnittlich 25 Sekunden dauert. Da die Sonne gerade darüber stand, schimmerten die Tropfen silberblau; das Wasser war übrigens so heiss, dass wir für unsere Stiefel fürchteten; in den Rand des flachen Sinterkegels hatten viele Touristen ihren Namen eingeritzt. Der Bauer des Gehöftes *Reykir* (Rauch) hatte rings um die heissen Quellen Kartoffelfelder angelegt und das warme Wasser in Rinnen darübergeleitet, so dass die Beete so üppig standen wie selten sonst auf Island.

---

¹) Thoroddsen-Gebhardt II, S. 278; vergl. weiter a. a. O. II, S. 341 2 und Anderson, S. 16.

Überraschend wirkte, als wir nach einer Stunde bergab ritten, der Blick auf das weite Lavafeld, das dicht bis an den Pfarrhof *Grenjadarstadur* heranreicht und über die fruchtbaren Wiesen, bald hierhin, bald dorthin, einen Block verstreut hat: kleine Seen leuchten überall, und viele reizende, grüne Inselchen liegen im Flussbette. Kurz vor *Grenjadarstadur* führen zwei Brücken über die *Laxá*. Der Fluss teilt sich hier und bildet eine lange, schmale Insel, so dass zwei Brücken notwendig sind. Von der ersten hat man einen prachtvollen Blick auf den Wasserfall, *Brúarfoss* (Brückenwasserfall; Fig. 101). Die Kaskade erinnerte mich in ihrer Gesamtheit, namentlich mit den beiden Inselchen in der Mitte des Flusses, die mit hohen Bäumen bewachsen sind, und um die der *Foss* schäumend und brausend wirbelt, an den Rheinfall bei Schaffhausen.

*Prófastur Benedikt Kristjánsson* war auf unseren Besuch durch einen Knecht vorbereitet, den Ögmundur gestern in *Húsavík* getroffen hatte, und nahm uns mit seiner stattlichen Gemahlin sehr herzlich auf. Er ist der Vater des Kaufmanns in *Húsavík*, den wir gestern kennen gelernt hatten, und der Schwiegervater des Arztes in *Brekka*: ich hatte somit den grössten Teil der Verwandtschaft meines Führers kennen gelernt. Das Pfarrhaus besteht aus zwei verschiedenen Teilen, vorn heraus liegt der ganz modern gehaltene und mit behaglichem Luxus ausgestattete Teil: die Prunkstube im vollen Sinne des Wortes, mit Leonardos Abendmahl und einer Nachbildung der Ariadne des Canova, in Biskuit, sowie der Schlafraum für Gäste; durch einen „langen, dunklen und beschwerlichen Weg", wie *Sira* ihn nannte, gelangte man an der Küche vorüber zu dem alten, auf gut isländisch eingerichteten Teile, der Studierstube, dem Wohnzimmer und den übrigen Räumen. Beibehalten ist auch die altertümliche Küche, weil sie billiger und für isländische Verhältnisse praktischer ist (vergl. Fig. 56; I, S. 321). Diese Bauart, die das Altbewährte in glücklicher Weise mit dem Modernen vereinigt, scheint mir für die wohlhabenderen Isländer vorbildlich und nachahmenswert zu sein. Dem Hause gegenüber liegt das schmucke Kirchlein mit einem besonderen Glockenturm; er erinnerte mich überraschend an den „Klockstapel", den ich vor fünf Jahren in *Haasjö* in Jemtland gesehen hatte. Auf dem Friedhofe liegt ein Runenstein, der auf drei Seiten eine Inschrift hat, die längste in isländischer Sprache.

Der Pfarrhof ist alter Sitz der Gelehrsamkeit. Von *Þorsteinn Illugason* († 1335) heisst es z. B.: „Noch lange wird man die Werke seiner Hand in der Niederschrift von Büchern, in der Malerei und in der Holzschnitzerei zeigen". *Sigurdur Jónsson* gehörte im 15. Jahrhundert hier zu den wenigen Geistlichen, die imstande waren, die Söhne der Vornehmen zu unterrichten[1].

---
[1] Thoroddsen-Gebhardt I, S. 99, 180.

Die Mückenplage fing bereits an, sich höchst unangenehm bemerkbar zu machen. Da Ögmundur hier vor vielen Jahren, als er mit Thoroddsen reiste, ein Pferd tageweit entlaufen war, das von den Stechmücken rein verrückt gestochen war, wurden die armen Tiere für die Nacht in einer Hürde beim Hause untergebracht, auf die Weide sollten sie erst am nächsten Morgen.

Man unterscheidet *Rykmý* und *Bitvargur* (*Mývargur*, sing. tant. bedeutet „Stechmücken, Mückenplage"); erstere stechen nicht, sondern stehen wie Rauchwolken in der Luft und verursachen ein eigentümliches Geräusch, das wie fernes Stimmengewirr klingt; die anderen (Simulia) sind verhältnismässig weniger zahlreich, aber machen sich um so fühlbarer, besonders an den Pferden, die sie ganz toll machen. Sie setzen sich den Pferden und Schafen an die am wenigsten behaarten Stellen, die Tiere stellen sich dann in einen Kreis und wedeln einander mit den Schweifen ins Gesicht, wenn die Mücken zu frech werden. Zuweilen reibt man die Tiere mit Karbolöl ein und brennt Petroleum in den Hürden *(kvíar)*. Bei der Heuernte tragen die Bewohner wollene Handschuhe und oft besondere Kappen *(Mývatns-hettur)*, die bis auf den Hals reichen und kurze Schirme und einen Flor vor dem Gesichte haben.

29. Juli.

Ögmundur war überglücklich. Er hatte beim Propst zwei Briefe von seiner Frau vorgefunden: zu Hause stand alles wohl — wie beneidete ich ihn! Aber in vier Tagen sind wir in *Akureyri*, und dann hoffe ich auch gute Nachrichten von den fernen Lieben anzutreffen!

Langsam ritten wir über den braunen Sand und roten Kies des öden, toten *Hólasandur*. Die Sonne strahlte, aber der Wind brachte uns Kühlung und fegte den Staub auf die andere Seite, so dass er uns nicht belästigte. Nach drei Stunden sahen wir die *Súlur* (Säulen), eine 1135 m hohe Bergkette südlich von *Akureyri* am westlichen Ufer der *Eyjafjardará* und dahinter den *Vindheimajökull* (1465 m). Zwei Stunden darauf hatten wir den ersten Anblick des *Mývatn*, und obwohl unsere Erwartungen auf das Höchste gespannt waren, wurden sie doch von der Wirklichkeit noch weit übertroffen. Das *Mývatn* ist 27 qkm gross, aber nur 5—7 m tief; das Bassin ist, wie Thoroddsen sagt, zwischen Lavaspalten eingesenkt, und später sind mehrere Lavaströme in den See hinaus geflossen. Das helle durchsichtige Wasser lässt die grottenartigen Gebilde der schwarzen Basaltlava deutlich erkennen. Seine Umgebung ist mit Kratern derartig übersät, dass sie wie eine Mondlandschaft aussieht. *Mývatn* ist Islands Feuerherd. Wenige Stellen auf der Erde sind von der Tätigkeit des unterirdischen Feuers so durchwühlt, wie diese Gegend. Weite, mit Kratern bedeckte Flächen, grosse vulkanische Spalten, die sich durch die Berge von einer Seite zur andern erstrecken, Schlammvulkane, Solfataren und Fumarolen, unübersehbare Lavafelder treten auf allen Seiten hervor. Daher haben eine Menge europäischer Geologen seit langer Zeit ihre Aufmerksamkeit dieser Gegend gewidmet. Hier hat sich auch Thoroddsen seine Sporen verdient. Als 1876 von Dänemark eine Expedition unter Prof. Johnstrup ausgeschickt wurde, um die Vulkane des Nordlandes zu untersuchen, befand auch er sich unter den Teilnehmern, und acht Jahre später untersuchte er allein vom *Mývatn* aus die „Lavawüste im Innern Islands"[1]).

Das östliche Ufer des Sees, das wir zunächst erreichten, hat eine Menge tiefeingeschnittener Fjorde, unfruchtbare Lavafelder ziehen sich das Ufer entlang, aber sie sind so wunderbar gestaltet, dass sie nie eintönig wirken, und Thoroddsen gesteht, dass er auf ganz Island keine Lavaspitzen mit so seltsamen und malerischen Gebilden gesehen hat wie hier. In der Lava halten sich unglaubliche Massen von Spinnen auf, die ihre Netze über die Lavalöcher spinnen, und in den Lavaspalten kommen üppige Farnkräuter fort.

In dem See und um den See erheben sich gewaltige Säulen, Türme und Felsburgen, wie Ritterschlösser des Mittelalters, und wenn des Abends ein leiser Schleier sich über den See und die Berge senkt, und alles in phantastischen Formen verschwimmt, dann treiben spukhafte Mächte hier ihr Spiel, denen zu begegnen nicht geheuer ist. Der Nebel ballt sich zu einem ungeheuren Riesen zusammen, und die an den Lavablöcken und Berggipfeln zur Abend- und Nachtzeit haftenden und mit Sonnenaufgang schwindenden, oder durch den Sturm verscheuchten Nebelgebilde riefen und rufen die Versteinerungssagen von Riesen hervor: der nackte, kahle Fels bleibt zurück, während die Nebelgestalten zum Himmel entschweben. Ein grosser bootmässiger Lavablock mit einer aufrecht stehenden Spitze soll ein versteinertes Riesenweib

Fig. 102. Der Nachtkobold in seinem Boote. (Ein eigentümlich geformter Lavafelsen an der Ostseite des Mývatn.)

---

[1]) Auch der letzte Aufsatz Thoroddsens beschäftigt sich mit dem *Mývatn*. Geogr. Tidskr. 1905, XVIII, S. 26—46. — *Korrekturnote.*

sein (Fig. 102), und die Sage, die sich daran knüpft, erzählt folgendes[1]):

In einem Berge bei den Sommerweideplätzen, die den Einwohnern am *Mývatn* gehören, wohnte eine Riesin, ein Nachttroll, in deren Natur es liegt, dass sie nicht vertragen können, die Sonne zu sehen. Darum müssen sie ihren Lebensunterhalt des Nachts gewinnen. Die Riesin fügte den Leuten am See viel Schaden zu, da sie des Nachts die Fische aus dem See stahl. Man sagt, sie habe ein kleines Boot gehabt, in dem sei sie auf dem See umhergerudert und habe es dann auf dem Rücken wieder nach ihrer Felswohnung getragen.

Eines Sommers war der Fischfang ausserordentlich ergiebig; jede Nacht stahl die Riesin die Fische aus dem See, und das verdross die Bauern sehr. Als gegen Sommerwende die Riesin wieder fischte, war gerade auch ein Bauer mit Fischen beschäftigt. Sie wagte aber nicht, ihn anzugreifen, denn es waren noch drei andere bei ihm; sie beschloss daher zu warten, bis der Bauer mit dem Fischen fertig wäre. Dieser aber zögerte bis gegen Morgen, da er wusste, wie es sich mit der Riesin verhielt. Endlich hörte er mit Fischen auf, die Riesin warf sogleich ihre Angel aus, und als sie genug gefangen hatte, ging sie heim. Unterwegs aber überraschte sie die Sonne. Da setzte sie das Boot auf der Stelle nieder, wo sie stand, stieg selbst hinein, und so ist alles zu Stein geworden.

Die deutlichen Merkmale davon kann man noch heute sehen. Das Boot gleicht genau den Fahrzeugen, die man noch jetzt auf dem *Mývatn* zum Fischen braucht, nur dass es viel grösser ist. „Man kann seine ganze Einrichtung deutlich erkennen und noch die Ruder und ihre Befestigung sehen; es sind dazu Einschnitte im Bootsrande vorhanden gewesen, nicht die heute gebräuchlichen Klampen. Im Hintersteven des Bootes ist eine grosse Erhöhung, und man hält dies für die Riesin, die sich hier zur letzten Ruhe niedergelegt hat".

Einstmals hat das *Mývatn* mit dem nordwestlich gelegenen *Sandvatn* zusammengehangen, und der Berg *Vindbelgur* ist damals eine Insel gewesen. Mehrere Krater — nach Thoroddsen mindestens 50 —, ragen als Inseln aus der Wasserfläche des *Mývatn* empor, und im Boden sollen tiefe Kessel und Abgründe sein. Die seichten Stellen sind mit Wasserpflanzen, besonders mit Myriophyllum spicatum bedeckt *(Vatnamari)*; hier hausen die Larven der Myriaden von kleinen Mücken, die dem See seinen berüchtigten Namen gegeben haben. Einige der Inseln und Holme sind flach und niedrig, unfruchtbar und nur spärlich bewachsen mit Binsen, Archangelica und dem auf Island seltenen Erysimum hieracifolium *(Aronsvöndur)*. Andere, ehemalige Krater, sind höher und kegelförmig mit einem Becken in der Mitte, oft halb vom Wasser eingerissen, mit Gras und Weiden bewachsen (vergl. die Fig. 103).

Als der Bauer von *Grimstadir* merkte, dass wir keine Engländer waren und keine Gewehre bei uns hatten, erlaubte er uns, allein nach der Insel *Slútnes* zu rudern. Diese Insel ist die schönste von allen Inseln des *Mývatn*, ein herrliches, kleines Idyll, ein Robinsons-Eiland mit kleinen, kreisrunden, von hohem Schilf eingefassten Seen, kleinen Fjorden und einem kleinen Walde. Sie ist nur 800—1000

---

[1]) *Jón Árnason*, Isl. Þjóðsögur I, S. 215/16.

Schritt lang und nur ¼ so breit, aber die Humusschicht, die die basaltische Lava bedeckt, trägt eine üppige Fülle Ampfer, Geranien, Schafgarbe und namentlich Wollgras. Das Heu wird auf der Insel gelassen, mit Rasenstreifen zugedeckt und im Winter mit Schlitten hinübergebracht. Die Weiden, Birken und Ebereschen erreichen eine Höhe und einen Umfang wie selten auf Island, zwischen ihren Büschen haben zahllose Enten ihre Nester; eine strauchartige Eberesche prangte in voller Blüte, die Weidenbüsche gingen uns bis zur Brust, und einige knorrige, vielfach hin- und hergewundene Birken

Fig. 103. Die Insel Slútnes im Mývatn.

waren wohl von doppelter Manneshöhe, aber das Auffallendste waren wohl die Archangelicastauden, die fast 2 m hoch kerzengerade neben einander standen (Fig. 104). Man glaubt wirklich nicht auf Island zu sein, wenn man diese Örtlichkeit betritt.

*Slútnes* ist ein wahres Eden für die Wasservögel, kein Schuss darf hier fallen, kein Tier getötet werden. Wohl keine Stätte in ganz Europa bietet dem Ornithologen ein so reiches Feld, um die Eigenheiten und Lebensweise der Enten kennen zu lernen. Das Vogelleben hier ist untersucht und geschildert von Fr. Faber (1819), Th. Krüper (1856), Preyer (1860), Riemschneider (1893) und Hantzsch (1903). Zu den am meisten charakteristischen Vögeln gehört der zutrauliche Ohrentaucher (Colymbus auritus, *Seföndr*), dessen schwimmende, mit der am Grunde wurzelnden Wasserpflanzen verflochtene Nester an der Küste sehr häufig sind. Von Enten sind Clangula islandica, Fuligula marila, Anas hiemalis, Anas crecca, Anas boschas und Oedemia nigra die häufigsten, im ganzen brüten etwa 20 Arten hier; Mergus merganser und Mergus serrator, Colymbus glacialis und septentrionalis sind ebenfalls häufig, ausserdem Seeschwalben, Möven, Odinshähne und viele andere Wasservögel. Die Hausente *(Húsönd,* Spatelente, *Clangula* isl.) ist sehr zahm und hat ihren Namen daher, dass man oft auf den Holmen kleine „Häuser" für sie baut.

Fig. 104. Im Gebüsch der Insel Slútnes.

Ebenso berühmt ist das *Mývatn* durch seine Forellen. Salmo alpinus wird in grossen Mengen gefangen und frisch, gesalzen und, wie Stockfisch, in der Luft getrocknet *(Mývatns-reiđur)* verspeist; in letzterer Zubereitung ist er geradezu eine Delikatesse. Ausserdem kommen vor: die Bachforelle und Lachsforelle, der Saibling und eine von den Isländern *krús* genannte Art, die sich in Löchern und Lavaspalten aufhält[1]). Der Fang beginnt gewöhnlich anfangs April und dauert bis in den Sommer hinein. In der Laichzeit suchen grosse Züge von Forellen die Nähe des Landes und werden von Oktober bis Februar von den Umwohnern im Garn gefangen.

---

[1]) Vergl. *Reykdæla S.* 1881, K. 21; Thoroddsen-Gebhardt II, S. 278 9, 303. 327/8, 337.

Im Winter werden Löcher in das Eis geschlagen, und man zieht ein grosses Zugnetz, eine sogenannte Wathe, unter dem Eise durch zwei grosse Löcher.

Vor dem Bauernhofe *Grímstadir* lag mindestens ein Dutzend Renntiergeweihe, an deren Zacken Kleidungsstücke aufgehängt waren. Die Landstrecke zwischen *Grímstadir* und *Reykjahlíd*, über deren Lava wir ritten, soll früher ein Wiesengrund mit kleinen schilfbe-

Fig. 105. Reykjahlíd.

wachsenen Binnenseen gewesen sein, der zu den umliegenden Gehöften gehörte. Ausser dem Pfarrhofe *Reykjahlíd*, wo die Häuser unter der Lava begraben wurden, sind drei andere Höfe vollständig zerstört worden.

*Reykjahlíd*, etwa $^3/_4$ Stunde von *Grímstadir* entfernt, liegt am nordöstlichen Ufer des Sees 292 m über dem Meere (Fig. 105). Das *Tún*, das bis an den See reicht, wird nach Westen begrenzt vom Lavastrom des *Leirhnúkur* vom Jahre 1729, nach Osten von alter Lava mit Rissen und Höhlen, die z. T. als Schafställe benutzt werden. Die neue Lava ist z. T. mit Moosen bewachsen; wo ein wenig Staub sich in den Vertiefungen angesammelt hat, kommen vereinzelte Phanerogamen (?) vor.

In irgend einem dänischen Reiseberichte habe ich gelesen, dass sich hier im Laufe des 20. Jahrhunderts sicherlich ein Hotel „erster Klasse" erheben wird, mit befrackten Kellnern, einem Portier in Uniform und Ruderknechten in „Nationaltracht", die den Fremden für ein paar Pf. Sterling auf den See zum Forellenfang rudern, während andere Engländer gegen horrende Summen die letzten Renntiere abschiessen, und noch andere mit der „Zahnradbahn" nach den *Trölladyngjur* fahren oder zu den Schwefelquellen pilgern, deren Besuch Mr. Cook nur gegen hohes Eintrittsgeld gestattet. Das ist zwar ein Traum der Zukunft, aber ganz in das luftige Reich der Phantasie gehört er nicht. Vorläufig muss man allerdings mit dem saubern Bauernhofe von *Einar Fridreksson* für lieb nehmen. Ein englischer Ingenieur war da, der das Gelände für die geplante Eisenbahn nach *Húsavík* untersuchte, und ein paar isländische Touristen. Denn auch die Isländer fangen jetzt an, ihr Heimatsland zu bereisen: wie die Bewohner von *Reykjavík* nach *Pingvellir*, dem *Geysir* und der *Hekla*, so reisen die Nordländer nach dem *Dettifoss*, *Ásbyrgi* und dem *Mývatn*. Trotzdem also fünf Fremde da waren, erhielten wir doch ein eigenes, grosses Zimmer für uns, und zum Abendessen gab es Saiblinge, die nicht minder gut mundeten wie die in St. Bartholomä am Königssee. Da wir Nordwind hatten, waren alle Mücken auf der Südseite des Sees, wir konnten sogar ohne Zigarre im Freien sitzen und umherstreichen. Riesige Lavaplatten liegen umher, aber um die steinerne Kirche und die Windmühle ist eine Art *Tún* angebracht, nach vorn breitet sich die zitternde Fläche des Sees, im Hintergrunde stehen Berge aus Tuff, und über sie blickt die Liparitspitze der Pyramide des *Hlídarfjall* (775 m)[1].

In der Nähe des *Hlídarfjall* liegt eine der grössten Lavaspalten Islands, eine ca. 35 km lange Kraterreihe mit 80—100 Kratern, *Leirhnúkur* (Lehmhöhe) genannt. Der nördlichste Teil dieser langen Kraterlinie war 1725—29 in heftiger Bewegung. Man hat diese Ausbrüche oft der *Krafla* zugeschoben (828 m, sprich *Krabla*, d. h. Krabblerin, warum?), einem Berg aus Palagonittuff, westlich vom *Leirhnúkur;* aber die *Krafla* hat in geschichtlicher Zeit keine Eruption gehabt, einige kleine Krater auf ihrer Nordseite sind vor der Besiedlung der Insel entstanden. Der Ausbruch des *Leirhnúkur* 1729 übertraf noch die vorhergehenden an Furchtbarkeit. Bei den unaufhörlichen Eruptionen strömte die Lava vor, bis sie den Hof *Reykjahlíd* erreichte. Der Pfarrer musste mit Weib, Kind und Gesinde flüchten, drei Höfe in der Nähe gingen in Flammen auf, aber die Bewohner konnten sich retten. Den Tag darauf wurde der Pfarrhof selbst von der Lava überschwemmt, aber die Kirche blieb

---

[1] Von diesem Berge wird eine ähnliche Versteinerungssage erzählt, wie von dem Nachtkobold in seinem Boote. Lehmann-Filhés, Isl. Volkssagen I, S. 99; andere Sagen aus dieser Gegend a. a. O. I, S. 49, 173, 179, II, 191 ff.; Maurer, Isl. Volkssagen S. 47, 190.

verschont; sie wurde von dem glühenden Strom umkreist, aber da sich die Lava allmählich über die flache Gegend ergoss, und die Kirche höher stand als die Umgebung, so war es eigentlich ganz natürlich, die fromme Bevölkerung jedoch sah darin ein Wunder; noch heute steht die Kirche in einer kleinen grünen Fläche mitten in dem kohlschwarzen Lavafelde. Der Lavastrom stürzte weiter in das *Mývatn*, und zwischen dem feurigen Strom und dem Wasser entbrannte der fürchterlichste Kampf. Alles wurde in Dampf gehüllt, und unter einer unaufhörlichen Kanonade wurde der Kampf lange Zeit fortgesetzt, bis das Wasser Sieger blieb. Das Volumen der Lavaströme von 1725—29 beträgt ca. 1018 Mill. cbm., das der älteren Lava derselben Spalte wahrscheinlich 3—4000 Mill. cbm. Vor dem Ausbruch soll das Wasser des Sees bis zu der Höhe hinauf gereicht haben, auf der die Kirche steht.

30. Juli.

Da ich früher erzählt habe, wie der deutsche Missionar Dankbrand von *Djupivogur* nach dem Althing fährt, will ich seine weiteren Reisen kurz erwähnen. Dankbrand brachte mutig das Wort Gottes am Thing vor, scheint aber nicht viel Erfolg gehabt zu haben. Da zog er fort und beabsichtigte den östlichen Weg nach dem *Eyjafjördur* zu nehmen. Er taufte viele Leute im *Þangbrandslækr* (Bach), im *Axarfjördur*, und beim *Mývatn* im *Þangbrandspollr* (kleiner Teich). Aber er vermochte nicht weiter vorzugehen als bis zum *Skjálfandafljót*, wegen der Gewalt der Bewohner der um den *Eyjafjördur* liegenden Landschaft. Da kehrte er zurück nach dem Ostlande und lehrte da den Glauben (*Kristni* S. 7).

Der *Þangbrandslækr* fällt in die *Sanda*, die sich östlich von der *Jökulsá* in den *Axarfjördur* ergiesst und trägt noch heute den Namen. Aber ein *Þangbrandspollr* ist heute am *Mývatn* nicht mehr bekannt: nur eine Beschreibung der Gegend aus dem Anfange des 18. Jahrhunderts berichtet von einer Heilquelle, in der nach schriftlicher Überlieferung Dankbrand getauft haben soll, und diese wird wohl mit dem *Þangbrandspollr* identisch sein (Kahle, Kristni S. 22).

Der Bauer hatte in diesem Jahre 800 Enteneier eingesammelt, die bis Weihnachten aufbewahrt werden können. Seine Heuernte betrug 70 „Pferde" (ein „Pferd" = 150—200 Pf.), auch er lässt das Heu auf den Inseln und holt es sich nach Bedarf im Winter. Östlich vom Hofe liegt eine Kluft *Stóragjá*, die mit warmem Wasser angefüllt ist, das zu Bädern benutzt wird.

Da der Himmel bedeckt war, holte ich mein Ölzeug hervor, das so lange nicht in Gebrauch gewesen war, und mein Begleiter benutzte die Gelegenheit, mich zu photographieren (vergl. Fig. 42). Denn wir wollten einen Abstecher nach den berühmten Solfataren machen, den *Reykjahlídarnámur* (*náma* Schwefelquelle) und den für Island charakteristischen Schlammvulkanen *(leirhver)*. Zunächst ritten wir über Lava, bogen auf Serpentinenwegen in eine passartige Einsenkung ein und machten auf der Höhe Halt, um Umschau zu halten: hinter uns lag der schimmernde See mit den vielen grünen Inseln, vor uns die dunkelblauen Berge, scharf zeichneten sich am südlichen Ende des *Námafjall* die charakteristische Form des Kraters auf dem *Hverfjall* ab, der wie ein ungeheurer Becher, wie ein ringförmiger Kraterwall aus seiner Umgebung hervorragt und das ganze *Mývatn* beherrscht (Fig. 106). Sein Umfang beträgt nach

Knebel 4140 m, der Durchmesser etwa 1300 m, seine Höhe aber nur 150 m[1]). Nach Knebel ist die aus Preyer-Zirkel entnommene Zeichnung etwas überhöht. Die vom Krater ausgeworfenen Massen bestehen nach Knebel nicht in Lavablöcken, sondern aus zersprengtem Gestein der in der Tiefe befindlichen Basalte und Tuffe. „Das *Hverfjall* ist ein riesenhafter Explosionskrater, wie kein anderer auf Island in gleicher Vollendung auftritt."

Fig. 106. Hverfjall. (Ein grosser Krater an der Ostseite des Mývatn; im Hintergrunde Námafjall, links Lavaströme.)

Auf der östlichen Seite des *Námafjall* und den ganzen Bergrücken hinauf finden sich die grössten Solfataren und Schlammvulkane. Auch auf der westlichen Seite findet einige Schwefelablagerung statt: diese Solfataren haben den gemeinsamen Namen *Hlídarnámur*. Schon beim Vorbeireiten hatten wir einige Stellen gesehen, wo aus schwefel-inkrustierten Kegeln Dampf zischend aufstieg, und widerwärtiger, zäher Schlamm brodelnd kochte. Als wir aber abwärts nach der Ebene ritten und den östlichen Rand des *Námafjall* entlang auf die Hauptschwefelquellen zuritten, da ward das Wort Wahrheit, das Sartorius von Waltershausen gesagt, der 1846 hier gewesen war: „Wenn die Hexen des Macbeth für ihre infernalen Beschäftigungen noch nicht den rechten Platz aufgefunden hätten, so könnte ihnen der böse Feind wahrhaftig nicht besser raten, als in den *Námur* von *Reykjahlíd* ihre Werkstatt aufzuschlagen" (S. 123).

Die Erde war von den schwefelsauren Dämpfen förmlich durchkocht, schwer und niederdrückend hingen die schwarzen Regenwolken am Himmel, und der leise fallende Regen hüllte alles in melancholische Schleier, ohne die Aussicht wesentlich zu beeinträchtigen. Um so schärfer hoben sich gerade vor uns die gelbroten Schwefelberge ab, und ihre Wände spielten in allen möglichen Farben, gelb, rot, blau, grünlich und weiss; denn die Gesteine sind alle in bunten Ton verwandelt. Die Farbenzusammenstellung war

---

[1]) Globus 1905, Nr. 24, S. 376.

wirklich wunderbar: kleine graue Flecken huschten verstreut mitten durch die Lavaklippen, hier waren gedämpfte braunrote Flächen, dort hellgelbe, dort schwarze; aber diese Farben gingen nie in einander über, niemals waren sie in einander auf den Sand aufgekleckst, sondern jede Farbe blieb für sich allein, bald überwog die eine, bald die andere. Das Auge tat einem förmlich weh beim Anschauen dieser in der schreiendsten Disharmonie nebeneinander aufgetragenen Farben. Von Pflanzenwuchs war nicht die geringste Spur zu bemerken, kein Vogel durchschnitt flüchtig die unheilgeschwängerte Luft, nicht einmal die Mücken wagen sich hierher. Plötzlich muss ich unwillkürlich die Nase rümpfen und spüre einen eigentümlichen prickelnden Reiz am Gaumen: der Wind trägt mir einen unangenehmen faden Schwefelgeruch zu, der sich von Minute zu Minute schwerer und beklemmender auf die Lunge legt. Nun sehe ich auch in einiger Entfernung, bald auch unmittelbar am Wege etwa 2 m hohe hellgelbe oder gelbgrüne Schwefelflecken, von denen ein weisser Rauch emporkriecht, und weisse Krusten von verschiedenen Salzen: all die grossen, gelben Punkte auf den roten und braunen Felsen sind Schwefel. Ringsum liegen Pfützen mit kochendem Ton in allen möglichen Farben: dunkelblau, hellblau, dunkelgrün, gelb und weiss, grau und rot; in den Lehmkesseln kocht und blubbert der Ton unter starker Dampfentwicklung, wie „Brei in einem eisernen Topfe". Aus jedem Loch, aus jedem Risse, aus jeder Spalte steigen bald grössere, bald kleinere Dampfstrahlen in die Luft. Loki, der Feuergott, ist in seiner unterirdischen Werkstätte Tag und Nacht tätig. Man hört aus der Tiefe ein gedämpftes Stöhnen, Pfauchen und Pfeifen heraufdringen, und die Erde scheint zu schwanken. Das mag wohl Täuschung sein, aber verräterisch genug ist der Boden, die Pferde weigern sich weiter zu gehen und stehen von selbst zitternd und prustend still. Unsere Füsse bleiben in der schleimigen, klebrigen, weissgelblichen oder bräunlichen Masse stecken, mit grösster Mühe und Vorsicht tappen wir uns vorwärts. Wehe dem, der in den zähen, heissen Schlamm, in die glühendheissen Schichten von halbflüssigem Ton und Schwefel versinkt! Wenn er sich nicht schnell der Länge nach mit ausgebreiteten Armen hinwirft, ist er verloren. Am widerlichsten aber ist der Blick in die vier grösseren und mehrere kleine Schlammpfuhle mit kraterförmigen Rändern, die, von Süd nach Nord geordnet, dicht beieinander liegen: graublauer oder bleischwarzer, ekelhafter Schlamm brodelt ununterbrochen in ihnen langsam und schwerfällig und vermag es nur zu einigen Blasen zu bringen, die unaufhörlich aus der Tiefe aufsteigen, zischend oder mit leisem, dumpfen Knall platzen und den Schlamm auseinander und über den Rand empor werfen.

Da unten aber ist's fürchterlich,
Und der Mensch versuche die Götter nicht!

Es war ein unheimlicher, wahrhaft dämonischer Anblick, das Grauenhafteste, das sich eine Doreesche Phantasie ausmalen kann, und doch bleibt sie hier hinter der Wirklichkeit zurück. Nur mein Führer behauptete, 1888 mit Thoroddsen in den *Kerlingarfjöll* an Rande des *Hofsjökull* Solfataren und Schlammvulkane gesehen zu haben, die die *Hlídarnámur* noch weit überträfen. Wenn der bekannte Jesuitenpater Baumgartner hier gewesen wäre, würde er hier und nicht bei der *Hekla* geschrieben haben: „Die vulkanischen Erscheinungen der letzten Jahrhunderte zeigen zum wenigsten, dass es dem Schöpfer weder an Erfindungsgeist noch an Macht gebricht, eine Hölle anzuzünden" — Worte übrigens, die auf die Isländer einen eigenartigen Eindruck gemacht haben müssen, denn sie wurden mir gegenüber wiederholt zitiert.

Der Wind trieb uns den Gestank des Schwefelwasserstoffes mit solcher Gewalt ins Gesicht, dass wir dem Höllenpfuhl den Rücken wandten, die Pferde bestiegen und durch die ausgebrannte Wüste zurück nach *Reykjahlíd* ritten. Gegen vier Uhr brachen wir von hier auf, um *Skútustadir* zu erreichen, unser nur drei Stunden entferntes Ziel am Südwestende des *Mývatn*. Der Regen hat aufgehört, die Sonne lacht, aber sie hat auch die Mücken lebendig gemacht; sie setzen sich in die Nasenlöcher und Augen und dringen in die Mundhöhle und Ohren; die Zigarre nützt so gut wie nichts, aber wozu ist das Mückennetz so lange mitgeschleppt? jetzt soll es zu seinem Rechte kommen! es wird schnell über das Gesicht gezogen und verschafft wirklich Ruhe vor den Plagegeistern. Da aber kein Lüftchen sich rührt, wird es unter dem langen, breiten Schleier unerträglich heiss, und lieber will ich mich von den Mücken umschwirren und umsummen lassen, als in dem Backofen schmoren; die Pferde leiden augenscheinlich viel mehr als wir, sie schnauben und prusten in einem fort und eilen, was sie können, obwohl wir lieber langsam ritten, um die überaus interessante Landschaft zu geniessen.

Es ist wohl die letzte Lava, die wir auf Island zu passieren haben, und soviel wunderbare Lavafelder wir auch passiert haben, dieses letzte ist vielleicht das eigenartigste. Es ist mir unbegreiflich, wie Baumgartner, der allerdings selbst nicht hier gewesen ist, schreiben kann, dass das *Mývatn* in keinem Verhältnisse zu den Anstrengungen und Opfern stünde, die eine Reise hierher an den Menschen stelle, und des Engländers Burton Schilderung ist geradezu läppisch: „Wir fanden am *Mývatn* keinen Platz, wo Fische und Vögel im Überfluss leben, und wo die Wunder Islands sich vereinigen. Der Grund des Sees ist schwarz und schlammig, das Wasser am Ufer ist seicht und voll Unkraut, Schilf und Schlamm; von dem letzteren ist das Gestade und der Rand der Inseln weiss ... das richtige Nest für Blutegel" (Ultima Thule or a Summer in Iceland 1875). Die Lava zeigte die unglaublichsten, abenteuerlichsten Gebilde: Zacken und Säulen, terrassenförmige Klippen und wild zerrissene Blöcke, schroffe Brüche und tiefe Kessel, Kuppeln und Kegel, Wände und Schlösser, Portale und Brücken — und zwischen dem Labyrinth dieser finsteren, wild durcheinander geworfenen, schwarzen, selten rotbraunen Massen liegen grüne Wiesen mit zahlreichen Birkengebüschen versteckt, kleine Teiche, Überreste des alten Sees, durch die erstarrten Feuermassen vom Hauptsee getrennt.

Fig. 107. Kálfaströnd am Mývatn.

Im *Mývatn* selbst taucht eine Insel nach der andern auf, manche gerade so gross, dass eine Archangelika-Staude darauf Platz hat. Die phantastischsten Formen weist die *Kálfaströnd* auf, wo die Lavagebilde weit in den See hineinragen (Fig. 107), und als wir lang ausgestreckt im Rasen ruhten, hörten wir ein Gezwitscher wie von einer Amsel und sahen eine Rotdrossel (Turdus iliacus, *Skógarþröstur*) und einen isländischen Leinfinken (Acanthis linaria isl., *Auðnutitlingur*). Fast in jeder Spalte, in jeder Lavahöhle nisteten Enten und Säger, zwischen den Lavaklippen im Wasser wimmelte es von Berg- und Eisenten, von Fuligula islandica und Mergus serrator. Hier allein im ganzen *Mývatn* nistet nach Riemschneider ein Gänsepaar (Anser segetum). Wir klettern einen steilen Fels hinauf, und Ögmundur zeigt mir in der Ferne das Gehöft *Hörgsdalur*, wo Olsen und Bruun vor drei Jahren eine guterhaltene heidnische Altaranlage ausgegraben haben.

Die Westseite des *Mývatn* hat einen ganz anderen Charakter wie die Ostseite: im Osten gehen mehrere Kraterreihen von Süden nach Norden, wie „Perlen an einer Schnur"; im Westen sammeln

Fig. 108. Skútustadir.

sich die Krater in mehrere unregelmässige Gruppen (Thoroddsen). Die grösste Kratergruppe des Westrandes liegt bei dem Pfarrhofe *Skútustadir*, der eigentümlichste Krater heisst *Arnarbæli*; er ist aus Lavaklecksen aufgetürmt, dicht bei ihm ergiesst sich der tiefe *Grænilækur* in den See; von der Spitze des Kraters sieht man in eine ungeheure Kluft hinunter. Der Pfarrhof liegt auf einer ein paar hundert m breiten Bodenerhebung, die den See von einem südlich gelegenen Sumpfe trennt; östlich dehnt sich ein Basaltfeld aus; nördlich erhebt sich der isolierte Kegel des *Vindbelgjarfjall*; westlich ergiesst sich die *Kráká* in den See, der See selbst hat eine tiefe Bucht mit verschiedenen kleinen Inseln (Fig. 108). Kirche und Pfarrhof sind mit einer Steinmauer umgeben, die Kirche selbst, aus Holz, schwarz angestrichen, erinnert an eine norddeutsche Dorfkirche; sie hat einen richtigen Kirchturm, der mit einer Kuppel beginnt und in eine Kugel auf einer Stange endet. Auf einem alten Grabkreuz aus Holz lesen wir von einem Manne, der mit zwei Frauen 23 Kinder erzeugt hat: da ist es kein Wunder, dass Islands Bevölkerung trotz der Auswanderung nach Amerika nicht abnimmt. Neben dem Pfarrhause steht ein stattliches zweistöckiges Gebäude, ganz aus Holz, es dient als Thingstätte *(Þingstaður)* und Volksschule *(Barnaskóli)*. Propst *Árni Jónsson*, ein stattlicher Mann mit einem Lord Byron-Kopfe, nimmt uns sehr liebenswürdig auf, und die schlanke Brynhild-Tochter mit zwei langen, dicken Zöpfen — die Pfarrerstöchter in *Grenjaðarstaður* vertraten mehr den Kriemhild-Typus —, trägt uns bald in der Studierstube ein köstliches Mahl auf. Die Bibliothek, die erste grössere, die ich seit *Brekka* wieder sehe, enthält viele naturwissenschaftliche Werke, ausserdem Dickens, Byron, Shakespeare, Lie's Hellseher und in deutscher Sprache: Frenzel, Im goldenen Zeitalter; Gerok, Pilgerbrot; Schirlitz, Wörterbuch zum Neuen Testament. *Skútustaðir* ist ebenfalls ein Eldorado für Ornithologen, ausgestopfte Vögel stehen auf den Bücherregalen, und Vogelbälge hängen an den Wänden. Da *Sira Árni* am nächsten Morgen in der Frühe zum Gottesdienste fortreiten muss, zeigt er uns die nächste Umgebung des Pfarrhofes, vor allem den *Skútahellir*, eine Lavahöhle mit schmalem, steilem Eingang, und eine kleine Insel *Drítey*, auf der *Skúti* den Meuchelmörder ausgesetzt hat, der ihm nach dem Leben getrachtet hatte. Prof. *Finnur Jónsson* aus Kopenhagen, der etwa acht Tage vorher hier war, hat die Lokalität untersucht und diese Insel als die in Frage kommende bezeichnet [1]).

31. Juli.

*Skútustaðir* hat seinen Namen von dem kriegerischen, rachsüchtigen und doch keineswegs rohen *Víga-Skúta* († 996; Mord = *Skúti*), dem Helden des zweiten Teiles der *Reykdæla-Saga*. Aber auch mit der *Víga-Glúmssaga*, deren Schauplatz, den südlichen *Eyjafjörður*, wir noch kennen lernen werden, steht seine Geschichte durch eine Episode in Verbindung (K. 16). Und weil die Gegend um das *Mývatn* so arm an geschichtlichen Erinnerungen ist, bietet die Saga ein erhöhtes Interesse.

---

[1]) Darüber, dass *Hrauntunga* im *Ódáðahraun*, wie Bruun (Gjennem affolkede Bygder, S. 38) annimmt, das alte Gehöft *Skútustaðir* gewesen sei, konnte ich keine Auskunft erhalten.

Der Gode *Þorgeirr* von *Ljósavatn*, auf dessen kluge Rede hin im Jahre 1000 das Christentum angenommen wurde, war *Skútas* erbittertster Feind und suchte ihn durch gedungene Meuchelmörder ums Leben zu bringen. Aber *Skúta* entrann dem Anschlage, fing den Meuchelmörder, führte ihn auf eine öde Schäre im See, zog ihm die Kleider aus und band ihn nackt an einen Pfahl; dann schickte er Botschaft an *Þorgeirr*, er solle seinem Manne helfen. Da dieses nicht geschieht, stirbt der Arme vor Hunger, bis zum Wahnsinn gepeinigt von den unzähligen Mücken, die gerade hier eine fürchterliche Plage sind. Einen zweiten Meuchelmörder tötet *Skúta* auf die gleiche grauenvolle Weise, indem er ihn auf der *Hrafnasker* aussetzt (heute: *Dritey*?). Und wie der treue Hund *Sámr* Leben und Eigentum seines Herrn *Gunnarr* von *Hlíðarendi* bewacht, so vereitelt auch die Wachsamkeit des Hundes *Flóki* einen Anschlag des *Glúmr* auf *Skútas* Leben. Eigentlich ist *Flóki* der Hund des *Gautr* auf dem Gute *Gautlönd*, das dicht bei *Hörgsdalr* gelegen[1]), und warnte durch sein unaufhörliches Bellen vor *Viga-Glúmr*, der mit einer starken Kriegsschar gegen *Skúta* aufgebrochen war. *Skúta* vergleicht sich mit *Þorgeirr*, und dieser gelobt, ihm nicht mehr nachzustellen. Zwei andere Feinde aber erfahren durch Verräterei von *Skútas* künstlich angelegtem Erdhause (einer Höhle in der Erde unter seinem Hause), in das er in der Stunde der Gefahr fliehen konnte, dringen durch den unterirdischen Gang in den Schlafraum und töten ihn. Der eine der Gegner wird von *Skúta* bei dem Überfall erschlagen, der andere später ausser Land verwiesen. Nach der Tradition ist der erwähnte *Skútahellir* jenes unterirdische Haus[2]).

Als sich der Nebel verzog, kamen die Mücken in ungeheuern Massen hervorgeschwärmt; wir konnten es draussen nicht aushalten und überliessen dem Führer und dem Knecht die Mühe des Packens und Sattelns. Die Pferde waren wie rasend. Sie waren schon in aller Frühe durchgebrannt, und wenn nicht zufällig ein Bauer sie angetroffen hätte, würden wir sie an diesem Tage kaum wiedergesehen haben. Wir warteten in der wohlverschlossenen Stube, bis alles in Ordnung war, schwangen uns nach hastigem Abschied auf unsere Reittiere, und fort ging es im sausenden Galopp, was die Pferde laufen konnten. Kein vernünftiger Reiter wird ohne Grund sein Tagewerk mit Galopp beginnen, aber die Pferde liessen uns gar keine Wahl. Es ist, wie wenn die Mücken nach einem bestimmten Angriffsplane vorgehen: sie teilen sich in verschiedene kleine Scharen, jede hat ihren bestimmten Platz, wobei sie dicht zusammen kleben und runde Kreise bilden; sobald die Pferde ihre Stachel verspüren, schütteln sie die Mähne, schlagen mit dem Schweif um sich und vertreiben so auf eine Sekunde ihre blutigen Peiniger; aber im nächsten Augenblicke haben sich diese wieder zusammen gezogen und stürzen, gieriger als zuvor, auf ihre Opfer. Zum Glück machte sich bald eine kühle Brise auf, die Sonne versteckte sich, im Nu war der ganze Schwarm verschwunden.

Wie immer Sonntags begegneten uns eine Menge Reiter, im Fluge wurden Frage und Antwort ausgetauscht. In einem silber-

---

[1]) Hier hat man 1855 bei einer Ausgrabung im *Tún* das Skelett eines Menschen und eines Hundes gefunden (Kaalund, Fortidslævninger, S. 70).

[2]) *Skúti* ist eine von einem überhängenden Felsen gebildete Höhle. „In der Gegend um das *Mývatn* sind viele Skuten" (Viga Gl. S. 42).

hellen Flüsschen badeten Jünglinge und Knaben, und gern hätten wir uns mit ihnen in die kühle Flut gestürzt. Man konnte endlich einmal wieder reiten und brauchte keine Rücksicht mehr auf Pferde und Weg zu nehmen. Von einer Anhöhe sandten wir den letzten umfassenden Blick auf den See. Noch einmal lag er in seiner ganzen Ausdehnung vor uns, mit seinen Kraterinseln, den blauen Bergen ringsum, im Osten das gelbrote *Námafjall* und das die ganze Landschaft beherrschende *Hverfjall*. Nach kaum vier Stunden schimmerte von weitem der blaue Spiegel des *Ljósavatn* auf, und bald war das *Skjálfandafljót* erreicht (d. h. der zitternde, bebende Fluss, vergl. den Zwerg Schilbung im Nibelungen-Liede). Wir ritten den sehr breiten, schäumenden und wirbelnden Strom eine kurze Strecke hinauf, passierten sein zerrissenes Kluftbett auf einer ansehnlichen Brücke, die unten sogar mit Draht umsponnen ist, um ein Durchfallen zu verhindern, und standen dem *Godafoss* gerade gegenüber (Fig. 109). Der Wasserfall hat die mächtigen porphyritischen Lavaströme durchbrochen, und der Fluss hat mehrere Rinnen mit Riesenkesseln, ausgewaschenen Höhlen und Felsentoren gebildet. Der etwa 6 m hohe *Foss* stürzt in breitem Bett hufeisenförmig in sechs verschiedenen Fällen in einen schmalen Spalt herab, sein Donnern scheint die Felsen zu erschüttern, auf denen wir stehen; von unten aus hat man den besten Eindruck von seiner gewaltigen Breite, von oben aber, wohin man nach einer halsbrecherischen Kletterei gelangen kann, wobei das Wasser fast bis zum Knie reicht, wirkt er in seiner wilden Herrlichkeit am besten für das Auge. Er hat seinen Namen „Götter-Wasserfall" der Überlieferung nach daher, dass *Þorgeirr*, der Gode von *Ljósavatn* seine Götterbilder hineingeschleudert hat, aber die Sage passt zu dem sonstigen Verhalten des kühnen Mannes wenig[1].

Der *Godafoss* ist ungefähr 20 Minuten vom *Ljósavatn* entfernt (Lichtwasser), und von dem Gehöfte gleichen Namens, unserm nächsten Nachtquartier, können wir noch deutlich seine weissen Dampfwolken sehen. In dem grossen zweistöckigen Holzhause wohnten früher zwei Bauern, der eine oben, der andere unten, jetzt wohnt der Besitzer allein. Auch in *Skútustadir* wohnten zwei

---

[1] An die Höhle beim *Godafoss* knüpfen sich zwei jüngere Sagen (Maurer, Isl. Volkssagen, S. 226, 228) und eine ältere, die Grettissage. Der isländische Nationalheld *Grettir* hat hier einen Kampf mit einem Ungeheuer bestanden, etwa da, wo auf dem Bilde die beiden Zuschauer stehen; die Stelle wird noch heute gezeigt. Da Kahle (S. 224) die Geschichte wieder erzählt hat, begnüge ich mich mit dem Hinweis auf ihn und meine nordische Mythologie S. 166/67. Eine Beschreibung dieser Gegend von 1747 erwähnt, dass unter dem Fluss eine Höhle war, wo *Grettir* den Unhold besiegte, und dass er von da einen grossen kupfernen Kessel mitnahm, der jetzt in dem Bischofssitze *Hólar* sein soll und allgemein „Kessel des *Grettir*" genannt wird (Kaalund II, S. 125).

Fig. 109. Godafoss.

Parteien, drei Viertel des Hauses hatte der Propst inne, den Rest eine Witwe. Oft wohnt der junge verheiratete Bauer bei seinem Vater, bis er etwas Passendes zum Kauf gefunden hat. In *Reykjahlíd* wohnten sogar drei Familien: der alte Bauer und seine beiden verheirateten Söhne; in *Vikingavatn* war der eine Bauer Bruder von der Frau des zweiten.

Fig. 110. Wassermühle bei Ljósavatn.

*Ljósavatn* ist als Wohnsitz des *Þorgeirr godi* bekannt, dessen grösste Tat die Durchsetzung der Annahme des Christentums auf dem Althing war. Wo heute das *Tún* steht, war einst der Tempel gelegen[1]). Ausserdem fand Bruun hier die Ruinen eines alten Gehöftes, eines Schafstalles und eines Heuschobers. Eine Basaltsäule mit einer Runeninschrift, die lange Zeit als Pfahl benutzt wurde, um die Pferde anzubinden, galt früher irrtümlich als *Þorgeirs* Leichenstein, sie trägt aber die Inschrift: „Hier ruht *Halldóra Þorgils* Tochter".

Erwähnenswert ist endlich noch eine Wassermühle hier (Fig. 110), auf Island kennt man solche seit 1200.

1. August.

Wir brachen bereits um 9 Uhr auf, um noch bei Ebbe, zwischen 2—3 Uhr, die *Eyjafjardará* passieren zu können, und ritten fast ganz um den kleinen See herum, der in dem leisen Nebel wie

---

1) Beschreibung nach Dan. Bruuns Ausgrabung bei Kahle S. 220.

Fig. 111. Hálsskógur í Fnjóskadal.

mattes Silber schimmerte. Wir kamen an einer Gruppe von alten Kratern vorüber und Schlackenhöhen, die zum Teil von der aus dem See kommenden *Djúpá* (tiefe Ache) durchschnitten sind. Wo sie in das *Skjálfandafljót* mündet, bildet sie eine grössere Insel, *Þingey* (Thing-Insel), so genannt, weil hier eine von den 13 regelmässigen Frühjahrsthingversammlungen der Republik abgehalten wurde. Westlich vom See ist eine warme Quelle am Rande eines grasbewachsenen Kieshügels; dicht bei einem kalten Bache sprudelt das warme Wasser aus einigen Öffnungen mit verschiedener Wärme hervor, im wärmsten Loche beträgt die Temperatur etwa 53°, in zwei andern 30 und 40°, etwas weiter unten 25 und 26°[1]). Die Tiefe des Sees beträgt 17 Klafter.

Dann ging es das *Ljósavatnsskarð* hinauf, das für Geologen interessant ist durch seine schalen- oder trichterförmigen Vertiefungen; diese Kessel sind aller Wahrscheinlichkeit nach am Schlusse der Eiszeit gebildet worden, wo isolierte Eismassen geschmolzen sind[2]). Darauf durchschnitten wir den etwa 37½ km langen *Fnjóskadalur* (*fnjóskur* faules Holz), der von 600—700 m hohen Bergen umgeben wird, und machten einen Abstecher nach dem *Hálsskógur*, dem berühmtesten Birkenwalde des Nordlandes (Fig. 111). Die geschützte Lage des Tales, die Bewässerung durch Schmelzwasser von den Bergen und die Pflege und Schonung, die die Umwohner ihm zuteil werden lassen, haben bewirkt, dass der Wald auch nach unseren Begriffen diesen Namen verdient. Ich glaube nicht, dass er an Höhe und Stattlichkeit dem *Hallormstaðarkógur* nachsteht. Nach *Eggert Ólafsson* haben um die Mitte des 18. Jahrhunderts diese Waldungen alle Wälder Islands an Schönheit übertroffen, und sie sind noch hundert Jahre früher so hoch gewesen, dass die Stämme bis zu den Ästen hinauf 20 Ellen gemessen haben. Der Wald gehört auch heute noch zu den stattlichsten auf der ganzen Insel; Thoroddsen gibt die Höhe einer Birke auf 8 m an, und den Stammumfang auf 21 Zoll, den einer andern, etwas niedrigeren Birke auf 37 Zoll. In dem Walde nistet und brütet der Flachsfink (Fringilla linaria), ein sonst auf Island seltener Vogel, und die Rotdrossel (Turdus iliacus); besonders aber scheint er dem Wiesenpieper zu behagen (Anthus pratensis, *Grátittlingur*). Das fröhliche Geschmetter freilich, das bei uns im Walde von Zweig zu Zweig jubilierend erschallt, fehlte; aber das plaudernde Gezwitscher der Finken, die starartigen Lockrufe der Drosseln, das melodische, feine, lerchenartige Tirilieren des Wiesenpiepers däuchte uns die schönste Musik, und lange lagen wir im Schatten der dunkelgrünen, glänzenden Birken dahingestreckt und lauschten dankbar und an-

[1] Thoroddsen, Mitt. d. k. k. Geogr. Ges. Wien 1891, S. 269.
[2] Thoroddsen, Island S. 45.

dächtig dem bescheidenen Konzert. Von unten tönte das Rauschen der reissenden *Fnjóská* zu uns herauf. Der Staat hat jetzt den Wald und das Gehöft *Vaglir* angekauft (daher auch *Vaglaskógur* genannt; *Háls* ist ein Pfarrhof „langer niedriger Bergrücken"), den Wald zum Schutze gegen Schafe und Ziegen, von denen es in diesem Tal über hundert geben soll, eingefriedet und den Rand mit Ebereschen eingesäumt.

Vorsichtig ritten wir durch den Wald bergab bis zur *Fnjóská*, deren klares, durchsichtiges Wasser wir bequem durchquerten, obwohl der Grund mit glatten, runden Steinen angefüllt war; im Frühjahr führt der Fluss eine so grosse Wassermenge, und die Strömung ist so reissend, dass man ein Boot benutzen muss[1]).

Von der Furt (112 m ü. M.) ging es dann auf gutem, bequemem Zickzackwege die *Vadlaheidi* hinauf (709 m ü. M.). Von der Höhe des Bergrückens, *Järnhryggur*, hatten wir den ersten Blick auf die Schneeberge, die den *Eyjafjördur* umsäumen, bald tauchte ein langer, schmaler Streifen auf, der sich immer weiter ausdehnte und sich zuletzt ins Unermessliche verlor: es war das Meer. Dann lag der tiefblaue Fjord vor uns, die Häuser von *Akureyri* und *Oddeyri* wurden sichtbar, und endlich konnten wir mit einem Blick den Fluss, den Fjord, das Meer übersehen. Wir standen am Endziel unserer Reise! Mit aufrichtigem Danke denken wir daran, wie überaus glücklich alles vonstatten gegangen war. Aber mächtig packte uns auch die Sehnsucht nach Weib und Kind: was für Nachrichten aus Deutschland würden mich erwarten? was für Botschaft würde Ögmundur aus *Hafnarfjördur* vorfinden? Ein frohes Gefühl durchflutete uns, als wir nun nach der Mündung der *Eyjafjardará* in den Fjord abwärts ritten und deutlich auf einigen Häusern in *Akureyri* bunte Fahnen im Winde lustig flattern sahen, und je tiefer wir stiegen, um so mehr Fahnen hoben sich vom hellen Himmel ab. „Man flaggt in der Stadt und im Hafen", sagte ich mit leiser Anspielung auf den Titel eines pädagogischen Romans von Björnson zu Ögmundur; „man flaggt zu Ehren unserer glücklichen Ankunft", erwiderte er mit vergnügtem Schmunzeln. Als ein besonders günstiges Vorzeichen sahen wir es an, dass gerade in diesem Augenblicke zwei Odinsvögel mit fröhlichem Krächzen rechts von uns aufflogen.

Von selbst bogen unsere Pferde nach der üblichen Haltestelle ab, die alle von Osten Kommenden kurz vor dem Endpunkte noch einmal benutzen; sie kannten sie noch von früher her, da sie alle schon einmal in *Akureyri* gewesen waren, und wussten, dass auch heute hier gerastet werden würde. Aber unsere Ungeduld gönnte

---

[1]) Sage vom „Thorgeirsbullen" bei Maurer, Isl. Volkssagen, S. 78; Lehmann-Filhés I, S. 163, fernere Sagen a. a. O. I, S. 83, 200.

ihnen keine lange Ruhe. Mit mehr Sorgfalt als sonst wurden die Pferde umgesattelt, die Koffer wurden abgestäubt, wir selbst machten uns so blank wie möglich. Mein treuer Passgänger, auf dem ich *Reykjavik* zu Beginn der Durchquerung verlassen hatte, sollte mich auch auf dem letzten Ritte tragen, und mit stolzem Gewieher begrüsste er mich, als ich ihn streichelte und mich in den Sattel schwang. Kurz vor der Mündung durchkreuzten wir die zahlreichen Arme oder *vadlar* (seichte Stellen) des Flusses, die deltaförmig mehrere flache, mit Gras bekleidete Holme umgeben, auf denen kleine, weisse Zelte stehen für die Leute, die das Heu einbringen. Die grösste von diesen Inseln heisst *Stadarey*, früher *Pórunnarey*, weil hier dem ersten Ansiedler, *Helgi* dem Mageren, ein Töchterchen *Pórunn* geboren wurde. Es erschien uns als ein durchaus würdiger Abschluss der Reise, dass uns noch einmal das Wasser während der zwanzig Minuten, die der Übergang dauerte, bis über die Stiefelschäfte ging, dann erreichten wir die feste Landstrasse, und lustig klangen die Hufe auf dem harten Gestein. Die losen Pferde voraus, die Packgäule hinterdrein, wir drei selbst dicht nebeneinander, so dass wir fast die Strasse ausfüllten, so hielten wir unseren Einzug in dem freundlichen Städtchen, und lustig summte ich vor mich hin das hübsche Gedicht von *Matthias Jochumsson*, den ich hier selbst kennen zu lernen hoffte:

> Heil und Segen, Akureyri,
> Schönste Stadt am Eyjafjord!
> Nirgends unterm Zelt der Wolken
> Fand ich schöner'n Ruheort.
> Meinen Kindern warst voll Liebe
> Schirm und Schutz du, Hilf' und Hort!

Als wir punkt drei Uhr vor dem stattlichen Hotel hielten, das mitten aus Norwegen durch die Luft nach Island getragen zu sein scheint, kam uns schon der freundliche Wirt *(veitingarmadur) Vigfús Sigfússon* entgegen und rief uns von weitem zu: „Die Koffer sind da, und eine grosse Menge Briefe!" Mit bebender Eile wurden die Umschläge aufgerissen, und der Inhalt überflogen: Gott sei Dank, alles stand gut daheim! Nun erst konnten wir uns von ganzem Herzen der Freude hingeben. Da wir uns schon vor fünf Tagen angemeldet hatten, fanden wir recht gute Unterkunft, jeder erhielt ein besonderes Zimmer, ich sogar noch eine besondere Wohnstube. Denn das Hotel war überfüllt, von Engländern und auch von Isländern aus der Umgegend. Jetzt erfahren wir auch den Grund, warum *Akureyri* in so reichem Flaggenschmucke prangt: die Handelsgesellschaft feiert ihr Stiftungsfest. Daher die Feststimmung überall, darum waren auch die Läden geschlossen; weniger angenehm war es, dass der Ball gerade unter unseren Räumen in dem grossen Saale abgehalten wurde. Der morgende Tag wird sogleich mitgefeiert, es ist der zweite August, der sogenannte „Grundgesetztag", der zur Erinnerung an das Inkrafttreten der Verfassung und des Tausendjahrfestes der Besiedlung Island gefeiert wird.

Noch einmal werden die Briefe in Musse der Reihe nach durchgelesen, dann werden die Koffer geöffnet, der alte Adam wird ins Wasser gesteckt, weisse Wäsche und ein ordentlicher Anzug hervorgesucht und mit unbeschreiblichem Behagen angezogen; das Zeug passt nicht mehr so recht, sondern sitzt etwas schlotternd, denn wie ich am nächsten Tage auf der Wage mit Wohlbehagen feststelle, habe ich seit *Reykjavik* 15 Pfund abgenommen. Es war ein köstliches Gefühl, Kragen, Schlips und Manschetten wieder anzulegen und leichte Stiefel anzuziehen. Ein Blick in den Spiegel zeigt uns, wie braun wir gebrannt sind, von der leuchtenden Wäsche sticht das Indianerrot des Gesichtes scharf ab. Und wie hell und froh blitzen die Augen, die solange keine rote Tinte und keine Druckerschwärze gesehen haben! Wie gesund ich bin, habe ich früher gar nicht gewusst, nicht einmal als Soldat habe ich mich so frisch gefühlt. Das Mittagessen wird für uns besonders im Salon aufgetragen, der geradezu luxuriös ausgestattet war, und kaum drei Stunden später wurde schon wieder das Abendbrot aufgetischt. Von unten her tönt der Finnländische Reitermarsch, der Altnorwegische Jägermarsch, den ich zuerst für ein isländisches Erzeugnis hielt, bis ich in Haugesund merkte, dass er aus Norwegen stammt, und die Takte einer Polonaise, denen bald eine Polka und der Walzer „Wie süss!" folgen.

Wir warfen nur einen flüchtigen Blick in den Ballsaal und sahen kurze Zeit den tanzenden Paaren zu. Nichts erinnerte daran, dass wir hoch oben im Norden, dicht unter dem Polarkreise waren, man konnte sich nach Dänemark oder Deutschland versetzt wähnen. Die Herren trugen schwarze Röcke oder Jacketts, die Damen luftige Tüllkleider, seidene Blusen, einige sogar Reformkleider, auch die geschmackvolle Volkstracht war vertreten. Nur die eigentliche charakteristische Festtracht, der Kopfschmuck *(faldur)* fehlte gänzlich. Die Musik wurde von einer Handharmonika ausgeführt, und bei besonders gefallenden Stellen fielen die Tänzer mit ein oder schlugen nach dem Takte die Hände zusammen. Eine grosse Vorliebe schien mir für Schritttänze zu herrschen, fast jeder zweite Tanz war eine Art Polonaise, und sicher und gewandt bewegte sich alles im Saale.

Gegen zehn Uhr zogen wir drei uns in den Salon zurück, um bei einer Flasche Sekt den glücklichen Abschluss der Reise zu feiern. Es war seit *Reykjavik* der erste Sekt, den wir tranken, und wir glaubten, uns diesen kleinen Luxus wohl gönnen zu dürfen. Es war übrigens echter französischer Champagner und kostete 9 Kr., die Flasche Rotwein dazu 2 Kr. Ich hielt eine kleine Rede und sprach Ögmundur unsern herzlichsten Dank und unsere wärmste Anerkennung für seine treuen Dienste und unermüdliche Bereitwilligkeit aus. Ögmundur erwiderte darauf: Er sei froh, dass die Reise so ausgezeichnet verlaufen sei, dass es mir in seinem lieben Island so gut gefallen, und dass ich gastliche Menschen gefunden hätte. Das Gegenteil würde ihn auch gekränkt haben, da er überzeugt sei, dass seine Landsleute im allgemeinen fühlen konnten, dass sie es mit einem verständigen Freunde zu tun hätten, der ihre guten Seiten zu schätzen wüsste und ihre Mängel mit Nachsicht ertragen würde. Dann knüpfte er an unseren Besuch von *Þingvellir* und die Besteigung der *Hekla* an und zitierte das Gedicht, das *Jónas Hallgrímsson* an den Franzosen Paul Gaimard gerichtet hatte: es passe nicht nur wegen unserer gleichlautenden Vornamen, sondern auch nach seinem Inhalte für mich[1]). Er bat mich, die Verse nicht zu vergessen, auch wenn ich wieder nach Deutschland zurückgekehrt sei, Island wie ein Traum hinter mir läge, und mein Besuch in der *Skaptafells sýsla* den Bewohnern nur wie eine längst verklungene Sage im Gedächtnis fortlebe. Er bezog die letzte Strophe direkt auf mich und wandte sich dabei unmittelbar an mich:

> Du standest auf der Hekla Schnee[2])
> Und sahst das schöne Land sich dehnen,
> Wo hell von grünen Bergeslehnen
> Die Ströme ziehn zur blauen See,
> Und unten Loki, festgeschlossen,
> Begraben unter Eiskolossen —
> O sag, schien dir nicht Island da
> Das Schönste, was dein Aug' je sah?

> Dich trug dein Ross durch Tal und Feld,
> Und stieg auch auf die Berge oben,
> Wo nur des Wasserfalles Toben
> Zwiesprach mit steilen Felsen hält,
> Und wo die Schafe grasend wandern
> Von einer blum'gen Au zur andern —
> O sag, nun glaubst du mir es doch,
> Dass solch ein Land hält jeder hoch?

[1]) Joseph Paul Gaimard, geb. 1790, Marinearzt, umsegelte zweimal die Erde, reiste 1835 und 1836 nach Island, † 10. Dezember 1858. Er war kein grosser Gelehrter und schrieb selbst nichts über die Expeditionen, die er leitete. Auf Island hinterliess er einen günstigen Eindruck, und noch vor kurzem sah man sein Bild auf Bauernhöfen. Sein Führer war Pastor *Jón Austmann*. Gaimard sprach mit seinen Führern französisch, auf den Pfarrhöfen meist lateinisch, aber ganz verkehrt und ohne sich um die Grammatik zu kümmern. Thoroddsen, *Landfræðissaga* III, S. 242 bis 251.

[2]) Bei der Wiedergabe der ersten Strophe habe ich mich etwas an Vetter, Vom Fels zum Meer 1889, S. 613 angelehnt.

## Erster Abend in Akureyri.

Zum See kamst du, dem fischereichen,
Um den die wilde Lava ragte,
Wo unsres Freistaats Althing tagte,
In aller Welt einst ohnegleichen.
Einst blinkten hier der Zelte Wände,
Jetzt starrt hier Schweigen ohne Ende —
Beraubt des Althings — sahst du nicht
Den Schmerz in Islands Angesicht?

Nun weilst du in der Hauptstadt schon[1]),
Den welschen Gast die Freunde grüssen,
Du liebst das Land, wie alle wissen,
Und seine freie Nation.
Ein Geist beseelt uns trotz der Plage,
Die auf uns ruhte lange Tage.
Ein Trunk aus freier Bildung Born
Zurück die Kraft gibt, die verlor'n.

Wohl dem, der Wissen sich gewann!
Es schärft den Willen, gibt ihm Stärke,
Erfüllt mit Hoffnung ihn zum Werke
Und spendet Segen jedermann.
Unendlich Dank und ewig neuer
Dem, der das helle Gottesfeuer
Anfacht und schützend unterhält,
Dass es durchdringt die dunkle Welt!

Solch Dank wird dir von uns gezollt,
Der du, stets eifrig im Entdecken
Der Schätze der Natur, verstecken
Den Fund vor uns hast nie gewollt.
Heil, Paul, dir, Heil! Von allen Gästen
Gefielst du unserm Volk am besten.
Mög' Gott auf deinen Wegen sein —
Island denkt jede Stunde dein!

---

[1]) Gemeint ist Kopenhagen.

## Fünfzehntes Kapitel.

# Akureyri.

2.—8. August.

Von Schlaf war natürlich bei dem Lärm unten nicht viel die Rede; als ich aufstand, lag das ganze Hotel noch im Schlummer, die letzten Gäste waren erst nach sechs Uhr aufgebrochen. Während ich zum Fenster hinaus auf den Fjord blickte und den Eidervögeln zusah, die sich am Strande sonnten und zwischen denen die Katzen spielten, ohne ihnen etwas zu tun, knatterte und knisterte mit einem Male der ganze Holzbau. Ich blickte verwundert in die Stube zurück und bemerkte, wie das Wasser auf dem Waschtische hin und her schwankte, und die Gläser und die Karaffe leise klirrten. Etwa $^1/_4$ Stunde später wiederholte sich das Schwingen und Knacken. An ein Erdbeben dachte ich nicht einen Augenblick, und das hätte doch am nächsten gelegen. Erst der Führer klärte mich darüber auf, als er mich fragte, wie mir der *jardskjálfti* gefallen hätte. Es war nur eine leichte Erderschütterung gewesen, im *Siglufjördur* aber waren, wie ich von Kapitän Iversen erfuhr, die Stösse weit heftiger gewesen, und die Schiffe hatten bedenklich zu schaukeln angefangen. Später hörte ich, dass man das Erdbeben auch in *Saudarkrókur* wahrgenommen hatte, und dass man es mit den vielen Ausbrüchen im *Mývatn*-Gebiete zusammen gebracht hat; an anderen Stellen des Nord- und Ostlandes hatte man Aschenregen beobachtet.

*Akureyri* ist im innersten Teile des *Eyjafjördur* gelegen, etwas nördlich von der Stelle, wo die *Eyjafjardará* in ihn mündet, und zieht sich an dessen westlichem Ufer längs der Küste unter einer mit Kartoffelfeldern bewachsenen Anhöhe hin; dahinter und gegenüber erheben sich die den schmalen Fjord in seiner ganzen Länge umfassenden Basaltberge, die selbst im Hochsommer mit Schnee bedeckt sind. Der *Eyjafjördur* hat seinen Namen „Inselbucht"

Fig. 112. Akureyri. (Vor dem ersten Hause und an der Seite die berühmten Ebereschen.)

entweder nach den in nördlicher Richtung gelegenen Inseln *Hrísey* (Strauchinsel) und den weiter draussen liegenden Inseln *Flatey* (flache Inseln) und *Grímsey*, schon nördlich vom Polarkreise, oder von den vielen kleinen Holmen an der Mündung der *Eyjafjarðará*; jähe mit losen Kieseln bedeckte Sandbänke zwischen *Hrísey* und dem Lande werden im Altertum erwähnt (*Víga Gl. Saga* 27). Der Fjord ist dem Anscheine nach eine regelmässig und schön entwickelte Erosionsrinne. Seine Länge beträgt 60 km, die Breite an der Mündung 15 km, im übrigen ist er verhältnismässig schmal, erweitert sich aber nach Norden, wo er mehrere Täler von Westen her aufnimmt. Bei *Akureyri* ist der Fjord gut 2 km, bei *Oddeyri* gut 1 km breit. *Oddeyri*, etwa 15 Minuten von *Akureyri* entfernt, liegt auf einer Landzunge, die sich weit nach Osten in den Fjord hineinschiebt und den Hafen von *Akureyri* gegen Stürme ausgezeichnet schützt: dieser so eingeschlossene und abgeschlossene Teil heisst *Pollurinn* (der Teich). Freilich fürchtet man, dass der Hafen von *Akureyri* in absehbarer Zeit vernichtet werden wird; denn die *Eyjafjarðará* führt, obwohl sie kein Gletscherfluss ist, soviel Schlamm und Erde mit sich, dass das Meer noch 20 km von seiner Mündung schokoladenfarbig aussieht; und während vor ca. 75 Jahren oberhalb von *Akureyri* noch grosse Boote landen konnten, können jetzt nicht einmal kleine Fahrzeuge mehr herankommen (Thoroddsen). Nicht immer können die grossen Dampfer an der Landungsbrücke anlegen, die auf Pfählen in den Fjord führt und auf dem mit Steinen angefüllten Wrack eines französischen Segelschiffes endigt, sondern müssen zwischen *Akureyri* und *Oddeyri* Anker werfen.

„Bei *Akureyri* ist die Küste von hohen Terrassen begrenzt, die auf geschrammten Basaltsäulen ruhen; diese steilen Ufer bestehen zum grossen Teil aus bläulichgrauem, grobkörnigem, schiefrigem Ton, der von Sand und Geröll bedeckt ist" (Thoroddsen, Island S. 102.)

Der freundliche Eindruck, den die Stadt beim ersten Blick auf uns machte, als wir von der steilen *Vaðlaheiði* zum Strande niederstiegen, schwand nicht, als wir sie näher kennen lernten. Der erste Teil der Stadt besteht aus einer einzigen Häuserreihe, in dem anderen gibt es zwei lange Strassen, aber die an der Küste gelegene wird zur Zeit der Flut streckenweise vom Meere bedeckt. Die Strassen sind durchweg sauber, obwohl die Kühe auf ihnen promenieren. Die Strandpromenade nach *Oddeyri* würde sogar einem Badeorte zum Schmucke gereichen und bietet hübsche, abwechslungsreiche Bilder über den Fjord. Die Häuser, im norwegischen Stil und aus norwegischem Holze gebaut, sowie die stattlichen Magazine ziehen sich fast den ganzen Strand entlang, auf halber Höhe der Terrassen stehen einige villenartige Gebäude, über die rote

Volksschule und Realschule, deren Grund gerade gelegt wurde, ragt noch das Krankenhaus hinaus. Fast jedes Haus ist mit einem Garten versehen; das ist um so erstaunlicher, als die mittlere Jahrestemperatur in *Akureyri* nur $1/2\,^0$C beträgt. Nelken und Rosenstöcke, sowie Geranien lugen hinter der weissen Gardine der mit Teer angestrichenen Fensterkreuze hervor; Zierblumen und Gemüse, Rhabarber, Kohl, Rüben und Johannisbeeren gedeihen ganz gut. Die Abhänge sind förmlich blau von Viola tricolor, und die Kartoffeln stehen ausgezeichnet. Man glaubt sich in einen Fjord Norwegens versetzt, und dieser Eindruck wird noch dadurch verstärkt, dass man auf den Strassen fast eben so viel norwegisch wie isländisch sprechen hört.

In allen Reisebeschreibungen spielen die drei Vogelbeerbäume mit ihren stattlichen Laubkronen in *Akureyri* eine gewisse Rolle — zwei stehen in dem *Adalstræti* neben dem Hotel, der dritte in dem *Hafnarstræti* vor dem „argentinischen Konsulat" (!), ein vierter brannte am 19. Dezember 1901 nieder —, kein Reisender vergisst, darauf aufmerksam zu machen, dass dies die einzigen oder höchsten Bäume in ganz Island seien. Aber nicht nur sind die Ebereschen in *Skrida* mindestens eben so hoch, sondern die Birken im *Hallormstadarskógur* erreichen eine Höhe von 28 Fuss, und die Eberesche bei *Skaptafell* sogar von 30 Fuss. Aber die Angabe hat sich einmal von einem Touristen auf den anderen fortgeerbt und wird wohl auch nicht ausgerottet werden.

Drei grosse norwegische Dampfer, mit Heringen beladen, lagen im Fjord, darunter „Thor" aus Haugesund mit 840 T. Fast hätten wir ihn für unsere Rückreise benutzt, nun ist er mit 33 Personen am 1. März 1905 bei einem furchtbaren Sturm in seinem Heimatsorte untergegangen. In der Mitte zwischen *Akureyri* und *Oddeyri*, die durch einen kleinen Bach voneinander getrennt sind, besitzt der Dichter *Matthías Jochumsson* ein auf halber Höhe gelegenes Häuschen. Wir trafen ihn auf unserem Orientierungsspaziergange, und da ich sein charakteristisches Gesicht sofort nach der Photographie wieder erkannte, grüsste ich ihn; er dankte erstaunt, sagte mir aber am Nachmittag, als ich ihn besuchte, dass er sich über diese Aufmerksamkeit gefreut hätte.

In der Nähe liegt das Theater *(leikhús)*, ein einfacher Holzbau, für 200 Personen eingerichtet. Es wird nur im Winter benutzt und steht im Sommer leer. Die ersten Aufführungen fanden 1860 statt, zwei dänische Kaufleute und ein isländischer Arzt hatten sie ins Leben gerufen. Dann war der norwegische Konsul *J. V. Havsteen* in *Oddeyri* 25 Jahre lang Vorsteher der Schauspielgesellschaft zu

---

[1] Wacholder- und Vogelbeerbaum im Volksglauben, vergl. Lehmann-Filhés, Isl. Volkssagen II, S. 29, 30.

*Akureyri*; jetzt ist *Matthias* die Seele des Theaters, und auf sein und *Havsteens* Betreiben werden nur Stücke in isländischer Sprache aufgeführt.

*Oddeyri*, früher eine Thingstätte, auf der Landzunge gelegen, die den Halbkreis abschliesst, den der *Pollur* bildet, erinnert mit seinen kleinen Holzbaracken an Hammerfest und steht entschieden hinter *Akureyri* zurück. Eine grosse Transiederei am Ende des Fleckens trägt auch nicht dazu bei, den Aufenthalt besonders behaglich zu machen. Nördlich von *Oddeyri* mündet die *Glerá* (Glasache), sie stürzt in einem hübschen Falle schmal, aber ziemlich steil zwischen den dunkeln Felsen über die Terrasse herunter und verlohnt wohl den kleinen Spaziergang von *Akureyri* aus. Sehr erstaunt war Ögmundur, als ich ihm vorschlug, bei Konsul *Havsteen* einen Besuch zu machen. Doch die liebenswürdige Aufnahme, die wir in den mit grosser Eleganz, aber geschmackvoll und behaglich eingerichteten Räumen fanden, liess nicht das Gefühl in uns aufkommen, dass wir fremde Eindringlinge wären, um so weniger, als sich herausstellte, dass ich den Bruder des Konsuls bei der Gesellschaft des Konsuls Thomsen in *Reykjavik* kennen gelernt hatte, und die beiden stattlichen Jünglinge, die das Gymnasium besuchten, erkannten mich vom Hospitieren wieder. Der Vater der Frau Konsul stammte aus Hamburg, darum sprach sie eben so gut deutsch wie dänisch. Grossen Spass hatte ihr Kahles Charakteristik bereitet: „eine lebhafte Kopenhagerin, mit der ich in Erinnerungen an die schöne dänische Hauptstadt schwelgte". Der Konsul besitzt, wie schon früher erwähnt, eine prächtige Sammlung von alten Taufbecken, eine grossartige Eiersammlung und viele seltene Steine.

Wir wenden uns zum südlichen Stadtteile! Neben dem Buchladen, wo ich mir meinen Bedarf an isländischen Büchern ergänzte — u. a. kaufte ich das Neue Testament in isländischer Übersetzung, *Hid Nýa Testamenti Drottins vors. Akureyri* 1903, mit reizenden farbigen Abbildungen aus dem orientalischen Leben, in Leinwand gebunden, für zwei Kr. —, befindet sich seit 4 Jahren eine „Versuchsstation für Waldanpflanzungen"[1]. Die Aufsicht führt ein alter Tischlermeister, der „seine Bäume liebt, wie ein Vater seine Kinder". Er erzählte mir, dass der erste Winter für ihn sehr beschwerlich und aufregend gewesen war, da er ja nicht die geringste Erfahrung besass, aber jetzt wisse er Bescheid und sei mit dem Erfolge zufrieden. Die Frühlingssaat stand in langen, schmalen Beeten und war mit Erika und Netzen zugedeckt, zum Schutze gegen Winde und Vögel; im Winter wird Holz darüber

---

[1] Die andern Versuche von Waldanpflanzungen hat man in *Þingvellir*, *Reykjavik* und zu *Háls* gemacht.

gelegt. Wie ein Gruss aus der Heimat wehte es mich an, als ich einige Lärchenblätter in der Hand zerrieb und den üppigen Harzgeruch einzog. Beim Betreten des Gartens überraschte mich ein starker Duft von Spiräen, in der Mitte war ein Rundteil von Rosen angelegt, die gerade zu blühen anfingen, dazwischen standen Primeln, Veilchen, Stiefmütterchen und Kresse, die sogar im Winter draussen bleiben. Diesjährige Saat war Pinus montana; die vom vorigen Jahre, Abies pectinata und siberica, Birken aus Island und Norwegen, Akazien, Pappeln, Erlen, Ulmen und Ebereschen waren etwa eine Hand hoch. Die Bäumchen des ersten Versuches, Ebereschen von 1900, hatten fast Manneshöhe erreicht. Ich glaubte, eine wohlgepflegte Baumschule in Deutschland vor mir zu haben, und freute mich, zu hören, dass man von dieser „Versuchsstation" in diesem Jahre ca. 6000 Schösslinge an andere Stätten, auch an einzelne Bauern verschickt habe. Der Professor der Forstwissenschaft an der landwirtschaftlichen Hochschule in Kopenhagen, C. V. Prytz, der 1903 Island bereist hat, um sich von dem Stande der Wälder und des Baumwuchses zu unterrichten, wird hieran seine Freude gehabt haben. Nach seiner Ansicht hat der Wald für Island eine hohe Bedeutung, er soll nicht nur als Schmuck und Zierde dienen, sondern Nutzen bringen, er soll die Erde festhalten und Schutz gewähren, damit Wasser und Wind die fruchtbare Humusschicht nicht hin und her tragen können[1]). Er empfiehlt norwegische, amerikanische, vor allem isländische Pflanzen, man soll das *Tún* mit Bäumen bepflanzen, denn da sind sie vor dem Vieh sicher; man soll an den Bergseiten grössere Teile mit Birken besäen, damit die Bergabhänge sich mit Gras überziehen, weil das Erdreich Schutz erhält und liegen bleiben kann; man soll endlich Zwergbirken säen, um so hoch hinauf wie wie möglich Gewalt über die Erde zu erlangen: in *Fnjóskadalur* erstrecken sich z. B. Streifen Waldes bis zu 1800 Fuss über dem Meere. Dem Isländer fehlt natürlich vorläufig Erfahrung und Sachkenntnis, aber Dänemark wird gern mit Rat und Beistand helfen.

Etwas südlich von dieser „Versuchsstation für Waldanpflanzen" befindet sich eine ebenso interessante „Versuchsgärtnerei". Sie steht unter der Leitung eines jungen Mannes, der eine dänische Gartenbauschule besucht hat, also sein Handwerk versteht. Für diesen „botanischen Garten" hat das Althing 6000 Kr. Unterstützung bewilligt, und auch das *Ræktunarfjelag Norðurlands* widmet der Entwickelung des Gemüsebaues besondere Aufmerksamkeit[2]). Diese „Gesellschaft für Bodenpflege" zählt ca. 800 Mitglieder, die jährlich

---

[1]) Globus 1904, Nr. 16.
[2]) Stofnun Ræktunarfjelags Norðurlands og lög þess. Ak. 1903, Ársskýrsla Ræktunarfjelags Norðurlands. Ak. 1904.

2 Kr. Beitrag zahlen, so dass hier dem botanischen Garten mit den freiwilligen Gaben für 1904 11606 Kr. zur Verfügung standen. Man hat Rot-, Grün- und Weisskohl, Radieschen und Erbsen gesät, die gerade blühten, Weiden nnd Rosen gepflanzt und 25 „Tagesernten" mit Hafer besät. Auch Versuche mit Weizen, Gerste, Hafer, Lupinen, Runkelrüben, verschiedenen Grassorten und drei Kartoffelarten werden angestellt. Auf einigen jung angelegten Beeten lagen Glasfenster. Um den Nutzen des künstlichen Düngers vor Augen zu führen (Chilisalpeter und Superphosphat), hat man einige Stellen gedüngt, andere nicht, auf der ersteren stand alles doppelt so hoch und dicht. Um ferner den Bauern praktisch den Wert der modernen Maschinen zu zeigen, stehen in einem besonderen Schuppen Eggen, Pflüge, Sämaschinen, zum Teil aus Norwegen und England bezogen, zum Teil in *Akureyri* selbst hergestellt und den isländischen Verhältnissen, namentlich den viel kleineren Pferden, angepasst.

Zwischen der Baumschule und dem botanischen Garten ragt die stattliche Kirche empor mit je vier Fenstern an der Seite und zwei Fenstern vorn. Sie ist eine der grössten auf der ganzen Insel, der Unterbau ist Stein, der Oberbau Holz, das Ganze ist weiss angestrichen. In der Sakristei stehen zwei schöne, geschnitzte Schränke von 1672, der Chor ist hell und luftig, ein riesiger Ofen vermag die Kirche im strengsten Winter etwas zu wärmen; das Altarbild ist im Stile von Plockhorst gemalt: es stellt den Erlöser am Kreuze dar, umgeben von Johannes und Maria, Magdalena kniet weinend am Fusse des Kreuzes. Noch verschiedene Holzmalereien aus dem 17. Jahrhundert werden hier aufbewahrt, aber sie sind ohne künstlerischen Wert.

Der Friedhof liegt hoch oben auf den Bergen, und der Weg dahin ist so steil, dass die Särge auf dem Rücken der Pferde festgebunden werden müssen, während sonst Wagen mit zwei und vier Rädern in *Akureyri* gar nichts Seltenes sind. Kahl und dürr ist der Boden, und eisig fegen die Stürme darüber hin. Und doch hat auch hier die Liebe die Stätte, wo die Entschlafenen ruhen, nach Kräften geschmückt, und wenn es nur Erbsen und Kohl sind, die man auf dem Hügel angepflanzt hat. Die Kränze sind mit Steinen beschwert, damit der Sturm sie nicht entführen kann, drei Gräber waren wie ein Sarg zurecht gemacht, den Sargboden nahmen Pflanzen und Blumen ein, der halbgeöffnete Deckel schützte sie vor Wind und Kälte; ein Grabdenkmal war sogar eine Granitsäule, mit einem Relief von Thorvaldsen. Niedergedrückt und in trüber Stimmung betrachteten wir schweigend den Ruheplatz der Toten, und es dauerte lange, bis die Spannung sich löste.

Wir gehen weiter auf dem kleinen Hochplateau, kommen an der kleinen Bibliothek vorüber (*Bókasafn Norduramtsins*, eine der drei Amtsbibliotheken), die etwa 3000 Bände aufweist, meist

Geschenke von Prof. Willard Fiske, und besuchen das peinlich saubere Krankenhaus; es hat Wasserleitung und Wasserheizung und ein gut eingerichtetes Operationszimmer. Am Ende von *Akureyri* soll die neue Realschule mit Internat zu stehen kommen *(gagnfræda-skóli)*, ihr Fundament war fertig gemauert, und mächtige, aus Norwegen bezogene Balken lagen umher; die Anstalt befand sich früher in *Mödruvellir*, ist aber, nachdem sie dort durch Feuer zerstört ist, nach *Akureyri* verlegt.

Unterhalb von ihr wohnt der greise Dichter *Matthias Jochumsson*. Er war Pfingsten in Kopenhagen gewesen, also zu derselben Zeit, wo auch ich mich dort aufhielt, um die Vorbereitungen zu meiner Reise zu treffen, namentlich nach der sprachlichen Richtung hin. Als ich ihm meine Aufwartung machen wollte, war er schon nach Jütland und Schleswig und weiter nach Schweden abgereist; ich beschloss daher, jetzt das Versäumte nachzuholen und ihn zu besuchen. Man merkt dem siebzigjährigen Dichter sein Alter nicht an, weder in seiner äusseren Erscheinung noch in seiner humorvollen, geistsprühenden Unterhaltung (Fig. 113). Auch bei ihm fiel mir, wie bei den andern isländischen Dichtern, die ich kennen gelernt hatte, die wahrhaft

Fig. 113. Matthias Jochumsson.

grosse und echte Bescheidenheit auf, mit der er von seinen eigenen Schöpfungen sprach. Er quittierte dankend und lächelnd einige Anspielungen auf seine Gedichte, lenkte dann aber gewandt das Gespräch auf allgemeine Fragen.

Ich wunderte mich darüber, dass das so hochbegabte isländische Volk noch nicht einen einzigen Philosophen hervorgebracht habe. Ganz richtig bemerkte er, dass die isländische Sprache dazu nicht geeignet sei, weil sie überängstlich alle Fremdwörter fern hielte, und zum Philosophieren gehöre einmal ein ganz bestimmt ausgeprägter Wort- und Begriffsschatz[1]). Ein Lieblingsgedanke von ihm war eine pangermanische Allianz: Pangermanismus gegen Panslavismus! Er hoffte, dass sich in England und den Vereinigten Staaten, in Holland, Belgien und Luxemburg, in der Schweiz,

---

[1]) Ein religionsphilosophischer Essay *Vegurinn* (Der Weg) ist inzwischen von *Oddur Björnsson* erschienen, *Akureyri* 1904.

Österreich und Deutschland, in Dänemark, Norwegen und Schweden genug verständige Männer finden würden, um einen solchen Bund ins Leben zu rufen. Als ich erwiderte: „Aber Deutschland muss an der Spitze stehen!", rief er überzeugungsvoll: „Der deutsche Kaiser allein ist der geeignete Mann dazu!" Ich erzählte ihm von einem Aufsatze ähnlichen Inhaltes, den ich in den „Grenzboten" gelesen hatte, und ohne weiteres gab er zu: Die Idee stamme gar nicht von ihm, sondern von Björnson, den er 1898 kennen gelernt habe; aber auch der habe nur Gedanken des dänischen Bischofs Grundtvig und des norwegischen Historikers P. A. Munch wieder aufgegriffen, die für eine Verbrüderung der germanischen Rassen eingetreten wären[1]).

Mit dieser Anschauung hängt auch die Reise des Dichters nach Dänemark zusammen. *Matthias* will eine kurze volkstümliche Darstellung der beiden schleswigschen Kriege Dänemarks schreiben — ob in Gestalt einer Novelle, vermag ich nicht anzugeben — und glaubt, dass ein solches Volksbuch, das die Greuel des Krieges aufdeckt und auf eine Waffenbrüderschaft der beiden Reiche hinweist, auf Island eine schöne Mission erfüllen werde. Er hat in Kopenhagen dazu vorbereitende Studien gemacht und dann in Südjütland an Ort und Stelle den Gang der Ereignisse in den Jahren 1848—50 und 1864 verfolgt[2]).

*Matthias* ist am 11. November 1835 im nordwestlichen Island geboren, als Sohn eines armen Bauern; er musste in seiner Kindheit die Schafe hüten und manche Nacht unter freiem Himmel zubringen, die Phantasie des Knaben nahm so früh den Eindruck der gewaltigen Natur Islands in sich auf und bevölkerte die Umgebung mit allerlei unheimlichen Spukgestalten. Erst spät kam er auf das Gymnasium in *Reykjavík*, war im Winter 1856 aber Lehrling bei einem Kaufmann in Kopenhagen und benutzte fleissig die Gelegenheit, bei seinen Landsleuten im sogenannten *Regensen*, dem staatlichen Konvikt, neuere Sprachen zu lernen. Ein Verwandter bot ihm die Mittel zum Studium, im Herbst 1859 kehrte *Matthias* nach *Reykjavík* zurück und wurde wegen seiner Sprachkenntnisse in die Unter-Sekunda aufgenommen; pünktlich nach 3 Jahren, 1863, bestand er das Abiturienten-Examen und wurde so *Student*. Er wohnte als Schüler bei *Jón Árnason*, dem genialen Sammler isländischer Volkssagen, Märchen, Rätsel und Spiele, und lernte in dessen Hause auch den vielseitigen Kunstmaler *Sigurdur Gudmundsson* kennen,

---

[1]) *Björnson* war 1870 für eine Vereinigung Islands mit Norwegen eingetreten, vergl. Ibsens Briefe (Sämtl. Werke X, S. 452).

[2]) *Olaf Hansen*, Nyisl. Lyrik S. 134 ff; *Dannebrog* 1904, Nr. 4271; *Skírnir* 79. Jahrg. S. 369. — Seine Reise hat *Matthias* beschrieben in: *Frá Danmörku, Nokkrir fyrirlestrar til fródleiks og skemtunar, ásamt kvædum og myndum.* Kph. 1906. *Korrekturnote.*

die Seele der dramatischen Veranstaltungen in *Reykjavík*. 1861 schrieb er schon sein erstes Drama in fünf Akten, „Die Ächter", das er 1898 unter dem Titel *Skugga-Sveinn* (der schwarze *Sveinn*) neu herausgab. Dieses Drama bildet, wie früher gesagt, den Markstein für die neuere isländische Dramatik. *Matthías* studierte am Predigerseminar in *Reykjavík* und kurze Zeit auch in Kopenhagen, wo er bei dem gelehrten *Konrad Gíslason* auch altnordische Studien trieb.

Nachdem er kurze Zeit in der Nähe von *Reykjavík* Pfarrer gewesen war, nahm er seinen Abschied und kaufte die Zeitung *Þjóðólfur*, deren Redakteur er 1874—80 war. Zwischen Sorgen und Särgen verlebte der Dichter seine besten Jahre; die beiden ersten Frauen starben ihm nach kurzer Ehe, erst mit der dritten blühte ihm sein Glück auf, von elf Kindern leben noch neun. Als er wieder ein Pfarramt übernahm, wurde er nach *Oddi*, einem der berühmtesten Pfarrhöfe Islands, versetzt, und mehr als ein fremder Tourist hat dort die Gastfreundschaft des Dichter-Pfarrers genossen. 1887 wurde er in *Akureyri* Superintendent, 1893 wurde er von seinen Landsleuten zur Teilnahme an dem grossen Religions-Kongress während der Weltausstellung in Chicago eingeladen, 1898 reiste er nach Norwegen, wo er Björnson und Ibsen kennen lernte und in Bergen einen Vortrag über Island hielt; 1900 trat er in den Ruhestand, bezieht aber seitdem eine „Dichterpension" von 2000 Kr. jährlich, wie *Thorsteinn Erlingsson* und *Valdimar Briem* 800 Kr., *Páll Ólafsson* 500 Kr. erhalten.

*Matthías* gehört zu den ersten und volkstümlichsten Dichtern der Gegenwart, als Lyriker steht er bei vielen an erster Stelle. Pöstion charakterisiert ihn so: „Er ist überaus vielseitig und produktiv, mehr volkstümlich [als *Steingrímur*], feurig und kräftig, oft von hinreissendem Schwunge, doch bisweilen ... zu phantastisch, zu flüchtig; er ist ein virtuoser Sprachkünstler und am grössten in seinen Gedichten auf Verstorbene." Wie *Steingrímur Thorsteinsson* hat er ausserordentlich viel übersetzt: Grundtvig, Hauch, Wergeland, Ewald; Tegnér, Ibsen, Runeberg; Björnson; Shakespeare, Burns, Byron; Longfellow. Den Unterschied zwischen *Steingrímur* und *Matthías* formuliert Olaf Hansen hübsch so: „*Steingrímur* nimmt das Ohr durch seine sanfte, lockende Stimme gefangen, *Síra Matthías*' Organ dröhnt wie Harfenklang und Orgelschall."

Auch in der Geschichte des jungen erst aufstrebenden Dramas gebührt ihm ein Ehrenplatz. Neben den „Ächtern" hat er 1875 einen Einakter gedichtet: *Hinn sanni Þjóðvilji* (der wahre Volkswille), ebenfalls 1875 die dreiaktige Posse *Vesturfararnir* (die Amerikafahrer), 1890 das „Sagaspiel in 4 Akten" *Helgi hinn magri*: es ist der erste Versuch eines Saga-Dramas und zur Feier der tausendjährigen Besiedelung des *Eyjafjörður* durch Helgi den Magern gedichtet; 1900 *Jón Arason:* der letzte katholische Bischof aus Island; 1901 *Aldamót* (die Begegnung der Jahrhunderte), ein Schauspiel mit Gedichten und Chören. Für das *Leikhús* in *Akureyri* hat er Holbergs „Jeppe paa Bjerget" übersetzt, Hostrups „Genboerne", „Den Tredje", Heibergs „Nej" und anderes, aber die Übersetzungen nicht durch den Druck veröffentlicht.

*Matthías* liebt es, Männer zu schildern, die dasselbe kräftige, volkstümliche Gepräge haben wie er selbst. Wie er *Jón Arason* in seiner grössten und besten dramatischen Dichtung mit kräftigen Strichen leibhaftig vor uns hinstellt, so hat er in dem Liederzyklus von *Grettir (Grettisljód)* dem beliebtesten Sagahelden Fleisch von seinem Fleische, Leben von seinem Leben gegeben: in dem friedlosen und verfolgten Recken sahen die Isländer und der Dichter ein Bild ihres eigenen Schicksals. Keinen Augenblick bleiben wir in Zweifel, dass der Dichter ein Geistlicher und ein Isländer ist: die kraftvollen Töne des Psalmisten klingen ebenso mächtig an, wie die mythengetränkte Sprache der Skalden und die knappe Einfachheit der alten Sagas. In der Hymne „zur Erinnerung an die 1000jährige Besiedlung Islands 1874" braust es wie Posaunenton mit dem Sänger des 90. Psalmes, zuweilen an Klopstock erinnernd:

> Gott unsers Landes, sei gelobt;
> Du strahlst in ewigem, ewigem Glanz!
> Deine Heerschar der Zeiten, sie flicht dir zum Ruhm
> Aus Sonnenlichtgarben den Kranz.
> Ein Tag ist für dich so wie tausend Jahr,
> Ein Jahrtausend ein Tag, der verglüht,
> Ein Ewigkeitsblümlein mit zitternder Trän,
> Das Gott anbetend verblüht.
>  Islands tausend Jahr,
>  Islands tausend Jahr —
> Ein Ewigkeitsblümlein mit zitternder Trän,
> Das Gott anbetend verblüht[1]).

Oder *Hallgrímur* wird mit David verglichen, der Zehntausend schlug, Saul aber nur Tausend:

> Ein Mann ist's, hell umstrahlt von Ruhmesglanz,
> Der König David dieses Gletscherlands,
> Ein Volksheld auf dem Totenbett hier liegt,
> Auch dieser hat Zehntausend wohl besiegt.

Aber wenn *Matthías* das Polareis schildert, das einsperrende und Hungersnot bringende, dann nennt er die Eisschollen „*Heljardiskar*":

---

[1]) Pöstion, Eislandblüten S. 163, 166; in der Charakteristik habe ich manchen Zug aus *Olaf Hansen* geliehen und weiter ausgeführt. Das ganze, sehr schöne Gedicht „*Eggert Ólafsson*" hat Pöstion verdeutscht, Eislandblüten, S. 168—170.

Hel steht im Steven vorn — und das heisst Sterben,
Schon streut die „Hungerteller" sie aufs Meer.

*Jónas Hallgrímsson* hatte dem Andenken von *Eggert Ólafsson*, dem glühenden Patrioten, bedeutenden Dichter und unvergleichlichen Schilderer der geliebten Heimat, in seinem „Lied von der Hulda" ein poetisches Denkmal gesetzt (*Hulduljóð*), schlicht wie die Stimme des Brachvogels vom Steinhügel klingt; er hatte den Toten wie die Wala aus der Tiefe gerufen und sein Volk angefleht, dessen Stimme zu hören, wenn es seine Eigenart bewahrt wissen wollte; und der Tote hat seine Mission erfüllt, ganz Island kennt nunmehr *Eggert Ólafssons* grosse Verdienste. Wenn *Síra Matthías Eggert Ólafsson* besingt, dann weiss er, dass jetzt ein leises Anklingen des Akkordes genügt, um den unendlichen Schmerz über den zu früh Verstorbenen bei allen Landsleuten unnennbar zu erregen. Bei *Jónas* wird *Eggert* als der „kluge Mann" und Sänger der Natur und des Landlebens gepriesen:

Das war *Eggert Ólafsson*,
Jung und flink, an Ehren reich.

*Matthías* aber braucht nur einen Tag aus *Eggerts* Leben herauszugreifen, seinen Todestag, als er im Mai 1768 vom Berge *Skor* nach seinem neuerbauten Gehöft abfuhr und im *Breidifjördur* ertrank, und alle Welt auf Island weiss, um wen es sich dabei handelt. Dem Fremden ist er nur ein edler Mann, der mutig trotz Sturm und Wogenbraus aufs Meer geht; der Isländer zuckt zusammen, wenn nur der Name ertönt: Eggerts Geist lebt noch unter Eggerts Volk:

„Das war Herr *Eggert Ólafsson*",
Seufzt Islands Schutzgeist schwer;
„Wahrhaftig, einen bessern Mann
Bewein' ich nimmermehr!" —

Fast eine Woche Zeit haben wir, bis der Dampfer kommt; da können wir getrost das Wichtigste aus der Geschichte von Akureyri uns vergegenwärtigen.

*Helgi* der Magere, ein Norweger, der Sohn des Ostländers *Eyvindr*, siedelte 890 im Norden, am *Eyjafjördur*, daher stammen die *Eyfirðingar* (die Bewohner der Inselbucht) — so heisst es kurz in Aris Isländerbuch (K. 2). Dieser *Helgi* war ein wunderlicher Heiliger, ein interessantes Gegenstück zu dem Heiden *Hrafnkell*, der es für eine Torheit hielt, an Götter zu glauben und doch einen neuen Godenbezirk gründete. Heidnischer und christlicher Glaube wohnen nebeneinander in seiner Brust, aber von einem tieferen religiösen Gefühle bei *Helgi* kann man kaum sprechen, von einem seelischen Konflikt vollends ist keine Spur vorhanden; sondern je nach dem er Vorteil erwartet, wendet er sich an den weissen Christ oder an den Donnergott Thor. Aber für einen modernen Dramatiker müsste sein Schwanken zwischen Christentum und Heidentum einen prächtigen Stoff abgeben, etwa wie bei Julian in Ibsens „Kaiser und Galiläer", und es ist auffallend, dass *Síra Matthías* in seinem

Drama „*Helgi der Magere*" dieses Problem nicht einmal gestreift hat. *Helgi* war in Island und auf den Hebriden erzogen, hatte die Taufe empfangen oder war wenigstens mit dem Kreuze bezeichnet und heiratete in eine christliche Familie hinein; sein Schwager war jener *Ketill hinn fiflski*, der sich in *Kirkjubær* niederliess, und dessen Nachkommenschaft sich das Christentum erhielt, bis in die Zeit, da es durch Dankbrand auf Island gepredigt wurde. Dennoch war *Helgi* nur halbwegs christlichen Glaubens: er nannte zwar seine Niederlassung im *Eyjafjördur* Vorgebirge Christi, *Kristsnes*, wandte sich aber in allen Notfällen, zumal wenn es sich um eine Seefahrt handelte, an Thor; er fragte Thor um Rat, wo er sich auf Island niederlassen sollte und nahm von dem Lande Besitz vermittelst der altheidnischen Feuerweihe. Seine Söhne *Hrólfr* und *Ingjaldr* sind wieder völlige Heiden (Lnd. III, 12).

Die Sagas, die am *Eyjafjördur* und östlich davon spielen *(Reykdæla Saga* vergl. S. 234 *Viga-Skútu Saga)* berichten zwar auch von Kämpfen und Streitigkeiten, aber es fehlt ihnen der heroische Zug der Geschichte des Westlandes. Sühne, Ächtung auf Zeit oder Verweisung aus dem Bezirke, Geldbusse überwiegen die Verbannung auf Lebenszeit. Ein kleinbäuerlicher Ton zieht sich durch die Erzählungen[1]). Im *Munkaþverá* Kloster und im Kloster von *Saurbær* mögen sie entstanden sein, wenn man Geistliche als Verfasser annehmen darf; jedenfalls tritt überall gute Lokalkenntnis zutage.

Am nordwestlichen Gestade des *Eyjafjördur* spielt der Kern der *Svarfdæla-Saga*: er behandelt die Fehden des *Þorsteinn Svörfuðr* mit dem Goden *Ljótólfr*. Eine Fortsetzung davon ist die kleine *Valla-Ljótssaga*: sie lässt den Streit durch den Goden *Ljót Ljótólfsson* und *Halli Sigmundsson* wieder aufleben. In *Mödruvellir* an der *Eyjafjardará*, südlich von *Akureyri* — nicht in dem von mir besuchten *Mödruvellir* im *Hörgárdalur* — lebte *Gudmundr* der Mächtige († 1025), der im Verein mit seinen beiden Söhnen mit dem Goden *Þorgeirr* und den Leuten vom *Ljósavatn* fortwährend Streitigkeiten hatte (*Ljósvetninga Saga*). Die *Reykdæla-Saga* hat die Fehden des *Vemundr* und *Skúta* im *Reykjadalur*, östlich vom *Eyjafjördur*, zum Inhalt[2]).

Nördlich von *Mödruvellir* liegt *Þverá* oder *Munkaþverá*, das zweite Benediktinerkloster auf Island, 1155 gegründet. Hier siedelten sich die Vorfahren des Skalden *Víga-Glúmr* an, aus dessen Geschichte wir später mehr erfahren werden.

Von *Kaupangr* endlich, südlich von *Akureyri*, am anderen Ufer des Fjordes, erzählt eine Volkssage, dass es früher *Bildsá* geheissen habe; hier war es, wo *Helgi* der Magere den ersten Winter zubrachte, zur Zeit einer Hungersnot aber wurde es um einen Spottpreis verkauft. Auch von dem südlich gelegenen Gehöfte *Grund*, das ich später besuchte, wird berichtet, dass es aus Not verkauft worden sei, und zwar um einen Schafschlegel. Als der frühere Besitzer dann einmal an dem stattlichen Gehöfte vorüberritt, auf dem er selbst so manches Jahr gesessen hatte, sprach er seufzend den Vers:

> Komme ich vorüber hier,
> Drückt es schwer die Seele mir,
> *Grund* ist eine wahre Zier:
> Gott weiss, ob der Hof bleibt dir.

---

[1]) Mogk, Geschichte der Norweg.-Isl. Literatur S. 764.
[2]) Eine umfangreichere Volkssage „*Sigridur*, die Sonne des *Eyjafjördur*" bei Lehmann-Filhés, Isl. Volkssagen, II, S. 146—158.

*Akureyri* ist seit 1862 Kaufstadt und verdient mit vollem Rechte den Namen „Hauptstadt des Nordlandes". Sie hatte 1815 nur drei Kaufmannshäuser und 18—20 Fischerhütten, 1871 bis 314 Einwohner, 1880 bis 545 und heute mit *Oddeyri* zusammen 1500 bis 1600. Sie ist Sitz des Bürgermeisters *(Bæjarfógeti)*, der zugleich *Sýslumadur* ist — früher wohnte dieser im *Mödruvalla Klaustur*, jetzt bekleidet *Gudlaugur Gudmundsson* aus *Kirkjubær* diesen Posten —, hat ein Krankenhaus mit zwei Ärzten, Apotheke, Theater, Kirche, Volksschule und Realschule. Eine Woche vor unserer Ankunft war auch eine Molkerei auf Anteilscheine gegründet, die Zahl der Teilnehmer betrug 23, aber man erwartete weiteren Anschluss; endlich hat sich hier eine Aktiengesellschaft zur Gründung einer Tuchfabrik gebildet, die mit Wasserkraft betrieben wird; die Maschinen stammen aus Deutschland. Hier legen alle Dampfer an, die Island umfahren, hier ist die Hauptstation der zahlreichen Haifischschiffe des Nordlandes. Aber den glänzenden Aufschwung, den *Akureyri* genommen hat, und der ohne Zweifel noch von Jahr zu Jahr zunehmen wird, verdankt sie den Norwegern. 1868 kamen die ersten Norweger hierher, 1884 waren etwa 1800 Norweger im Nordland ansässig. Der Fang des Herings wird fast ausschliesslich von Norwegern betrieben, die meist aus Haugesund stammen. In diesem Jahre war der Heringsfang äusserst lohnend, namentlich im *Siglufjördur* wimmelte es geradezu von norwegischen Segel- und Dampfschiffen. Sie bauen da auch ein Haus nach dem anderen und erhalten von den Isländern das beste Zeugnis. Auch die Bootfischerei war recht verlockend, doch macht sich Mangel an einheimischen Arbeitskräften bemerkbar. —

Mit Freuden nahm ich die Mitteilung von meinem Führer auf, dass es Herrn *Stefán Stefánsson* in *Mödruvellir* sehr angenehm sein würde, wenn ich ihn besuchte. *Mödruvellir* liegt an der nordwestlichen Seite des *Hörgárdalur* (Fig. 114). Der Weg dahin führt die Küste entlang über ziemlich unebenes Gelände von Basaltterrassen mit dazwischen liegenden Mooren, die Entfernung beträgt etwa zwei Meilen. Der *Hörgárdalur* erstreckt sich von S. W. zum *Eyjafjördur*, wird durch das Zusammenstossen des *Öxnadalur* (Ochsental) und des eigentlichen *Hörgárdalur* gebildet und von der *Hörgá* durchströmt. Diese ist zwar ein ansehnlicher, aber im allgemeinen ruhiger Fluss, kann jedoch so anschwellen, dass der Übergang lebensgefährlich wird. Der verdiente isländische Gelehrte *Ólafur Davídsson*, der im Sommer botanische Exkursionen unternahm, im Winter volkskundliche und literarische Studien trieb, Sagen sammelte und ein sehr tüchtiges Werk „*Íslenzkar Þjódsögur*" in mehreren Bänden herausgegeben hat, hat in der *Hörgsá* am 6. September 1903 den Tod gefunden. *Ólafur* war von einem botanischen Ausfluge zurückgekehrt, die Botanisiertrommel und eine

Reisetasche waren voller Steine; das Pferd muss in dem unerwartet stark angeschwollenen Strome ausgeglitten sein, die schwere Ausrüstung liess ihn nicht wieder in die Höhe kommen, obwohl er sonst ein tüchtiger Schwimmer war, und so musste er, 31 Jahre alt, elend ertrinken.

Bei *Mödruvellir* ist der *Hörgárdalur* etwa eine Meile breit und wird nach N.W. von etwa 2000 dänischen Fuss hohen Bergen begrenzt, während auf der südwestlichen Seite einige Spitzen eine

Fig. 114. Mödruvellir.

Höhe von 3000 Fuss und darüber erreichen. Noch am Ende des 18. Jahrhunders war, wie zur Sagazeit, der östliche Teil des Tales ganz mit Wald bewachsen, jetzt ist dieser völlig verschwunden; aber das Tal ist dicht besiedelt, die Gehöfte machen durchweg einen stattlichen wohlhabenden Eindruck. Als Thoroddsen 1896 das nördliche Island durchforschte und nach 12 jähriger Abwesenheit wieder nach der Stätte seiner früheren Tätigkeit kam — er war Lehrer an der Realschule daselbst gewesen und hatte Naturgeschichte, Geographie, Dänisch, Geschichte und Rechnen unterrichtet —, war er freudig überrascht von den grossen Fortschritten, die er überall wahrnahm, neue Holzbauten waren entstanden, und namentlich war viel zur Verbesserung des Bodens geschehen [1]).

In *Mödruvellir* gründeten die Augustiner 1295 ein Kloster, das bis zu seiner Aufhebung 1546 bestand, wo es an die dänische Krone kam. Bei Ausgrabungen, die man hier vornahm, fand man, dass die alten Gebäude vom Fundament an aus Grassoden aufgeführt waren, die Aussen- und Innenränder der Mauern ruhten auf einer doppelten Reihe von flachen Steinen, die Dicke der Mauern betrug 5 Fuss [2]). 1461 besass das Kloster ein Exemplar der *Skjöldunga-Saga* (Dipl. isl. V, S. 290), die die Geschichte der mythischen Könige Dänemarks enthielt; sie ist uns leider verloren gegangen, doch sind uns Auszüge aus ihr erhalten in der lateinisch geschriebenen „Geschichte des alten Dänemarks" des *Arngrímur Jónsson*, desselben Gelehrten, der für die prosaische *Edda* die Verfasserschaft *Snorris* erwies (vergl. I, S. 89). Für die neu erwachte *Saxo*-Forschung und damit für die Literaturgeschichte des Nordens überhaupt hat diese Saga insofern noch erhöhtes Interesse, als sie, wie Axel Olrik gezeigt hat, eine der wichtigsten Quellen Saxos war. 1783 erhielt hier der Oberamtmann des Nord- und Ostamtes seinen Sitz, siedelte aber 1874 nach *Akureyri* über, als eine Feuersbrunst seine Wohnung zerstörte. 1833—41 war *Bjarni Thórarensen* hier Amtmann, der Dichter der isländischen Nationalhymne. Sein Grab ist noch heute auf dem Friedhofe bei der Kirche zu sehen, und ehrfürchtig blickten wir auf die Stätte, wo der irdische Rest des grossen Mannes ruht, dessen Poesie das Gebirge Islands seine Erhabenheit, der Wasserfall seine Energie, der Vulkan sein Feuer und der Schnee seine Reinheit verliehen hat, wie *Grímur Thomsen* von ihm rühmt (Pöstion, Isl. Dichter S. 296). An Stelle des abgebrannten Amtshauses erhob sich am 1. Oktober 1880 eine Realschule, die mit drei Lehrern und 35 Schülern eröffnet wurde. Bezeichnend für die Kenntnis, die man in Dänemark damals noch von Island hatte, ist, dass man für das Fundament für 400 Kr. Quadersteine aus Norwegen kommen liess, während in dem an Steinen gesegneten Island für 20 Öre Zement genügt hätten! Bis 1901 ist die Schule von 330 Schülern besucht worden, 208 davon haben hier die Abschlussprüfung bestanden, tüchtige Bauern, Kaufleute, Wanderlehrer, Handwerker, ein Arzt und ein Organist sind aus ihr hervorgegangen. Gelehrt wurde: Isländisch, Dänisch, Englisch, Geschichte und Geographie, Chemie, Gesang. Aber ein seltsamer Unstern schwebte über den Gebäuden. Seit 1376, wo das Kloster und die Kirche abbrannten, hat im ganzen sechsmal das Feuer hier gewütet; nach dem letzten Brande, dem das ganze Schulgebäude mit allen Einrichtungen zum Opfer fiel, hat man beschlossen, die Realschule nach *Akureyri* zu verlegen [3]).

Herr *Stefán Stefánsson*, der uns gütig eingeladen hatte, ist ein vorzüglicher Botaniker, vielleicht der beste auf Island. Er hat eine ausgezeichnete „Flóra Íslands" geschrieben mit 127 lebenswahren Abbildungen, eine wertvolle Studie über isländische Futter- und Weidekräuter veröffentlicht und dem Dichtergott Bragi durch ein Schauspiel in drei Akten gehuldigt, *Prófastsdóttirin* (die Propsttochter), das 1882 am Gymnasium zu *Reykjavík* und 1884 von den in Kopenhagen lebenden Isländern aufgeführt wurde. Übrigens sind von den Realschülern wiederholt dramatische Aufführungen veranstaltet worden, 1890 ist ein Märchenstück „Aschenbrödel" aufgeführt *(Ólnbogabarnid)*, eine freie Übertragung der englischen Operette

---

[1]) Thoroddsen, Fra det nordlige Island, Geogr. Tidskr. XIV, 1896, S. 11.

[2]) Bruun, Nordboerner Kulturliv I, S. 88; Arkæologiske Undersögelser S. 22.

[3]) *Minnigarrit Mödruvallaskólans. Um tímabilid 1800—1900, R. 1901.*

„Cinderella" von Farmen und H. S. Leigh[1]). Herr *Stefán* ist endlich einer der tüchtigsten Bauern und hat sich den Fortschritten nicht verschlossen, die eine höhere Kultur und weiter entwickelte Technik gebracht haben. Der für 20 Kühe eingerichtete Stall z. B. würde jedem Rittergute bei uns zur Ehre gereichen, und die Einrichtung des Hauses verrät überall den wohlhabenden, feingebildeten Mann; das Haus ist sogar mit elektrischer Leitung versehen. Um sein Laboratorium würde ihn mancher Kollege in Deutschland beneiden, seine Bibliothek ist nicht nur an naturwissenschaftlichen Werken reich, sondern auch an Reisebeschreibungen, von Anderson bis Kahle. Statt mit Sherry und Portwein wurden wir mit englischem Porter und einem vorzüglichen dänischen Rum (aus St. Croix) bewirtet, nur allzu schnell flossen die Stunden dahin. Als wir schon zu Pferde gestiegen waren, wurde noch eine *Hestaskál*, ein Satteltrunk, kredenzt (deutsch etwa: „aus dem Stegreif", gälisch Doch an' Dorrach „Steigbügelbecher", wie ich zufällig in Edinburgh gelernt hatte). Dabei fiel mein Blick von ungefähr auf ein verrostetes Beil, das achtlos vor der Freitreppe lag, die zu dem stattlichen Holzhause führte: es war das Beil, mit dem die letzte Hinrichtung stattgefunden hatte. Lachend erzählte ich ihm, dass jahrelang in Deutschland auf Jahrmärkten das Beil gezeigt sei, mit dem ein bekannter Berliner Scharfrichter die Hinrichtungen vorgenommen hatte, und empfahl ihm, die Reliquie einem Budenbesitzer bei uns zu verkaufen. Bevor er noch Zeit gefunden hatte, sich meinen Vorschlag zu überlegen, hatten wir schon die Pferde angetrieben und galoppierten weiter nach dem Gehöfe *Skrida*, das wir in dreiviertel Stunden erreichten.

*Skrida* hat einen gewissen Ruf dadurch, dass hier die höchsten Bäume Islands stehen sollen, wenigstens die höchsten Vogelbeerbäume; es sind 12, ca. 22 Fuss hohe Bäume, die in einem rechten Winkel gepflanzt sind, leider sind drei bereits eingegangen; aber ich finde es löblich, dass der Bauer sie hat stehen lassen und nicht zu Brennholz abgehackt hat (Fig. 115).

Am 3. August war der schmucke „Egill" von der Vathne-Linie gekommen, am 4. lief die „Vesta" ein, in der Nacht soll „Modesta" von der Tulinius-Linie eintreffen — ein wirklich lebhafter Verkehr! Mit der „Vesta" waren auch zwei Schweine gekommen, wir waren Zeugen, wie sie von dem Bäcker, der sie bestellt hatte, in ihren Stall gebracht wurden, und wie die Kühe mit unwilligem Gebrumm die frechen unbekannten Eindringlinge eintreiben halfen. Halb *Akureyri* war auf den Beinen, um sich die Schweine anzusehen, besonders die liebe Jugend und die Frauen. Denn Schweinevieh und Borstenspeck sind nicht bei den Isländern ein idealer Lebens-

---

[1]) Poestion, Das isl. Drama. S. 73 Anm.

Fig. 115. Ebereschen in Skrida.

zweck, wenigstens heute nicht mehr. Gerade in *Akureyri* aber war es gewesen, wo *Helgi* dem Mageren beim Landen mehrere Schweine, darunter der Eber *Sölvi* entwischt waren; sie verliefen sich in die Wälder und wurden erst nach drei Jahren, fünf Meilen südlicher, im *Sölvadalr*, auf 70 angewachsen, wieder gefunden (Lnd. III, 12). Ähnlich erging es dem alten *Ingimundr*, der zwischen 890 und 894 nach Island kam, westlich von *Eyjafjördur*. Auch ihm entsprangen mehrere Schweine, und als man sie im nächsten Jahre wieder fand, hatten sie sich auf 120 vermehrt, waren aber arg verwildert (Vatnsd. S. 15).

Zum letzten Male, zum letzten Ritt ins alte romantische Land, wurden die Pferde bestiegen, es galt, den Schauplatz der *Viga-Glúms Saga* kennen zu lernen: *Mödruvellir* im *Hörgárdalr* und *Mödruvellir* am südlichen *Eyjafjördur*, *Hrísey*, *Myrká*, die warmen Quellen bei *Hrafnagil (Hrafnagilslaug)*, *Mývatn*, *Munkaþverá*, *Kaupangr*, die *Vadlaheidi* und viele andere Ortschaften, die noch heute bestehen, werden in ihr erwähnt. Zwanzig Jahre lang hat der Häuptling und Dichter *Glúmr* mit Gewalt und List die Gegend am südlichen *Eyjafjördur* beherrscht; zwanzig weitere Jahre hindurch hat es keine mächtigeren Männer gegeben als solche, die ihm ebenbürtig waren, von allen waffentüchtigen Leuten im *Eyjafjördur* hat *Glúmr* sich als der tüchtigste erwiesen. Prächtig ist die Charakteristik, die von ihm entworfen wird. Die germanische Heldendichtung schildert den Helden, bevor er erwachsen Proben seines Mutes und seiner Tapferkeit ablegt, gern, wie er während seiner Tölpeljahre kaum den Mund zur Rede auftut und blöde im Hause oder am Herde herumlungert. So ist auch *Glúmr* ein träger Junge, schweigsam und teilnahmslos, und kümmert sich wenig um die häuslichen Angelegenheiten. Von Wuchs ist er hoch, von Hautfarbe etwas dunkel, er hat lichtes Haar, ist schlank, aber unbeholfen und meidet die Gesellschaft der Leute. Nach einer schmählichen Verhöhnung von seiten eines Feindes „überfiel ihn ein solcher Lachkrampf, dass er ganz blass im Gesichte wurde, und aus seinen Augen Tränen gleich grossen Hagelkörnern fielen" (K. 23). Für den Kultus des Gottes *Freyr*, für Pferdekämpfe, wie sie ganze Distrikte gegeneinander ausfochten, und für einzelne juristische Fragen, zumal für eine jesuitische Eidesablegung ist die Saga von höchster Bedeutung[1]).

Während *Glúms* Aufenthalt in Norwegen stirbt sein Vater *Eyjólfr* auf seinem Gehöfte *Þverá*. *Þorkell* vom *Mývatn*, der Schwiegervater von *Glúms* früh verstorbenem Bruder, zieht mit seinem Sohne *Sigmundr* dorthin und beginnt dem Erbe

---

[1]) *Viga-Glum*. Eine germanische Bauerngeschichte der Heidenzeit. Aus dem Altisländischen frei und verkürzt übertragen von Dr. Ferdinand Khull, Graz 1888.

der Witwe des *Eyjólfr* nachzustellen; die Witwe *Ástridr* und *Glúmr* müssen sich mit dem Teile begnügen, auf dem kein Haus steht. Sie wird verdächtigt, dem *Þorkell* zwei Färsen gestohlen zu haben und muss auf einen wertvollen Acker *Vitazgjafi* verzichten (Sichergeber), der nie ohne Frucht war, obwohl bei der Verteilung der Ländereien ausgemacht war, dass beide Teile den „Sichergeber" je einen Monat benutzen sollten. *Glúmr* rächt die Vergewaltigung, während alle andern sich vor dem mächtigen *Þorkell* ducken und tötet den *Sigmundr*. Schliesslich gelangt er wieder in den Besitz seines Vatererbes. *Þorkell* muss das Land verlassen; da ging er, einen alten Ochsen mit sich führend, zum Tempel des *Freyr* und sprach: „*Freyr*, Du bist lange mein Freund gewesen, wert des vollen Vertrauens, Du hast viele Ochsen von mir entgegengenommen und mir wohl gelohnt! Nun bringe ich Dir diesen Ochsen dar mit der Bitte, lass den *Glúmr* ebenso gegen seinen Willen vom *Þverárland* gehen, wie ich es jetzt tue, und gib mir ein Zeichen, ob Du die Gabe nimmst oder nicht." Der Ochse aber ward erschlagen, dass er brüllend tot zusammenfiel; dem *Þorkell* schien das Zeichen gut, und er ward nun fröhlicher, da er meinte, der Gott hätte seine Bitte angenommen.

Einige Zeit darauf träumte dem *Glúmr*, dass viele Leute zu *Þverá Freyr* zu besuchen kämen (d. h. zum Tempel des *Freyr*), und ein grosser Zusammenlauf wäre, *Freyr* aber sass auf einem Stuhle. Er glaubte sie zu fragen, wer sie wären, und sie erwiderten: „Wir sind deine verstorbenen Gesippen und bitten jetzt *Freyr*, dass du vom *Þverárland* nicht vertrieben werdest; aber es hilft nichts, *Freyr* antwortet kurz und erzürnt und gedenkt der Rindergabe des *Þorkell*". Da erwachte *Glúmr* und behauptete fortan, er stünde jetzt schlechter mit *Freyr*.

*Glúmr* muss wirklich seinen Hof an den Bruder des mächtigen *Gudmundr* abtreten und darf sich nicht näher niederlassen als im *Hörgárdalar*. Er kauft sich im *Öxnadalr* an, und damit beginnt der Wendepunkt seines Lebens. Als das Christentum Eingang findet, nimmt er die Taufe (1000), lebt noch drei Winter, wird im Totenbette vom Bischof eingesegnet und stirbt in den weissen Kleidern. Aber bevor er stirbt, fühlt er noch einmal das Verlangen, seine alten Heldenkraft zu zeigen und hilft einigen Verwandten, die einen Totschlag begangen haben. Der Streit endet jedoch mit einem Vergleiche, der ihm wenig behagt, in der bitteren Klage macht er seinem Missmute Luft:

> Leid ist mir das Leben
> Auf der Welt geworden,
> Das Alter ist's,
> Das den Dichter erdrückt. —

In *Grund* hatte ich noch einmal Gelegenheit, mich von dem Wohlstande zu überzeugen, zu dem ein tüchtiger Landwirt auch auf Island gelangen kann. Das *Tún* war völlig geebnet, und der Bauer, *Magnús Sigurdsson*, hatte mit der zweiten Ernte zusammen 30000 Pf. Heu eingebracht. Er ist einer der reichsten, jedenfalls der wohltätigsten Isländer. Nach der Bewirtung mit Kaffee und Whisky führte er uns auf dem stattlichen Hofe umher und sprach davon, sich einen Motorwagen anzuschaffen, um seine Waren bequemer nach und von *Akureyri* transportieren zu können. Er hat für die Kirche ein Altarbild, Christi Auferstehung, für 500 Kr. gestiftet und baut jetzt auf eigene Rechnung ein neues, würdiges Gotteshaus für 15—16000 Kr. ganz aus Holz, das neben der Domkirche in der Hauptstadt die schönste und grösste Kirche zu werden verspricht. 20 Arbeitsleute waren bei dem Bau beschäftigt, und am nächsten Tage brachten zwei vierräderige mit je zwei Pferden bespannte Wagen die Fenster für die neue Kirche. Henderson erwähnt in der alten ein Porträt des General Monk (I, S. 130), aber ich kann nicht sagen, ob das Bild sich noch dort befindet.

In den älteren Sagas spielt *Grund* keine grosse Rolle, aber zur Sturlungenzeit war *Grund* der Sitz des *Sighvatr*, Sohnes des *Sturla*, eines Nachkommen des berühmten Goden *Snorri* und Bruders des Geschichtsschreibers *Snorri Sturluson*. In der Nähe von *Grund* liegt *Helguhöll*, der Grabhügel der ebenso reichen, wie habgierigen und herrschsüchtigen *Helga Árnadóttir*, die im 16. Jahrhundert hier lebte. In diesem Hügel sollen grosse Schätze verborgen sein. Als aber die Leute einmal nach diesen zu graben versuchten, sahen sie plötzlich die Kirche zu *Grund* in hellen Flammen stehen. Natürlich liefen sie eiligst hin, das Feuer zu löschen; es war aber ein Blendwerk gewesen, um sie von dem Unternehmen abzuziehen[1].

*Gisli Brynjúlfsson* (1827—1888) hat eine Volkssage aus *Grund* dichterisch behandelt: *Reynividurinn* (der Vogelbeerbaum): In der alten Zeit waren in *Grund* zwei Geschwister wegen Blutschande zum Tode verurteilt, vergebens hatten sie standhaft ihre Unschuld behauptet. Auf dem Richtplatz angekommen, beteten sie noch zu Gott, dass er wenigstens nach ihrem Tode noch ihrer Reinheit ein Zeugnis geben möge. Da sprosste aus ihrem Blute ein Vogelbeerbaum auf. In *Gislis* Gedicht erscheinen die Geschwister schuldig, und dennoch wächst aus ihrem Blute der Baum; das ist eine Korruption der ursprünglichen Sage[2].

Von *Grund* ritten wir auf der schönen Landstrasse ein Stück zurück, überschritten die *Eyjafjardará* und besuchten *Munkaþverá* am östlichen Ufer.

In der Nähe muss der Tempel des *Freyr* gestanden haben. Der erste Abt des durch Bischof *Björn* 1155 gestifteten Benediktinerklosters war *Nikulás*, der Sohn des *Bergr*. In dieses Kloster zog sich der mächtige Häuptling *Þorgeirr Hallason* zurück, der Grossvater des späteren Bischofs *Guðmundr Arason*; seine Tochter *Ingibjörg* war in zweiter Ehe mit *Sturla Þórdarson* verheiratet. Literarisch tätig waren hier die Äbte *Bergr Sokkason* und *Arni Jónsson*. 1429 brannte das Kloster und die Kirche mit dem ganzen Inventar ab. — Das älteste Exemplar eines mehrstimmigen Gesanges des ganzen Nordens, ein Pergamentblatt, stammt aus diesem Kloster vom Jahre 1473. Kurz vor der Reformation, im Anfange des 16. Jahrhunderts, als die Wissenschaft auf Island arg darniederlag, war Abt *Einarr* in *Munkaþverá* beinahe der einzige der lateinischen Sprache kundige; hier war es auch, wo *Jón Arason* unterrichtet wurde[3].

Man muss dem Stifter des Klosters nachrühmen, dass der Ort, den er aussuchte, nicht nur anmutig gelegen, sondern auch sehr fruchtbar ist. Wo früher das Kloster stand, befindet sich seit vielen Jahren ein Gemüse- und Kartoffelgarten, den schon Olaus Olavius

---

[1] Maurer, Isl. Volkssagen S. 71.
[2] Maurer, a. a. O. S. 177. Dieselbe Sage findet sich auf den *Vestmanna eyjar*, Lehmann-Filhés II, S. 27—29. — Ein anderer Hügel bei *Grund* heisst *Danskihöll*, über ihn vergl. Maurer, S. 227.
[3] Kaalund (Fortidslævninger S. 120/1), erwähnt auf dem Kirchhof einen Runenstein, *Bláhosusteinn*, den ich nicht gesehen habe. Eine Volkssage bei Lehmann-Filhés II, S. 72—74. Über die Noten vergl. Aarböger 1899, S. 293 ff.

erwähnt, und das Gras hier gilt als das saftigste auf ganz Island. Die *Pverá* (Querache), nach der das Gehöft seinen Namen hat, mündet in die *Eyjafjardará*, nachdem sie sich nach Bildung eines ziemlich hohen Wasserfalles, des *Godafoss* — „Götterwasserfall", dem man, d. h. den in ihm lebenden Wassergeistern, nach der Überlieferung geopfert haben soll —, mit der *Mjadmá* vereinigt hat. Der Bauer führte uns selbst nach den beiden Wasserfällen und dem Cañon. Der Fluss hat inmitten der hohen, steilen Felsen nur ein schmales Bett und schlängelt sich, in verschiedenen Kaskaden herabstürzend, über mächtige Blöcke hin. Von einer Holzbrücke aus hat man einen schönen Blick nach oben und unten, jedenfalls kann sich der *Glerárfoss* bei *Oddeyri* hiermit nicht messen. Rechts davon sieht man in den langen, schmalen *Mjadmárdalur* hinein; die *Mjadmá* — wenn ich nicht irre, sagte der Bauer aber *Midá*, „mittlerer Fluss" — strömt ganz ähnlich einher und bildet gleichfalls einen Wasserfall. In diesen war im Frühjahr ein Schaf hineingeraten und heruntergestürzt, aber heil und gesund unten angekommen. Hierher hatte einer der von *Glúms* Feinde *Skúta* abgeschickten Meuchelmörder den *Glúmr* gelockt: er sollte sich im *Mjadmárdalr* einfinden, wo *Glúmr* seine Sennhütte hatte. Nur durch einen Sprung in die Felskluft kann sich der unbewaffnete *Glúmr* vor *Skúta* retten. Als *Skúta* den Rock seines Gegners im Flusse treiben sieht, haut er nach ihm, merkt aber, dass *Glúmr* entronnen ist, indem er auf einen Felsvorsprung gesprungen ist. Die ganze Situation ist wenig glaublich[1]).

Wir ritten über den Fluss zurück und auf *Akureyri* zu, kehrten aber noch einmal in *Hrafnagil* (Rabenkluft) bei *Sira Jónas Jónasson* ein, um unsern letzten Besuch auf Island zu machen[2]).

*Hrafnagil* kommt, wie die zuletzt erwähnten Ortschaften, wiederholt in den Sagas vor, deren Schauplatz der *Eyjafjördur* ist. In *Hrafnagil* geschah 1258 ein Neidingswerk, das zeigt, wie in der Sturlungenzeit jede Scheu vor Treubruch oder irgend einer anderen Schandtat geschwunden war. *Þorgils skardi* wurde hier von *Þorvardr Þórarinsson* ohne vorgängiges, ernstliches Zerwürfnis überfallen. Durch einen Vertrauten hatte dieser erst ausforschen lassen, wo er übernachten würde, und ein zweiter hatte dessen Schlafstelle auskundschaften und zugleich für das Öffnen der Tür sorgen müssen; die Bitte um Frieden wurde dem Überfallenen abgeschlagen und sogar der Trost eines anwesenden Priesters ihm verweigert, obwohl dieser selbst für ihn mit scharfen Worten eintrat; mit 22 Wunden bedeckt, blieb die Leiche liegen, und sogar geraubt und geplündert wurde sofort auf dem Hofe. Ein einziger unter *Þorvards* Begleitern hatte sich geweigert, an der Schandtat teilzunehmen und diese unverhohlen als ein *nidingsverk* bezeichnet (Sturl. S. IX, K. 20).

---

[1]) Bei Kaalund (II, S. 122, Anm. 2) sehe ich soeben, dass der Text *Midárdalr* hat: *Midá* und *Mjadmá* scheinen also denselben Fluss zu bezeichnen.

[2]) In *Hrafnagil* hörte Konrad Maurer das deutsche Märchen von „Schneewitchen" in isl. Gestaltung erzählen: Maurer, Isländische Volkssagen S. 280; Pöstion, Isländische Märchen S. 153 ff.

In der Geschichte von *Víga-Glúmr* wird auch die *Hrafnagils-laug* erwähnt. Eine lauwarme Quelle dieses Namens liegt südlich von dem stattlichen, eingeebneten *Tún*, eine zweite, heissere befindet sich nördlich vom Pfarrhofe. „Beider Quellen bedienen sich die Einwohner, und man will bemerkt haben, dass das letztere Bad vorzüglich nicht allein äusserlich als ein kräftig auflösendes Mittel bei den gewöhnlichen Schwachheiten der Frauenzimmer gebraucht werden kann, sondern dass auch das Wasser, wenn man es einnimmt, gichtische Schmerzen stillet und eine anodische Kraft besitzt, entkräftete Menschen wieder zu stärken" (Olaus Olavius, S. 201/2).

1748 fand man hier beim Ausgraben am Eingang eines Schafstalles ein Menschengerippe. *Eggert Ólafsson* hat es 1755 mit eigenen Augen gesehen und meint, dass es nicht allein einem mehr als mittelmässigen Menschen zugehört hat, sondern dass auch alle seine Teile, besonders die Hirnschale, ungemein dick und stark waren[1]).

Mein Besuch galt dem *Prófastur* und Dichter *Jónas Jónasson*, von dem ich kurz zuvor in der Zeitschrift „*Eimreidinn*" (Bd. III) eine eigenartige, herbe Novelle gelesen hatte. Von Ögmundur hatte ich gehört, dass er der Lehrer des Jesuitenpaters Baumgartner gewesen war. Der Pater und der „Candidatus der lutherischen Gottesgelehrtheit" haben als Lehrer wie als Schüler einander Ehre gemacht, beide beherrschen die Sprache, die der Lernende sich aneignen wollte, gründlich. Wie Baumgartner in der isländischen Literatur tüchtig belesen ist, obwohl er darin nicht Fachmann ist, so hat *Sira Jónas* die grösste deutsche Bibliothek, die ich auf Island bei Privatleuten gefunden habe; er kennt nicht nur Goethe, Schiller und Heine, sondern auch Lessing, Freytag, Spindler, Scheffel, Hauff und selbst Reuter. Ja, ich muss sagen, er spricht besser deutsch als dänisch.

*Sira Jónas* ist am 7. August 1856 geboren, besuchte 1874—80 das Gymnasium, dann die theologische Hochschule in *Reykjavík*, wurde 1883 Pfarrer und ist jetzt Superintendent des Bezirks *Eyjafjördur*. Er hat nur Novellen geschrieben und ist ein unbedingter Anhänger der modernen realistischen Dichtung; er weilt mehr bei den Schattenseiten des Lebens als bei seinen Freuden, selten nur schimmert ein Funken Humor durch, und selbst dann ist es noch bittere Ironie und scharfe Satire. Seine Erzählungen sind trefflich angelegt, und das Problem ist fein durchgeführt, wie jeder aus den vier von Küchler gut übersetzten Novellen „Lebenslügen" ersehen kann (Leipzig, Reclam).

---

[1]) Reise durch Island II, S. 66; Kaalund, Fortidslævninger S. 69.

Wäre der Dampfer „Modesta" pünktlich gekommen, wie es der Fahrplan vorschrieb, so hätte auch nicht der leiseste Misston den langen Aufenthalt auf Island getrübt. Aber mein Urlaub ging zu Ende, ich musste unbedingt an einem bestimmten Tage daheim sein. „Vesta" und „Egill" hatte ich mir entgehen lassen, nun sass ich da mit den schweren Reisekoffern, untätig und verdrossen, aufgeregt und gereizt und fing an, nervös zu werden. Wie Iphigenie stand ich am Ufer lange Tage, das Land der Deutschen mit der Seele suchend. Heute lache ich über meine Ungeduld, aber damals war mir wenig froh zu Mute. Ögmundur blieb mir zuliebe noch einen Tag länger, obwohl es ihn mit Gewalt zu seiner Frau und den kranken Kindern zog. Aber in der Frühe des 8. August hiess es Abschied nehmen von dem wackern, treuen Manne. Noch einmal sah ich die ganze Karawane vor mir, die sechs Wochen lang unter meiner Leitung gestanden hatte, noch einmal streichelte ich meinem unermüdlichen Schimmel die struppige Mähne, dann ein letztes Lebewohl, ein letztes Winken, Ögmundur verschwand mit den neun Pferden um die Ecke, und ich war allein.

Fast verzweifelt kehrte ich ins Hôtel zurück. Zum Glück lernte ich einen Leidensgefährten kennen, einen in *Ísafjördur* wohnenden Norweger, einen Tranhändler, der am 15. August in Bergen sein musste, wenn er nicht bedeutende Verluste haben wollte. Da, in der höchsten Not, nahte die Rettung. Herr Konsul *Havsteen* erfuhr meine üble Lage und fragte mich, ob ich mit dem Fischdampfer „Harald" nach *Siglufjördur* fahren wollte, dort würde ich schon einen Heringsdampfer finden, der mich in kurzer Zeit nach Norwegen zurück fahren würde. Er verhehlte mir das Bedenkliche dieses Schrittes nicht, immerhin bliebe mir ja für jeden Fall die „Modesta". Wir gingen sofort an Bord des „Harald", der mit vollem Wimpelschmuck zum Abdampfen bereit lag. Kapitän Sölestadt aus Kristiansund war sofort bereit, meinen Begleiter, den Norweger, und mich mitzunehmen, und zwar fasste er das, wie sich später herausstellte, als Einladung auf. Die Rechnung im Hôtel, die nicht gering war, wurde beglichen, der Wirt lud uns zum Abschiedstrunke zu Sekt und Portwein ein (welche Mischung übrigens gut schmeckt), die Koffer wurden an Bord gebracht, der wacklige, hölzerne Verbindungssteg wurde zurückgezogen, ein schriller Pfiff gellte, die Maschine stöhnte und ächzte, das Wasser rauschte auf, und fort ging es, ins Ungewisse hinaus.

Sechzehntes Kapitel.

# Heimreise. Rückblick und Ausblick.

8.—18. August.

Zum Abschiednehmen just das rechte Wetter! Trüb und grau hing der Himmel über uns, leichter Regen rieselte, Nebel verbarg die Ufer des Fjords, fröstelnd stand ich auf dem Verdeck. Wir waren nicht die einzigen Passagiere. Etwa zwanzig Isländerinnen sassen auf des Schiffes Rand, vor Kälte bebend, und hüllten sich in ihre Umschlagtücher; sie waren sauber angezogen, und mir fiel auf, dass sie alle Handschuhe trugen, meist sogar von Glacéleder. Sie waren die Woche über den Norwegern beim Zubereiten und Salzen der Fische behilflich gewesen, was recht gut bezahlt wird den Sonntag hatte sie der „Harald" zu ihren Angehörigen nach *Akureyri* gebracht, jetzt ging es „ins Geschäft" zurück. Weniger erfreulich war ihr Anblick am nächsten Morgen bei der Arbeit. In langen Männerstiefeln, die bis zu den Knieen reichten, und einem sackähnlichen Rocke, hoch aufgeschürzt, ein Kopftuch lose übergeworfen, so hantierten sie eifrig bei den Fischen, und ich verstand, warum sie auf der Reise ihre Hände so ängstlich versteckt gehalten hatten, denn das scharfe Salz hatte förmliche Rinnen und Löcher in ihre Hände gerissen. Norwegische Frauen mit nach Island zu bekommen hält, trotz der guten Bezahlung, sehr schwer; einige aber bleiben die ganze „Saison" dort; wenn sie ihre Arbeit auf einem Dampfer vollendet haben, siedeln sie auf den nächsten über.

Wir stoppten gegen sechs Uhr kurze Zeit an der Insel *Hrísey*, drei norwegische Fangmänner wurden an Land gesetzt und eine Menge Netze ihnen nach in die auf und nieder schiessenden kleinen Boote geworfen. Heute ist die $^3/_4$ Meilen lange Insel ganz kahl, früher war sie waldbewachsen, aber durch den Unverstand der Bewohner sind die Wälder verschwunden, und die vielen kleinen Löcher im Boden, die von alten Kohlenmeilern herrühren, zeigen, dass man die Bäume zu Holzkohle verbrannt hat. Noch vor zwanzig Jahren ist in *Hrisey* ein bedeutender Herings- und Dorschfang betrieben. Am 11. September 1884 fügte ein Orkan der Fischerflotte einen Schaden von ca. 300000 Kr. zu; einige Boote wurden auf das Land geworfen, 19 liefen im Nu voll Wasser und sanken, 17 mussten die Mastbäume kappen, fast alle hatten Havarie gelitten. Das Unglück war dadurch so gross geworden, dass das Unwetter ganz unerwartet ausbrach, und dass die Fischer ihre Fahrzeuge eng aneinander vertaut hatten. Während früher 4—6 Gehöfte auf der Insel lagen, sind es jetzt nur noch zwei; dafür sind mehrere Fischläger mit kleinen Holzhäusern entstanden. Die Eidervögel, die es früher hier gab, sind durch den Lärm vollständig verscheucht.

Nach fünfstündiger Fahrt kamen wir im *Siglufjördur* an (Mastbaumbucht, Lnd. III, 11), der ungefähr in der Richtung von Norden nach Süden in die Halbinsel einschneidet, die von dem *Skagafjördur* und dem *Eyjafjördur* gebildet wird. Auf der Westseite des Fjords liegt der Pfarrhof *Hvanneyri*, wo der Pfarrer und Komponist *Bjarni Þorsteinsson* wohnt. Der Handelsplatz *Siglufjördur* mit ca. 40 Häusern liegt südlich auf der sandigen Küste (im Altertum *Þormódserr*) unterhalb des Pfarrhofes, rings von hohen Felsen umschlossen, hat einen guten Hafen und ist Postdampferstation. Der Hafen friert im Winter niemals zu, ausser wenn mit der heftigsten Kälte zugleich das grönländische Treibeis kommt. In diesem Jahre lag noch im Juli eine Menge Polareis vor Kap Horn. Ein Kutter von den Færöern, der westlich um das Land sollte, musste kürzlich wieder umkehren. Der grösste Teil des Eises lag noch ca. 2 Meilen von der Küste ab. Im 18. Jahrhundert wurde der Hafen besonders von den Holländern aufgesucht, dann aber von den Engländern, heute ist er Hauptstation der Norweger[1]), die sich das isländische Bürgerrecht erworben haben und im Sommer hier wohnen[1]).

Als wir einfuhren, war fast der ganze Hafen von Segelschiffen und Fischerbooten angefüllt, nicht weniger als neun Dampfer lagen hier. Wir erfuhren, dass am nächsten Tage der Dampfer „Glyg" (vorsichtig, scharf ausspähend) nach Haugesund abfahren sollte. Ich liess mich sofort dahin rudern, aber der Kapitän machte allerlei Ausflüchte: sein Schiff sei nicht für Passagiere eingerichtet, weder was Kost, noch Kajüte beträfe. Über zwei Stunden dauerten die Unterhandlungen; wenn er mich nicht mitnahm, war ich doch auf die „Modesta" angewiesen; denn an Land konnte ich nicht gehen, da herrschten Masern und Scharlach. Zum Glück kam der Besitzer, Herr Bakkevig aus Haugesund, bald an Bord. In bewegten Worten schilderte ich ihm unsere Lage und machte kein Hehl von meiner Sehnsucht nach meiner Familie; da fühlte er ein menschliches

---

[1]) *Olafsen-Povelsen* II, S. 66; *Olaus Olavius* S. 237.

Rühren; er selbst sorgte sich um seine Frau und seine sechs Kinder, deren Anblick er fast ein halbes Jahr entbehren musste; er gab uns die Erlaubnis, mitzufahren, ja, er tat noch mehr, in guter norwegischer Gastfreundschaft wies er den Kapitän und Stewart an, mir den Aufenthalt möglichst behaglich zu machen, stellte mir eine Kiste Zigarren zur Verfügung, die, wie er meinte, wohl bis Haugesund reichen würde, und deutete fein und vornehm an, dass ich sein Gast wäre.

So sollte ich nicht nur billiger, sondern auch schneller nach Norwegen kommen, als wenn ich mit „Modesta" gefahren wäre. Wieder war mir das Glück hold gewesen, das mich auf der ganzen Reise begleitet hatte, und in menschlicher Kurzsichtigkeit hatte ich mit dem Schicksal hadern wollen! Ja, wäre ich nicht nach dem *Siglufjördur* gekommen, so wäre mir ein wichtiges Moment entgangen. Nicht nur bietet der Fjord ein wundervolles Bild mit dem Wasserfall und den fünf Terrassenpyramiden — „Zermatt, Chamonix, das Suldental haben hier eine liebliche Wiederholung", sagt Jäger (Die nordische Atlantis, S. 149) —, sondern kaum ein anderer Ort auf ganz Island ist zur Zeit so geeignet, einen vollen Einblick in das Leben und Treiben beim Fischfange zu verschaffen wie *Siglufjördur*.

Für den ungeheuren Fischreichtum hier mag die nackte Zahl sprechen: durchschnittlich werden am Tage 1000 Tonnen Heringe gefangen. Da müssen sich die Hände natürlich fleissig regen. Die **Ausweiderinnen**, die in Ölzeug gekleidet und von Kopf bis zu Fuss mit Blut beschmiert hantieren, erinnern an Indianer, die in ihrer Kriegsbemalung frisch vom Schlachtfelde kommen. Einige Frauen setzen das Messer in die Kiemen und schneiden den Fischen die Köpfe ab, andere nehmen die Eingeweide aus, andere machen Einschnitte in den Leib, wieder andere besorgen das Einsalzen. Eine zweite Gruppe, die **Packerinnen**, ist bei den Tonnen beschäftigt: einige schlagen mit einer Art Sichel Deckel in die Tonnen, andere kehren die Abfälle zusammen und fegen sie durch eine Luke in das Meer. Ist der Fang gross, so müssen die Weiber Tag und Nacht arbeiten, und da oft genug die Boote erst spät am Abend wiederkommen, so geht das Geschäft des Ausweidens und Einsalzens die ganze Nacht hindurch; die ganze Nacht hindurch rattert die Maschine, saust die Winde, und Tonne auf Tonne wird weiter befördert. Rein mechanisch besorgt schliesslich der Körper die Arbeit, während der Geist für Augenblicke völlig einschlummert. Wenn der Abfall ins Meer geschafft wird, kommen die Möven, die gefrässigen Marodeure des Schlachtfeldes zur See, und schnappen im Fluge den fettesten Bissen auf, bevor er das Wasser berührt; aber noch schneller entreisst ihnen eine andere den Happen wieder, und dieser wieder suchen noch andere mit Flügelschlägen und

Schnabelhieben ihre Beute zu entreissen. Immer neue Ladungen werden von den Segelschiffen herangebracht, kübelweise werden die Fische aus ihnen in eine Tonne entleert, bis diese voll ist, dann werden sie einfach auf das Deck geschüttet; dass dabei 20—30 Stück zuviel mit herauspurzeln und klatschend aufschlagen, spielt keine Rolle. Alles glitzert und funkelt natürlich von den silbernen Schuppen, zumal im Lichte der elektrischen Lampen, die sich auf der Oberfläche des Wassers wiederspiegeln: das alles macht einen phantastischen Eindruck. Aber es herrscht verhältnismässig Reinlichkeit, und den Gestank hatte ich mir weit, weit ärger vorgestellt; im Gegenteil, die aufgestapelte, von Salzwasser triefende Beute verbreitet einen nicht unangenehmen, frischen, stärkenden Duft. Der Dampfer „Glyg" hatte 3000 Tonnen Heringe an Bord, trotzdem war das Verdeck blitzblank, nicht eine Schuppe, nicht ein Hering lag umher, nicht der geringste üble Geruch war zu verspüren. Ununterbrochen liefen Boote aus der Hafenmündung aus und suchten die hohe See, einige liessen sich von schwerfälligen, breitbäuchigen Dampfern schleppen. Die braunen und roten Segel hoben sich hübsch vom blauen Fjord und von den grünen Bergwänden ab. Hunderte von schlanken Seglern nahmen ihren Kurs hinaus nach den Fischgründen. Allmählich war der ganze Horizont mit ihren braunen Segeln betüpfelt, und die äussersten verschwanden erst dann in der weiten Wasserwüste, wenn Meer und Himmel in dunstiger Ferne ineinander flossen.

Früher waren dichte Flüge von Möwen, die auf die Fische Jagd machten, oder eine grosse Schar Wale, die die Heringe verfolgten, die Vorboten davon, dass sich ein „Zug" Heringe in der Bucht zeigte. Heute fahren gegen Abend sogenannte „Notboote" ins offene Meer hinaus, um den Hering zu suchen. „Not" ist ein riesiges, feinmaschiges Netz, 150 Faden lang und 15—20 Faden tief. Während das Schiff sich langsam durch das Wasser bewegt, legt die Bemannung im Schlummer des Abends die Netze in die See aus, bis ihre ganze Ausrüstung — oft sind es 50 aneinander gebundene Netze, die zusammen eine Länge von 1000—2000 m haben —, ausgegeben ist und das Ganze senkrecht im Wasser hängt, an einem Tau aufgereiht, woran Schwimmer und Baken von Fellen oder Metallen befestigt sind. In die Maschen dieses wie ein Vorhang ins Wasser hängenden Netzes stossen nun die Heringe mit ihren Köpfen und können sich nicht wieder herausarbeiten. Dieses zusammengedrängte „Aat" (Futter, Frass) bleibt darin gefangen, bis die Netze an Bord gezogen und in den eisernen Bauch des Dampfers geschüttet werden. Gern setzt man das Netz mit den gefangenen Heringen noch in der Nähe der Küste aus und lässt die Beute 14 Tage lang darin, damit sie mager wird und leichter eingepökelt werden kann. Geschieht dies unmittelbar nach dem Fange, so ist der Magen noch zu voll, der Fisch hält sich nicht so gut, und die Ware hat einen viel geringeren Wert. In diesem ausgesetzten Netze glänzt und gleisst es natürlich an der Oberfläche; am Rande des Netzes kreisen habgierige Dorsche und werfen sehnsüchtige Blicke hinein nach den gefangenen Heringen; denn der Hering ist die Lieblingsspeise des Dorsches. —

Um 12 Uhr war die letzte Tonne an Bord, alles war verstaut, das letzte Glas auf das Wohl des liebenswürdigen Reders und auf eine glückliche Heimreise vom Tochterlande Island nach dem Mutterlande Norwegen geleert, dann wurden die Anker gelichtet, dreimal schrillt die Pfeife des „Glyg", dreimal antworten die sämtlichen im Hafen zurückbleibenden Dampfer, dreimal dippte „Glyg" zum Abschiede die Flagge, und alle Segelschiffe erwiderten unsern Gruss. Und während ich sinnend hinten am Schiffe stand, fielen mir die Verse ein, die *Jón Ólafsson* dichtete, als er 1873 nach Amerika auswanderte:

> So leb' denn wohl, mein heissgeliebtes Land!
> Ich seh dich wohl, ich fühl's, zum letztenmal.
> Zerrissen, ach, wird unser Herzensband.
> Dies nur zu denken, ist schon Todesqual[1]).

Leb' wohl, uralte *Ísafold*, Felsenweib, ernst und hold, Heim hochgepreist! Auch meine Liebe dir glüht, so lange das Leben mir blüht, und auch mein Herzenswunsch ist:

> Schicksalshand, segensschwer,
> Stärke dich mehr und mehr,
> Solang' im Sternenheer
> Sonne noch kreist! —

„Glyg" legte in der Stunde 8 englische Meilen zurück, allerdings war die See spiegelglatt, und eine leichte Brise im Rücken half nach. So war der Aufenthalt an Bord äusserst behaglich, und wir kamen kaum vom Verdeck in die Kajüte hinunter. Das Benehmen der Mannschaft war tadellos, und Kapitän Iversen war ein musterhafter und gewissenhafter Seemann, dem man sich selbst für gefährliche Zeiten ruhig anvertraut hätte. Er war die ganze Nacht auf seinem Posten und schloss kaum ein Auge; er war aber auch ein unterhaltender Plauderer, liebenswürdiger Wirt und selbstloser Kamerad. Ich stehe nicht an zu erklären, dass wir uns auf seinem Dampfer ebenso wohl gefühlt haben, wie bei der Hinreise auf „Laura", und jedenfalls weit, weit behaglicher als an Bord der „Hera", mit der wir von Bergen nach Hamburg fuhren. Denn auf dem vielgepriesenen Touristendampfer wurde die Verpflegung von

---

[1]) Poestion, Eislandblüten, S. 177.

Tag zu Tag schlechter, und das unmotivierte Lärmen und Singen der zahlreichen deutschen Vergnügungsreisenden war nicht zum Aushalten, zumal wenn man fast drei Monate die wundervolle Stille auf Island genossen hatte; zum Glück machte ihrem unnützen Treiben bald die unruhige See ein Ende. Das Essen war einfach, aber schmackhaft; Hering gab es naturgemäss täglich zu Mittag, und ebenso Labskausch zu Abend, aber auch Schinken, Ölsardinen, Corned Beef und Käse fehlten nicht. Zum Kaffee buk der Steward ausgezeichnete Waffeln.

In der Frühe des zweiten Tages hatten wir die nordöstliche Spitze von Island passiert, Kap *Langanes* (langes Vorgebirge), und mittags zwei Uhr hatten wir den letzten Blick auf Islands Küste. *Langanes* ist wegen des Nebels berüchtigt, doch ist er auf der Südseite der Landspitze häufiger als auf der Nordseite. Die äusserste Spitze des Kaps ist von steilen, 30—40 m hohen Doleritbänken, oft mit schönen Säulen, umgeben. Die senkrechten Wände, gegen die das Eismeer mit seiner starken Brandung unaufhörlich tost und schäumt, sind der Tummelplatz zahlreicher Vögel: es war der letzte Vogelberg Islands, den wir zu Gesicht bekamen. Früher war die Küste berühmt wegen der unglaublichen Menge von Treibholz, das man hier fand; doch ist der Strand auch jetzt noch förmlich weiss von Hölzern.

Etwa 48 Stunden nach der Abfahrt von *Siglufjördur* waren wir in der Höhe der Færöer; da wir aber noch 10 Meilen entfernt waren und die Luft unsichtig war, konnten wir mit blossem Auge nichts von ihnen wahrnehmen. Während die Farbe des Meeres bisher stahlgrau gewesen war, wurde es jetzt dunkelgrün. Wieder 24 Stunden später dampften wir an den Shetlandinseln vorüber und waren gegen 7 Uhr in der Nordsee. Am folgenden Tage war anfangs prächtiger Sonnenschein, die Wellen lagen still und ruhig da, am Nachmittage tauchte die norwegische Küste auf; gegen Abend aber ward es trüber, feiner Regen rieselte und rann unaufhörlich nieder, heulender Sturm packte den kleinen Dampfer und liess ihn auf den aufgeregten Wogen auf und nieder tanzen. Durch Schwingen lodernder Pechfackeln wurde der Lotse von der berüchtigten Leuchtturminsel Utsire an Bord geholt, alle Lichter wurden abgeblendet, und langsam schob sich „Glyg" in der rabenschwarzen Nacht in die Kanäle des norwegischen Venedig ein, um fünf Uhr früh gingen wir in Haugesund vor Anker. Ich suchte sofort das Telegraphenamt auf, und zwei Stunden später hatte ich schon zufriedenstellende Antwort von daheim.

Wohl keine Stadt Norwegens ist in den letzten Jahren so schnell empor gewachsen wie Haugesund. Vor 20 Jahren noch hatte sie nur 5—10 Dampfer, dann fing man mit kleinen Spekulationen an, man versuchte es mit 20, 50 Tonnen Hering, heute entsendet sie mehr als 100 Dampfer, nach Island wie nach der nördlichen Küste von Norwegen, wo der *Vaarsild* (Frühlingshering, Februar bis April) und der wertvollere, köstliche *Fedsild* (Fetthering, August und September) gefangen wird, der dann nach Dänemark, Deutschland und Russland weiter verkauft wird.

Keinen schöneren Gesamtabschluss könnte ich mir für meine Reise nach Island denken als Haugesund. Hier starb 933 König Harald Haarschön, der in der Seeschlacht im Hafsfjord 872 die norwegischen Volks- und Kleinkönige besiegte und damit zum ersten Male eine Herrschaft schuf, die das ganze Land umfasste. Seine Militärmonarchie hatte die Gründung der isländischen Republik zur Folge. Viele Kleinkönige, alte Jarlsfamilien und eine Masse Bauern wanderten nach Islands soeben entdeckten Lavaklippen, Eisfeldern und grünen Wiesen aus, um eine neue, freie Heimat zu suchen. Mit dem Besuche der *Vestmannaeyjar*, wo der erste Ansiedler, der alte *Ingólfr*, der an der Spitze der Unzufriedenen gestanden, den Tod seines Gefährten an den irischen Sklaven rächte, hatte die eigentliche Reise begonnen. In *Reykjavik*, wo ich so köstliche, anregende Tage verlebte, hatte *Ingólfr* seine Niederlassung gegründet; *Pingvellir* und *Oddi*, die alte Gerichtsstätte und der berühmte Sitz isländischer Gelehrsamkeit, waren mir keine blassen Namen mehr; auf der langen Durchquerung der Südküste war ich Schritt auf Schritt den Spuren der Ansiedler nachgegangen und hatte bei *Berufjördur* das Eindringen des Christentums auf dem vulkanischen Eislande verfolgt; im Ostlande hatte ich den Schauplatz der Geschichte von *Hrafnkell* besucht, dessen Vater vor König Haralds Strenge gewichen war; in *Akureyri* hatte ich zum letzten Male den gewaltigen Aufschwung mit eigenen Augen wahrgenommen, den das wackere, bescheidene Völkchen in den letzten 30 Jahren genommen hatte: — reihte sich da der Schluss der Reise, der Besuch der Stätte, wo der Mann begraben liegt, dem Island sein Eintreten in die Geschichte verdankt, nicht würdig an den Anfang und gab so dem Ganzen erst seine schöne Abrundung?

Auf dem *Haraldshaug*, einem kleinen Hügel nördlich von der Stadt, wird der Grabstein des Königs noch heute gezeigt. Mag auch die strenge Wissenschaft mit gutem Grunde dessen Echtheit bezweifeln, ein Isländer, *Snorri Sturluson*, hat vor rund 600 Jahren den alten Grabstein beschrieben, und seine Darstellung macht den Eindruck, dass er selbst in Haugesund gewesen, den Grabstein gesehen und gemessen hat *(Haralds Saga ins hárfagra* K. 42): „Bei dem Kirchhofe nordwestlich ist Haralds Grabhügel, aber im Westen der Kirche liegt der Grabstein, der auf seinem Grabe im Hügel lag, und der Stein ist vierzehntehalb Fuss lang und fast zwei Ellen breit Mitten in dem Hügel war das Grab des Königs; ein anderer Stein war zu Häupten, ein anderer zu Füssen gesetzt, die Steinplatte war oben darauf gelegt, das Grab war auswendig mit Steinen angefüllt auf beiden Seiten (d. h. so dass unter den Steinplatten eine Kammer gebildet wurde). Die beschriebenen Steine, die in dem Hügel waren

Fig. 116. Der Haraldshaug bei Haugesund.

stehen noch daselbst auf dem Kirchhofe." Als der Tag von Haralds Sieg zum tausendsten Male wiederkehrte, wurde auf dem Haraldshaug 1872 die *Haralds-Stötte* errichtet, ein fast 20 m hoher Obelisk von rotem Granit, auf einem viereckigen Sockel, und rings um die „Säule" ragen wohl 20, etwa drei m hohe Steine empor, auf denen die Namen der alten norwegischen Völkerschaften eingegraben sind (Fig. 116).

Noch an demselben Abend fuhr ich mit dem prächtigen Dampfer „Kong Oskar II." nach Bergen und von da mit der „Hera" nach Hamburg; genau zehn Tage nach der Abfahrt von *Akureyri* betrat ich wieder das Festland, war ich auf deutschen Boden.

---

Diese Blätter aber — so will ich in leiser Abänderung mit Felix Dahns nordischem Roman „Odhins Trost" schliessen — diese Blätter, die ich begann auf der Insel, die sie *Thule* nennen, die Blätter, die ich flüchtig mit Bleistift füllte im Lande der Mitternachtssonne, während der kurzen Rast auf frischem Wiesengrün, am Fusse eisiger Gletscher oder auf öden, phantastischen Lavafeldern, im Sattel und im wohnlichen Gastzimmer isländischer Bauernhöfe — zu Ende schreib' ich sie und überarbeit' ich sie in der traulichen Studierstube, wenn still des Nachts die Lampe freundlich brennt. Und mächtig überkommt mich dann die Erinnerung an die schönste Zeit meines Lebens, dessen Höhepunkt immer die Reise nach der fernen Insel bilden wird, die von des Nordmeers schäumender Woge umspült wird und mit dem weissen Helme der Gletscherkuppeln in das Sonnengewölk emporragt. Dann ersteht sie vor mir im Silberkleide, schimmernd, schneeumgürtet, mit dem Brauthelm licht und rein, mit den langen, aus Kristall und weissem Schnee gewobenen Schleiern, Feuerglut im tiefen Busen, trotz der eisumwogten See. Dann beginnt es zu klingen und zu singen in mir, dann wird der süsse Wohllaut der wundervollen Worte in mir wach, die Islands gefeierter Sänger *Jónas Hallgrímsson* „Erinnerung an Island" genannt hat[1]):

> Es lieget fern ein lichter Gau
> Mit Schwanenliederschalle,
> Forellenbächen, blum'ger Au
> Und blankem Wogenschwalle,
> Mit Gletscherfirnen, Felsen blau
> Und steilem Wasserfalle —
> Beträufl' ihn, Herr, mit Segenstau
> Heut und die Tage alle.

---

[1] Lehmann-Filhés, Proben isl. Lyrik, S. 25.

Dann steigt in mir, während ich Vergangenheit und Gegenwart bei mir abwäge, die Frage auf: Wie wird Islands Zukunft sein? Nur kurz kann ich sie beantworten, zu lang schon verweilt' ich, und der Leser wird ungeduldig.

Im Verhältnisse zu anderen Völkern wird die Insel immer zurücktreten müssen, aber ihren bescheidenen Platz unter der Sonne wird sie sich gleichwohl behaupten können. Auch in wirtschaftlicher Hinsicht wird den Isländern eine fröhlichere Zukunft blühen, wenn sie auch naturgemäss mit den grossen Nationen nie mehr in Wettbewerb werden treten können. Eine wahre Bebauung des Landes ist erst jetzt wieder im Gange, der alte Schlendrian ist vorbei, man nimmt nicht mehr phantastische Träume für Wirklichkeit, Island ist nicht mehr Hamlet, dem zu einer frischen mut'gen Tat die frische, mut'ge Seele fehlt, und der Monologe hält, lang und breit, und in Verse bringt seinen Groll. Was die heutige Generation geleistet hat an Wegeanlagen, Brückenbauten, Verbesserung der Wohnungen, der Hauswiesen und der Gärten, ist alle Anerkennung wert. Möge der warnende Ruf von *Jónas Hallgrímsson* nicht umsonst erklungen sein:

> Was ist in sechshundert Jahren aus unserer Arbeit geworden?
> Gingen den richtigen Weg wir wohl zum Guten empor?

Thoroddsen, der wie kein zweiter Isländer seine Heimat kennt, ist der festen Überzeugung, dass die natürlichen Reichtümer der Insel noch lange nicht in dem Masse ausgebeutet werden, wie sie verdienen. Aber „seit Island 1874 seine eigene Verfassung erhalten hat, kann man grössere oder kleinere Fortschritte nach allen Richtungen hin wahrnehmen, und wenn es auch nur langsam geht, so ist doch Hoffnung vorhanden, dass diese Fortschritts-Bestrebungen mit Erfolg gekrönt werden. Man sieht ein, dass man in den praktischen Fragen noch weit zurück ist, und dass man mit allen Kräften das Versäumte nachholen muss, und damit ist schon viel gewonnen. Es gibt kaum eine Gemeinde, wo man nicht in der einen oder anderen Weise auf Reform bedacht ist, nur über die Ausführungen sind die Ansichten unsicher und schwankend. Jeder, der Island kennt, weiss, dass die Landwirtschaft, besonders aber die Fischerei trotz des rauhen Klimas noch einen viel grösseren Ertrag abwerfen könnte, wenn sie mit der gebührenden Einsicht und Energie betrieben würden. Wenn die Isländer erst die feste Überzeugung in sich aufgenommen haben, dass kein wahrer Fortschritt ohne angestrengte Arbeit, Umsicht und Sparsamkeit erreicht werden kann, und wenn sie bei der Ausführung die nötige Willens- und Arbeitskraft zeigen, so ist kein Zweifel, dass das Land wieder einen Grad von allgemeinem Wohlstande erreichen kann, wie es ihn seit Jahrhunderten nicht mehr gekannt hat"[1]). Eindringlich ruft Thoroddsen seinen Landsleuten zu: „Wir müssen versuchen, mit den Errungenschaften der Neuzeit Schritt zu halten, wenn es auch schwer werden, und wenn es auch langsamer bei uns gehen wird. Auf der anderen Seite müssen wir unsere Nationalität wahren und es lernen, die uns von der Natur gebotenen Reichtümer in verständiger Weise zu benutzen. Hoffen wir, dass die Tüchtigkeit, Ausdauer und Willensstärke unserer Vorfahren uns auch in zukünftigen Jahrhunderten den Weg weisen werden. Verstehen wir die Zeichen der Zeit nicht, und ringen wir nicht mit allen Kräften Leibes und der Seele um unsere geistigen und materiellen Fortschritte, so kann es sich ereignen, dass wir unsere Nationalität verlieren, unsere Freiheit und was sonst uns das Teuerste ist. Denn das Naturgesetz, dem Pflanzen und Tiere, einzelne Menschen und ganze Völker unterworfen sind, duldet keine Halbheit"[2]). —

Das sind im allgemeinen die Ziele, die Island für die Zukunft zu erstreben hat. Gehen wir nun im einzelnen, in aller Kürze, die Fortschritte durch, die Island im 19. Jahrhundert gemacht hat; dabei wird sich von selbst ergeben und zur Sprache kommen, was künftig noch zu tun übrig bleibt.

Der gewaltigste Fortschritt ist, dass Island nach fünfzigjährigem Kampfe am 5. Januar 1874 eine eigene Verfassung erhalten hat, nach der es „ein untrennbarer Bestandteil des Königreiches Dänemark ist mit eigenen Rechten"; das Verdienst, diese Zugeständnisse der dänischen Regierung abgetrotzt zu haben, gebührt lediglich *Jón Sigurdsson* und dem Deutschen Konrad Maurer; 1904 wurde durchgesetzt, dass an Stelle des *Landshöfdingi* für Island ein besonderer Minister ernannt wurde, „der seinen ständigen Wohnsitz in *Reykjavik* hat, die isländische Sprache beherrscht, persönlich mit dem Althing, der gesetzgebenden Kammer, verkehren kann und für die Gesamthaltung der Regierung verantwortlich ist, soweit sie die inneren Angelegenheiten der Insel betrifft". Zwischen dem isländischen Radikalismus und den dänischen Ansprüchen geschickt vermittelt und so die Verfassungsveränderung ermöglicht zu haben, ist ein wesentliches Verdienst von Dr. *Valtýr Gudmundsson*. Dänemark hat also anerkannt, dass Island selbständig ist, wenn auch der dänische König die Gesetze unterschreiben muss. Gleichwohl gibt es noch verschiedene Oppositionsparteien, meist reine Theoretiker — sie nennen sich *Landvarnarmenn*, Landesverteidiger, ihr Hauptorgan ist der *Ingólfur* in *Reykjavik* —, die meinen, die Isländer hätten dadurch das Recht des Landes preis gegeben, dass der

---

[1]) *Ferd um Austurland*, *Andvari*, IX, S. 96.
[2]) *Andvari*, XIII, S. 225.

isländische Minister im dänischen Staatsrate sei, die übrigen Minister könnten sich so in die Verhältnisse der Insel zu deren Schaden einmischen. Was diese radikalen Heisssporne erstreben, ist nicht mehr und nicht weniger als die völlige wirtschaftliche und politische Losreissung der Insel von Dänemark *(skilnadur)* und die Wiederherstellung eines isländischen Freistaates. Aber die „glorious isolation", die sich England wider Willen leisten kann, würde für Island schwere Gefahren und grosse Nachteile zur Folge haben. Island selbst bringt den Dänen nichts ein, aber die Isländer geniessen von Dänemark Beihilfen, die sie auf lange Zeit nicht entbehren können; jeder isländische Student z. B. kostet die dänische Krone eine Menge Geld, da ihm durch freie Wohnung und reichliche Unterstützung der Aufenthalt in Kopenhagen möglichst erleichtert wird. Wer die Geschichte Islands kennt und weiss, wie man sich in Dänemark früher angewöhnt hatte, Island als eine blosse „Dependenz" zu betrachten, die man durch die drückendsten Handelsmonopole aussaugte, und deren öffentliches Gut man unbedenklich zugunsten des dänischen Schatzes verschleuderte, der versteht, dass die Gefühle der Isländer für die Dänen nicht sonderlich freundschaftlich und liebevoll sein konnten. Aber wohin soll es führen, wenn man nicht vergeben und vergessen und mit dem geschichtlich Gewordenen rechnen will? Um so mehr, da Dänemark aufrichtig bemüht ist, die geschlagenen Wunden zu heilen, wieder gut zu machen, was es verschuldet hat, und den berechtigten Nationalstolz auf alle Weise zu schonen. Eine feine Höflichkeit ist es, dass König Frederik das gesamte Althing im Juli 1906 nach Kopenhagen eingeladen und auf einem besonders zur Verfügung gestellten Dampfer feierlich nach Kopenhagen geleitet hat. Im Sommer 1907 will der König dann die Insel selbst besuchen, und dann können sich die Isländer überzeugen, dass er sogar ihre Sprache spricht. Viele Augen sehen sich nach einem Anschluss an England oder Norwegen um, — aber dass damit eine Verbesserung erreicht würde, glauben sie selbst nicht. Heusler hat vollkommen recht: die höhere Politik könne man auf Jahrzehnte ruhen lassen; die Verfassung, so wie sie sei, gebe Raum genug, um an dem wirtschaftlichen Fortschritt, der ohne Vergleich wichtigsten Aufgabe, erfolgreich zu arbeiten. Manchem von der Oppositionspartei, den ich als liebenswürdigen Wirt und feingebildeten Gelehrten schätzen gelernt habe, habe ich den warnenden Rat erteilen müssen, nicht ein doppeltes Spiel zu spielen: auf Island selbst werfen sie dem Minister vor, dass er Dänemark gegenüber zu schwach und nachgiebig sei; in Dänemark aber, und von da gelangt es in die ausländische Presse, stellen sie die Verhältnisse so hin, als dächte man allen Ernstes nach dem Vorbilde des norwegisches Separatismus an eine völlige Losreissung von der „Fremdherrschaft", an eine Trennung vom „Ausland" Dänemark.

Einen weiteren Fortschritt zeigt das Verkehrswesen. Abgesehen von der weit häufigeren Dampfverbindung ist der Verbesserung der Wege *(vegabætur)* die grösste Aufmerksamkeit geschenkt, und eine stattliche Anzahl Brücken ist gebaut worden. Eine Eisenbahn gibt es zwar noch nicht, aber die telegraphische Verbindung mit dem Auslande und unter den einzelnen Orten der Insel ist seit September 1906 Wirklichkeit geworden.

Das Land ist zwar arm, aber nicht nur völlig schuldenfrei, sondern besitzt sogar seit 1871 einen Reservefonds, der am 1. Januar 1904 1820000 Kr. betrug, während er 1876 nur 400000 Kr. hatte. Während die Gesamteinnahmen des Staates 1876/77 auf 611000 Kr. veranschlagt wurden, betrugen sie 1902/3 2064000 Kr. Der Wert der einzelnen Häuser in den Kaufstädten ist von 600000 Kr. im Jahre 1870 auf 5000000 Kr. 1899 gestiegen. Die erste Sparkasse entstand 1872 in *Reykjavik* mit 13610 Kr. Einlagen. 1902 betrugen sie 2505000 Kr. Im Juni 1904 ist eine zweite Bank eröffnet *(Islands banki)*, die Noten in Umlauf gesetzt hat; sie ist von einer Gesellschaft dänischer und norwegischer Banken und Kapitalisten gegründet und hat für 30 Jahre das Privilegium, Banknoten auszugeben.

Auf literarischem Gebiete sind zu der bereits früher blühenden Lyrik die Anfänge der Novellistik und des Romans gekommen, und selbst die dramatische Kunst zeigt verheissungsvolle Ansätze. Musik und Bildhauerkunst stecken in den Kinderschuhen, doch zieht ein entschieden begabter Bildhauer und ein tüchtiger Maler schon die Aufmerksamkeit auf sich. Für den Unterricht ist, so darf man getrost sagen, in keinem Lande so gut gesorgt, wie in Island. Der einzigartige Bildungstrieb, der den Isländern immer eigen gewesen ist, hat auch jetzt noch nicht nachgelassen: mancher einfache Bauer erwirbt sich aus eigener Kraft nicht nur Sprachkenntnisse, sondern auch gediegenes literarisches Wissen, und dieser ideale Zug ist es besonders, der uns das Volk in seiner Gesamtheit so lieb und wert macht. Die Sprache ist von fremden Elementen, namentlich von Danismen gereinigt, die Rechtschreibung verbessert, wenn auch noch keine Einheit hier erreicht ist, und der Stil vervollkommnet[1].

---

[1] „Isländischer Geist und isländische Dichtung, denen die dänische Kultur ihre ganze nordische Kultur verdankt, müsste einen Ehrenplatz auch im Kreise der modernen Bildung Dänemarks zugesichert werden" (Georg Brandes, Gesammelte Schriften IV, S. 364). Aber sein Vorschlag „Die jungen isländischen Dichter müssen die dänische Sprache gut genug beherrschen können, um unsere Literatur mit den besten Schöpfungen isländischer Dichtkunst zu bereichern" (a. a. S. 361), ist unmöglich; soviel ich weiss, hat noch kein isländischer Dichter in dänischer Sprache gedichtet, obwohl er sie ebensogut wie seine Muttersprache beherrscht, noch seine Schöpfungen selbst in das Dänische übertragen.

Ganz besondere Pflege hat man dem Gesundheitswesen gewidmet. Die durchschnittliche Lebensdauer hat in den letzten 25 Jahren um mehr als 10 Jahre zugenommen. Grossartig ist die Altersversorgung geregelt. Die Enthaltsamkeitsbewegung schreitet rüstig fort, namentlich durch die Tätigkeit der Guttemplerloge. Die einzigen, aber erfreulichen Rückgänge, die die Insel aufzuweisen hat, sind das Nachlassen des Aussatzes, der Hundewurmkrankheit und vor allem des Gebrauchs an alkoholischen Getränken. Während 1869 auf den Mann 8,94 Topf Branntwein kamen (etwa unserem Liter entsprechend), sind es 1902 nur 2,31. Zur Nachahmung können folgende gesetzliche Bestimmungen dienen: „Niemand braucht geistige Getränke zu bezahlen, die er im Wirtshaus auf Borg erhält, die Zöglinge öffentlicher Schulen auch dann nicht, wenn sie Getränke im Kaufladen oder anderswo auf Borg entnehmen. Wer Spirituosen an Personen unter 16 Jahren oder an solche verkauft, die wegen Trunksucht entmündigt sind, ist straffällig". Die Erzeugung alkoholischer Getränke im Lande selbst ist untersagt. Auch die Einfuhr von Spirituosen ist zurückgegangen; ein Liter Branntwein kostet z. B. 45 Öre Zoll.

Auch die Lebensweise des Volkes zeigt entschiedene Fortschritte, die Errungenschaften der europäischen Kultur finden unaufhaltsam ihren Weg nach der abseits gelegenen Insel. Die Nahrungsverhältnisse haben sich gebessert, die Kleidung ist geschmackvoller geworden, die Reinlichkeit hat zugenommen, die Zubereitung der Speisen ist besser geworden, Aberglaube und Vorurteile haben abgenommen, die Petroleumlampe hat die Teerlampe verdrängt; Nähmaschinen, Strickmaschinen, Zentrifugen, Webstühle, Spinnmaschinen, selbst Mähmaschinen, haben Eingang gefunden. Auch der Wagen hat sich eingebürgert, während es noch vor kurzer Zeit keinen einzigen gab und alles zu Pferde transportiert werden musste.

In Thoroddsens Novelle „Jüngling und Mädchen" sagt eine bejahrte Kirchspielsarme, die, da ihr Heimatsort zweifelhaft ist, von einer Gemeinde zur anderen abgeschoben wird, hungrig und vor Frost erstarrt: „Aber Gott vergebe dem König, nun sitzt er und trinkt Kaffee und Branntwein und weiss nicht, was hier vorgeht". Das wird heute auch dem armseligsten Weibe nicht mehr in den Mund kommen, Kaffee und Branntwein gelten auf der Insel nicht mehr als königliche Genussmittel[1].

Die Einwohnerzahl, die 1850 59000 betrug, ist auf rund 80000 angewachsen, der Überschuss an Geburten betrug 1895 etwa 1873. Der Ausgewanderten sind 1903 und 1904 zusammen 750, 1905 und 1906 noch viel weniger, während früher in einem Jahre

---

[1] Kuntze, Island am Beginn des 20. Jahrhunderts. Grenzboten 1905, S. 332.

soviel Menschen fortzogen. Und doch könnten auf Island, wie man sorgfältig ausgerechnet hat, annähernd 800000 Menschen wohnen und noch dazu viel besser leben, als es jetzt der Fall ist, also fast das Zehnfache der heutigen Bevölkerung[1]. Dr. *Valtýr Gudmundsson* hat daher vor einigen Jahren dem Althing einen Gesetzesvorschlag unterbreitet, nach dem Ansiedler aus den skandinavischen Reichen unter besonders günstigen Bedingungen nach Island übergeführt werden sollen. Dieser auf die Kolonisation der Insel abzielende Vorschlag ist zum Gesetz erhoben worden. Den Ansiedlern wird Ödland überwiesen, wie auch Darlehen aus der isländischen Staatskasse zum Hausbau, zum Ankauf von Vieh und zur Anschaffung von Gerätschaften gewährt werden. So hofft man die grossen Weiden besser auszunützen, dem Meiereibetrieb und der Fischerei zu helfen. Auf der Insel selbst fehlt es dazu an Arbeitskraft, und der Arbeitslohn auf Island ist viel höher als in Dänemark oder Norwegen. Welch ein wunderbarer Umschwung! Heute will man mehr Menschen auf Island ansiedeln, um es urbar zu machen; vor 120 Jahren aber, nach dem furchtbaren Ausbruche der Kraterreihe des *Laki* (1783) entstand bei der dänischen Regierung der Gedanke, die Isländer in die unbesiedelte Heide Jütlands zu verpflanzen!

Die Erwerbsverhältnisse sind zum grossen Teil stark verbessert. An Rindern gab es 1881 ungefähr 18000, 1902 aber 27000; an Schafen 1881 — 414000, 1902 — 700000; an Pferden 1881 — 31000, 1892 — 45000 Stück. Um die Bodenkultur zu heben, hat man entsprechende Vereine gegründet und von Staatswegen bedeutende Summen für Bodenverbesserungen bewilligt. Ödfelder werden urbar gemacht, die Hauswiesen geebnet, Wiesen- und Weideland schärfer voneinander getrennt, Rieselfelder und Bewässerungsgräben angelegt, ja, man hat sogar mit der Aufforstung des Landes begonnen, und die Regierung hat grössere Summen bewilligt, um den Versuch zu wagen, in einzelnen Gegenden wieder Wälder anzupflanzen. Der Wert der Heuernte war 1885 ungefähr 2320000 Kr., 1902 aber 4605000 Kr., der Wert der Kartoffeln 1885 = 2900 Tonnen, 1902 = 15500 Tonnen. Die Einfuhr der Kartoffeln und Rüben wird in absehbarer Zeit ganz unnötig sein. Leider lässt der träge Zopfgeist in der Landwirtschaft die Moore immer noch in ihrem bisherigen Zustande und verschmäht, Gelder von auswärts aufzunehmen. Immerhin bedeckten dank der isländischen Gartenbaugesellschaft *(Gardyrkjufjelag)* die Gemüsefelder 1895 einen Raum von 50000 qm (1871 nur 25000 qm). Die Ebnung des Bodens auf dem Wiesenlande (der sogenannte *Púfnasljettur*) betrug 1871/75 durchschnittlich im Jahre 13,5 ha, 1895 aber 122,73 ha. Gedüngte und überhaupt richtig gepflegte Wiesen

---

[1] Gebhardt, Globus, Bd. 67, S. 385.

*(ræktud tún)* gab es 1885 gegen 31000 Tagewerk (zu rund 32 ar), 1895 aber 41000 Tagewerk. Zeit wird es auch kosten, bis das richtige Gleichgewicht zwischen dem Betriebe der Landwirtschaft und der Fischerei wieder hergestellt ist, nachdem es jahrhundertelang zum Nachteile der Landwirtschaft verrückt worden ist.

Der Fischfang geht rüstig vorwärts: einer Ausfuhr von rund fünf Millionen Pfund Fischen 1849 steht 1896 eine solche von rund 22 Millionen Pfund gegenüber. Der Wert der Fischereiprodukte betrug 1885—3375000 Kr., 1902—8000000 Kr. Der Gesamtexport betrug 1885 ca. 5 ½ Mill. Kr., 1902—10 ½ Mill. Kr., der Export pro Einwohner 1885—77 Kr., 1902—132 Kr. Islands Flotte an Schiffen über 20 Reg.-T. ist von 84 Schiffen 1895 auf 170 Schiffe 1902 angewachsen.

Ausserordentliche Fortschritte hat der Handel gemacht, er hat sich in den letzten 50 Jahren fast versechsfacht: er ist allmählich mehr in die Hände der Isländer gelangt, und der Tauschhandel ist so gut wie völlig geschwunden. Nach Dänemark hat England den Hauptanteil am isländischen Handel. Den Hauptausfuhrartikel bilden noch immer gesalzene Fische; die Ausfuhr von Wolle nach Norwegen ist, nachdem auf Island selbst Spinnereien und Webereien errichtet sind, zu völliger Bedeutungslosigkeit herabgesunken. Endlich ist der Handel dadurch in neue Bahnen gelenkt, dass sich verschiedene Bauern und Gemeinden zu gemeinsamem Handel zusammengeschlossen haben. Zu wünschen bleibt immerhin noch eine direkte Verbindung Islands mit dem Auslande, nicht erst mit dem Umwege über Edinburgh und Kopenhagen, die Einrichtung der Flussschifffahrt nach Sprengung der Stromschnellen und somit eine Erleichterung des Transportes der isländischen Waren nach der Küste und die Instandsetzung und Bemannung eigener isländischer Schiffe. Gewinnung von Kapital ist also vor allem für Islands Gedeihen nötig, und kann man nicht einheimisches Kapital und einheimische Unternehmer aufbringen, so muss man versuchen, solche aus dem Auslande zu gewinnen. Dann kann selbst die noch so sehr vermehrte Bevölkerung Islands nicht nur unter denselben Bedingungen des Wohlstandes und Behagens dort leben, sondern sogar noch unter viel besseren als die jetzige kleinere[1]).

Gewaltige Fortschritte sind also in den letzten 25 Jahren gemacht, und frohe Hoffnungen kann der Isländer und Isländerfreund auf die Zukunft setzen. Immerhin bleibt noch genug zu tun übrig. Von dem grossen Aufschwung, bemerkt E. Mogk sehr richtig, den die Naturwissenschaften und die davon abhängige Industrie in der Neuzeit gewonnen haben, ist Island noch wenig berührt worden[2]).

---

[1]) Gebhardt, Globus, Bd. 76, S. 385.
[2]) Hettners geogr. Zeitschr. Jahrgang XI, 1905. S. 635.

Zu Fabrikanlagen fordert die Natur des Landes geradezu heraus, aber die wasserreichen Ströme mit ihren Wasserfällen, deren Kraft auf 1000 Millionen Pferdekräfte veranschlagt wird, nutzt der Isländer nicht aus, sondern verpachtet sie an Engländer. Die reichen Schwefellager sind nicht mehr in Betrieb, leidliche Kohlenlager sind im Nord- und Ostlande gefunden, aber noch nicht auf ihre Ergiebigkeit untersucht.

So freudig man vom allgemein menschlichen Standpunkte aus die lichteren Aussichten für die Zukunft begrüssen wird — die vorzüglichen Verkehrsmittel der Gegenwart, die Island allmählich von den nachteiligen Wirkungen seiner fernen, isolierten Lage befreit haben, bergen dem selbstsüchtigen Freunde, dem Islands Sprache, Sitten und Gebräuche immer als die altertümlichsten aller germanischen Völker besonders lieb und teuer gewesen sind, auch eine nicht zu unterschätzende Gefahr in sich. Mit leisem Bedauern wird er fragen, ob nicht unaufhaltsam Island aufhören wird, ein dankbarer Boden für die Volkskunde zu sein. Schon das vergangene Jahrhundert zeigt, dass viele charakteristische Züge isländischer Eigenart schwinden, und dass die Berührung mit der heutigen Kultur zwar segensreich auf die allgemeinen Verhältnisse einwirkt, dafür aber mit den alten Sitten, Einrichtungen und Zuständen unbarmherzig aufräumt. Noch in der Mitte des 19. Jahrhunderts konnten *Magnús Grimsson* und *Jón Árnason*, sowie Konrad Maurer eine reiche Ernte Volkssagen, Rätsel, Reihengedichte und Spiele unter Dach bringen. Wie dürftig ist dagegen der Ertrag, den Daniel Bruun und selbst Thoroddsen von ihren vielen Reisen mitgebracht haben! Selbst in die *Skaptafells sýsla* wird im Laufe der Zeit das moderne Leben durchsickern. Eine Darstellung altnordischen Lebens tut uns Not, bevor alles gleichgemacht ist. Mit Zeichenstift und photographischem Apparat muss festgehalten werden, was noch von Altertümern vorhanden ist. Noch bietet sich uns hier eine Gelegenheit, wie nirgends sonst in germanischen Ländern, das Altertum unmittelbar durch die Gegenwart zu erläutern — wie bald wird auch sie verschwunden sein! Ans Werk drum, ihr nordischen Philologen in Kopenhagen und Island! Noch ist es Zeit, die Aufgabe zu lösen, in 25 Jahren kann sie unwiederbringlich dahin sein!

Gewisse Vorzüge vor allen andern Germanen wird Island immer behalten. Ohne das entlegene Eiland wären beinahe alle nordischen und viele germanischen Altertümer verloren gegangen, wäre eine prachtvolle altgermanische Sprache nicht rein und in voller Altertümlichkeit bewahrt. Die Isländer sind darum das einzige germanische Volk, das sich der alten rein germanischen Literatur ohne gelehrte Vermittlung erfreuen kann, nur in Island ist eine nationale Bildung im eigentlichen Sinne möglich. „Wer altgermanische Prosa und altgermanischen Stil kennen lernen will, muss bei den Sagas Einkehr halten, wo sich allein eine nationale Prosa entwickelt hat. Kein germanisches Volk kann den Isländern etwas Ähnliches an die Seite stellen, und selbst bei den stammverwandten Norwegern, Schweden und Dänen findet man diesen Zweig der Literatur nicht"[1]). Nirgends in der Welt, um nur einige Hauptpunkte hervorzuheben, haben wir eine so eingehende und zuverlässige Kunde von der Besitznahme und Besiedlung eines Landes, wie von den Norwegern, die am Ende des 9. und Anfang des 10. Jahrhunderts sich auf Island festgesetzt haben. Bei keinem anderen germanischen Stamme ausser bei den Isländern finden wir eine grammatische Behandlung der heimischen Sprache im Mittelalter. „Diesem Volke endlich ist, sagt Heusler, die Schriftstellerei inneres Bedürfnis. Für Island ist die literarische Beschäftigung nicht ein Luxus, eine Spielerei, die üppigeren Völkern überlassen werden könnte. Die Eigenart des Volkes, seine Stellung in der Welt beruht auf diesem Boden. Man spricht auch wohl anderswo von literarischen Nationen. Aber dabei sind es die oberen Zehntausend, für die das Schrifttum vorhanden ist. Auf Island ist das ganze Volk das Publikum. Das ganze Volk lebt in seiner Literatur. Zustände, die bei uns mit Hans Sachsens Zeit aufgehört haben, blieben auf Island bestehen"[2]).

Dass eine Einbusse an altem nationalen Eigentum unvermeidlich ist, wissen auch die Isländer selbst. Aber ich glaube, Thoroddsen hat richtig erkannt, dass die Isländer die Frage nicht so stellen müssen: sollen wir alle Kraft einseitig auf unser wirtschaftliches Emporkommen verwenden? oder sollen wir die Hände in den Schoss legen und uns nur in unserer ruhmreichen Vergangenheit sonnen? sondern er weist mit Recht nachdrücklich darauf hin, dass man beides sehr wohl miteinander vereinen kann. Die Isländer sollen ihre Nationalität, ihre Eigenart nicht aufgeben, sie sollen das glückliche Volk bleiben, das dank seiner abgeschiedenen Lage es sich gönnen kann, in den Literaturschätzen der Vergangenheit und Gegenwart zu leben, wie kein zweites Volk auf der ganzen Welt, sie sollen der germanische Stamm bleiben, der das schöne Lob des Tacitus, das er einst allen Deutschen gespendet hat, mit Stolz auf sich beziehen kann: es bleibe das eigentümliche, unverfälschte, nur sich selbst gleiche Völkchen! „Solange die Isländer, sagt Heusler, ihre eigensten Güter, die Werke in ihrer Sprache, als lebendigen Besitz festhalten, werden sie, in Zukunft wie bisher, ihre geistige Persönlichkeit wahren und dem Namen ihrer Insel den edlen, hellen Klang sichern." „Der Blick auf die eigene Vorzeit ist immer der Schutzgeist der Isländer gewesen. Ohne ihn hätten die Vaterlands-

---

[1] Mogk, Norw.-Isl. Literaturgeschichte S. 176.
[2] Deutsche Rundschau, XXII, S. 406.

liebe, die Sprache, das Volkstum die zwei Jahrhunderte des Elends nicht überdauert." Aber damit sie nicht aussterben, damit sie in dem zwischen den Völkern der Erde geführten Wettstreit ihren Platz dauernd ausfüllen, müssen sie auch mit den Fortschritten der übrigen Menschheit mitzukommen suchen und dürfen sich nicht querköpfig und störrisch der Neuzeit und Aussenwelt verschliessen. Schon *Jón Th. Thóroddsen* hat erkannt, dass allein diese Vereinigung Island zum Segen gereichen kann:

> Halte dein Volkstum zu höchst
> und such' es zu bilden, denn unterm
> Mantel des Auslands verbirgt
> oft sich ein schneidiges Schwert,
> Eben das Schwert, das zu Tode
> verwundet dein Bestes und Schönstes:
> Heimische, treffliche Art,
> heimischen Alters Geschmack.
> Folge du jenen getrost,
> die dich führen wollen die Wege
> Zu gedeihlichem Ziel:
> Fortschritt und Freiheit und Glück[1]).

Dann wird das prophetische Wort in Erfüllung gehen, das der greise Dichter *Benedikt Gröndal* seinen Landsleuten im Überschwang der Begeisterung zugerufen hat:

> Herrlich seh ich schreiten dich
> In der Zukunft Weite,
> Schirmend legt die Woge sich
> Rings an deiner Seite.
> Schimmernd reihen sich zum Kranz
> Deine alten Sterne,
> Und des Nordlichts Zauberglanz
> Flutet in die Ferne.

Die bange Frage, die derselbe Dichter vor langen Jahren aufgeworfen hat, kann verstummen:

> Wird auch uns die Stunde schlagen,
> Wo der Knechtschaft Nacht zerfliesst,
> Wo der Blumen schönste Fülle
> Aus dem freien Boden spriesst?

Frohgemut kann er heute triumphieren:

> Ja, der Tag, er ist erschienen,
> Wo das Recht zum Szepter greift,
> Und der Tag geht erst zu Ende,
> Wenn mein Volk zum Grabe reift!

---

[1]) Von den folgenden Gedichten ist das 1., 4. und 5. von Poestion übersetzt, Eislandblüten S. 85, 157/8, 198/9, das 2. und 3. von Baumgartner, Island und die Färöer, S. 434, 454.

An alle Isländer aber, an hoch und gering, an arm und reich, an alte wie an junge, an die, die auf der meerumbrausten Insel geblieben sind, und besonders an die, die der Heimat den Rücken gekehrt haben, richtet sich eine eindringliche Mahnung von *Steingrímur Thorsteinsson* aus seinem Festgesange zur Feier der tausendjährigen Besiedelung Islands:

> Lasst wirken uns stets für ein ruhmvoll Gedeihn
> Des geliebten Landes, des kalten,
> Das uns schenkte des Lebens rosigen Schein
> Und dereinst uns das Bahrtuch wird falten.
> Es ist zu gut für Elend und Roheit
> Und noch nicht zu schwach für Adel und Hoheit.
>
> Gott stärke die Wackern, die klug sich geweiht
> Dem wahren Fortschritt im Lande,
> Fürs Volk sich wehren im tätigen Streit,
> Bis gefallen die letzten Bande,
> Bis das Volk durch die Gluten der Wahrheit gedrungen,
> Der alte Ruhm und die Freiheit errungen! —

Als *Hannes Hafsteinn*, der reichbegabte Lyriker und der erste isländische Minister, auf der Heimfahrt nach Island an Schottlands Küste vorbeifuhr, wimmelte es im Fjord von Schiffen, des Landes Adern sind voller Leben. Wie gern sähe er einen Teil dieser Schätze im Besitze der geliebten Heimat! Im Geiste schaut er Tausende von Schiffen an Islands Küste versammelt, mit Jung-Islands besten Söhnen bemannt, isländisch erschallt das Kommando: Volldampf voraus! Schlaffheit und Schläfrigkeit, die alten Erbübel, sieht er im Geiste für immer verbannt, und eine neue helle Morgenröte bricht dem Vaterlande an. Und wie alle Deutschen sich um die schmetternden Klänge der „Wacht am Rhein" scharen, so stimmt *Hannes Hafsteinn* nach derselben Melodie ein neues Nationallied an, das die Zagen und Schwachen vorwärts reissen und jeden anspornen soll, seine Pflicht und Schuldigkeit mit Einsetzung aller Kräfte und bis zum letzten Atemzuge zu tun. Als ein stimmungsvoller Rückblick auf die Vergangenheit, ein ernster Mahnruf an die Gegenwart, ein froher Ausblick in die Zukunft mag sein Gedicht „Island" dieses Buch beschliessen, da es am besten all das ausdrückt und wiedergibt, das dem Verfasser selbst auf den vorliegenden Seiten als Leitmotiv und Grundakkord vorgeschwebt hat:

> Du unsers Erdteils jüngstes Land,
> Du **unser** Land, o Heimatland!
> Hoch ragst Du, wie des Jünglings Stirn,
> Vom Meer umrauscht, mit Berg und Firn.
> Drückt dich auch schwer des Schicksals Hand,
> Du musst doch immer vorwärts, vorwärts, Land!

Jed' Ding hat seine Werdezeit,
Hart war die Deine und voll Leid;
Die Jugend, schläfrig, kinderhaft,
Birgt doch gar oft verborgne Kraft;
Drauf kommt die Zeit der Männlichkeit,
Dann gilt's, voranzugeh'n im Kampf der Zeit.

Vorwärts all Deine Berge schaun,
Vorwärts zeigt jedes Kap, — und, traun,
Auch Du willst nimmer schläfrig sein,
Wagst in den Zeitstrom Dich hinein.
Geh stolz, von Feigheit unberührt,
Den rechten Weg, der Dich zur Freiheit führt!

Du unsers Erdteils jüngstes Land,
Du **unser** Land, o Vaterland!
Du gabst uns unsre Sprache hold,
Du prägtest unsrer Seele Gold,
Du nährst all, die wir leben hier,
Und was wir haben, haben wir von Dir!

Wie sollten wir Dich lieben nicht,
Da alles uns mit Dir verflicht
Und Deine Zukunft unsre ist?
Uns trifft's, wenn Du im Rückschritt bist.
Drum heb' das Felsenhaupt hinan,
Denn tun wird jeder, jeder, was er kann!

# Verzeichnis der Abbildungen.

(Die Vollbilder sind durch gesperrten Druck hervorgehoben.)

## Teil I.

Titelbild: Benedikt Gröndal „Gedenkblatt an die tausendjährige Jubelfeier der Besiedlung Islands".

|  |  | Seite |
|---|---|---|
| Bild 1. | Erster Anblick von Islands Südküste | 9 |
| „ 2. | Dyrhólaey und Mýrdalsjökull | 34 |
| „ 3. | Heimaey (Vestmannaeyjar) | 37 |
| „ 4. | Vogelfang auf der Vestmannaeyjar | 40 |
| „ 5. | Ein Trawler | 45 |
| „ 6. | Geologische Karte von Island | 49 |
| „ 7. | Kraterreihe des Laki | 59 |
| „ 8. | Der Vulkan Kverkfjöll | 76 |
| „ 9. | Einar Jónsson, Útilegumaðurinn | 81 |
| „ 10. | Ögmundur Sigurðsson und Þorvaldur Thoroddsen | 97 |
| „ 11. | Þingvellir. Blick vom Beginne der Almannagjá | 105 |
| „ 12. | Hannes Hafsteinn | 126 |
| „ 13. | Reykjavík | 129 |
| „ 14. | Zwei Frauen in Festtracht, eine in Alltagstracht | 136 |
| „ 15. | Pferd im Winterpelz | 139 |
| „ 16. | Die heissen Quellen bei Reykjavík | 145 |
| „ 17. | Gymnasium mit Bibliothek in Reykjavík | 153 |
| „ 18. | Björn Magnússon Ólsen | 158 |
| „ 19. | Deckel auf einem gekerbten Kasten | 166 |
| „ 20. | Geschnitzte Hornlöffel | 168 |
| „ 21. | Bänder aus Island | 169 |
| „ 22. | Isländische, in Flach- und Kreuzstich ausgeführte Handarbeit | 171 |
| „ 23. | Einar Jónsson, Entwurf eines Nationaldenkmals für den Færing Poul Nolsö | 179 |
| „ 24. | Tragbare Hürde (zum Melken der Schafe) | 195 |
| „ 25. | Einbringen des Heus | 199 |

## Verzeichnis der Abbildungen.

| | | Seite |
|---|---|---|
| Bild 26. | Schafe auf der Weide | 201 |
| „ 27. | Lämmerhürde | 203 |
| „ 28. | Höhle mit Umzäunung, zugleich Höhle für Hirten | 206 |
| „ 29. | Einsammeln der Schafe im Herbste | 207 |
| „ 30. | Schafhürde im Südlande | 208 |
| „ 31. | Grosse Schafhürde | 209 |
| „ 32. | Sortieren der Schafe in einer grossen Hürde | 211 |
| „ 33. | Natürliche Rinne in einem Lavafelde, als Schafstall benutzt | 214 |
| „ 34. | Alte Zufluchtsstätte für Schafvieh | 215 |
| „ 35. | Bienenkorbartige Zufluchtsstätte für Schafe | 216 |
| „ 36. | Kuhstall, darüber eine Badstofa | 219 |
| „ 37. | Reitpeitsche | 224 |
| „ 38. | Die letzte Reise | 225 |
| „ 39. | Schutzhürde für den Winter (für Pferde) | 226 |
| „ 40. | Pferdekämpfe in alter Zeit | 231 |
| „ 41. | Hvalfjördur, gesehen vom Reynivallaháls | 265 |
| „ 42. | Im Regen bei Reykjahlíd | 274 |
| „ 43. | Holztransport | 275 |
| „ 44. | Stafholtsey | 280 |
| „ 45. | Satteln der Packpferde | 282 |
| „ 46. | Rast in einem Lavafelde — kein Gras | 283 |
| „ 47. | Bad Snorris (Snorralaug) | 287 |
| „ 48. | Grundriss von Þingvellir | 300 |
| „ 49. | Þingvellir. Die Öxará stürzt in die Almannagjá nieder | 301 |
| „ 50. | Der „Gesetzesfelsen" und Þingvallavatn | 307 |
| „ 51. | Bauernhof im Eyjafjördur | 311 |
| „ 52. | Grundriss des ältesten isländischen Wohnhauses | 312 |
| „ 53. | Gehöft im Südlande (Rückseite) | 314 |
| „ 54. | Dasselbe Gehöft (Grundriss) | 315 |
| „ 55. | Eine Badstofa | 318 |
| „ 56. | Altertümliche Küche in Grenjadarstadur | 321 |
| „ 57. | Alte Kirche bei Sandfell | 324 |
| „ 58. | Ragnheidar-hellir | 329 |
| „ 59. | Siegel der Islandfahrerbrüderschaft in Hamburg | 344 |
| „ 60. | Indridi Einarsson | 353 |

## Teil II.

Titelbild in Farbendruck „Blick auf Kirkjubær".

| | | Seite |
|---|---|---|
| Bild 61. | Aufbruch zur Reise | 2 |
| „ 62. | Eingang zur Almannagjá | 3 |
| „ 63. | Das Geysirgebiet | 7 |
| „ 64. | Gullfoss | 14 |
| „ 65. | Unterhalb des Gullfoss | 15 |
| „ 66. | Übergang über die Hvítá | 17 |
| „ 67. | Stórinúpur | 21 |

Verzeichnis der Abbildungen. 293

                                                                                                   Seite

| | | |
|---|---|---:|
| Bild 68. | Hekla | 25 |
| „ 69. | Oddi | 35 |
| „ 70. | Storólfshvoll | 40 |
| „ 71. | Blick von Hlíðarendi nach den Vestmannaeyjar | 45 |
| „ 72. | Am Eyjafjallajökull | 47 |
| „ 73. | Þorvaldseyri | 64 |
| „ 74. | Skógafoss | 66 |
| „ 75. | Vík í Mýrdal | 82 |
| „ 76. | Brandung bei Vík (Reynisdrángar) | 83 |
| „ 77. | Hjörleifshöfði | 88 |
| „ 78. | Ritt durch das Eldvatn | 101 |
| „ 79. | Kirkjubær á Síðu | 103 |
| „ 80. | Sigurður Jónsson, Bauer von Orrustustaðir mit Frau und Tochter | 116 |
| „ 81. | Núpstaður | 122 |
| „ 82. | Inneres der Kirche zu Sandfell | 139 |
| „ 83. | Übergang über den Breiðamerkurjökull | 147 |
| „ 84. | Hof í Álptafirði | 160 |
| „ 85. | Djúpivogur | 165 |
| „ 86. | Brúarjökull am Nordrande des Vatnajökull | 173 |
| „ 87. | Nordostrand des Vatnajökull | 173 |
| „ 88. | Am Nordrande des Vatnajökull | 174 |
| „ 89. | Birkenwald bei Hallormstaðaháls | 176 |
| „ 90. | Hengifoss | 179 |
| „ 91. | Jökulsá á Brú, entspringt auf dem Eyjabakkajökull | 187 |
| „ 92. | Luftfähre *(dráttur)* bei Eyríksstaðir | 189 |
| „ 93. | Die Pferde werden durch Steinwürfe in die Jökulsá getrieben | 193 |
| „ 94. | Satteln der Pferde nach dem Übergang über die Jökulsá bei Eyríksstaðir | 194 |
| „ 95. | Möðrudalur | 197 |
| „ 96. | Herðubreið | 198 |
| „ 97. | Dettifoss | 205 |
| „ 98. | Wäsche und Abkochen vor Svínadalur | 207 |
| „ 99. | Alter Herd in Svínadalur | 209 |
| „ 100. | Uxahver | 218 |
| „ 101. | Brúarfoss der Laxá bei Grenjaðarstaður | 219 |
| „ 102. | Der Nachtkobold in seinem Boote | 222 |
| „ 103. | Die Insel Slútnes im Mývatn | 224 |
| „ 104. | Im Gebüsch der Insel Slútnes | 225 |
| „ 105. | Reykjahlíð | 226 |
| „ 106. | Hverfjall | 229 |
| „ 107. | Kálfaströnd am Mývatn | 232 |
| „ 108. | Skútustaðir | 233 |
| „ 109. | Goðafoss | 237 |
| „ 110. | Wassermühle bei Ljósavatn | 238 |
| „ 111. | Hálsskógur í Fnjóskadal | 239 |
| „ 112. | Akureyri | 247 |
| „ 113. | Matthías Jochumsson | 253 |
| „ 114. | Möðruvellir | 269 |

|   |   | Seite |
|---|---|---|
| Bild 115. | Ebereschen in Skrida | 263 |
| „ 116. | Der Haraldshaug bei Haugesund | 277 |

Am Ende des zweiten Teiles: Übersichtskarte, Herrmanns Reiseroute in Island.

Die von fremden Vorlagen entnommenen Bilder sind folgenden Werken entliehen: Nr. 5, 10, 24, 27, 28, 30, 31, 33, 34, 35, 36, 38, 39, 40, 43, 45, 46, 48, 53, 54, 55, 65, 71, 72, 86, 87, 88, 89, 91, 110, stammen von Daniel Bruun; Nr. 2, 50, 77 von Collingwood; Nr. 3, 15, 19, 22 von Annandale; Nr. 1, 8, 102, 106 von Thoroddsen; Nr. 6 von Löffler; Nr. 96 von Paijkull; Nr. 59 von Baasch; Nr. 7 von Helland; Nr. 21 von der „Zeitschrift des Vereins für Volkskunde" (Berlin 1899, Asher & Co). Die übrigen Abbildungen sind nach photographischen Aufnahmen hergestellt; die Vorlagen für Nr. 4, 11, 13, 16, 49, 61—64, 68 lieferte *Sigfús Eymundsson* in *Reykjavik*; für Nr. 14, 24, 26, 29, 32, 51, 109, 111, 112, 115 *H. Schiöth* in *Akureyri*; Nr. 25, 41, 42, 44, 47, 56, 57, 58, 66, 69, 70, 73, 74, 75, 76, 78—84, 91—95, 97—101, 103, 104, 105, 114, 115 Günther Eberhardt in Torgau; von diesem rührt auch das farbige Titelblatt her.

# Verzeichnis der Proben aus der isländischen Literatur.

### 1. Ausführlicher besprochene Stellen aus den Sagas.

Allgemeines über die Sagas S. 108 ff.

*Egilssaga.* Allgemeines: 159, 257, 286.
 K. 8—279; K. 29—189, 237; K. 62—189; K. 65—190; K. 86—258, 259.

*Grettissaga.* Allgemeines: 79, 80.
 K. 12—II 79; K. 53—290; K. 61—67; K. 64, 65, 66—II 236 Anm.

*Gunnlaugssaga Ormstungu.* Allgemeines: 257, 259, 288, 302.

*Hænsna Þórissaga.* Allgemeines: 15, 278, 279, 281, 288.

*Hrafnkelssaga Freysgoða.* Allgemeines: 110; II 170, 181—184.
 K. 1—II 172; K. 2—II 188; K. 2, 3—II 181, 182; K. 5—II 182; K. 7—II 182; K. 11, 12, 13, 14—II 183; K. 18—II 183.

*Landnámabók.* Allgemeines: 100, 101, 111, 159, 327; II 69.
 Prolog. I, 1—10, 11, II 166, 215; I, 2—235, 323; I, 6—130; II 89; I, 8—130; I, 9—329; I, 18—287; II, 5—48; II, 6—152; II, 7—48; II, 30—288; III 1—189; III, 6—289, II 90; III, 6, 7, 8—83; III, 8—231, 232; III, 11—II 271; III, 12—II 257, 258, 264; III, 18—83; III, 20—II 213; III, 107—65; IV, 3—II 172; IV, 4—173; IV, 5—II 67, 80; IV, 7—II 161, 168; IV, 9—II 153; IV, 11—II 95, 96, 99, 104; IV, 12—II 189; IV, 13—II 69, 87, 89; V, 5—39, 235, II 47.

*Njálssaga.* Allgemeines: 104, 110, 161, 304, 305, 308, 312, 314, 333; II 34, 38, 39, 44, 46, 49, 54, 55, 58, 59, 77, 91, 93, 107, 133, 134.
 Kap. 1—81 = II 49—51; K. 16, 17—212; K. 19—II 48, 49; K. 36—II 62; K. 41—II 58; K. 44—94; K. 45—II 55, 56; K. 47 f. — 219, 220, II 50; K. 53—189; K. 59—232, 233. — Kap. 82—159 = II 59—61; K. 92—II 62; K. 101—II 60, 155, 163, 168; K. 102—II 90, 91; K. 111—189; K. 119—165; K. 126—II 132, 133; K. 128—II 59; K. 129—II 59; K. 138 ff. — II 134; K. 149—II 91; K. 156—II 134.

*Saxo Grammaticus.* Allgemeines: 69, 89; II 12, 167, 261.
 pag. 6—II 12; pag. 6—II 30; pag. 7—66, 68, 69, II 126.

*Viga-Glúmssaga.* Allgemeines: II 264.
 K. 9—II 265, 266; K. 12—II 191; K. 16—II 234, 235, 267; K. 19—II 267 K. 23—II 264; K. 26—II 265; K. 27—II 248; K. 28—II 265.

## 2. Gedichte der Neuzeit.

### Teil I.

| | Seite |
|---|---|
| 1. *Bjarni Thórarensen*, Das isländische Nationallied „Uralte Ísafold" | 23 |
| 2. *Bjarni Thórarensen* „Island" | 55/56 |
| 3. *Bjarni Thórarensen* „Svein Pálsson" (Bruchstück) | 71 |
| 4. *Grímur Thomsen* „In der Sprengisand-Wüste" | 84 |
| 5. *Benedikt Gröndal* „Gedenkblatt" | 125 |
| 6. Ein Danz | 181 |
| 7. *Bjarni Thórarensen* „Küsse mich!" | 184 |
| 8. *Steingrímur Thorsteinsson* „Schwanengesang auf der Heide" | 279, 280 |
| 9. *Jónas Hallgrímsson* „Island" (Bruchstück, vergl. auch S. 180) | 304, 308 |
| 10. Volkslied „Die Handelsreise nach Hamburg" | 317, 318 |
| 11. Volkslied „Lied von Kaiser Friedrich Rotbart" | 349–351 |
| 12. *Indridi Einarsson* „Ballade" | 356, 357 |
| 13. *Hannes Hafstein* „Trinklied" | 368/369 |
| 14. *Björn Magnússon Ólsen* „Die Entdeckung von Vinland dem guten" | 369/370 |
| 15. *Björn Magnússon Ólsen* „Mittwinteropfer" | 371, 372 |

### Teil II.

| | Seite |
|---|---|
| 16. *Hannes Hafstein* „Beim Geysir" | 10, 11 |
| 17. *Gudmundur Magnússon* „Der Gullfoss" | 16 |
| 18. *Páll Ólafsson* „Der kleine Brachvogel" | 42 |
| 19. *Jónas Hallgrímsson* „Brachvogels Lied" | 43 |
| 20. *Benedikt Gröndal* „Im Herbst" | 43 |
| 21. Færöisches Volkslied „Gunnars Lied" | 51, 52 |
| 22. Isländisches Volkslied „Gunnars Lied" (Bruchstück) | 52 |
| 23. *Bjarni Thórarensen* „Fljótshlíd" | 53 |
| 24. *Jónas Hallgrímsson* „Gunnarshólmi" (Bruchstück) | 53, 54 |
| 25. *Steingrímur Thorsteinsson* „In der Lavawüste" (Bruchstück) | 57 |
| 26. *Grímur Thomsen* „Sólheimasandur" | 80, 81 |
| 27. *Jón Th. Thóroddsen* „Island" | 109 |
| 28. *Indridi Einarsson* „Islands Freiheit geht verloren" | 111 |
| 29. *Páll Ólafsson* „Am Tage, da die Asche fiel" | 185 |
| 30. *Matthías Jochumsson* „Akureyri" (Bruchstück) | 242 |
| 31. *Jónas Hallgrímsson* „An Paul Gaimard" | 244, 245 |
| 32. *Matthías Jochumsson* „Hymne zur Erinnerung an die 1000jährige Besiedlung Islands 1874" (Bruchstück) | 256 |
| 33. *Jónas Hallgrímsson* „Erinnerung an Island" | 278 |
| 34. *Jón Th. Thóroddsen* „An die Isländer" (Bruchstück) | 288 |
| 35. *Benedikt Gröndal* „Lied zum Millenialfest 1874" (Bruchstück) | 288 |
| 36. *Benedikt Gröndal* „Südfahrt" (Bruchstück) | 288 |
| 37. *Steingrímur Thorsteinsson* „Gesang zum Volksfeste auf Þingvellir" (Bruchstück) | 289 |
| 38. *Hannes Hafstein* „Island" | 290, 291 |

### 3. Drama.

Seite

Ausführliche Inhaltsangabe des Schauspieles „Das Schiff sinkt",
    von *Indridi Einarsson* . . . . . . . . . . . . . . . . I, 354—358

### 4. Kompositionen.

1. Ein alter Zwiegesang . . . . . . . . . . . . . . . . . . 184
2. Zwei Melodien zu „Lied von Kaiser Friedrich Rotbart" . . 349
3. *Bjarni Þorsteinsson* „Islands Freiheit geht verloren" . . . . II, 112—114

    Von den Gedichten sind Nr. 1, 33 von Lehmann-Filhés übersetzt, Nr. 35, 36 von Baumgartner, Nr. 2, 3, 8, 16, 18, 19, 20, 23, 24, 25, 29, 32, 34, 37, 38 von Pöstion, die übrigen 19 vom Verfasser.

# Namenverzeichnis.

(Die Seitenzahlen des zweiten Teiles beginnen mit einer römischen II.)

## A.

Adam von Bremen 30, 85, 313, 343.
*Adalból* II 181 f.
*Affall* II 59, 62.
Ahasver (auf Island) 347.
*Akranes* 345.
*Akureyri* 223, 248, 362, 363. 375; II 40, 241—270.
*Álar* II 62.
Alberich von Troisfontaines 87; II 30, 31, 69, 94.
*Almannafljót* II 95, 96.
*Almannagjá* 105, 124, 300 ff.; II 2, 3, 4, 60, 134, 157, 207.
*Almannaskard* II 152, 153.
*Álptafjördur* II 158, 160, 161, 163, 167.
*Álptanes* 128.
*Álptaver* 60; II 89, 94.
*Alsey* 37.
Alt Heidelberg 146, 259, 260, 351, 352, 361; II 169.
Amerika 106, 250, 295, 296.
Anderson 28, 89, 90, 161, 253, 328; II 262.
Annandale 165 ff.
*Árhver* 284.
*Ari der Kundige* 110, 111, 113, 159, 277.
*Ármannsfell* 297, 298, 307.
*Arnaldr Þorvaldsson* 68; II 12.
*Arnarstakksheidi* II 84, 87, 90, 91.

Arnas Magnaeus 163.
*Árnes sýsla* II 18, 19.
*Arngrímr* (Abt) 41, 87, 277; II 68.
*Arngrímur Jónsson Vidalín* 31, 69, 89, 336; II 261.
*Árni Magnússon* 89, 163, 336; II 143.
*Árni von Skálholt* 112.
*Ásbyrgi* II 210, 211.
*Ásgrímur Jónsson* 19, 174, 175, 180; II 20, 22, 23.
*Askja* 57, 60, 61, 75, 94; II 164. 187, 192, 196, 201.
Augustiner Orden II 261.
*Axarfjördur* II 199, 210, 212, 213, 216, 228.

## B.

Bach 185.
Barbarossa 349 ff.
*Bæjarós* II 154.
*Bæjarstadarskógur* II 131.
*Baula* 52, 281.
Baumgartner 5, 116, 172, 266; II 231, 268.
*Benedikt Gröndal* (d. ältere) 341.
      „        „ (d. jüngere) 124, 125, 162, 316, 331, 338, 339, 363—365; II 9, 43, 288.
Benediktiner Orden 324; II 105, 266.
Bergen 9; II 278.
*Bergþórshvoll* 194, 304, 312, 314, 333; II 46, 49, 50, 58—62, 91, 133, 134.

*Berufjördur* 54, 55; II 90, 166, 167, 168, 169.
*Berufjardarskard* II 170.
*Bessastadir* 286, 331, 332, 338.
*Bessastadir (Müla s.)* II 184.
*Bjarni Pálsson* 73, 90.
*Bjarni Thórarensen* 20, 55, 56, 70, 71, 124, 177, 183, 184, 338, 339, 340; II 53, 54, 261, 274.
*Bjarni Þorsteinsson* 186; II 112, 113.
*Björn Gunnlaugsson* 67, 73, 75, 80, 91, 125, 275; II 70, 195, 196.
*Björn Magnusson Olsen* 78, 141, 157—159, 286, 299, 306, 328, 349, 366, 367, 369—372, 375; II 4, 39, 123, 233.
Björnson 20, 361; II 60, 241, 254, 255.
*Bláfellsjökull* 52; II 10
*Blefken* 88, 300, 344, 345.
*Blesaklettur* II 141, 142.
*Blesi* II 6, 8, 13.
Boden 13, 14, 102, 258, 278.
*Bogi Th. Melsted* 99.
*Borgarfjördur* 278 f.
*Borgarhöfn* II 72, 143, 148, 155.
*Borgir* II 124, 148, 151.
Brandes, Georg 125, II 282.
*Brandr Jónsson* II 92, 93, 134.
*Breidabólstadur (Bgf.)* 288.
*Breidamerkurjökull* 69, 71; II 132, 140, 144 ff.
*Breidamerkursandur* 202; II 71, 126, 144 f., 186.
*Breiddalur* II 170, 171, 172.
*Breiddalsheidi* II 171.
*Breidifjördur* 50; II 257.
*Brekka* 209; II 177—181, 220.
*Brennissteinsfjöll* 60.
*Brennugjá* 302.
Brockhaus 174.
*Brúará* 290; II 5, 6.
*Brúarfoss* II 219, 220.
*Brúarjökull* 77; II 173, 174.
*Brunnasandur* II 120.
Bruun, Daniel 6, 77, 78, 84, 96, 97, 104, 289, 306; II 19, 71, 181, 233, 286.
*Brynjólfur Sveinsson* 163; II 31.
*Búlandseyjar* II 164.
*Búlandstindur* II 165, 167.
Bunsen 91; II 12.

Bürger 337.
*Byrgisbud* 306.
Byron 30; II 255.

## C.

Chamisso II 142.
Christian IX. 122, 123.
Chronicon Norveg. 87.
Collingwood II 36.

## D.

Dahn 2, 30; II 181, 278.
Dankbrand 106, 107, 333; II 60, 77, 90, 91, 155, 158 ff., 168, 228.
*Deildartunga* 284.
*Dettifoss* II 199, 204—206.
*Dimon* II 44, 57, 62.
*Ditlev Thomsen* 133, 157, 177, 372 ff., II 117—120.
*Djúpá* II 120, 121.
*Djúpá (Þing. s)* II 240.
*Djúpivogur* 33, 43; II 166—169, 228.
*Drángar* II 44.
*Dránghlid* II 66.
*Drekkingarhylur* 302.
*Drifandifoss* II 63.
*Dritey* II 234, 235.
*Duffaksholt* II 41.
*Dyngjufjöll* 58, 80, 93; II 185, 192, 198.
*Dyngjujökull* 71, 76; II 198, 199.
*Dyrhólaey* 34; II 64, 81.

## E.

Edinburgh 22 ff.
*Effersey* 45.
*Eggert Brim* 357, 360.
*Eggert Ólafsson* 70, 73, 90; II 70, 175, 240, 257, 268.
*Egill Skallagrimsson* 4, 173, 189, 257, 258, 259, 286; II 54.
*Egils saga* 257.
*Einar Hjörleifsson* 126.
*Einar Jónsson* 81, 82, 175—180; II 22.
*Eiriksjökull* 281, 296.

Namenverzeichnis.

Eirikr (d. Rote) 104, 125
Eldborg 48.
Eldey 42.
Eldeyjar 42, 43; II 96.
Eldgjá 58, 75; II 69, 70, 94, 104.
Eldvatn II 95.
Ellidaá 258, 329.
Ellidavatn 259.
Esja 135, 258, 259.
Eskifjördur II 169.
Eydar 191.
Eyjabakkaá II 173, 174.
Eyjabakkajökull 77; II 174, 187.
Eyjafjallajökull 33, 57; II 19, 29, 44, 46, 47, 48, 53, 63, 64, 67, 69, 81, 133.
Eyjafjardará II 238, 241 f., 246 f.
Eyjafjördur 12; II 241 f., 246 f.
Eyjasandur 39.
Eyrarbakki 39.
Eyriksstadir 320; II 188—195.
Eysteinn Ásgrimsson 132; II 92.

### F.

Fabricius 88, 344; II 30, 31.
Færöer 32, 33, 48, 118, 178; II 51, 275.
Fagurhólsmýri 200; II 116, 130, 141 f., 156.
Falljökull II 139, 140.
Fáskrúdsfjördur 148, 238, 252, 253, 255; II 168, 170.
Fata II 6, 8.
Faxafjördur 43 f., 50, 128, 345.
Faxagil II 184.
Faxi 44.
Finnur Jónsson 101, 140, 161; II 134, 234.
Finnur Magnússon 340.
Finsen, N. R. 151.
Fiske 131, 337, 363; II 253.
Fiskivötn II 23, 133, 134.
Fjardará II 104.
Fjölnir 339.
Fláajökull II 149.
Flatey II 91.
Flemming, F. F. 22.
Fljótsdalr II 172, 173, 184, 185.
Fljótsdalsheidi II 173, 181 f., 185 f.
Fljótshlid II 41 ff., 53, 56.

Fljótshverfi II 121, 135.
Flóki 55.
Flosagjá 306, 308.
Flosaskard 74.
Floshóll II 58.
Flosi 304, 308; II 46, 60, 61, 91, 132, 133, 134.
Fnjóská II 240.
Fnjóskárdalur 233; II 239, 240, 241, 251.
Fossálar II 120.
Fossvöllur II 188.
Fouqué 157, 340, 341.
Fox-Expedition 290, 291; II 70, 168.
Freyfaxagil II 183, 184.
Freyfaxahamarr II 183, 184.
Freiligrath 1, 2.
Fremrinámur II 183, 215.
Frenzel II 234.
Freytag, Gustav 341, 353; II 60, 268.
Friedrich Albert (Fischdampfer) 146, 147, 255, 372, 373; II 65, 79, 103, 115—120, 143, 148, 151.
Friedrich (Bischof) 106.
Friedrich Rotbart (Kaiser) 348—351.
Friesak 72; II 140.
Fuglasker 42, 43, 251; II 96.
Fulda, Ludwig 353, 361.
Fúlilækur 88; II 67, 68.

### G.

Gaimard, Paul 90; II 244.
Galtalækur II 23 ff.
Gardarr 53; II 215.
Gautlönd II 235.
Gebhardt 5, 95, 172, 337, 353.
Geibel 341.
Geirfuglasker (V) 37, 43.
  „  (SM) 43; II 167.
Geirlandsá II 95, 120.
Geitdalur II 171, 172, 181.
Geitland 67, 78.
Geldingasker 41.
Gerhard, Paul 172, 337.
Gerok 339; II 21, 234.
Gestur Pálsson 3, 4, 125.
Geysir 2, 68, 125, 134, 176, 214; II 6—13

*Gildruhagi* II 18.
Giraldus Cambrensis 86.
*Gisli Brynjúlfsson* 338, 339; II 266.
*Gisli Magnússon* II 56.
*Gissurr der Weisse* 39, 107.
*Gissurr Einarsson* 116, 335.
*Gissurr Ísleifsson* 107, 334.
*Gissurr Þorvaldsson* 112, 113, 181, 186, 286, 327, 356, 360; II 111—113.
*Glerá* II 250, 267.
*Glufrafoss* II 63.
*Gljúfursá* II 141.
*Gnúpa-Bárdr* 75, 83; II 126.
*Godafoss* II 236, 237; 267.
*Godalandsjökull* II 46, 133.
Goethe 30, 157, 337 f.; II 22.
Gories Peerse 31, 88, 89, 319, 336, 344, 346, 353.
Grabein 3.
Grenadiermütze 43.
*Grenjadarstadur* 321; II 212, 215, 220, 221.
*Grettir* 67, 68, 78; II 256.
*Grimr geitskór* 103.
*Grimsá* 278, 293, 295; II 89.
„    (*Múla s.*) II 171.
*Grimsey* 38, 366; II 167, 212, 248.
*Grimstadir (Mývatn)* II 223 f.
„    74; II 122, 201—203.
*Grimsvötn* 57; II 69, 127.
*Grímur Thomsen* 82, 83, 84, 245, 331, 337, 341; II 80, 81, 261.
Grönland 48, 85, 98, 104, 118.
*Grund* 114, 196, 200, 362; II 258, 265—267.
*Gudbrandur Þorláksson* 335.
*Gudlaugur Gudmundsson* 216, 373, 375; II 102 ff., 110, 177, 259.
*Gudmundur Arason* II 216.
*Gudmundur Helgason* 284 ff.; II 20, 123.
*Gudmundur Magnússon* II 16.
*Gullfoss* II 13—16.
*Gunnarr von Hlídarendi* 144, 189, 212, 219, 232, 233, 304; II 39, 48 bis 54, 62, 107.
*Gunnarshólmi* II 50, 52, 53, 54, 62.

*Gunnbjarnarsker* 104.
*Gunnlaugs saga* 257, 259, 288, 302.
*Gvendarstein* II 216.

## H.

*Hafnarfjördur* 114, 128, 144, 330 bis 333, 336, 342 f.
*Hafliđarskrá* 110.
*Hafursá* II 81.
*Hákon* d. Alte 112.
Hall Caine 3, 185, 186, 187, 240, 361; II 4, 5.
*Halldór Jakobsson* 92.
*Hallfredr* II 172, 181.
*Hallgerðr* 144, 212, 219, 220; II 49 bis 51, 59, 62, 107.
*Hallgrímur Þjetursson* 131, 172, 266, 337; II 20.
*Hallormstadaháls* II 172, 176.
*Hallormstadarskógur* II 176, 177, 240, 249.
*Hallr Þórarinsson* 110.
*Hallshellir* 82; II 4, 5.
*Háls* 191; II 241.
*Hálsaós* II 149.
*Hálsskógur* II 239, 240, 241.
*Hamarsfjördur* II 163, 164, 166.
Hamburg 343 ff.; II 168.
Hamburg-Amerika-Linie 3, 12, 13, 185.
Hammerich, Angull 182 ff.
*Hannes Hafsteinn* 126, 127, 135, 292, 338, 341, 365, 366—369, 372; II 9 bis 11, 289, 290.
Hansa 88, 343 ff.
Hantzsch 36.
Harald Gormsson 125.
Harald Haarschön 100; II 212, 276 bis 278.
Haugesund II 275—278.
*Haukr Erlendsson* 101.
*Haukadalur* 110, 334; II 4, 10.
Hauptmann, Gerhard 353.
Hawthornden 27.
*Heimaey* 35 f., 167.
*Heimaklettur* 37.
*Heimskringla* 112, 336.
*Heinabergsjökull* II 149.

*Heinabergssandur* II 149, 155.
*Heinabergsvötn* II 149.
Heine 126, 157, 339, 340, 341; II 22.
*Hekla* 2, 33. 57, 61, 68, 86, 93. 247;
    II 9, 10, 19, 23—32, 53, 244.
*Helgafell* (Kloster) II 91.
*Helgafell (Vestm.)* 37, 38.
*Helgi* (der Magere) II 242, 255, 257, 258, 264.
*Helgi Pjetursson* 93.
Helland, Amund 59, 90, 92; II 70
*Hellirey* 41, 215.
*Helluland* 85.
Henderson 90; II 70.
*Hengifoss* II 179—181.
*Hengill* II 1, 13.
Henzen 5, 352.
Herbert von Vauclaire 68, 86.
*Herdubreid* 82; II 182, 198, 201, 203.
Heusler 185, 264, 285, 317.
Heyse, Paul 342.
*Hjalti Skeggjason* 39, 107.
*Hjalti Þorsteinsson* 173.
*Hjörleifr* 39, 100, 125; II 89.
*Hjörleifshöfði* II 76, 88, 89.
*Hliðarendi* 70, 162, 189, 192, 212, 219, 220, 294; II 43—57.
*Hlidarfjall* 227.
*Hlidarnámur* II 228—231.
*Hljódaklettar* II 210.
*Hnappavellir* II 144.
*Hnappur* 72; II 140.
*Hof (Mula s.)* II 160 f.
*Höfdabrekka* II 70, 89, 90, 91.
*Hofsjökull* (östl.) 73; II 160, 161.
*Hofsjökull* (westl.) 76.
*Hólar* 107, 161, 191, 317. 334 366.
*Hólárjökull* II 140, 144.
*Hólmsá* II 72, 89, 99, 149
Horaz II 22, 108. 142.
*Hornafjardarfljöt* II 150, 152.
*Hornafjördur* II 78, 134, 143, 152. 153, 155.
*Horn* (Cap Nord) 272.
Horrebow 70, 90.
*Hörgárdalur* II 259 f.
*Hörgsdalur* II 233, 236.
*Höskuldstadir* II 171.
Howel 72, 73, 74, 77; II 140.

*Hrafnagil* II 264, 267, 268.
*Hrafnagjá* 300, 304; II 4.
*Hrafnkell Freysgodi* 110; II 172, 181 —184, 257.
*Hrafnkelsdalur* 78; II 172, 173, 181 f., 186.
*Hrafnkelstadir* II 181 f.
*Hrisey* II 248, 264, 270, 271.
*Hrollaugseyjar* II 147.
*Hrosshylur* II 23.
*Hruni* II 18.
*Hrútárjökull* II 140.
*Hrutshellir* II 65, 66.
Hundstagekönig 120.
Hühner-Thorir 15, 278, 279, 281, 288.
*Husavik* 66; II 214—218, 227.
*Hvaleyri* 330.
*Hvalfjördur* 106, 265 f., 275.
*Hvannadalshnukur* 72, 73; II 140.
*Hvanneyri* 191.
*Hverfisfljöt* 75; II 70, 95, 96, 104, 120.
*Hverfjall* II 228, 229, 236.
*Hvitá (Bgf.)* 78, 278, 276, 280.
*Hvitá (Árnes sýsla)* II 13, 15, 17 f.
*Hvitárvellir* 279.

### I.

Ibsen 286, 352, 353, 357, 361; II 54, 55, 60, 61, 142, 255, 257.
Ilias 337.
*Indridi Einarsson* 4, 65, 82, 181, 351 ff., 359, 361, 363; II 5, 110—113.
*Ingólfr Arnarson* 39, 100, 123, 125, 130, 180, 329; II 89, 143.
*Ingólfshöfði* II 76, 116, 119, 134, 141, 143.
*Isafjördur* 243. 265.
*Isleifr* 85, 107, 334.

### J.

Jäger 175.
*Jarlhettur* II 10.
*Jökuldalsheidi* II 195 ff.
*Jökulsá á Breidamerkursandi* 69; II 74, 86, 144 ff.
*Jökulsá á Brú* 58, 77, 290, 326; II 173, 174, 181 f., 187—195. 199.

## Namenverzeichnis.

*Jökulsá á Sólheimasandi* 67, 68, 69; II 70, 71, 80.
*Jökulsá á Fjöllum, í Axarfirði* II 124, 192, 199–208, 210, 211, 212.
*Jökulsá í Fljótsdal* II 174, 175.
*Jökulsá í Lóni* II 154.
*Jökulsdalur* 75, 78, 83; II 181 f., 186.
*Jökulskvisl* II 174, 187.
Johannes Magnus 88.
Johnstrup 92, 93, 94; II 222.
*Jón Arason* (Bischof) 116, 117, 360; II 256, 266.
*Jón Árnason* 94; II 254, 286.
*Jón Jónsson* II 154 f.
*Jón Ögmundarson* 324.
*Jón Sigurðsson* 121, 122, 125, 132, 177, 180, 316; II 280.
*Jónas Hallgrimsson* 91, 92, 126, 175, 193, 245, 296, 300, 304, 308, 336, 338, 340, 341, 351; II 43, 52–54, 244, 245, 257, 278, 279.
*Jónas Helgason* 184.
*Jónas Jónasson* 4, 341; II 267, 268.
*Jónas Kristjánsson* II 177 ff.
*Jón Loptsson* 111; II 37.
*Jón Ólafsson* 341; II 274.
*Jón Þórðarson Þóroddsen* 3, 94, 140, 186, 212, 213; II 109, 283, 288.
*Jón Þorláksson* 272, 337.
*Jón Þorleifsson* 338.
*Jón Þorsteinsson* 38, 39.
Jörgensen Jörgen 120.
*Jörundur Jörundarson* 120.
Josephs-Hospital 134, 146 f.

### K.

Kaalund 7, 93, 275, 277; II 70, 93, 133.
Kahle 5, 258, 285; II 178, 212, 217, 250, 262.
*Kálfá* II 19.
*Kálfaströnd* II 232, 233.
*Káragróf* II 59.
*Karl* 42.
*Karlsá* II 154.
*Katla* 53, 57, 60, 68, 78; II 69, 73, 75, 88, 89, 93.
Keilhack 73, 157; II 70.
*Keilir* 42, 134.

*Kerlingardalsá* II 87, 89.
*Kerlingardalur* II 87, 89, 90, 91.
*Kerlingar dyngja* 57.
*Kerlingarfjöll* II 76, 78, 231.
*Kerlingarfjörðr* II 87, 89.
*Ketill* 60.
*Ketill* (der Närrische) II 90, 104, 258.
*Ketill Þorsteinsson* 110.
*Kinnarfjöll* II 214.
*Kirkjubær* 216, 219, 324; II 50, 60, 72, 77, 90, 93, 94, 96, 102–120, 124, 133, 258.
*Kirkjubæjarheiði* II 106, 107, 115.
*Kistufell* II 76.
*Kjalvegur* 83.
*Kjernlf* 91.
*Kjölur* 83.
*Klifandi* II 81.
Klopstock 272.
Knebel, Walther von 92; II 46, 204, 229.
*Kolgrima* II 149.
*Kollótta Dyngja* 57; II 198.
Kolumbus 106, 265.
Kopenhagen 9, 13, 14, 117, 215, 337, 338, 345.
Kossak 3.
Königsspiegel 66, 69, 86, 237; II 13.
*Köthlugjá* II 70, 81.
*Kotá* II 141.
*Kotárjökull* II 140.
*Krafla* II 227.
*Kristján Jónsson* 339, 341; II 206.
*Krisuvík* 57, 134; II 12.
Küchler 3, 4, 353, 358; II 70, 268.
*Kúðafljót* II 87, 89, 95, 96, 99, 100.
*Kvennsöðull* II 206.
*Kverkfjöll* 58, 75, 76, 77; II 173, 174, 198, 199, 210.
*Kviá* II 144.
*Kviárjökull* II 140.

### L.

*Lagarfljót* II 171, 172, 174–176, 199, 203.
*Laki* 58, 59, 60, 61, 119; II 69, 70, 74, 95 ff., 281.
*Lanabrot* II 94, 96, 102, 105, 106.

*Landeyjar* II 35, 44, 48.
*Landvatn* II 149.
*Langanes* (Cap.) 65; II 275.
*Langjökull* 65, 66, 67, 69, 73, 76, 78, 296; II 10.
*Langisjör* 75; II 70.
L'Arronge 361.
*Laugarnes* 143—145, 148; II 61.
*Laugarvatnshellir* II 5.
*Laurentius Kálfsson* II 92.
*Laxá (Kj.)* 261.
*Laxá* (bei *Reykj*) 328.
*Laxá (Árnes s.)* II 19.
*Laxá (Þing. s.)* II 214, 216, 217, 218, 220.
*Laxamýri* II 216, 217.
*Laxárdalur* II 214 f.
Lehmann-Filhés, Frl. 95, 196.
*Leifr* 106, 125, 333, 369, 370.
*Leirá* 324, 336.
*Leirá (V. Skapt. s.)* 99.
*Leirhnúkur* 60; II 226 f.
*Leith* 9, 21 f.
*Ljósavatn* II 236 f.
*Lodmundr* 48, 80.
*Lómagnúpur* 210; II 121.
*Lón* II 135, 140, 153, 154.
*Lónsheiði* II 157, 167.
*Loptsalahellir* II 63.
Loti, Pierre 3, 251 ff.
*Lundareykjadalur* 278 f., 293, 295.
*Lundur* 293 ff.; II 55.
Luther 116 ff., 335, II 22, 56, 57.

### M.

*Mælifellssandr* II 133.
*Máfabygdir* 82; II 132, 136.
*Magnús Eyjólfsson* 106.
*Magnús Hákonarson* 112.
*Magnús Stephensen* 180, 324, 327, 339; II 95.
*Mánáreyjar* II 212, 213.
Maria Stuart 25.
*Markarfljöt* II 24, 35, 43, 44, 46, 48, 53, 59, 62, 133.
*Matthías Jochumsson* 82, 117, 124, 185, 338, 339, 353, 357, 359, 360, 363, 372; II 36, 40, 57, 136, 142, 242, 249, 253 ff.

*Medalland* II 94, 96, 100, 105.
Maurer, Konrad 84, 121, 158, 161, 191, 349; II 197, 280, 286.
Merigarto 85, 333.
*Merkiá* II 46.
*Merkurjökull* II 46.
Meyer-Förster (s. a. Alt-Heidelberg) 146, 259, 260, 351, 352, 361.
*Midá* II 267.
Milton 272, 337.
*Mödrudalur* 70; II 182, 191, 192, 196 bis 199.
*Mödrudalsheidi* 182, 195, 196.
*Mödruvellir* 94, 97, 196, 218; II 91, 196, 253, 258, 259—262, 264.
*Mosfell* 258 f.
*Múlaá* II 171.
*Múlakvísl* II 87, 89.
*Múla sýsla* II 158 - 202.
*Múli* II 161, 171.
*Munkaþverá* 192, 334; II 92, 258, 264, 266, 267.
*Mýrar* (Pfarrhof) II 94 ff.
*Mýrar (A. Skapt.)* 250; II 135, 149 ff.
*Mýrdalur* II 68, 80 ff.
*Mýrdalsjökull* 33, 34, 58; II 48, 67, 71, 81.
*Mýrdalssandur* II 87 ff., 126.
*Mývatn* II 163, 221—236, 246, 264.
*Mývatnsöræfi* II 203, 204.

### N.

*Naddodr* 55.
*Námafjall* II 228 f.
*Nes* II 135, 152, 153.
*Nesjasveit* II 151.
Neue Insel 42.
*Nikulásargjá* 306, 308.
*Nikulás Bergsson* 334, 335; II 266.
*Njáll* 104, 304, 305; II 46, 49 f., 59 bis 61, 62, 91, 134.
*Njáls saga* vergl. S. 295
*Nolsö* 178, 179.
Nordkap 225, 226.
*Núpstadarskógar* 210, 211; II 123.
*Núpstadur* 74; II 121—124.
*Núpsvötn* II 71, 96, 123, 125, 126, 127.
*Nýkomi* II 104.

## O.

*Ódáðahraun* 52, 57, 58, 66, 80, 82, 83; II 182, 192, 199, 203, 204.
*Oddeyri* 243, 363; II 241, 248, 250.
*Oddi* 223, 285, 334; II 34—39, 124, 255.
*Oddur Gottskálksson* 116, 335.
Odyssee 337, 365.
*Ögmundur Sigurðsson* 97, 98, 162, 228, 257, 282, 283, 298, 309, 332; II 16, 68, 170, 204, 244, 269.
*Ok* 293.
*Ölfusá* II 17.
*Olafr Tryggvason* 106, 107, 324, 333.
*Ólafsdalur* 191, 198.
*Ólafur Davíðsson* II 259, 260.
*Ólafur Egilsson* 39.
*Olaus Magnus* 88, 322.
*Olaus Olavius* 90, 345.
*Ole Worm* 89, 165.
*Ölsen*, s. *Björn M. Ó.*
Orkaden 29.
*Öræfajökull* 53, 57, 68, 72, 78; II 69, 70, 71, 75, 102, 116, 132, 139, 140, 141, 153.
*Öræfi* II 72, 127, 130, 135, 142, 186.
*Örlygr* 130, 259, 323.
*Orrustustaðir* II 65, 116, 117, 120.
*Öskjuhlíð* 124, 143.
*Öxará* 105, 174, 259, 300 ff.; II 134.
*Öxarárhólmr* 302.
*Öxarheiðr* II 169, 183.
*Öxnadalur* 259, 265.

## P.

*Páll Bjarnason Vídalín* 69, 336.
*Páll Jónsson* 322, 336, 372.
*Páll Ólafsson* II 42, 185, 255.
*Pálsfjall* 74.
*Papafjörður* II 154, 155.
Papar II 104, 154.
*Papey* II 164, 166, 167, 168.
*Papós* II 71, 86, 132, 154.
*Papýli* II 104.
*Paradísarhellir* II 63.
Poeck 1, 3.
Portland 34, 251.

Pöstion 4, 342.
Preyer 84, 92; II 70.
Prytz 277; II 251.
Pytheas 30.

## R.

*Ragnheiðarhellir* 212, 328, 329.
*Rángá* II 24, 33, 34, 35.
*Rángársandur* 12.
*Rángárvalla sýsla* 38; II 18, 19, 33, 186.
*Rángárvellir* II 34.
*Raptalækur* II 96.
*Rauðaskriða* II 62.
Reginprecht 85, 333.
Reichenau 85, 334.
*Reiðará* II 154.
*Reykholt* 78, 132, 220, 284 ff.; II 37.
*Reykir* II 219.
*Reykjadalsá* 284.
*Reykjadalur* 212.
*Reykjaheiði* II 214.
*Reykjahlíð* 200; II 20, 215, 226—234, 238.
*Reykjanes* 41, 42; II 185.
*Reykjavík* 9, 45, 46, 54, 55, 66, 120, 128—163, 191, 231, 233, 240, 242, 309, 326—333, 351, 352, 353, 357, 358, 359, 362, 363—376; II 68.
*Reynis-drángar* 34; II 44, 83.
*Reynisfjall* II 81, 82, 83.
*Reynivallaháls* 265.
*Reynivellir (Kj.)* 185, 261 f.
*Reynivellir (A. Skapt. s.)* II 136, 147, 148.
*Rögnvaldur Ólafsson* 19.
Rosegger 343.
Roslin 22 f.
*Rosmhvalanes* 237.
*Runólfr Sigmundsson* II 92, 93.

## S.

Sacher Masoch 342.
*Sæmundr Sigfússon* 111; II 31, 32, 36, 37, 38, 39.
Salis (Gaudenz, v. S.-Seewis) 341.
*Sandá* II 228.

*Sandfell* 72, 73, 324; II 139, 140, 141, 143.
*Sandklettavatn* 298.
Saxo Grammaticus 66, 68, 69, 85, 87, 89; II 69.
*Saurbær* 266, 267, 362.
*Saurbær* (bei *Akureyri*) II 258.
Scheffel, Viktor v. 2, 30. 368.
Schierbeck 72, 73; II 140.
Schiller 15, 157, 337 ff.; II 22.
Schubin, Ossip 342.
Schythe 75, 91, 93.
Scott 24, 25, 28, 30.
*Seljalandsfoss* II 46, 63.
*Seltjarnarnes* 128.
*Selvig* 345.
*Seydisfjördur* 9, 249, 292, 293, 360; II 177.
Shakespeare 338, 360; II 255.
Shetlandinseln 29, 30, 292; II 275.
*Sida* 215; II 96.
*Sidu-Hallr* II 77, 158—163.
*Sidujökull* II 69, 96, 127.
*Sigfus Einarsson* 83, 186.
*Sighvatr Sturluson* 111; II 266.
*Siglufjördur* II 246, 259, 269 f.
*Sigurdur Breidfjörd* 126, 262, 339.
*Sigurdur Gudmundsson* 135. 136, 173, 174, 359; II 254.
*Sigurdur Jónsson* II 65, 68, 116, 117.
*Sigurdur Stefánsson* II 6.
*Skagi* 43.
*Skálholt* 107, 334, 335; II 6.
*Skallagrimr* 189, 237, 278, 279, 287.
*Skálm* II 87, 95, 97, 98, 99.
*Skáney* 288.
*Skapta* 42, 58, 75; II 70, 72, 94, 95, 96, 99, 102, 107.
*Skaptafell* II 127, 130, 249.
*Skaptafellsá* II 130.
*Skaptafellsjökull* II 130.
*Skaptafells sýsla* 51, 53, 69, 70, 161, 215, 216, 219, 221, 245, 246, 289, 290, 317, 319, 322, 373; II 69—157, 286.
*Skardsfjördur* II 152, 153.
*Skardsheidi* 275.
*Skarphedinn* 189, 232, 233, 304; II 39, 55, 60, 61, 62.
*Skeid* 224.
*Skeidarárjökull* 52, 53, 57, 68; II 68, 69, 77, 96, 126, 127, 130, 132.

*Skeidarársandur* 96, 147, 373; II 71, 74, 117, 118, 119, 120, 125 ff., 132, 135.
*Skerjafjördur* 128, 143.
*Skjaldbreidur* 42, 57, 67, 296, 299, 304, 307.
*Skjálfandafljót* II 199, 214, 216, 236, 240.
*Skjöldunga Saga* 89; II 261.
*Skógafoss* II 66, 67.
*Skógasandur* II 67.
*Skorradalsvatn* 212, 276, 278.
*Skrida* (bei *Akureyri*) II 249, 262, 263.
*Skrida* 324; II 91, 93.
*Skridudalur* II 171.
*Skridudalur* II 169.
*Skriduklaustur* 192; II 91, 184, 185.
*Skrifla* 286—288.
*Skuli Magnússon* 119.
*Skútustadir* II 231 f.
*Slútnes* II 223 f.
*Snæfell* 75, 77.
*Snæfell* (östl.) II 172, 173.
*Snæfellsjökull* 44, 45, 57, 375.
*Snæfellsnes*-Halbinsel 44, 48.
*Snorralaug* 286—288.
*Snorri godi* 42, 107, 111, 157, 213, 285, 304.
*Snorri Sturluson* 111, 112, 132, 178, 285 ff., 303, 304, 332, 333, 363; II 36, 37, 261, 266, 276.
*Sólheimasandur* 48; II 67, 80, 81, 89.
Spielhagen 342.
*Sprengisandur* 78, 83, 84, 186; II 182.
*Stafafell* II 90, 154 f.
*Stafholtsey* 280 ff., 319.
*Starmýrardalur* 158.
*Stefán Stefánsson* 196, 197, 275; II 259—262.
*Stefnir Þorgilsson* 106.
*Steinavötn* II 148, 149.
*Steinasandur* II 148.
*Steingrímur Thorsteinsson* 62, 124, 135, 159, 279, 326, 338, 339, 341, 360; II 57, 255.
*Stigárjökull* II 140, 144.
*Stórinúpur* 174; II 19—22.
*Stórólfshvoll* 220; II 34, 35, 39 ff.
*Strokkur* II 6 f., 18.

*Sturla Þórðarson* 101, 113; II 266.
*Stryhur* 57.
*Sturlunga Saga* 113, 159; II 266, 267.
*Styrmir* 101, 327.
Sudermann 353, 361.
*Suðursveit* II 135, 144 f., 149.
*Suðursveitarfjöll* II 144.
*Súla* II 96.
*Súlnasker* 36.
*Súlur* II 221.
*Surtshellir* 65.
*Sveinagjá* 60, 93; II 185, 204.
*Sveinbjörn* (Musiker) 185.
*Sveinbjörn Egilsson* 337, 338.
*Sveinn Pálsson* 67, 70, 71, 72, 90, 238, 359, 360; II 48, 70, 82, 140.
Svend Foyn 256.
*Svínadalur (Kj.)* 261.
*Svínadalur (Þing. s.)* II 208, 209, 210.
*Svínafell* II 60, 61, 90, 91, 120, 123, 125, 130—139.
*Svínafellsá* II 130.
*Svínafellsjökull* II 130, 140.
*Svínaskarð* 260.
*Systrastapi* II 96, 107.
*Systravatn* II 107.

### T.

Tacitus 32, 261, 264, 313; II 287.
Thomsen, s. *Ditlev Thomsen*.
Thoroddsen, s. *Þorvaldur Th*.
Thorvaldsen 106, 130, 131, 175 ff.
Thule 9, 30, 340.
Tieck 338, 340.
Tiedge 341.
*Tindfjallajökull* II 19, 29, 46, 53.
*Teitr Ísleifsson* 110.
*Tjörnes* II 213.
*Tomas Sæmundsson* 339.
*Torfajökull* 52.
*Torfi Bjarnason* 191, 198.
*Trollkonustigur* II 171.
*Trölladyngja (Reykj.)* 42, 57.
*Trölladyngja (Ódáð.)* 57; II 227.
*Tröllaháls* 297.
*Tungná* 75.
*Tungufljót* II 13, 17.

*Tunguheiði* II 212, 213.
*Tvísker* 238.
*Tyrkir* 106, 370.

### U.

Uhland 337.
*Úlfljótr* 102, 103, 304.
Unst 30, 31.
*Uppsalir* II 143, 149.
*Uxahryggir* 80, 222, 223, 294—297.
*Uxahver* 192; II 214, 218, 219.
*Uxavatn* 297.

### V.

*Vaðlaheiði* II 241, 248, 264.
*Valdimar Briem* 176; II 22, 23, 255.
*Valtýr Guðmundsson* 6, 7, 39, 125, 292, 342; II 280, 284.
*Valþjófstaðir* 165; 184.
*Vatnajökull* 54, 57, 66, 71, 72 ff., 94, 95; II 29, 46, 144, 150, 160, 172—174.
*Vatnajökulsvegur* 75.
*Vellindishver* 284.
*Verdandi* 126.
Verne, Jules 3, 28, 45.
*Vestmannaeyjar* 9, 12, 34—41, 48, 251, 364; II 28, 35, 48, 81.
*Vestrarhorn* II 152.
*Vídalín* 69.
*Viðey* 45, 130, 156, 326—328; II 91.
*Víðidalur* 89.
*Víðidalur (Þing. s.)* II 199, 200.
*Vífilsstaðir* 329.
*Víga-Skúta* II 234, 235.
*Vigur* II 154, 155, 164.
*Vík* 39; II 72, 82 ff., 132.
*Víkingavatn* II 212, 213, 238.
*Víkurklettur* II 84.
*Vilhjálmur Finsen* 19, 257, 283.
*Vindheimajökull* II 221.
*Vínland* 106, 125, 368, 368, 370.
*Virkisá* II 139.
*Virkisjökull* II 140.
*Vonarskarð* 75, 83.

## W.

Waltershausen, Sart. von 91; II 229.
Wathne 12, 249.
Watts 74; II 122.
Wieland 337, 339.
Wildenbruch II 115, 116.
Wilhelm, Bischof der Orkaden 87.
Worm, Ole 89, 165.

## Z.

Zieten (Kl. Kreuzer) 38, 156, 185, 255, 326, 372—376; II 64, 81, 84, 168.
Zirkel 84, 91, 92; II 70.
Zugmayer 6, 19, 84, 257; II 212.

## Þ.

*Þangbrandr* s. Dankbrand.
*Þangbrandslækr* II 228.
*Þerney* 130.
*Þidrandi* II 161, 162.
*Þingey* II 240.
*Þingeyjar sýsla* II 203—241.
*Þingeyrar* 324.
*Þingmuli* II 171.
*Þingnes* 278, 279.
*Þingvallavatn* 41, 42, 300, 308; II 1, 2, 245.
*Þingvellir* 103, 105, 124, 171, 174, 185, 191, 298—309; II 2, 3, 4, 49, 244, 245.
*Þjófahnúkar* II 172, 173.
*Þjórsá* 75, 78; II 19, 23, 35, 44, 199.
*Þjórsárdalur* 78; II 10.

*Þórarinn Þorláksson* 174.
*Þórdr Andrésson* 181; II 111—113.
*Þórdr Sturluson* 111.
*Þórdur Vidalin* 69; II 155.
*Þórdur Þórdarson* II 116, 117, 148, 154.
*Þorgeirr* 107, 304; II 235, 236, 238.
*Þorgrímur Gudmundsen* 139, 140.
*Þórisvatn* 75.
*Þorlákr Runólfsson* 110.
*Þorlákur Þórhallsson* II 92, 105.
*Þormódr Torfason* 89, 140, 163.
*Þórsmörk* 78; II 44 ff., 111.
*Þorsteinn Egilsson* 120, 360; II 255.
*Þorsteinn Illugason* 163.
*Þorvaldr Kodránsson* 106, 323.
*Þorvaldseyri* 320; II 63—65.
*Þorvaldur Bödvarsson* 337.
*Þorvaldur Thóroddsen* 6, 50, 52, 56, 58, 60, 67, 70, 71, 72, 73, 75, 76, 82, 84, 92, 94—97, 140, 225, 237, 275, 290; II 16, 67, 69, 70, 71, 121, 134, 213, 222, 260, 279, 280, 286, 287.
*Þrándarjökull* II 160, 161, 170.
*Þrasi* II 67, 80.
*Þríhyrningur* II 29, 60, 61, 133.
*Þurrárhraun* 41.
*Þverá (Bgf.)* 280.
*Þverá (Rangárv. s.)* II 41, 43, 44, 53, 54, 55, 58.
*Þverá (bei Akureyri)* 267.
*Þverfell* 295.
*Þvottá* II 158, 160, 163.
*Þvottáreyjar* II 164.
*Þykkvibær* II 77, 81, 90—93, 106.
*Þyrill* 266; II 169.

# Sachregister.

## A.

Aberglaube 90 f., 205; II 136 ff., 156.
Abiturienten-Examen 156, 157.
Ächter 67, 79 ff., 177, 205, 296, 353, 359; II 5, 136, 203, 255.
Ackerbau 188 ff., 327; II 56.
*adalkirkja* 325.
Administrative Einteilung Islands 122, 123; II 141.
*afrjettir* 202, 205—209, 315; II 58.
Alpenstrandläufer 269; II 42.
*ahnenningur* 208 f.
Altersversorgung II 142.
Altertumsmuseum 162, 170, 174, 324, 325.
*Alþingi* 103, 113, 117, 119, 122.
Amerikanische Fischer 259.
Amtmann 118, 126, 331, 332; II 261.
Anamesit 50.
Annalen 85.
*annexia* 273, 325; II 39.
*Apalhraun* 63 f.
Archangelica officinalis 74, 193; II 224, 232.
Armenpflege II 141, 142.
Arnamagnäanische Handschriftensammlung 163.
Ärzte 146—152, 280, 281, 319, 345; II 115—117, 154, 259.
*askur* 149, 164, 317.
Autklärung 180, 327.
Augenkrankheit II 148.
Auslandsreisen 84 f.; II 191.
Ausrüstung für die Reise 274, 275.
Aussprache des Neuisländischen 267, 268, 352; II 78.
Auswanderung 122, 123, 295, 296; II 218, 234, 283, 284.
Automobil 267, 290, 373; II 265.

## B.

*badstofa* 219, 244, 262, 313, 318, 319, 335.
*bæjarfógeti* 122; II 177, 259.
Bär II 143.
*Bær*, s. Haus.
Bank von Island 14, 18; II 282.
Basalt 50.
*baulusteinn* 52.
Befehlshaber 331, 332.
Begräbnis 225, 226; II 252.
Begrüssungen 263, 264.
Bergengelwurz 193.
Berggang 205 ff., 210.
Bergkönig 206.
Besiedlung Islands 100 ff.; II 343, 276, 287.
Bettler 149, 262; II 141, 142.
Bezirksverfassung 103; II 141.
Bibel, übersetzt 272, 335; II 92, 250.
Bibliotheken 131, 153, 154, 233; II 22, 234, 252, 268.
Bischöfe 107 ff.
*Biskupaveldi* 115.
*blágrýti* 50.

Blumen s. a. Flora 61 ff., 196, 197, 276, 278, 325, 330; II 33, 72, 108, 109, 201, 210, 223, 224, 249.
Bodenverbesserung 190 f.; II 261, 284.
Brachvogel 266; II 42, 257.
Branntwein 118, 269, 270, 299; II 283.
Brettchenweberei 169, 170.
Brücken 95, 290, 336; II 5, 72, 103, 210, 220, 236, 248, 282.
*búð* 303, 304.
*búmannsklukka* II 138.
*búnadarfjelag* 190 f.
*búr* 312 ff.; II 107.
Butter 191, 220; II 101.

### C.

Christenrecht 107.
Christentum, seine Einführung 106 ff., 333; II 158 ff., 161—163, 257, 258.

### D.

Dampferverbindung mit Island 10 f.; II 214, 259, 262, 269, 282, 285.
*dansar* s. Tanzgedichte.
Dänemarks Beziehungen zu Island 113 ff., 234, 267, 353, 361; II 130—132, 186, 261, 281, 282.
Deutschlands Beziehungen zu Island 69, 114, 159, 160, 217, 253 ff., 267, 333—351, 353, 361, 367, 372; II 21, 22, 38, 115, 117—120, 152, 168, 190, 191, 254, 259.
*dagslátta* 198; II 285.
Dichterpension II 255.
*dilkur* 202, 208, 209 f.
Dolerit 50, 52.
Doppelspat 15; II 169.
Dorsch 236, 241, 242; II 271.
Drama, Geschichte des isl. 351—363; II 255.
Dramatische Aufführungen 146, 159, 174, 259, 351, 235, 358 f.; II 52, 57, 249, 250, 255, 256, 261, 262.
*dráttur* II 188—150.
Draussenlieger s. Ächter.
Düngen 194; II 149, 252.
*dyngja* (Lavakuppe) 57.
*dyngja* (Frauenstube) 313.

### E.

Ebereschen II 249, 262, 266.
Eddalieder 163; II 31, 36, 37, 55.
Eier 39 f., 43, 269.
Eiderdunen 327, 346; II 217.
Eidergans 326—328; II 217, 246, 271.
*Einokunartímabil* 117 f.
Einwohnerzahl II 283.
Eis 54; II 213.
Eisenbahn II 215, 227, 282.
Eissturmvogel 33; II 84, 86, 87, 90, 143, 168.
Eiszeit 48; II 76, 240.
*eldhús* 310 ff.
Elfen 176, 308, 336; II 109, 110, 136, 153, 203.
Elymus arenarius (s. a. Sandhafer) 62, 190.
Englands Beziehungen zu Island 88, 114, 250, 251, 331, 332, 342 f.; II 227, 271, 281.
Entdeckung Amerikas 106.
Entdeckung Grönlands 104.
Entdeckung Islands 55, 99 ff.
Enten II 224 f., 232 f.
Enthaltsamkeitsbewegung II 283.
Entwöhnen der Lämmer 202 ff.
Erdbeben 37, 66; II 18, 19, 20, 36, 213, 216, 219, 246.
Erwerbsquellen 188—256; II 284, 285.
Erziehungswesen 152—162, 334—336, II 37, 77, 91, 92, 93, 186, 148, 260, 261, 266, 282.
Export 15 f., 191, 200, 220, 238, 239, 241, 243, 251, 327, 346; II 215, 285.

### F.

*farrikviar* 194 f.
Falken 15, 86, 346; II 215.
Familienleben 162, 264.
Fata morgana II 57, 81.
Fauna II 72, 224, 225, 232, 233, 240.
Fische 241 ff., 269, 345 f.; II 272 ff.]
Fischerei 39, 45, 118, 233—256, 345 f. II 270 f.
Fischfang, Betrieb 233 ff., 243 ff.; II 149, 154, 225, 226, 270 ff.

*fjallagrös* 193.
*fjárborg* 215, 216.
Flaschenpost 38.
Flora s. a. Blumen 96, 197; II 72, 108, 126, 144, 223.
Flugsand 61; II 70, 98, 196, 200, 204.
Flurwiese 197.
Flussübergänge 290; II 17, 18, 23, 58, 68, 72, 74, 76, 97, 98, 92, 100, 101, 210, 121, 126, 127—129, 130, 145, 149, 154, 187—190, 192—195, 203, 242, 259, 260.
Forellen 233, 242, 308; II 195, 212, 225, 226.
det Forenede Dampskibsselskab 11, 12.
*formansvísur* 245.
*Forngripasafn* 78, 162, 170, 324, 325.
*Fornleifafjelag* 78.
*fóstur* II 148.
*fráfærur* 202.
Frankreich 251 ff.; II 100.
Frauen 125, 135—137.
Freistaat 103—113.
*frelsisbarátta* 120 ff.
Fuchs 62, 205; II 179.
*fylgdarmaður* 282—284.
*fylgja* II 58, 137, 162, 163.

### G.

*gaddur* II 97.
Gärten 190 ff.; II 56, 251, 252, 266.
Gartenbaugesellschaft 199 ff.; II 251, 284.
Gastfreundschaft 261 ff., 319; II 78, 200.
Gefängnis 144, 146.
*geirfugl* 37, 43.
Geistlichkeit, katholische 109, 148, 270; II 91—93, 201, 266.
Geistlichkeit, lutherische 109, 270 ff., 319, 345; II 155, 268.
Gemäldesammlung 131, 132.
Generalstab 36, 227, 228; II 71, 85, 86, 102, 130—132, 140, 144.
Geologischer Bau Islands 48 ff.; II 76.
Gericht 104, 119, 123, 304, 305.
Gesang 185, 273; II 22, 56, 57, 110 ff., 266.

Geschichte Islands 99—127.
Gesundheitsverhältnisse 146—152; II 148, 283.
Getränke 208, 220, 269, 270; II 82, 131, 169, 190, 214, 243, 244, 262, 269, 283.
Gletscher 66—77, 87, 222; II 46, 130, 136, 141, 144 f., 155.
Gletscherflüsse 279; II 13, 74—76, 145, 187.
Gletschergestank II 67, 68, 127.
Gletscherlöcher 69; II 48, 126, 147.
Gletschersturz 48, 67; II 68, 71, 89, 121, 127, 141, 152.
Gletscherwasser 197, 270; II 177, 178.
*glíma* 162.
*glja* 44.
*goði* 102, 303, 305; II 183.
Goldregenpfeifer II 42, 43.
Golfstrom II 78.
*Grágás* 113.
Gras 196, 197.
Grösse Islands 1, 49, 95, 261.
Gymnasial-Bibliothek 153, 154.
Gymnasium 152 ff., 331, 332, 338, 358, 359.

### H.

Haar der Pele 61; II 201.
Habicht 86.
*Hafliðaskrá* 110.
Haifischfang 243.
Handel 15 ff., 275, 276, 343 f.; II 84, 85, 145, 146, 152, 191, 201, 214, 215, 285.
Handelsmonopol 16, 114, 117 ff.
Handwerkerhaus 132.
Haus, das isl. 104, 219, 310—325; II 20, 51, 64, 65, 130, 136, 144, 149, 178, 195, 200, 217, 220, 236, 238, 262.
Hauswiese, s. *tún*.
*Helluhraun* 63 f.
Herd 320; 209.
Heringsfang 236, 248 ff.; II 259, 271 f.
*hestarjett* 227, 273.
*hestasteinn* 227; II 191.
*hestavíg* 232 ff.
Heu 196, 197.

312 Sachregister.

Heuernte 198 ff.; II 73, 178, 228, 263, 284.
Hexenglaube 336.
*hirðstjóri* 113.
Hirt 202, 204, 216.
*hjallur* 242, 315.
Hochland 77 ff.
Hochweiden 205 ff.
Hölle II 30, 31.
*höfðuletur* 168.
*höfuðsmaður* 113.
Höhlen s. a. Lavahöhlen 65, 208, 214, 215; II 63.
*holt* 143.
Hornlöffel 168, 169.
Holzschneidekunst 163 f. II 184, 217, 252.
Holztransport 275, 276.
*hraun* 63 ff.
Hungersnot 118.
*hreppstjóri* 122, 210; II 141.
*hreppur* 141.
Hundebandwurm 149, 150, 317; II 78.
Hühner 281.
*húsagarður* 322.
*hver* 66, 144; II 219.
*hvönn* 193.

### I.

Import 15, 189, 190, 192, 322, 346; II 285.
Iren 29; II 104, 154, 166.
*Íslendingabók* 111.
*Íslendingasaga* 113.
Isländer-Sagas 101, 108, 109; II 295.

### J.

*jarðabætur* 191, 197.
*jarðhús* 314; II 235.
*Járnsíða* 113, 114.
*jökulhlaup* 68.
*jökull* 66.
*Jökulsá* II 13, 74—76.
*Jónsbók* 114.

### K.

Kabelverbindung 127, 290 ff.
Kaffee 208, 320; II 283.

Kalte Pein 30.
Kartoffel 192; II 249, 266, 284.
Käse 219, 220.
Kaufmann 17 f.
Kegelförmige Vulkane 56, 57.
Keltische Einflüsse 101, 181; II 77.
*kerling* 289; II 28.
Kesselbruch 44.
Kirchen 259, 294, 308, 317, 323—325, 345; II 79, 139, 155, 156, 161, 228, 234, 252, 263.
Kirchhöfe 133, 273, 325; II 20, 123, 252.
*klifur* II 188—190.
*Klerkaveldisturnabil* 115.
Klima 49, 54, 55; II 23, 84, 139, 154, 167, 196, 213, 214, 271, 275.
Klippfisch 239, 242.
Klöster 324; II 79, 91, 266.
König auf Island 123, 124.
*kofi* 208, 297.
Kohl 192.
Kommersbuch 367 f.
Konsumvereine 18; II 285.
Kosten des Reisens auf Island 263.
Krankenhäuser 146 ff.; II 178, 249, 253.
Krater 56 ff.
Kraterreihen 58 ff.
Kuckuckslichtnelke 62.
Küche 244; II 209.
Kühe 217 ff.; II 284.
Künste auf Island 163—187.
Küssen 264.
Kuhställe 218, 219, 315; II 262.
Kunstgewerbe 163 ff.
*kvíar* 204.

### L.

Lachs 235, 242; II 217.
Lagunen II 73.
Landbau 188—193.
Landesarchiv 132.
Landesbibliothek 131, 233.
Landnahmezeit 100 f.
*Landnámabók* 190, 101, 111, 327.
*landnámsöld* 100—103.
Landwirtschaft 118, 188 ff., 240; II 284, 285.

Landwirtschaftliche Schulen 160.
Ländliche Verfassung 122, 123.
Länge der Überfahrt nach Island 9 f.
*landfógeti* 118, 322.
*landshöfdingi* 122, 125, 126; II 280.
*laug* 66, 144.
Lava 60 ff., 86, 299, 300; II 231 ff.
Lavafelder 60 ff., 283.
Lavahöhlen 41, 329; II 2.
Lavakuppen 57, 58.
Lavavegetation 61 ff., 330; II 222, 231 f.
Leibesübungen 162; II 138.
Leinfink II 232, 240.
Leithammel 213, 214.
Lepra 148, 149; II 78, 200.
*Lilja* II 92.
Liparit 52, 281.
*Lögberg* 103, 107, 303, 305 ff., II 49, 134, 183.
*lögmadr* 113, 138.
*lögrjett* 208.
*lögrjetta* 103, 300, 305 ff.
*lögsögumadr* 103, 113, 303, 305.
*lokhvíla* 165, 288, 312.
*lopt* 312.

### M.

Maccaluben 229 f.
Mädchenschulen 160.
Malerei 173—180, 294, 325, 352; II 20, 156, 251, 263, 264.
*Malverkasafn* 131, 177.
*mark* (Erkennungszeichen) 203, 210, 212, 213, 218, 236; II 211.
Marschall v. Island 113.
Mangelhölzer 166, 167.
Meerelster 178.
*melur* 62, 143.
Mineralien II 169.
Minister 122, 126, 127, 133; II 280, 281.
*mistur* II 125.
Mitternachtssonne II 212.
*mjölbætur* 119.
*möberg* 50.
*móhella* II 196, 200.
Monopolhandel 117 f., 125, 336, 344 f.
Moos 63.

Moos, isländisches 2, 193 (338).
Mücken II 100, 101, 209, 221, 223, 227, 231, 235.
Mühle II 103, 238.
Musik 180—187, 349; II 56, 57, 110 bis 113, 243, 266.
*mýri* 142, 197; II 89.
Mythologisches 29. 47, 48, 164, 165, 173, 176, 259, 298; II 38, 41, 58, 102, 123, 136, 137, 153, 181 f., 184, 222, 230, 264, 265.

### N.

Name „Island" 55, 100.
Namengebung 140—142; II 138.
*námur* II 228 f.
Nationallied 20, 21, 34, 125, 367; II 4, 27, 289, 290.
Nationalgerichte 28, 220, 246, 256, 267 f., 366, 367; II 64, 201, 212.
Nationaltracht 135 ff.; II 209, 221, 243.
Nationalversammlung 122.
Natur Islands 47 ff.; II 285, 286.
Naturwissenschaftliches Museum 162.
*naust* 315.
Nonnen II 105, 106.
Norwegens Beziehungen zu Island 101, 102, 113 ff., 248 ff.; II 249, 259, 271 f., 281.

### O.

Obsidian 52.
*ölkelda* 66.
*örfoka* II 125.

### P.

Packpferd 228 ff.
Palagonit 51 f.
Passgänger 224.
Peitsche 224, 225, 263.
Pest 78, 115, 343.
Petroleum 244.
Pfänderspiel 317.
Pferd 138, 139, 221—234, 263; II 63, 167, 168, 169, 187, 197, 284.
Pferd (Last) 199, 200; II 65, 228.

Pferdehetzen 231—233.
Pferderennen 231, 232.
Pferdeställe 226 f., 315.
Pinguin (geirfugl) 37, 43.
Polizei 80, 138.
Postverkehr 45, 346; II 124, 210.
Programme der Lateinschule 156.
Psalmen 38.

## Q.

Quellen, heisse 66, 279, 284, 286; II 1, 4, 5, 6 ff., 18, 218, 219, 228, 240, 268.
— kohlensäurehaltige 60.
— schwefelhaltige 66; II 228 ff.

## R.

Rabe 62.
Radium II 12, 13.
rauchen II 135.
Realschulen 160, 332; II 249, 253, 260, 261.
Regensen (Collegium regium) 254.
Reformation, Einführung 116 ff., 335, 336; II 91, 93, 106.
Reformgymnasium 159, 160.
Reinlichkeit 317; II 78, 136, 236.
Reisen, Art. d. R. auf Isl. 96, 229, 230, 282, 283.
Reitzeug 229 f.
Religionsbekenntnis 117, 335; II 201, 234.
Rentier 77, 203; II 185, 186, 212, 218, 226, 227.
Retirade 315, 317.
*reykjamöduhardindi* II 97.
*riklingur* 28, 269.
*rímur* 115, 116, 161.
Rindviehzucht 217—220; II 284.
Ringkampf 162, 212, 303.
*ritöld* 109.
*rjett* 204, 208 ff.
Romane 116; II 282.
Romantiker 339 f.
*rosabaugur* II 180.
Rotdrossel 62, 133, 277; II 232, 240.
Runen 158, 163, 287; II 108, 122, 220, 238, 266.

## S.

*Sæluhús* 297; II 117, 118.
Saeter 198.
*safn-rjett* 209, 210.
Sagas (*sögur*) 108 f. 161; II 55, 59, 77, 184, 258, 287.
*saluhlid* II 123.
Salzfisch 242.
Sandhafer 62, 143, 190; II 196, 201.
Sandsturm II 196, 204, 213.
*saudur* 33; II 44, 48, 70, 120, 124, 125 ff., 132, 144, 199.
Schach 238, 365, 366.
Schafe 80, 81, 194 ff., 200, 217, 284; II 191, 203, 284.
Schafställe 213 f., 315, 322, 329; II 226, 238.
Schafzucht 200 ff.
Schellfisch 243.
Schläge 161, 162.
Schlammvulkane 229 f.
Schmiede 315.
Schmuck II 209.
Schnaps 17, 118.
Schneeammer 61.
Schneehuhn 63; II 213.
Schnupfen II 135.
Schornsteine 320.
Schreitgletscher s. *skridjökull*.
Schulden 17, 18; II 282.
Schwan 279, 280; II 94, 195.
Schutzhütte des Konsul Thomsen 375; II 117—120.
Schwarzer Tod 78, 115, 343.
Schwefel 15, 314, 345; II 215, 216.
Schwefelquellen II 228 f.
Schweine II 26, 262, 264.
Schwindsucht 149, 150.
Seehund 238, 246 f., 280; II 123, 154, 155, 175.
Seemannsschule 160, 240.
Seepapagei 35, 36, 39; II 87.
Seeräuber (algierische) 38, 39, 120, 331.
Sense 198, 315.
*Sidaskipti* 116.
singen 185; II 243.

Sira 264.
*skáli* 310 ff.
*skjáluggi* 320.
*skaptáreldur* 119; II 72, 95.
*skemma* 286.
*skjólgardur* 226.
*skridjökull* 69; II 71.
*skyr* 220; II 59.
*söguöld* 108 f.
*söl* 193, 202.
*Snorra Edda* 112; II 36, 37, 261.
Sparkassen II 282.
Sprache 253, 267, 268; II 167, 282.
Soldaten 19, 138; II 85.
Solfataren II 67, 174, 228 f.
Sommertag, der erste 154, 362.
Sonnenuntergang 134, 135; II 94, 150, 197, 199, 212, 213.
Spielzeug II 191.
Sprichwörter II 33, 107, 138, 200.
Staubsäulen II 196, 204.
Steinschmätzer 62.
*stekkur* 202 f.
Stickereien 170 ff.
Stiftsamtmann 118, 126.
Stockfisch 239, 242.
*Stóridómur* 79.
*Sturlungaöld* 111 f.
*Sturlunga saga* 113.
Stonehenge 29.
*stúdent* 154, 157.
*sumarhús* 323.
Sumpf 142; II 284.
*Surturbrandur* 48; II 180.
*sýsla* 113; II 141.
*sýslumadur* 113, 122; II 141.

### T.

Tabak 294; II 135.
Tageseinteilung II 137, 184.
Tanz 181, 182; II 243.
Tanzgedichte 182.
Taubstummenanstalt 160.
Taufbecken 346, 347.
Tauschhandel 16; II 285.
Telegramm 290, 292.
Telegraph 127, 290—292; II 70, 115, 282.

Telephon 267, 290, 292, 330.
Tempel 266, 293.
Theater 132, 351, 352, 362, 363; II 57, 102, 240, 250, 256.
Thingstätten 258, 278, 299 ff.; II 12, 171, 234, 240, 250.
Tonnenfisch 242, 243.
Torf II 177.
Totenklage 4.
Touristen, Bemerkungen für 12, 96, 223, 229, 230, 261 ff., 274, 275, 282 bis 284, 289, 294, 298, 299; II 76, 82, 85, 109, 167, 208, 211, 212, 227, 243.
Tracht der Frauen 135—137, 174, 299; II 243, 267.
Tracht der Männer 137, 138, 299.
Tran 243, 244, 346; II 250.
Trawler 45, 250; II 149.
Treibeis 54, 87; II 143, 256, 257, 271.
Treibholz II 65, 78, 79, 136, 212, 275.
Trinksitten 367.
Trunksucht 118, 270, 299, 346.
Triangulierung (vergl. auch Generalstab) 36; II 131—133.
Tuff 50 f.
Tulinius 12.
*tún* 104, 138, 163, 191, 194—197, 240, 266, 315; II 144, 149, 155, 251.
*tvísöngur* 182—185, 367.
*túngardur* 322.

### U.

Uhren II 137, 138.
Umsatz 18.
Unterrichtswesen 152—164, 285; II 77, 91—93, 282.
*Uppgangur konungsvaldsins* 117 ff.
Urbevölkerung Islands 29, 101, 102; II 77.
*úthey* 196, 197.
*útilegumadur* s. Ächter.

### V.

*vadmál* 239, 303, 346.
*varda* 289; II 184, 205.
*vatnahestur* 221, 222.
*vegabœtur* 289; II 282.

*Verdandi* 126.
Verfassung 113. 125 ff., 279, 280, 281.
Verkehrsverhältnisse 221, 225, 290 bis 292, 299, 300; II 90, 124, 146, 282.
Versicherungswesen 218, 240, 313.
Versuchsgärten 308, 309; II 251, 252.
*vertid* 235, 244.
*vetrarhús* 322.
*Vidreisnartimabil* 120 ff.
Viehzucht 438, 200 ff.
Vogelberge 21, 35, 39 f., 43, 247; II 66, 84, 86, 87, 136, 143, 275.
Volksbräuche und Volkssagen 38, 65, 131, 176, 280, 289, 302, 308, 327, 372; II 31, 32, 39, 43, 61, 65, 67, 80, 81, 83, 89, 104, 106, 107, 122, 136—138, 141, 152, 164, 166, 171, 175, 211, 212, 215, 216, 218, 222, 223, 241, 258, 262, 286.
Volkscharakter 19, 102, 161, 162, 267, 270, 285, 296, 316, 319; II 53, 62, 77, 84, 109, 136, 148, 154, 167, 171, 279, 281, 287.
Volkslied II 51, 52.
Volksschulen 160; II 93, 106, 234, 249.
Vulkane 37, 38, 42, 50, 51, 56 ff., 95; II 19, 33, 69, 73, 93, 95 f., 127, 140, 185, 187, 192, 210, 213, 221 f., 227, 228.

## W.

Wal 235, 237, 255, 256; II 65.
Wald 27—191, 276—278; II 123, 131, 155, 176, 177, 208, 211, 224, 240, 250, 251, 269, 270, 284.
Walross 132, 237, 238.
Wanderlehrer 160.
Wappen Islands 13, 344.
Warten 84, 289; II 28, 124, 144, 184, 205.
Wasserfälle 302; II 13 ff., 46, 63, 66, 103, 130, 131, 179, 180, 206, 236, 250, 267, 286.
Wassermühle II 103, 238.
Weidewirtschaft 193 ff.; II 284.
Wettervoraussage 291; II 148.
Wiesen 193 ff.; II 284.
Wiesenpieper 61, 277; II 240.
Windmühle II 217, 226.
Wolle 200, 204, 284; II 205, 285.
Wrackrecht II 79.

## Z.

Zeichenkunst 173.
Zeiteinteilung II 137.
Ziegen II 172, 211, 212, 241.
Zoll 270; II 283.
Zweikampf 259, 302, 305.
Zwiegesang 182—185.

## Þ.

*Þjódjardir* 271.
*Þorrablótsvísur* 371, 72.
*Púfa* 142; II 284.

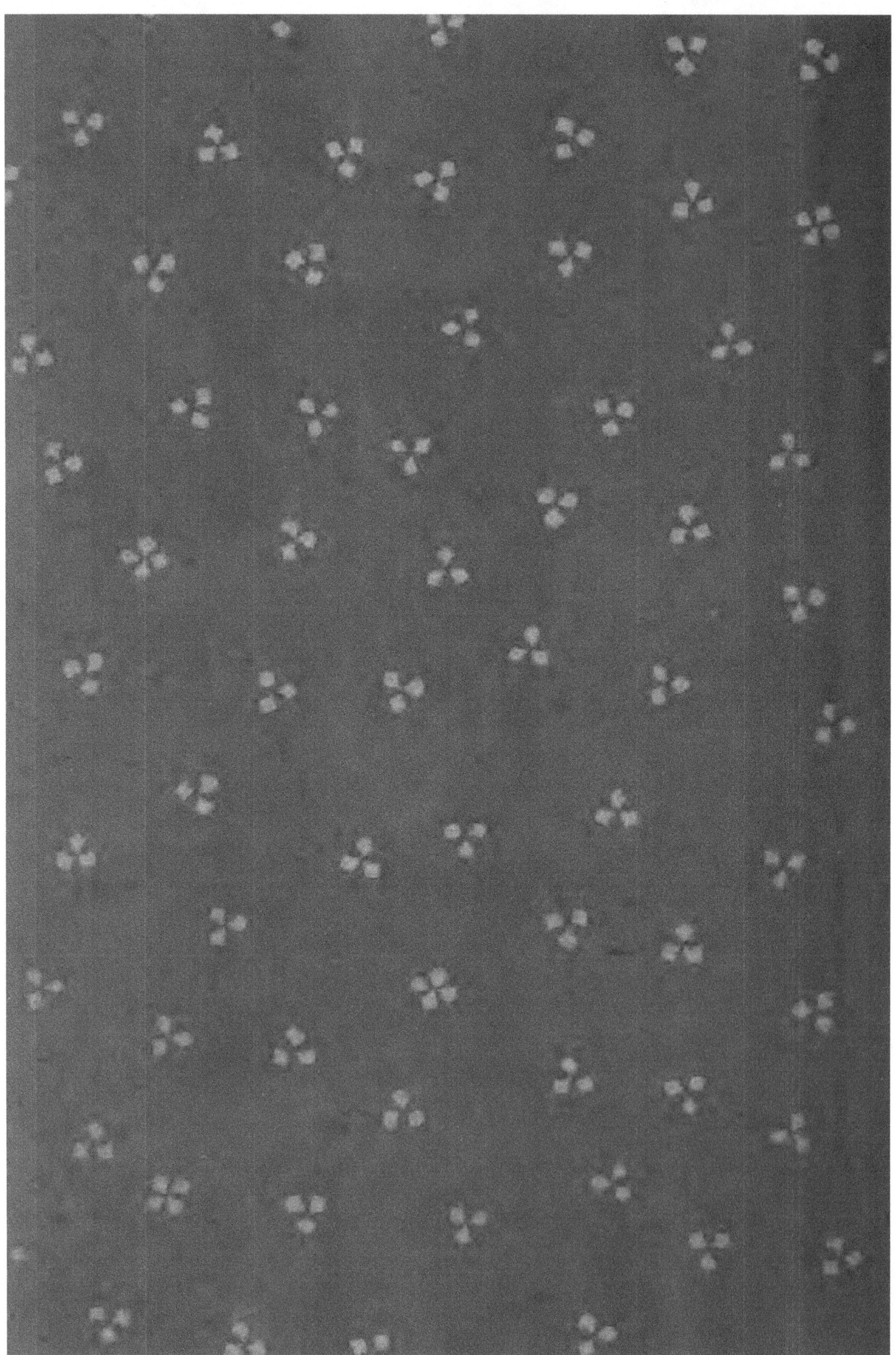

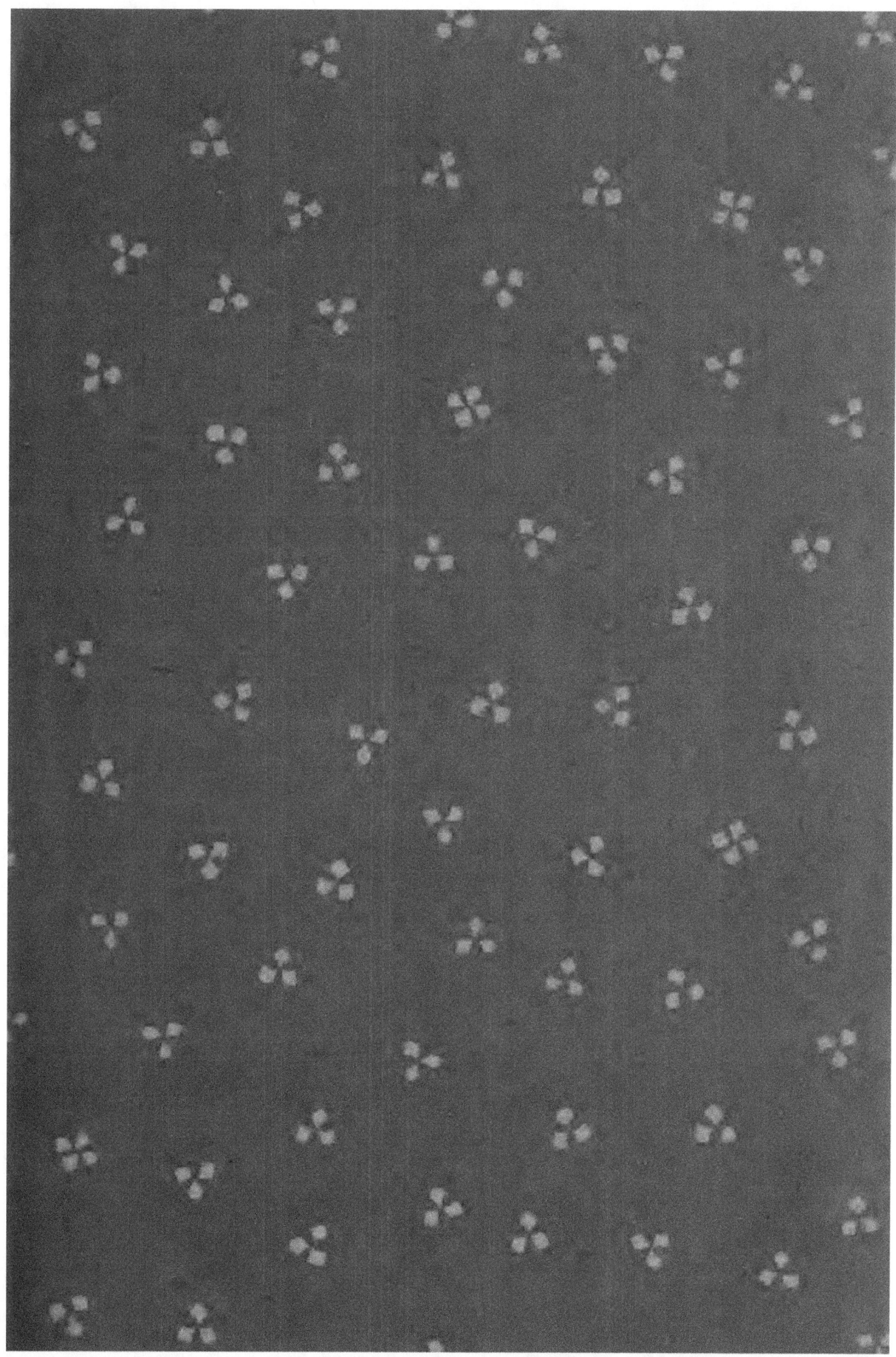

# Reprint Publishing

FÜR MENSCHEN, DIE AUF ORIGINALE STEHEN.

Bei diesem Buch handelt es sich um einen Faksimile-Nachdruck der Originalausgabe. Unter einem Faksimile versteht man die mit einem Original in Größe und Ausführung genau übereinstimmende Nachbildung als fotografische oder gescannte Reproduktion.

Faksimile-Ausgaben eröffnen uns die Möglichkeit, in die Bibliothek der geschichtlichen, kulturellen und wissenschaftlichen Vergangenheit der Menschheit einzutreten und neu zu entdecken.

Die Bücher der Faksimile-Edition können Gebrauchsspuren, Anmerkungen, Marginalien und andere Randbemerkungen aufweisen sowie fehlerhafte Seiten, die im Originalband enthalten sind. Diese Spuren der Vergangenheit verweisen auf die historische Reise, die das Buch zurückgelegt hat.

ISBN 978-3-95940-021-3

Faksimile-Nachdruck der Originalausgabe
Copyright © 2015 Reprint Publishing
Alle Rechte vorbehalten.

www.reprintpublishing.com